한국 근대소설의 이념과 윤리

Ideology & Ethics in Modern Korean Fiction

지은이 **차원현**은 서울대학교 국어국문학과를 졸업하고 동 대학원에서 「1930년대 모더니즘소설에 나타난 미적 주체의 양상 연구」로 박사학위를 받았다. 2001년 『세계의 문학』에 「바람 피우기의 세 방식 – 21세기에 바라본 최근 한국소설에 관한 성찰」을 발표하면서 평론가로 등단하였고 현재 경주대학교 한국어문학과 교수로 재직하고 있다. 논문으로는 「해체와 구성의 변증법 – 이인성의 80년대 소설을 중심으로」, 「현대적 글쓰기의 기원 – 박태원론」, 「비평, 그 원론적 사유의 힘 – 이재선론」 등이, 평론으로는 「전체에 대한 미망」, 「가면(假面)에 대한 인식과 포스트모던 시대의 윤리학」, 「분열증의 시대와 소설의 운명 – 황석영론」, 「공동체에 관한 글쓰기 – 배수아의 '일요일 스키야키 식당'에 대하여」 등이 있다.

한국 근대소설의 이념과 윤리

1판 1쇄 발행 2007년 02월 28일
1판 2쇄 발행 2007년 07월 20일

지은이 / 차원현
펴낸이 / 박성모
펴낸곳 / 소명출판
출판고문 / 김호영
등록 / 제13-522호
주소 / 137-878 서울시 서초구 서초동 1621-18 (란빌딩 1층)
대표전화 / (02) 585-7840
팩시밀리 / (02) 585-7848
somyong@korea.com / www.somyong.co.kr

ⓒ 2007, 차원현

값 19,000원

ISBN 89-5626-242-X 93810

한국 근대소설의 이념과 윤리

Ideology & Ethics in Modern Korean Fiction

차원현

소명출판

나는 1981년에 대학에 입학한 이른바 386세대 국문학 연구자에 속한
다. 대학을 다니던 당시 내 주위 사람들의 일반적인 관심사는 전공하는
학문 영역과 한국사회가 당면하고 있었던 역사적 과제를 어떻게 관련
시키고 그 속에서 공부하는 일의 보람을 찾을 것인가라는 문제였다고
생각한다. 나는 당시 이런 상황을 아카데믹한 지식의 영역에서 이해하
고 탐구하는 일에 관심을 가졌던 학생들 중 하나였다.

우여곡절 끝에 당시 진보적 이념이자 해방적 인본주의의 한 핵심으
로 간주되었던 사회주의 이념과 조우하였고, '한국문학과 사회주의'라
는 연구 과제와 만났다. 학부 졸업 후 곧 대학원 국문학과에 진학했는
데 당시 서울대학교에서는 '한국근대문예비평사연구'로 일가를 이룬 김
윤식 교수가 이런 종류의 연구를 주도하고 있었다. 그래서 그분 밑에서
공부하였고 '한국경향소설연구'란 제목의 논문으로 학위를 받았다. 그
논문은 1920~30년대 한국경향소설의 전개양상을 리얼리즘론의 관점에

서 연구한 결과물이다.

잘 알려져 있듯이 사회주의문학은 정치·사회적 지평의 변혁을 통해 세계를 윤리적으로 개조할 수 있다고 믿고 그 믿음의 현실화를 촉구하는 문화적 실천의 한 분과다. 지배 이념의 재생산을 추구하는 특정 계급의 기획에 대항하여 그 허구성을 폭로하고, '누구나 라파엘이 될 수 있는' 사회를 문학의 언어로 상상해내는 일이 당시 진보적인 문학이 추구해야 할 과제로 간주되었다. 분과화된 학문세계가 초래한 지식의 단편성과 그로 말미암은 진리 주장의 오류를 비판하여 지식의 전체성을 얻어내는 일과 참된 지식의 창출을 통해 세상을 변화시켜야 한다는 윤리적 태도의 확보 역시 당시 내가 수행한 문학 연구의 주된 과제였다. 단적으로 말해 이 시기 나는 윤리적 연대와 실천이 문학 양식의 주된 존립 근거라고 믿었고 이념 연구로서의 문학 연구만이 진정한 연구라고 생각했다. 이 시기 내가 수행한 문학 연구를 총괄한다면, '문학에 있어서 이념과 윤리학 연구(A Study on Ideology and Ethics in Literature)'였다고 할 수 있다.

대학원을 졸업하고 군대를 다녀오고 이길 저길 다니는 동안 세상이 변했다. 그렇게 느꼈다. 당연히 문학 연구를 대하는 관점도 변했다. 정치·사회적 실천과 집단적 연대에 기초한 이념적이고 윤리적인 문학 연구에 대한 신념을 대신하여 개인됨(Individuality)과 개인이 전체로서의 사회에 참여하는 방식의 다양성에 대한 관심이 자리 잡았고 문학 연구에 있어서도 내용으로 표현되는 일관된 이념과 윤리성을 대신하여 주어진 세계를 대면하고 통합해내는 개별적인 시선들 혹은 태도들의 다양한 정합성, 다시 말해 형식적·미적 통합에 대한 관심이 자리 잡았다.

단적으로 말해 이는 '내용 미학'이라 말해지는 것에서 '형식 미학'으로의 관심 전환이라 할 수 있었다. 통상 내용을 우위에 두는 내용 미학의 전제는 진·선·미의 통일에 있는 것으로 말해진다. 진리는 선하고 그런 까닭에 아름답다는 것이 이 이론의 일반적인 핵심이다. 이 경우

아름다운 형식은 본래 진(眞)으로 존재하는 이념의 자연스러운 드러남 혹은 표현이지 그 밖의 어떤 것 예컨대 제작되어 산출된 자율적인 형성물 같은 것이 아니다. 이에 반해 형식미학은 '진'의 소멸 혹은 부재 상태에서도 인간을 인간답게 혹은 인간정신의 산물인 문학을 문학답게 하는 것이 있고, 그것은 형식적 완결의 가능성이라고 답하고 있는 것처럼 보였다.

이 경우 본래 진으로 존재하는 특정한 이념에 걸맞게 자신을 재단해내는 금욕적인 태도는 더 이상 문제가 되지 않는다고 생각했다. 중요한 것은 인간정신 그 자체가 참조 가능한 진리의 부재라는 자신의 한계 내부에서조차 그럼에도 불구하고 자율적으로 스스로를 형식화하여 미적으로 완결되게 표현할 수 있느냐라는 미학적 깊이의 문제 혹은 탁월성의 문제가 될 것이었다.

결국 그 당시 내게 문제가 되었던 것은 외적 진리를 기준으로 미적형식들을 서열화하는 종래의 내용 미학의 수준에서 벗어나 형식적 자기 완결성을 통해 스스로를 드러내는 인간정신의 탁월한 다양성, 다시 말해 세계를 이해하고 통합해내는 통로들의 다양성을 인정하고 그것을 추구하는 개별 정신들의 미적 깊이와 문제의식을 재는 일이었다.

이 시기 내 주된 관심사를 단적으로 표현하자면 '문학에 있어서 개별 형식의 일관성과 방법의 다양성(A study on Formal Integrity and Methodological Diversity in Literature)에 관한 연구'라 할 수 있다. 당시 나는 박사과정 진학 후 10년 만에 졸업 논문을 제출하였는데, 해당 논문인 '1930년대 모더니즘소설에 나타난 미적 주체의 양상 연구'는 이런 관심의 결과물이었다.

이 논문에서 나는 이상과 박태원을 중심으로 진리 표지 혹은 역사의 방향성이 소실된 세계에서의 미학적 대응 문제를 다루었다. 참조 가능한 진리 표지가 존재하지 않는 세계를 대면하여 인간 주체는 내부 역량에 대한 탐사를 통해 새롭게 세계와 대면하지 않으면 안 된다는 것이 그 글의 요지다. '세계와의 대면'이라 했지만 사실상 세계의 재창조 혹은 재구성, 재건축이라 하는 것이 좀 더 정확한 표현일지 모른다. 창세기의 신께서 세계를 창조하고 난 이후 '신이 보기에 참 좋았더라'라고 말했던 것처럼 전환기의 인류는 스스로를 참조하여 새 문명을 만들지 않으면 안 될 것이고, 만일 사정이 그런 것이라면 그것은 '인간이 보기에 참 좋았더라'는 미학적 판단의 대상이 될 수밖에 없다고 생각했다. 그러니까 중요한 것은 '무엇을 만들었느냐'가 아니라 '어떻게 만들었느냐'이며 제작된 것의 형식적·미학적 완결성과 탁월성의 문제였다.

박사 학위 이수 후 세월이 흐르는 동안 나는 이 문제를 좀 더 천착하여 미적 완결성과 탁월성이라는 기준을 통해 문학 작품을 이해하는 방식의 이론적 기초를 다지기 위해 노력해 왔다. 그 결과 미진하긴 하지만 몇 편의 글들을 더 만들어 낼 수 있었다. 이 책에 실린 글들 중에서 박태원의 「성탄제」에 관한 글이나 염상섭 론 등은 그 결과물이다. 많이 쓰지 못 했고 훌륭한 글들도 못 되지만 어쨌든 그 글들의 출생 배경은 그렇다.

이 책을 내는 시점인 2007년 현재 나는 대학교에서 학생들을 가르치는 신분으로 있다. 그동안 나는 불충분하나마 한국 현대문학을 관류하고 있는 다양한 이념태들 예컨대 민족주의나 사회주의·자유주의적 개인주의 등에서 표현되고 있는 현대성의 이념적 구조와 그 윤리적이거나 혹은 미학적 특성 등에 대해 연구해 왔고 그 속에서 얻은 경험들을 학생들과 공유하는 방식의 강의를 해 오고 있다. 부디 천지신명이 도우사 이 일을 통해 내 삶은 물론 주변의 사람들에게도 보람을 맛보게 하는 결과가 있기를 바랄 뿐이다.

이 책은 내 첫 저서이다. 그간 공저로 펴낸 책들은 많지만 단독 저서로는 첫 책인 것이다. 부끄럽다. 그렇다고 해서 저자 서문을 쓰면서 그간 도움을 준 많은 분들에 대한 인사를 빼먹을 수는 없을 것 같다.

인사의 첫 자리는 당연히 김윤식 선생님께 내 드려야 할 것 같다. 그분 밑에서 공부할 수 있어서 행복했다. 박사학위를 받을 때 흔쾌히 심사를 맡아주신 은사님들께도 이 자리를 빌어 인사를 드려야겠다. 서울대학교의 조남현 선생님, 권영민 선생님, 같은 대학교 사범대학의 우한용 선생님, 강원대학교의 서준석 선생님, 평소 하지 못한 때늦은 인사를 여기서 대신 올립니다. 부디 용서해 주시기를.

대학원에서 석사논문을 쓸 때 같이 공부했던 선배, 동료들이 있다. 신두원, 서경석, 김동환, 류보선, 채호석, 이미순 선생. 몇몇 분은 지금은 자주 뵙지도 못하는 처지인데 이 기회를 빌어 고마움의 인사를 전하고 싶다. 마찬가지로 내게 이상 문학에 대해 알게 해 주고 긴 시간의 토론을 통해 모더니즘문학의 깊은 세계를 맛보게 해준 동학 노지승 형께도 오랜만에 인사를 드리고 싶다. 모더니즘에 대해 논문을 쓰는 동안 방법론에 대해 조언해 준 서영채 형을 빼놓아서는 안 될 것 같다.

평소 공석에서건 사석에서건 조언을 해 주는 분들이 있다. 게으르고 단정치 못한 천성 탓에 항상 이 분들의 염려를 산다. 같은 연구소에 몸담고 있는 김윤태, 유문선, 김성수, 하정일, 임병권, 강진호, 박헌호, 김재영, 김현양, 전승주, 정홍섭, 정선태, 권희선, 박상준, 박진숙, 강삼희, 조현일, 손정수, 김민정, 천정환, 윤대석, 강명효, 박성란, 손예리, 최혜림 선생. 평소 도움을 주신 일에 깊이 감사드린다는 말씀 올립니다.

출판을 흔쾌히 수락해 준 연세대학교의 김영민 선생님과 소명출판의 박성모 사장님, 편집을 맡으신 김혜원 님 및 직원 여러분들께는 특별한 감사의 인사를 올려야겠다.

마지막으로 이 책을 나를 낳고 키워 주신 어머니께 바친다.

한국 근대소설의 이념과 윤리

2부 모더니즘소설의 이념과 윤리

1930년대 중·후반기의 전통론 • **329**
: '민족'에 대한 사유를 중심으로

1부

리얼리즘소설의 이념과 윤리

강경애 장편소설
인간

1920~30년대 경향소설에 나타난 인물 유형

1. 공동체의 가치와 인물 유형

종래의 연구 방법론의 문제점 및 본고의 개략적인 이론적 모델을 제시하면 다음과 같다.

첫째, 서구의 몇몇 장편소설의 분석에 사용된 문제적 개인에 대한 개념 규정의 문제이다. 서구의 경우 1910년경을 전후해서 이미 붕괴되기 시작한 자유경쟁시장사회의 문학적 표현으로 나타난 이 개념을 식민지 한국의 소설 작품들에 대한 분석 개념으로 사용할 때, 그러한 소설의 내적 형식이 식민지 한국의 현실을 어떤 방식으로 매개할 수 있는가라는 문제가 중요하게 제기된다. 또한 문제적 개인 개념과 엥겔스의 발자크론 이후 리얼리즘론의 핵심으로 떠오른 전형적 인물(Typical Character)의 전형성 확립 사이의 관계 설정이 중요하게 부각되고 있지 못하다는 점도 문제 삼을 수 있다. 이러한 개념 규정상의 문제는 모두가 형상화의 범주에 대한 토대의 상이성과 관련되는 문제라 할 수 있다.

둘째, 연구 방법론 자체가 갖는 현실적 토대와의 관련성을 파악함에 있어서 기존의 연구가 이데올로기적 입장을 과도하게 강조함으로써 경향소설의 변모 과정이 궁극적으로 지향하고자 하는 문학의 실천적 면모에 대한 관심을 결여하고 있다는 점이다. 그 결과 문학과 현실의 능동적인 상관관계가 매우 피상적으로 다루어지고 있다.[1] 이러한 입장의 강화는 결국 기존의 연구 업적들의 방법론 자체가 도식화되는 경향으로 나타나고 있는 것으로 보인다.

이 글에서 다루고자 하는 경향소설의 변모 과정은 궁극적으로는 첫째, 인식론적 측면에서는 당파성(Partisanship)과 객관적 진실성이 상호변증법적인 교호 관계 속에서 긴장감을 획득함으로써 진정한 의미에서의 경향성(Tendency)[2]을 획득하고자 하는 과정에 주의한다. 둘째, 현실과 관념의 조화에 의한 형상성의 획득이라는 측면에서는 상황과 인물의 동시적인 전형성의 창조를 통해 전형적인 민중적 인물상의 제시와 실천의 측면에서는 구체적인 선전 가능성[3]의 제시에 이르고자 하는 과정에

---

1) 예컨대 1930년대 초의 한국자본주의현실의 질적인 변화와 그에 상응하는 제반 지적 분위기의 전환 등이 소설 작품의 내적 형식과 맺는 관계에 대한 고찰이 필요하다는 사실을 말한다. 이러한 고찰의 방식에 핵심적으로 놓이는 것은 이데올로기가 단순한 허위의식의 차원에서 논의되지 않고 그것이 가지는 실천적인 속성과 연관하여 현실 매개적인 역할을 담당한다는 사실이 전제될 때 기능할 것이라 보이는데, 이러한 측면은 이 글의 주요한 관심 대상이다. T. Metscher, 이춘길 편역, 「반영이론으로서의 미학」, 『리얼리즘 미학의 기초 이론』, 한길사, 1985, 93~111면 참조.
2) 객관성의 당파성(Parteilichkeit der Objektivitat)을 말하는 것으로 교술적인 경향성 (Didactic Tendency)과는 구별되는 것이다. 경향성이란 상황과 행위 자체로부터 그것이 노골적으로 지시됨이 없이 발생되어야 한다는 것을 의미한다. G. Lukacs, *Probleme des Realismus* 1, Werke 4, Luchterhand, 1971, 622f 참조.
3) 구체적인 선전 가능성[Objektiven Propagandamoglichkeiten] : 주관주의적 선전에 대립하는 개념으로서 전형의 창조를 통해 실천의 개념과 연관하여 모사와 행위를 변증법적으로 매개하는 매개체로서 작품을 파악하는 것을 말한다. S. Kohl, 여균동 역, 『리얼리즘의 역사와 이론』, 미래사, 1986, 15면 참조.

주의한다. 셋째, 리얼리즘에 대한 인식의 심화와 작품 창작의 발전이라는 내면적 계기의 불가분리한 상호 작용 속에서 구체적인 현실과의 상관관계 속에서 배태되는, 계급과 이데올로기 그리고 실천의 문제에 대한 검증을 꾀하고자 한다.

이러한 과제를 수행함에 있어서 이 글에서 특히 주목하고자 하는 경향소설의 내적 형식은 문제적 집단(Problematic Community)과 행동적 인물유형(Men of Behavior)이라는 두 가지 인물 유형이다. 문제적 집단은 독점자본주의 하에서 새로운 사용가치로서 부각된 공동체적 가치(Value of Community)에 그 이데올로기적 기반을 두고 있다. 한국경향소설의 경우 1930년대를 전후해서 전개된 운동노선의 볼셰비키화에 의해 제기된 혁명적 공동체라는 집단적 연대의식이 이데올로기적으로 과장되면서 이러한 범주가 파생되었다고 보인다.

행동적 인물유형은 문제적 집단의 형상화에 의해 표출되었던 과도한 정치의식이 지양되면서 계급이라는 범주와의 연관성 하에서 형성되는 집단의식 즉 "주인공의 삶은 그 자체만으로는 충족될 수 없고 여기에 의미를 부여하기 위해서는 어떤 사회적·역사적인 배경과 연관을 가져야만 한다는 사실을 충분히 인식케 하는 것"[4]이라는 집단의식에 매개됨으로써 진지한 행동주의에 입각한 인물 유형을 말한다.

2. 초기 경향소설의 단편성과 추상성

이 글에서는 고립된 현실 체험과 관념의 도식적인 표출로 특징지어

---

4) L. Goldmann, 조경숙 역, 『소설사회학을 위하여』, 청하, 1982, 66면.

지는 초기 경향소설의 성격을 서해의 「홍염」(『조선문단』, 1927)과 박영희의 「산양개」(『개벽』, 1925)를 중심으로 살피도록 한다. 이 두 작품을 분석함으로써 초기 경향소설의 의의와 한계 및 그것이 본격적인 경향소설로 나아가는 과정의 방식이 밝혀질 것으로 생각한다.

서해의 초기 소설에서 제시되는 간도 이민의 문제는 흔히 왜곡된 근대화의 과정 속에 내재된 사회구조적 모순의 심화로 인해 날로 황폐화되어 가는 현실상을 상징적으로 드러내는 장치이다. 「홍염」의 주인공인 문서방과 그의 가족들도 이러한 의미에서 정상적인 삶의 질서에서 유리된 하층민들의 생존방식을 특징적으로 체현하고 있는 인물들이다.

작품에서 제시되는 극단적인 궁핍 상황은 당대의 모순된 사회 구조에서 기인한다. 문제는 묘사하는 작가의 태도이다. 상황 자체가 지나치게 반복적으로 강조하여 묘사되고 있기 때문에 작품의 현실적인 공간 설정과 더불어 밀접한 관계를 지니는 등장인물들의 사고와 행위의 방식이 구체적인 인간적 삶의 모습으로 제시되지 못하게 되는 한계가 나타난다. 현실 묘사가 직접적이라는 것, 더불어 등장인물들의 개별적인 운명이 파편화된 형식 속에서만 드러나고 있다는 사실들이 갖는 한계는 뚜렷하다. 묘사와 행위가 각각 개별적인 상태에서 고립되어 나열되고 있기 때문에 행위는 고립성과 추상성이라는 성격을 띠게 되고 작가의 관념이 비약적인 방식으로 인물의 행위와 사고를 간섭하는 양상이 나타난다.

박영희에 의해, "행위의 발단은 사회적인 원인에 기인하나 행동은 비사회적"[5]이라는 평가를 받은 이런 식의 고립되고 추상적인 행위는 주인공의 삶 자체가 파편적이라는 사실을 반증하는 것이기도 하지만 무엇보다 기본적으로는 근대화 과정이 소외된 일반 민중에게 가져다준 왜곡된 삶의 현상 방식을 직접적인 '고통'의 차원에서만 파악했기 때문

---

5) 박영희, 「'신경향파'의 문학과 '무산파'의 문학」, 『소설·평론집』, 1931, 81~82면.

에 나타나는 것으로 읽힌다. 다시 말해 근대화가 추동한 삶의 소외와 그로부터 기원하는 분배의 문제를 인간적 실천의 개념과 연관하여 변증법적으로 파악하지 못한 채 피상적인 외관만을 전체화하기 때문에 야기되는 것이다.

현실에 대한 이런 피상적인 묘사는 따라서 묘사된 현실의 구조적인 측면과 작가의 주관적 관념이 자발적인 형상화의 계기에 따라 상호 변증법적으로 통일되지 못한 채 도식적으로 병렬됨으로써 등장인물의 사고와 행위가 구체적인 현실로부터 괴리되거나 작품 공간이 단편적인 현실 속에 폐쇄적으로 함몰되어버리는 결과로 귀결된다. 인물의 고립화와 작품 공간의 폐쇄성을 보여주는 것이다.

「홍염」의 작품세계가 보여주는 이러한 양상과는 대조적인 차원에서 도식적이고 추상화된 현실의식의 양상을 보여주는 것으로 박영희의 「산양개」를 들 수 있다. 작품에서는 사냥개로 표상되는 프롤레타리아 계급과 정호로 대표되는 부르조아 계급 간의 지배와 복종 관계를 현실로서 대체하고 여기에 사냥개가 주인을 물어 죽이는 상황 설정을 통해 계급 대립과 프롤레타리아 계급의 해방을 제시하고자 하는 작가의 의도가 우화의 형식 속에서 나타나고 있다.

구체적인 현실 상황에 대한 묘사가 거의 없이 다만 도식적으로 파악된 현실의식으로서의 작가의 관념만을 추상적으로 강조하여 제시하고 있는 이 작품의 관념적 도식성은 여러 가지 요인에 의해 설명할 수 있는 것이겠지만 무엇보다도 구체적인 현실에 의한 검증을 거치지 않은 채 현실로부터 유리된 추상적인 관념의 일면적으로 과정된 표출에서 기인하는 것으로 보인다.

일반적으로 현실에 대한 인간의 인식론적·예술론적 재생산의 기초는 두 가지의 일면적이고 고립된 경향들에 의해 내재적으로 모순된 양상으로 드러나고 있다. 그 하나는 직접적으로 주어진 것만을 현실적인 것으로 간주하는 체험의 직접성에 의해 예술의 극단적인 객관성만을 추구하려는 것으로 몰주관적인 현실성에의 탐닉으로 귀결지어지는 경우이다. 또 다른 하나는 현실과 유리된 관념만을 고립화시켜 그것을 객관적 현실의 보다 능동적이고 포괄적인 반영으로서가 아니라 초자연적인 원리로 간주함으로써 극단적으로 관념화하는 결과를 낳는 것이다.

이렇게 본다면 박영희의 「산양개」는 후자의 경우에 특징적으로 해당되는 것으로 보이는데, 문학사의 각 시기를 통해 여러 가지 양상으로 나타나는 이러한 내적 한계는 기본적으로 구체적인 현실인식의 과정으로서의 이론과 실천 사이의 변증법적 관계가 배제됨으로써 야기되는 것이다. 즉 현실에 대한 면밀한 관찰을 통해 제시되는 이론과 그것을 구체적 현실에 매개시켜 검증하는 것으로서의 실천을 통해 객관적인 진리를 획득해 가는 인식의 자기실현 과정에서 이론과 실천 사이를 매개하는 요소들이 배제된 채 현실과 관념의 일면에 편향됨으로써 이론은 실천을 지도하는 기능을 상실한 채 그것 자체가 신격화되고 구체적인 실천의 힘을 상실하게 되어버리는 것이다.

기본적으로 현실을 파악함에 있어서의 지적인 유아성(幼兒性)과 현실 변혁을 지향하는 지나친 조급성에 의해 야기되는 이러한 관념 편향성은 따라서 작품 내적으로는 단순히 특정한 관점에 의해 현실을 파악하고자 하는 것으로서의 경향성의 제시에 머무는 것이 아니라, 규율(Discipline)에의 기원[6]을 통해 소설 작품에 단일한 세계관의 편재(Ubiquity)를 부여하려는 교술적인 경향성으로 나타남으로써[7] 강한 이념 지향적 성격을 띠게 된다.

---

6) S. Morawski, *Marx and Engels on Literature*, Telos Press, 1973, p.35.
7) Ibid., p.34.

3. 「과도기」에 이르는 길

이론과 실천, 관념과 현실의 변증법적인 종합의 달성에 의해 개인적이고 단편적인 현실 속에 폐쇄되었던 소설 공간을 확대하고 도식적인 표출에 의해 추상적으로 제시된 강한 이념적 속성을 내면화함으로써 현실의 객관적인 현실성을 보아내려는 노력은 경향소설의 전반적인 성장이 전제되었을 때 가능한 것이겠지만, 이러한 노력을 몇 가지 한계를 지님에도 불구하고 시기적으로 앞서 보여주고 있는 것으로 한설야의 「과도기」(『조선지광』, 1929)를 들 수 있다.

창리 마을로부터 간도를 거쳐 조선으로의 귀향으로 형상화되는 창선의 삶의 궤적으로 담고 있는 「과도기」의 폭 넓은 공간은 1920년대의 모순된 사회 구조로 말미암아 야기된 농촌 유리민들의 간도 이주와 1920년대 말의 변화하는 식민지 자본주의의 현실을 상징하고 있다. 따라서 형식이 변모했다 함은 이 작품이 자본주의 현실의 도래와 그로 인한 공장 노동자의 발생 등을 하나의 현실적인 공간으로 작품 속에 수용하고 있다는 사실을 의미한다. 그러나 보다 중요한 것은 이러한 현실의 변화와 그로 인해 겪게 되는 개인의 삶의 궤적이 작품에서는 '가슴을 쑤시는 공포와 설움'에도 불구하고 '울며불며라도 가잔을 수 없는' 그 곳으로 표현되고 있다는 사실에 있다. 다시 말해 환경의 변화가 개인의 운명의 변화라는 차원에서 형상화되고 있다는 것이다.

작가에 의해 운명으로 형상화되는 창선의 삶이 갖는 문제적 성격을 살펴보기 위해서는 무엇보다도 「과도기」 이전의 한설야의 작품세계에 대한 검토가 요청된다. 소설 공간적인 측면에서 「과도기」에 이르는 한설야의 작품을 살펴보면 대략 「그 전후」(『조선지광』, 1927), 「뒷걸음질」(『조선지광』, 1927), 「합숙소의 밤」(『조선지광』, 1928), 「인조폭포」(『조선지광』, 1928), 「한길」(『문예공론』, 1929) 등을 꼽을 수 있다.

이 일련의 작품들은 모두 시간적·공간적인 측면에서 하나의 계열을 이루고 있는 것으로 파악된다. 한설야의 작품들이 보여주는 순차적 계열성은 단순히 작품 내의 시간·공간적인 차원에서 뿐만이 아니라 등장인물의 성격과 그것을 규정하고 있는 문제성의 차원에서도 보인다. 앞으로의 논의는 이와 같은 전제 하에서 한설야의 작품이 「과도기」에 이르기까지 어떠한 방식으로 새로운 현실과 문제적 인물로 규정되는 새로운 인물 유형을 제시하게 되는가를 탐구할 것이다.

「합숙소의 밤」은 비록 도식적인 면모를 보이기는 하지만 강한 이념 지향성이 황폐화되어 가는 현실의 묘사와 더불어 제시됨으로써 관념과 현실의 조화를 모색하려는 새로운 세계를 보여주고 있는 작품이다. 이 작품은 의식화된 노동자로서의 '나'와 함경도가 고향이며 만주에서 자식을 잃고 광산 노동자가 된 '한영감'이라는 두 인물이 가지는 성격의 대비에 의해 규정되고 있다.

이 작품이 보여주는 세계가 종래의 작품들에 비해서 새로운 것에 속한다는 변별점은 두 가지로 나누어서 설명될 수 있다. 첫째, 운명으로 형상화되는 개인의 삶의 타락의 귀결로서 노동자를 설정하고 있다는 점. 그럼으로써 도식적이긴 하지만 현실의 문제가 제기되고 있다. 둘째, 이러한 타락의 행로와 그에 대한 작가의 비판적 의도가 단편적인 현실 묘사나 강령의 형식으로 제시되지 않고 개인의 전기적 형식 속에서 개인의 변모 과정이 보여주는 문제성의 차원에서 형상화된다는 점이다.

물론 작중에서 제시되는 현실 묘사의 양상과, 그와 연관하여 자신의 변모를 보여주는 인물들의 형상화가 당대의 식민지 현실이 제기하는 첨예한 사회적 모순과 어떠한 방식으로 정확하게 대응하고 있는가라는 개별적인 반영의 정확성은 그다지 중요하지 않다. 보다 중요한 것은 이러한 상황을 전기적 형식 속에 위치 지움으로써 작가는 전혀 새로운 인물 유형을 제시하고자 했다는 점에 있는 것이다. 이러한 인물 유형은 한설야의 초기 소설들에서 보이고 있는 관념적·추상적 인물 유형도 아니고 고립된 현실 체험 속에서 파편적인 삶의 양태로 제시되는 폐쇄적인 인물 유형도 아닌 또 다른 인물 유형을 말하는 것일 텐데, 이 글에서는 이러한 인물 유형을 행동적 인물 유형(Men of Behavior)으로 규정하기로 한다.

주지하는 바와 같이 근대소설은 루카치의 소설 이론에 의하면 "타락한 세계에서 진정한 가치를 추구하는 악마적인 추구의 이야기"로 규정되는데 여기서 '타락한 세계'란 근대 자본주의사회의 출현으로 인해 인간과 세계 사이의 직접적인 관계가 배제되거나 혹은 내재적인 것으로 됨으로써 인간관계가 물화되어버린 세계 즉 진정한 사용가치가 삶 속에 내재화되어버리고 교환가치만이 절대적인 것으로 나타나는 세계를 말한다. 이러한 타락한 세계 내에서 진정한 가치를 추구하고자 하는 문제적 인물의 삶의 모색 과정을 형상화하는 것이 곧 근대소설의 규정이라 할 수 있는데 이러한 소설의 외적인 형식은 본질적으로 전기적 형식이 된다.8) 결국 전기의 형식으로 형상화되는 개인의 구체적인 삶의 궤적 속에서 의미의 내재화로 인한 세계의 우연성과 그로 인해 겪게 되는 내면적 위협으로서의 개인의 문제성을 드러냄으로써 관념과 현실의 유기적인 종합을 달성하는 것이 근대소설이 역사의 방향성과 더불어 전개된다는 역사철학적 인식의 내용인데 이러한 논리는 루카치에 의해 성립된 후 골드만에 와서 보다 심화된 내용으로 나타난다.

이 글에서 핵심적인 개념의 하나로 사용하고자 하는 행동적 인물유형은 루카치에 의해 설정된 문제적 인물의 개념을 식민지 한국의 자본주의 현실에 적합한 방식으로 재구성함으로써 규정되는 것인데, 이는 한국 경향소설의 강한 실천 지향성이라는 특수성과도 무관하지 않다. 그것은 다음과 같이 규정된다. 첫째, 일상인의 정상적인 삶의 질서에서 벗어나 있는 예외적 인물로서 훼손된 사회 내에서 진정한 가치를 추구하려는 적극적 인물이다. 둘째, 문제적 인물의 이데올로기적인 기반으

---

8) G. Lukacs, 반성완 역, 『소설의 이론』, 심설당, 1985, 98면.

로 규정되는 진정한 가치로서의 개인주의적 가치에서 벗어나 역사의 방향성과 결부되어 제기되는 공동체적 가치에 기반을 두고 그것을 추구하려는 인물로 발전의 모습을 보여주어야 한다. 셋째, 진정한 가치를 추구하고자 하는 적극성이 성격과 행위 속에 내면화됨으로써 가치의 추구 과정이 현실의 드러냄과 결부되어 전형성(Typicality)을 드러내는 인물이어야 한다.

이러한 상황 하에서 경향소설의 주인공은 기본적으로 행동적 인물 유형으로 규정될 수 있겠는데 이 유형의 인물은 일상적인 삶의 질서에서 벗어나 있는 예외적 인물로서의 노동자인 동시에 현실의 압도적인 변모에 의해 내면적인 위험을 감지하는 문제성과 그러한 문제성의 극복을 위한 적극성을 내면화함으로써 "현실의 모순을 성격의 모순으로 드러내는"[9] 인물 유형이다. 나아가서 이러한 현실 속에서 계급이라는 범주와의 연관성 하에서 형성되는 집단의식에 매개됨으로써 "이념으로서만이 아니라 구체적인 현실 속에서 이러한 이념을 실현시키기 위한 모색"[10]으로서의 진지한 행동주의에 입각한 인물 유형이다.

「과도기」의 창선이 곧 이러한 인물 유형의 단초적 모습을 보여주는 인물 유형인데 이를 보다 전단계에서 구체적으로 보여주고 있다는 점에서 「인조폭포」는 주목된다. 「인조폭포」는 '나'를 중심으로 해서 '홍장군'이라는 별명을 가진 C라는 인물과 '나'의 고향 친구인 '은순'이라는 여인으로 구성되는 세 명의 등장인물이 각각 하나의 에피소드 속에서 제시되는 방식으로 구성되어 있다. 작품의 무대는 간도인데, '나'를 둘러싸고 있는 현실의 궁핍상과 '은순'이라는 여인의 수난사를 통해 간도의 극단적인 현실이 상징적으로 드러나고 있다. 동한기(冬寒期)가 되면 의례히 찾아들게 되어 있는 철교 공사장에서 알게 된 '홍장군'이라는

---

9) 유진오, 「문학과 성격」, 『문예월간』, 1931.12 참조; G. Lukacs, *Realism in Our Time*, Haper & Row, 1964, p.28 참조.
10) L. Goldmann, 조경숙 역, 앞의 책, 66면.

사내는 같은 조선인 노동자로서 기풍과 언변 그리고 지도자적 성격을 지닌 것으로 형상화됨으로써 작가의 이념을 전달하기 위해 설정된 인물임을 알 수 있다.

이렇게 본다면 이 작품은 한편으로는 '은순'의 수난사로 표상되는 극단적인 현실 체험과 '홍장군'으로 제시되는 관념 지향성을 두 축으로 하고 그 사이에 매개적인 인물로서 '나'가 놓여 있는 구조로 되어 있다. 물론 이러한 매개성이란 단순히 에피소드적인 것에 지나지 않아서 양자의 변증법적인 지양에까지 이르지는 못하지만,11) 작중의 '나'는 이러한 도식적인 양상의 양면적인 속성을 행동적인 측면에서 체현하고 있는 인물이라는 점에서 새로운 인물 유형으로서의 면모를 보여준다. 작중에서 그것은 '은순'과의 탈출 사건으로 형상화된다. 조선으로의 탈출은 결국 실패로 끝나고 말지만 이러한 과정에서 나타나는 홍장군의 도움에 힘입어 '나'와 '홍장군' 사이에는 동지적인 집단의식이 생성되는 것으로 작품은 끝나고 있다.

다소 과장되고 또한 영웅주의적이기도 한 '나'의 개인적 행위는 그러나 작품의 초반부에서 제시된 극단적인 현실 체험과 관념 지향의 도식적인 분리의 양상을 어느 정도 변증법적으로 지양함으로써 집단적 의식의 발생을 매개하는 과정의 핵심적인 요소로 나타나고 있고 그 의미를 획득하고 있다. 이러한 인물이 보다 구체적인 폭 넓은 현실 속에서 공간의 확대와 더불어 한 명의 노동자로 되어 가는 것이 곧 「과도기」의 세계가 보여주는 새로운 현실의 의미인 것으로 보인다.

만주와 간도에서 얻어진 고립된 체험의 끝이자 작가적 의도가 배제된 '이곳 현실'의 발견이라고 규정되는 「과도기」의 세계는 그러나 노동

---

11) 여기에는 노동자들의 집단이 보여주는 의식의 일치가 집단적인 의식의 고양에 이르기까지는 못한다는 점이 고려되어야 하는데 이는 작중에서 형성되는 노동자 집단의 토대적 허약성에 기인하는 것으로 보인다. "그런데 우리 중의 한 여라문 명은 여게저게로 떠바라치든 년들이었다. 혹은 아편장이, 혹은 농사하다가 홍수와 가뭄에 혹은 지나군대에서 ……." 『조선지광』, 1928.2, 121면.

자로 될 수밖에 없는 현실과 이러한 현실 앞에 부닥친 창선의 운명이 그리는 삶의 궤적의 제시에 의해서만 그 의의를 갖는 것이 아니라 이러한 '어쩔 수 없음'의 인식의 배후에 현실 변혁에의 지향을 요구하는 강한 이념적·실천적 성향이 내면화되어 있다는 점에서 보다 문제적이지 않을 수 없다. 이러한 문제성은 「한길」에서 주인공인 C가 강한 현실 변혁적 지향성을 지니고 있음에도 불구하고 '노동자로서 살 수밖에 없는' 현실인식에 의해 매개됨으로써 강한 이념적 내면화시킨 채 보다 현실적인 인물로 형성되어 가는 과정에서도 여실히 드러난다. 「한길」에서 그것은 '눈물 없는 눈물'이 주는 내면적인 고통을 통해 '추위와 돈 저편의 그를 보라'라는 새로운 현실에 대한 실천적 모색으로 나타난다.

이제까지 한설야의 「과도기」와 그에 이르기까지 하나의 계열을 이루고 있는 작품들에 대해서 이러한 작품들이 어떠한 방식으로 초기 경향소설의 소설적 완성을 이루고 있는가를 살펴보았거니와 그것은 무엇보다도 관념의 내면화를 통해 현실의 변모를 개인의 삶의 궤적이 보여주는 문제성과 더불어 형상화함으로써, 본질적으로 현실 속에 내재된 경향성을 파악해냄으로써 가능했던 것이었다.

초기 경향소설의 내적인 한계로 설정된 단편적인 현실 공간의 확대와 관념의 내면화를 일단은 극복함으로써 경향소설의 발전을 보여주는 「과도기」의 중요성은 그러나 이로써만 끝나는 것이 아니다. 개인과 집단, 관념과 현실의 변증법적인 조화는 현실 속에 내재하고 있는 경향성을 구체적이고 객관적인 진실로서 보아내려는 실천적 모색에 의해서만 가능한 것일 터인데 이후의 경향소설의 전개 양상은 그러한 실천적 모색에 부과된 정치적 요구의 강도에 따라 각기 한쪽으로의 편향을 보이고 있기 때문이다. 이러한 양상은 「과도기」 이후 발표된 한설야의 「씨름」(『조선지광』, 1929)이 과도한 정치적 요구에 의해 노동자 집단의 형상화에의 편향성을 보이고 있다는 점에서도 보여지듯이 전혀 구체적인 현실인식과 그것을 가능케 할 작가의 실천의 문제에 의해 좌우되는 것이다.

4. 「공장신문」의 급진성

두 차례의 방향전환의 과정에서 문학은 투쟁의 무기로서 사회운동의 매개적 임무를 부여받은 것으로 규정된다. 이러한 양상의 최초의 인식론적 요구는 작가에게 정치의식의 강화를 제시한 것으로서 이러한 논의는 볼세비키화의 단계에까지 심화되어 '전위의 눈으로 세계를 보라'는 명제로 요약되는 계급적 관점의 확립에까지 이어지는 것으로 보인다.

초기 방향전환기의 대표적 이론가인 박영희에 의해 "푸롤레타리아 이데올로기의 확립"[12]으로 규정된 바 있는 이러한 정치의식의 강화는 기본적으로 운동의 현단계에 대한 정치적인 규정과 이러한 시기에 있어서의 문학적 실천의 문제를 작가와 작품 창작의 양 측면에서 동시에 제시하고 있는 매우 폭 넓은 것이라 할 수 있다.

순수한 이념의 견지로 표방되는 복본이즘의 강한 이념성과 그것을 무매개적으로 받아들임으로써 볼세비즘적인 단결을 통해 집단형태로서의 조직형태를 모색하고 작가들을 전적으로 거기에 예속시킴으로써 예술운동의 새로운 방식을 모색하려고 하였던 방향전환기의 이론적 토대를 이루고 있는 이러한 정치의식의 강화는 조직의 문제와 연관해서 관념적 집단의식에 매개되면서 주인공으로서의 집단이라는 새로운 소설형식을 발생시킨 것으로 판단된다.[13]

창작에 있어서 집단의식을 드러내기를 요구하는 이러한 경향은 따라

---

12) 박영희, 「문예이론의 이론과 실제」, 『조선지광』, 1928.1, 91면.
13) 집단이라는 범주의 발생에 대해서는 기본적으로 토대로서의 자본주의 현실의 변모가 전제되어야 하지만 기본적인 성격은 진정한 가치에의 추구 과정이 역사의 방향성이라는 문제와 더불어 제기되었을 때 소설의 주인공은 집단으로의 변모를 보이는 것으로 설정된다. 이러한 의미에서 사회주의를 이데올로기적 기반으로 하는 소설들은 대개가 이러한 경향을 잠재적으로 지니는 것으로 이해된다. L. Goldmann, 조경숙 역, 앞의 책, 29면.

서 운동 주체로서의 대중에 대한 적극적인 아지·프로의 필요성과 함께 작품 내에서 강한 이념적 성격을 띠는 단일한 세계관의 편재와 집단적 주인공을 그 이념적 의식의 측면에서 형상화하기를 요구하는 것으로 나타난다. 따라서 단일한 세계관의 편재를 통해 드러나는 집단적 주인공의 이념적 집단의식이란 당대 사회의 모순된 현실과 아무런 문제성의 설정 없이 무매개적으로 드러나는 일종의 비문제적 집단 속에 육화되어 나타난다.

소설 작품 내에서 주인공과 세계가 맺는 유기체적 관계는 세계에 있어서의 의미의 내재성(Immanence of meaning)과 주인공의 문제성을 통해 규정되는 것인데 여기에서 제시되는 비문제적 집단은 이러한 매개적 요소들이 배제됨으로써 소설 내의 현실과 주인공이 맺는 능동적인 제 관계가 파괴되어버리고 결국엔 주어진 이념을 무매개적인 행위 속에서 직접적으로 표출하는 도식적인 경향을 보여주게 된다.

몇 가지 내적 한계를 지님에도 불구하고 이러한 양상을 여실히 보여주는 작품으로 김남천의 「공장신문」(『조선일보』, 1931)을 들 수 있다. 이 작품의 무대는 공장에서 벌어지는 식수(食水) 사건을 중심으로 설정되어 있다. 질 좋은 수돗물을 막고 우물물을 식수로써 사용하기를 강요하는 공장주의 횡포는 한국 자본주의의 초기적 양상의 하나인 열악한 노동조건을 의미하는 하나의 상징으로 설정된다. 여기에 공장신문의 발행으로 제시되는 작가의 정치적인 열망은 그것을 발행하기 위한 실천적 과정으로서 노동자들의 집단의식을 제고시키기 위한 일련의 사건 구성을 요구하고 있는데 식수 사건은 바로 이러한 요구에 의해 형상화되고 있는 것이라 할 수 있다.

이와 같이 한편으로는 가혹한 노동조건과 또 다른 한편으로는 공장신문의 발행이라는 정치적 열망의 선명한 두 축 사이에서 이러한 사건구성의 현실적 필요를 절감하고 있으면서도 그 구체적인 실현 방법에 대해서는 알고 있지 못하는 인물인 관수가 놓여 있는 것이 이 작품의 주된 골격을 이루고 있다. 이렇게 본다면 이 작품은 박승극의 「재출발」
이 보여주는 집단적 주인공의 규정과는 썩 다른 양상을 보여주는 것으
로 여겨지는데 그것은 이 작품에 제시되는 실천적 모색의 새로운 제시
라는 것이 바로 이 관수라는 개인의 문제성을 통해 매개적으로 형상화
되는 것이기 때문이다.

물론 이 작품의 골격이 공장지대에서 살아가는 노동자들의 삶의 모
습을 그 일상적인 현실의 측면에서 형상화하고 있지는 못하다는 점과
하나의 사건적 계기를 통해 성급한 집단의식을 드러내려 했다는 점 등
에서 작품 전체의 성격은 이념적으로 추상화되어 있다. 그러나 종래의
방향전환기의 작품들에서 드러나는 주인공들에 비해 볼 때 「공장신문」
의 주인공인 관수에서는 어느 정도 정치의식의 강한 이념적 성격이 완
화되고 있다는 점은 특기할 만하다.

「공장신문」이 보여주는 이러한 양상은 기본적으로 현실과 관념의 선
명한 대립구조를 관수의 문제성을 통해서 보여줌으로써 가능한 것이었
는데 이는 앞서 말한 것과 같이 식수 사건과 공장신문의 두 축 사이에
관수의 문제성이 놓여 있을 뿐만 아니라 이러한 관수의 문제성이 자본
주의의 교활한 성격을 이념적으로 재생하고 있는 김재창이라는 간부와
의 대결에서 하나의 본질적인 내면적 위험으로 나타나기 때문이다.

작품 전체에서 일관되게 드러나는 강렬한 정치의식을 직접 제시하고
있는 작가의 의도는 따라서 관수에게서 보이는 이러한 문제성의 양상
을 정치의식의 부재 현상에 의해 야기된 것으로 몰고 가버리는 작품의
전개 과정에서 발현되고 있다. 즉 투쟁의 현실적인 승리라는 조급한 현
실 변혁에의 지향에 의해 관수에게 있어서 정치의식의 강화가 필연적
으로 요구되는 것이다. 변화된 현실에 대응하기 위한 실천적 요구와 이
와 연관하여 요구되는 노동자들의 집단의식의 제고라는 두 가지 당위
적인 요청은 작중에서 창선이라는 이념적인 인물에 의해 주도되는 집
단화에 의해 달성된다. 작품의 기본적인 골격에서 유리되어 있는 창선

이라는 인물의 갑작스러운 등장과 그에 의해 주도되는 집단화를 통해 문제의 정치적 해결을 제시한다는 이러한 방식이 강한 정치적 관념성을 반증하고 있는 것은 물론이다.

이러한 현상은 이미 누구이 말한 바 있지만 관수에게서 나타나는 문제성의 극복 방식이 현실과 관념의 변증법적인 종합을 향한 실천적 모색으로서 제기되지 못하고 작가의 조급한 관념에 의해 일방적으로 해소되는 것으로서 형상화되기 때문이다. 이러한 정치의식의 강한 원론성으로 인해 야기되는 실천적 모색의 도식적인 해소는 따라서 작품의 전면에 작가의 노골적인 정치의식이 직접적으로 개입하게 되는 원인이 된다. 작품에서 제시되는 작가의 정치적 진술은 운동 노선 볼셰비키화의 슬로건 중 하나인 노조 내에서의 계급적 주체의 확립에 관한 것인데, 이 슬로건이 당시의 정치적 요구와 직접적으로 맞닿아 있는 것임은 두말할 필요가 없는 것이다.

따라서 「공장신문」의 전반적인 형식적 요건은 결국 이와 같이 제시된 특정한 슬로건을 선전·선동을 위해 형식화한 것 내에서만 나름대로의 효용성을 갖게 되는 것으로 보인다. 그러나 전형적 상황 하에서 전형적 인물의 창조를 통해 관념과 현실의 변증법적인 종합을 달성할 때 비로소 구체적인 선전 가능성이 제시될 수 있다면 「공장신문」이 지니는 이러한 나름대로의 효용성도 부정적인 것으로 될 수밖에 없는 것이라고 판단된다.

5. 합행동적 사건의 문학적 의미

정치의식의 강화를 통해 작품 내에 이념적 집단의식을 형상화함으로써 새로운 실천적 모색을 보여주는 것으로 규정되는 집단적 주인공은 1930년대의 사회주의운동이 보여주는 질적인 변화에 따라 제기되었던 현장성의 문제와 연관되어 문제적 집단(Problematic Community)의 형식으로 전이하게 된다. 이러한 전이는 경향성의 역동적인 구조가 현실에 어느 정도 매개됨으로써 가능한 것이었는데[14] 이러한 과정에서 핵심적인 역할을 담당한 것은 무엇보다도 현장성의 강조라는 운동 현실에 대한 실천적 관심의 절대화에 의해 가능한 것으로 보인다.

"노동대중과의 부단한 접근을 통해 인테리적 속성을 청산"[15]함으로써 "노동자 의식과 작가××와의 분열을 지양"[16]하는 것으로 이해되는 세계관의 문제를 실천의 문제와 더불어 제시하고 있는 것으로 보이는 현장성 강조에의 요청은 "계급적 규율 하에서 생활하는 당파작가로의 확립"[17]이라 할 때의 그 당파성과 30년대 초의 운동 현실이 제기하는 역사의 방향성의 문제를 동시에 제기함으로써 이론과 실천의 문제에 대한 보다 심화된 인식을 보여주는 것으로 판단된다.

이러한 현장적 실천에의 요청은 그러나 현장성의 설정을 "조선 프롤레타리아트와 그 ×(당-인용자)이 현재 조선의 ××(혁명-인용자)적 프롤레타리아트가 그 전력을 집중식히고 있는 대공장노동자·빈농"[18]으로 국한하고 그 구체적인 방식으로 "프롤레타리아적인 진실한 계급적 기초"[19]로서의 조직적 실천에 방점을 둠으로써 강한 이념적 지향성을 띠게 된다. 이와 같이 현실의 객관적 현실성을 보아내는 매개적 방식으로서의 현장적인 실천이 내포하는 현실인식에의 능동성[20]이 직접적인 선

---

14) '경향성의 역동적 구조'는 그것이 실천적 요구의 시대적 제약에 따라 경향성의 규정이 때로는 보다 사실적인 경향에로의 접근이 때로는 규범적인 경향에로의 접근이 가능하다는 측면을 말한다. S. Morawski, op. cit., p.34 참조.
15) 신유인, 「문학 창작의 고정화에 항하야」, 『중앙일보』, 1931.12.7.
16) 한설야, 「생활과 작품」, 『중앙일보』, 1931.12.1.
17) 임화, 「1931년 간의 카프예술운동 정황」, 『중앙일보』, 1931.12.12.
18) 안막, 「조선프로예술가의 당면한 긴급한 임무」, 『중외일보』, 1930.8.21.
19) 위의 글, 『중외일보』, 1930.8.22.

전·선동의 정치적 요구에 의해 간과되고 규범적으로 제기된 내용을 '어떻게 쓸 것인가'라는 형식적 요구에 연관시키지 못함으로 인해 당파성에 대한 과도한 정치 이념적 채색이 진행되는데 이러한 과정이 당시의 현장이 가지고 있던 이데올로기적 분열상과 관계되면서 발생하는 것이 곧 문제적 집단이라는 새로운 범주인 것으로 간주된다.

유진오의 「밤중에 거니는 자」(『동광』, 1931)는 이러한 점을 여실히 보여주는 작품의 하나이다. 박승극의 「재출발」, 김남천의 「공장신문」 등에서 변모하는 현실에 대응하기 위한 새로운 실천적 모색으로 제시된 바 있는 집단적 범주의 형상화는 여기에서는 보다 뚜렷하게 제시된다.

이 작품의 기본적인 줄거리는 불경기로 인한 자본가들의 임금 인하 결정과 그에 대한 철폐를 요구하는 파업이라는 대립적 상황 속에서 전개되고 있다. 작품 속에서 제시되는 이러한 대립적 상황은 비록 그것이 당시의 공식적인 창작방법에 의해 의도적으로 설정된 것이긴 하지만 1930년대를 전후하여 대두한 세계사적인 대공황이 야기한 구조적 불황의 현실적인 표현으로서의 임금 인하를 그 소재로 취함으로써 보다 선명한 형상화의 정도를 얻고 있는 것으로 보인다. 물론 이러한 대립적 상황의 묘사를 가능하게 한 것이 임금 인하가 가지는 의미의 양면성에 대한 높은 수준의 정치적 인식에 의해 이루어진 것이라는 점에서 작품의 전반을 규정하는 것은 리얼리티의 획득이라는 관점에서보다는 정치의식의 전달이라는 쪽에 비중이 있다는 것은 두말할 필요가 없다.

한편 이와 같은 방식으로 작품의 골격을 규정하는 임금 인하에 대한 정치적 규정의 작가 의도는 단순한 강령의 형식으로 제시되지 않고 작품의 내적 형식으로서 형상화되고 있다는 점은 특기할 만하다. 작품 속

---

20) 루카치는 이것을 '수용에의 정열(Leidenschaft Receptiontat)'이라는 용어로 개념화하고 있는데 그것은 세계에 대한 정열적인 학습 의지와 풍부한 생활 체험에의 신뢰 등으로 구성되어 있다. G. Lukacs, 조경숙 역, 앞의 책, 270면. 粧原 이론의 한계로서 작가적 실천과 경험의 문제를 제시하고 있는 글로는 김윤식, 『한국근대문학사상사』, 한길사, 1984, 222면 참조.

에서 그것은 7인으로 구성된 노동자 집단으로 형상화되어 있다.

> 파업이 일어나기 전에도 물론 동지들, 광은이, 철남이, 제 일 공장의 수철이,
> 제 이 공장의 현길이, 제 삼 공장의 귀석이, 그리고 녀직공 편에서 금순이와
> 분네의 도합 일곱 사람은 각금 철남의 집에서 모이었다.[21]

위의 진술에는 이 작품의 구조를 결정짓는 요소가 거의 다 포함되어
있는 것으로 보이는데 '파업이 일어나기 전'이라는 시기 규정과 '도합
일곱 사람'으로 구성되는 집단 설정은 특히 그러하다. 곧 파업이 일어
나기 전 도합 일곱 사람으로 구성되는 집단이 파업이라는 사건에 직면
하면서 어떻게 문제적 집단으로 변해 가는가를 묘사함으로써 현실의
변모양상에 대한 정치적 규정을 표현하려는 것이 작품의 주제로서 드
러나는 것이다. 이때 파업이라는 사건은 그것 자체가 하나의 합행동적
사건(eine Handlungsmaußige Begebenheit)[22]으로 규정된다.

주지하다시피 1930년대는 식민지 조선의 사회·경제적 토대를 규정
함에 있어서 매우 중요한 시기이다. 1920년대 후반기부터 진행된 일제
독점자본의 국내진출로 인해 식민지 내에서의 자본주의적 경제 범주의
확립이 이루어짐으로써 한편으로는 지주-소작 관계의 봉건적 모순의
심화가 일어나고 또 다른 한편으로는 식민지 종속형 자본주의의 발전
이 제기하는 계급적 모순의 심화로 대표되는 이중적인 사회모순의 양
상이 전개된다. 일제 독점자본의 식민지 초과 이윤의 원천이 이미 자본
-임노동 관계 위에 서게 됨에 따라 광범위한 노동자 계층이 성립하게
되고 이러한 현상은 식민지사회 구조의 가장 기본적인 모순으로서의
계급모순을 발생케 한 것으로 보인다.

1930년대에 와서 급격히 진행되는 이러한 계급모순의 확대 재생산은

---

21) 유진오, 「밤중에 거니는 자」, 『동광』, 1931.9, 56면.
22) G. Lukacs, 조경숙 역, 앞의 책, 275면. 사건 구성은 단편의 경우 특징적으로 근본적인
    형식 문제로서 설정된다.

민족 자본의 매판화와 함께 모순의 대립적 구조로서 일본 독점자본의 민족적 성격 등에 의해 노동운동 자체를 하나의 반제·반일운동의 민족해방운동적 성격으로 몰고 가게 하는 요인이 되는데 이는 민족해방운동의 주체로서 노동자 계급의 질적 성장이 이루어지고 있었다는 사실을 전제로 한 것이다.[23]

노동자 계급의 질적 성장이란 실천의 문제와 연관하여 계급의식의 확립의 단계로 나아감을 의미하는 것일 터인데[24] 중요한 것은 이러한 질적 변환의 단계가 기본적으로 극좌적인 것으로 규정되는 1930년대 초의 적색노조운동의 과정에서 관찰된다는 사실에 있다. 전국적인 규모의 파업과 시위 등을 중심으로 진행된 운동의 과정이 보여주는 계급의식의 문제는 운동의 방향성과 결부되어 상당히 급진적인 색채를 띠는 것으로 규정되는데 이러한 급진성의 토대로 상정되는 것이 곧 식민지 초기 자본주의의 열악성과 계급적 모순의 민족적 성격의 결합 등에 의해 야기된 것임은 두말할 필요가 없는 것이다.

작품에서 형상화된 파업이 단순한 투쟁적 소재가 아니라 당시 식민지 한국사회의 전반적인 구조적 모순을 보여주는 것으로서의 세계사적 사건임을 당시의 상황을 통해 살펴보았거니와 「밤중에 거니는 자」에서 작가가 파업을 전후로 하여 정치적 규정을 제시하려 한 것도 동일한 차원에서 설명될 수 있는 것이다. 파업을 경과하는 동안 철남과 광은을 정점으로 구성된 이 집단은 분열의 위험에 직면하게 된다. 규율을 매개로 한 혁넝석 공동체가 현실적 행동에 지면하여 그것이 언제 어떻게 깨어질 지도 모른다는 위험을 인식함으로써 문제적 집단으로 전화한다.[25]

이러한 위험은 물론 이념과 행동의 통일성을 통해 공동체적 가치를

23) 박현채, 『민족경제론』, 한길사, 1978, 359~366면.
24) G. Lukacs, 박정호·조만영 역, 『역사와 계급의식』, 거름, 1986, 142면.
25) 파업에서의 승리라는 당위적인 현실적 요구와 그것을 가능하게 한다고 여겨지는 공동체적 규율 사이의 모순이 여기서는 구성적 대립의 양상으로 나타난다.

구현하고자 하는 집단의 내면적 위험에 의해 야기되는 것이지만 이 작품에서는 파업에서의 현실적인 패배라는 현실적 여건에 의해 야기되는 것으로 설정됨으로써 보다 강한 이념적 성격을 띠고 있다. 즉 이념적·행동적 규율의 정치적 강화라는 문제가 발생하는 것이다. 강령의 형식으로 제시되는 이러한 규율의 강화를 통한 문제의 해소는 작품의 전반을 규정하는 작가의 정치적 의도가 도식적으로 드러난 데서 기인하는 것이겠지만 기본적으로는 문제의 설정을 당면한 정치적인 목표인 현실적 승리에 둠으로써 발생하는 것이다.

의도적으로 표출된 작가의 노골적인 관념이 작품 구조를 도식적으로 제약한다는 것은 두말할 필요가 없다. 집단의 문제성을 집단 구성원들의 내면적인 것에 둠으로써 노농자들의 일상적인 삶을 매개화하고 이의 극복을 통해 새로운 실천적 모색을 제시하고자 하는 노력이 이 작품에서는 아직 보이고 있지 않는 것이다.

6. 「총동원」과 문제적 집단

문제적 집단의 가장 규범적인 형태를 제시하는 동시에 문제성의 존재 방식을 집단과 개인의 양측면에서 보아냄으로써 비록 제한된 한계를 가짐에도 불구하고 노동자들의 일상적 삶의 양상을 드러내 보이려고 한 것으로 이적효의 「총동원」(『비판』, 1931)을 들 수 있다.

이 작품의 무대는 1930년 8월에 일어난 평양고무공장의 파업현장이다. 여기에서도 역시 자본가측의 임금 인하와 그에 맞서 투쟁하는 노동자들간의 집단적 대치 상황이 작품의 골격을 이루고 있다. 김남천의 「공장신문」과 유진오의 「밤중에 거니는 자」가 특징적으로 하나의 사건 구성과 이를 둘러싼 노동자 집단의 대응 양상을 도식적으로 제시함으로써 작품 공간의 협소함을 보여주고 있다면 이 작품에서는 자본가 집단과 노동자 집단 사이의 대결 양상과 노동자 집단 내부의 갈등 양상을 동시에 보여주는 상당히 폭넓은 공간을 포용하고 있는 것으로 보인다.

이러한 사실은 물론 작가의 체험의 폭이 그만큼 넓어진 데서도 그 원인을 찾을 수 있겠지만 무엇보다도 평양고무공장 파업이 역사적으로 차지하는 다대한 비중에도 그 원인을 찾을 수 있다. 작품에서 나타나는 임금 인하 결정이 노동자들에게 미치는 영향은 단순히 단체 교섭의 차원에서 운위될 성질의 것이 아니다. 식민지 한국의 초기 자본주의의 열악함을 재현하는 것으로서 그것은 곧 노동자들의 생존의 문제와 결부되어 있는 절박한 것이었다.

가혹한 노동 조건 하에서 생활하는 노동자들은 그러나 임금 인하의 원인과 그 의미를 알지 못한다. 정치적인 의식이 없는 그들에게 있어서 자본주의의 심화된 모순에 의해 발생한 공황이라든가 자본의 자기대응 방식으로서의 임금 인하 등의 의미를 이해할 까닭이 없는 것이다. 그런 까닭에 그들은 '미친 사자보다도 더 무서웁게' 극한적인 행동까지도 불사할 듯이 적개심을 불태울 뿐 구체적인 행동에의 지향을 보여줄 수는 없다. 의식화되지 못한 상태이긴 하지만 노동자들의 집단적인 행동에로의 이러한 지향성이야말로 곧 작가의 정치의식일 터인데 이 작품에서는 그것이 노동자 대표라는 경험 있는 투사들의 집단으로 형상화된다.

이상에서 보는 바와 같이 한편으로는 부르주아의 전형적 모습을 드러내는 김용운과 그에 대해 뚜렷한 인식적 규정을 가지지는 못하지만 생존의 문제를 안고 이에 대결하려는 노동자들의 집단을 두 축으로 하고 그 사이에 이 둘의 대립적 양상을 매개하고 있는 투사들의 집단을 놓은 것이 이 작품의 기본적인 골격을 이루고 있는 것으로 파악된다.

따라서 이들 투사들의 집단이 자본가들의 집단과 대결해 나가는 행동의 양상이 작품 전체를 규정하는 중요한 요인으로서 나타나게 된다.

그러나 작품에서 제시되는 이러한 투사들의 집단은 그것이 작중에서 현실적으로 노동자들의 집단의식을 매개하는 기능을 담당하지 못한 채 작가의 정치의식의 직접적인 반영으로써의 성격이 강조됨으로써 작품의 실제적인 구조는 자본주의적 모순의 발현과 그것이 노동 현실에 대해 끼치는 질곡에 대한 작가의 수준 높은 정치적 비판의 형식으로 드러난다. 그리고 이러한 현상은 세계사적인 공황의 진전이 식민지 한국의 자본주의 상황에 끼친 전반적인 모순의 심화라는 현실적인 상황에 대한 총체적 인식의 미달 상태로 나타남은 물로 작중의 집단 묘사에 대한 관념적 성격화를 야기하는 것으로 보인다.

한편 작품의 주요한 골격을 구성하는 이 '경험 있는 투사들'의 비문제적 집단은 파업을 경과하면서 문제적 집단으로의 변모를 보이게 된다. 옥정의 남편이자 고무직공조합 위원장인 진필이 파업의 와중에 자본가들에 의해 돈으로 매수되는 사건이 일어난 것이다.

> 옥정이는 가삼이 덜컥 내려 안젓다. 눈물이 흘렀다. 그저 몸부림이라도 치고 싶헛다. 이천여명의 아우성 소리가 당장에 나는 것만 같앗다. 사랑하는 남편 ─ 갓난애의 쌕쌕 자는 꼴, 싀어머니의 불상한 모양 ─ 돈을 앞헤다 놓고 쭈 그리고 안저잇는 남편의 모양이 보기 실헛다. 미웟다. 앗가웟다 (……) 옥정이는 눈물을 흘리면서 문 밧그로 나왔다. 다리에는 힘이 업다. 막막하였다. 믿고 의지하던 것을 일허버린 것 가티 마암이 서운하엿다. 당장 미칠 것 갓기도 하엿다. 옥정이는 파업단 참모부로 뛰여 왔다. 그들은 여전히 씩식하엿다.[26]

다소 긴 인용이긴 하지만 진필의 매수 사건에 접하는 옥정의 심리적 갈등이 매우 섬세하게 서술되고 있음을 알 수 있다. 한편으로는 '이천여명의 아우성 소리'라는 동료 노동자들의 이념적 신망과 또 다른 한편으로는 '갓난애'와 '싀어머니의 불쌍한 모양'으로 표상되는 노동 현실의

---

26) 박승극, 「총동원」, 『비판』, 1931.10, 113면.

열악한 삶의 양상이 진필의 배신에서 느끼는 옥정의 심리적 갈등 속에서 팽팽한 긴장을 획득하고 있다는 점에서 이러한 갈등은 가장 현실적인 실감을 얻고 있다.

작가의 선험적인 관념에 의해 '신망받는 투사'이며 '이념의 동지'로서 성격화된 옥정은 '미움'과 '앗가움' 사이의 갈등으로 '당장 밋칠 것 같은' 내면적 고통을 겪음으로써 문제적 인물로 변모해 가는 것을 볼 수 있다. 이러한 문제성은 한편으로는 남편의 타락과 싀어머니, 어린 애기 등으로 형상화된 현실적인 상황과 또 다른 한편으로는 '이천여명의 아우성 소리'로 표상되는 정치적 이념을 두 축으로 하고 그 가운데에 놓여 있는 것이어서 보다 극대화되는 것처럼 보인다. 따라서 이 순간에 있어서의 옥정은 가장 전형적인 상황 하에서 전형적인 노동자상을 제시하고 있는 것으로 판단된다.

그러나 이러한 옥정의 전형성의 형상화는 작가의 의도에 의해 곧 다시 이념적으로 채색되어버리고 만다. 파업단 참모부로 형상화된 문제적 집단이 내재하고 있는 문제성 즉 혁명적 공동체의 내면적 붕괴라는 위험과 파업의 현실적인 패배에의 위협이 집단의 구성원에게 요구하는 정치적 연대감의 강화가 필연적으로 요구되는 것이다. '그들은 여전히 씩씩해야만' 하기 때문이다.

진필의 배신 이후 작품 전체의 골격을 규정짓고 있는 것은 파업단 참모부로 형상화되는 문제적 집단이다. 이들은 그들의 이념적·행동적 연대성이 언제 어떻게 깨실시 모른다는 내면적인 위험과 더불어 파업에 있어서의 패배라는 현실적이고 정치적인 위험에 동시에 직면하게 됨으로써 문제적 집단으로 변모한다. 이러한 위험은 작중에서 자본가 집단의 단호한 태도와 자본의 매판화를 상징적으로 드러내는 일본인 경관의 노골적인 탄압이라는 장치를 통해 계속 증가한다.

'밤'으로 표상되는 암울한 분위기의 묘사와 극단적인 행위까지도 불사하려는 노동자들의 행동 양식은 이러한 위험이 단순히 관념적인 차원에서 머물고만 있지는 않다는 것을 보여준다. 위험의 이러한 현실성에 대한 인식이 문제적 집단을 규정짓는 한 축으로서 기능하고 있다는 점에서 소설의 공간은 보다 현실적인 것으로 확대된다. 그러나 이러한 위험에 직면한 문제적 집단의 자기지양방식으로 제시되는 옥정의 영웅적인 자기희생의 양상은 그것이 과도한 관념적 성격으로 인해 추상화됨으로써 본래적으로 작품이 지니고 있던 관념적 도식성의 지양에까지는 이르지 못한다.

이제까지 정치의식의 강화와 현장적 실천에의 강조를 기축으로 하는 문학의 정치적 수단화 경향이 작품의 내적 형식을 어떻게 규정하고 있는가를 살펴보았다. 작품을 규정하는 기본적인 성격이 작가의 정치적 관념의 도식적인 세시에 있음에도 불구하고 각각의 작품들은 제시된 정치적 관념의 실천적인 방식이 구체적인 현실과 맺는 관련성의 정도에 따라 상당히 능동적인 모습을 띠고 나타남을 보았다.

방향전환의 논리적 측면을 도식적으로 단순재생하고 있는 초기의 비문제적 집단의 제시에서부터 집단의 내면적·현실적 문제성을 제시하고 있는 「총동원」에 이르기까지 작가의 정치적 의도에 의해 설정된 이 집단적 범주는 일관되게 제약된 현실적 상황들을 구조적으로 매개하고 있는 것으로 보인다.

특히 「총동원」의 경우 노동자들의 보편적인 존재 규정과 이를 정치적 열망이라는 현실과 관념의 팽팽한 긴장 관계 위에 놓여 있는 옥정의 형상화를 통해 당대 사회의 구조적 모순을 비록 제한된 범위 내에서나마 보여주고 있다는 점은 특기할 만하다.

그러나 작품 내에서 당대의 계급적 대립성과 투쟁적인 행동을 보여줌으로써 문학적 실천으로서의 구체적인 선전 가능성을 획득하려는 노력이 계급의 집단적 속성을 특징적으로 체현하고 있는 전형적 인물의 전형성을 확보하는 일과 그 전형들을 당대사회구조의 모순에서 비롯된 구체적 현실의 문제와 연관하여 제시함으로써만 가능한 것이라면 이제까지 살펴본 작품들은 모두 이 기준에 미달하는 것으로 파악된다. 이는 객관적 현실의 경향성을 실천적 모색을 통해 진실로서 파악할 때 가능한 것일 터인데 이는 아직 경향소설의 미해결된 과제로 남아 있었던 것이다.

7. 「여직공」과 진지한 행동주의

이제까지 두 차례의 방향전환을 통해 경향문학에 가해진 과중한 정치적 요구로 인해 경향소설의 전반적으로 도식화되고 유형화되는 경향을 보이고 있음을 살펴보았다.

계급적 이데올로기의 확립이라는 측면에서 작가와 작품의 전반에 가해진 정치의식의 강화와 그 구체적인 방법으로서의 현장성의 강조에 의해 제기된 작가의 정치적 계급적 실천과 문학적 실천의 도식적인 결합 등으로 특징지어지는 이러한 과정은 비록 그 발전의 제 단계에서 다소의 현실적인 범주들에 의해 매개됨으로써 나름대로의 역동성을 내포하고 있는 것은 사실이나 기본적으로는 과도한 정치 이념적 색채를 지님으로써 경향소설의 전반적인 성격은 정치적 이념의 반영에 불과한 것으로 머무르게 된다.

이러한 경향소설의 유형화의 원인은 작가의 현실인식의 유아성, 창작 역량의 미숙 등에서도 그 원인을 찾을 수 있겠지만 무엇보다도 문학의 실천적인 측면만을 지나치게 강조함으로서 현장성의 강조에 의해 제시된 이론과 실천, 관념과 현실의 변증법적인 종합이라는 새로운 방법에 의한 구체적인 현실에의 탐구가 망각되거나 부차적인 것으로 취급됨으로써 야기된 것이라 할 수 있다.

방향전환기의 경향소설이 지닌 이러한 내적 한계는 리얼리즘에 대한 경향문학 인식 수준의 전반적인 성장과 작가들에 의해 제기된 구체적인 현실성에 대한 인식론적 탐구 등을 계기로 작품의 전면에 노골적으로 부각되었던 정치적 관념의 지양을 통해 관념과 현실의 유기적인 종합을 달성하려는 새로운 인식론적·정치적 실천의 노력에 의해 비로소 극복되는 것으로 보인다.

예술운동의 새로운 방향성의 설정과도 연관된 이러한 리얼리즘에의 요청은 예술의 특성을 "생생한 생활을 구체적 형상으로 묘사하고 표현"[27]하는 데 있는 것임을 인식하고 실천의 문제를 구체적인 현실의 형상화의 문제와 결부시킴으로써 현실과 관념, 당파성과 객관적 진실성의 상호 발전적인 관계에까지 나아가는 전반적인 논의 수준의 심화를 보여주는 것이다. 노골적인 정치의식을 내면화함으로써 현실의 구체적 현실성을 보아냄과 동시에 예술운동의 새로운 실천 방식을 제시하려는 평단의 인식의 심화 과정과 더불어 이러한 노력을 시기적으로 앞당겨 보여주는 것으로 유진오의 「여직공」(『조선일보』, 1931)을 들 수 있다.

이 작품의 무대는 종래의 작품들과 마찬가지로 노동 현장성을 강조하는 것으로 꾸며져 있다. 한편으로는 '임금 인하'와 '부당 해고' 등을 통해 소설의 한 축을 형성하고 있는 자본가들의 집단과 그들에 대항하여 파업을 일으키고자 하는 혁명가 집단으로서의 독서회 집단의 대결적 양상이 작품의 전체를 규정짓는 요소로 나타나고 있고 이러한 두 축의 사이에 한편으로는 자본가 계급에 대한 근원적인 증오와 또 다른 한편으로는 독서회 멤버들에 대해 가지는 까닭 모를 위험을 느끼는 성격상의 모순을 지니고 있는 옥순이라는 노동자가 나타나고 있다. 여기에 자본가 계급의 야수성을 성격적으로 재생하고 있는 일본인 감독과 그에 의해 매수된 몇몇 노동자들의 형상화가 대립적인 양상 속에서 서술되고 있다.

---

27) 임화, 「문학에 있어서의 형상의 성질 문제」, 『중앙일보』, 1931.12.16.

「여직공」의 이러한 공간 설정은 종래의 노동자소설들이 거의 자본가 계급과 노동자 전위들의 집단적 대립구조를 지니고 있는데 비해 보다 현실적인 것임을 알 수 있다. 자본가 계급에 대한 근원적인 증오를 가슴에 담고 있으면서도 현실적인 방향성을 갖지 못하는 까닭에 성격적 모순을 안고 있는 옥순은 따라서 보다 현실적인 노동자의 모습으로 형상화된 인물 유형이다.

이 작품은 구성 상 두 개의 사건을 중심으로 전개되고 있다. 하나는 옥순이 일본인 감독에 의해 돈에 매수되는 동시에 그에게 성적 폭행을 당하는 사건이고 다른 하나는 독서회 멤버의 일원인 보배라는 여직공이 파업의 준비 활동 중에 감독에게 폭행을 당하는 사건이다.

첫 번째 사건은 한편으로는 자본가 계급의 야수성을 보여주는 동시에 옥순으로 대표되는 노동자 계급의 일반적인 존재 양상을 규정하는 전형적인 사건으로서 작품의 한 축을 이루고 있다. 일본인 감독의 정부인 여직공 순임과 옥순을 대비시킴으로써 작가는 이 사실을 분명히 하고 있다. 순임은 농촌에서 유리되어 나와서 도시의 빈민 생활을 통해 노동자로 유입된 인물이다. 작가는 순임이라는 여직공의 삶의 궤적을 보여줌으로써 노동자들 일반의 존재 양상을 형상화하고 있다. 이러한 존재 양상이란 물론 식민지 조선에 있어서의 초기 자본주의의 열악한 상황과 함께 노동자 계급의 무기력함을 상징하는 것에 다름 아니다.

한편 옥순은 성폭행 사건을 통해 비로소 자신을 에워싸고 있는 적대적인 현실 앞에서 문제적인 인물로 변모한다. 옥순이가 감독에 대해 느끼는 극렬한 증오심은 그녀가 본래적으로 지니고 있었던 자본가 계급에 대한 증오심의 확대·재생산이라는 점에서 그것은 보다 문제적이지 않을 수 없다. '지옥과도 같은' 자본주의적 현실에 대한 옥순의 증오심이야말로 그러한 현실을 비판적으로 바라보고자 하는 작가의 정치의식일 터이지만 옥순에게 있어서 이러한 의식은 아직 내면화된 채 방향성을 갖지 못한다. 이렇게 내면화된 증오심은 보배의 폭행 사건을 통해 작품의 전면으로 나타난다. 그것은 곧 열악한 자본주의적 현실과 그에 의해 야기된 노동 현실의 계급적 모순을 지양하고자 하는 현실 변혁에의 적극적인 의식으로 나타난다.

보배의 폭행 사건은 옥순의 존재를 규정하고 있던 추상적인 현실 증오의 관념으로부터 적극적인 현실 대응이라는 새로운 삶의 방향성을 찾게 하는 하나의 계기를 이루고 있다. 결국 옥순과 보배의 폭행 사건이라는 두 가지 사건의 설정을 통해 한편으로는 노동자들의 현실적인 존재 방식에 대한 규정과 이를 넘어서려는 삶의 새로운 방향성의 제시를 옥순의 성격적 모순의 지양, 발전 과정으로서 형상화하고 있는 것이 이 작품의 주요 골격으로 나타나고 있는 것이다. 다소 장항힌 느낌이 없지 않지만 작품에서 보이는 이러한 옥순의 행동 지향적인 적극적인 변모는 종래의 작품들에서 보이는 단순한 이념적 투쟁의 모습이 아니라 옥순의 내면적인 위험으로 표상되는 투쟁할 수밖에 없는 적대적인 현실에 대한 인식의 소산이라는 점에서 보다 진지한 행동주의에 입각하고 있는 것으로 판단된다.

한편 이러한 옥순의 적극성이 단순히 개인의 행동주의적 차원에서 머물지 않고 있다는 점은 주의를 요한다. 옥순이 보여주고 있는 행동 지향의 적극성이 본래적으로 현실과 관념의 팽팽한 긴장 속에서 기인된 것이라는 점에서도 이는 확인되지만 무엇보다도 작품 내에서 그것은 독서회로 표상되는 공동체적 가치(Value of Community)에로 향해져 있다는 점에서 확연하게 드러난다.

'분한 마음'과 '붓그러운 마음' 사이의 갈등을 통해 '새로운 결심'에로 변모해가는 옥순이야말로 가장 전형적인 노동자상을 제시하는 것일 터인데 이는 보편적인 노동자들의 존재 양상과 이를 극복하려는 실천적인 지향성을 옥순이 한 몸에 체현하고 있다는 점에서 뿐만이 아니라 이러한 인물로 형상화된 옥정의 존재가 임금인하와 부당해고 등을 둘러 싼 자본가 계급과 노동자 집단 간의 대결 양상이라는 전체적인 사회

구조의 모순의 발현과 함께 제시되는 것이기에 더욱 그러하다.

　당파성과 객관적 진실성의 변증법적인 통일을 이룸으로써 구체적인 선전 가능성으로서의 문학적 실천에의 모색은 구체적인 실천에 의해 인간과 세계의 상호 규정적인 본질이 스스로 부각될 때 또한 그것을 구체적인 현실성의 경향성으로 파악할 때 비로소 성취되는 것이라면 유진오의 「여직공」은 이러한 점을 평단의 인식 수준의 심화에 앞서서 미리 여실하게 보여준 경우에 속한다. 올바른 민중성이라는 것은 현실의 문제를 정치적으로 단순화시키는 것과는 아무런 관계가 없으며 문학의 한갓된 선동적 성격과도 무관한 것이라는 사실은 따라서 매우 시사적이다.

일제강점기 노동소설의 이념 지향성과 현실인식의 문제

강경애의 「인간문제」론

1. 들어가는 말

「인간문제」는 1934년 8월부터 12월까지 119회에 걸쳐 『동아일보』에 연재되었던 장편소설이다.[1] 연재 당시에는 이기영의 『고향』(1934)이 얻은 명성과 강경애 자신이 신진작가라는 점으로 인해 별다른 주목을 받지 못한 것 같다.

이 작품에 대한 기존의 평가사항은 주로 '선비'로 대변되는 여성수난사에 초점이 놓인 것이었고,[2] 리얼리즘적 성과에 대한 관심은 최근에야

---

[1] 임헌영·오현주 편, 『강경애 전집』 1, 열사람, 1988을 텍스트로 한다. 이 책에는 신문 연재본의 제91회분이 누락되어 있는데 이에 대해서는 이상경, 「강경애 연구—작가의 현실인식 태도를 중심으로」, 서울대 석사논문, 1984의 부록을 참조하였다.

[2] 조남현, 「강경애 연구」(『한국현대소설연구』, 민음사, 1987) 외 다수, 여기서는 강경애의 여성작가 및 동반자 작가로서의 성격이 자세하게 검토되어 있다.

이루어지고 있다. 후자의 평가사항 역시 작품 후반부에 묘사된 인천지역의 노동현장에 국한되는 일정한 한계하에 이루어지고 있는데,3) 이는 작품 자체가 가진 전, 후반부 사이의 불연속성에서 기인하고 있다. 이러한 불연속성은 소위 '원소전설'의 규범성에 의해 일관되게 규정되는 용연농민의 삶의 양태4)와 당의 공식적인 지하 활동을 방불케 하는 공장 내에서의 오르거들의 활동 및 노동자들이 보여주는 일사불란한 규율 등이 각각 작품의 전후반부에 도식적으로 제시되고 있고 양자를 연결하는 것으로서의 첫째 및 선비의 개인적 행로가 불명확함에서 일층 증폭된다. 물론 여기에는 농촌과 도시, 농민적 삶과 노동자적 삶의 상위성에 따른 형상화의 일정한 단절이 상정되어 있다.

이 글에서는 제반 연구자들에 의해 이미 지적되어 온 몇 가지 문제를 검토함으로써 『인간문제』의 구조를 분석하고 그것이 30년대 노동소설사의 발전 과정에서 차지하는 위치를 살피도록 한다.

『인간문제』의 무대는 농촌과 도시로 양분되어 있다. 용연 동네의 농민적 삶의 그 하나라면 인천에서의 노동자적 삶이 그 둘이다. 이는 종래의 현실주의소설들이 현장의 중요성을 사이에 두고 흔히 농민적 현실과 노동자의 그것으로 양분되었던 것에 비해 이 작품이 상당히 폭넓은 공간을 구축하고 있음을 뜻한다. 이는 물론 작가적 체험의 폭이 그만큼 넓어진 데서 오는 것이겠지만 무엇보다도 1930년대 초에 진행된 국내의 활발한 사회운동의 영향과 그에 발맞추어 발전해온 현실주의소설의 일정한 수준에서 그 원인을 찾을 수 있다. 현실인식의 수준과 더불어 리얼리즘에 대한 인식 수준의 전반적인 성장을 가능케 한 여러 요인들이 이 시기에 이르러 비로소 현실화되기 시작했던 것으로 보인다.

---

3) 조현일, 「1920~30년대 노동소설 연구」, 서울대 석사논문, 1991.
4) 김윤식, 「강경애론―식민지 공장 노동자의 세계」, 『(속)한국근대작가론고』, 일지사, 1981; 최내옥, 『한국구비전설의 연구』, 일조각, 1981; 이상경, 앞 논문 등은 이런 관점에서 『인간문제』의 구성적 특성을 연구한 대표적인 경우에 속한다.

『인간문제』의 구성적 특질을 규정하는 것으로서 일단 세 가지 문제를 들 수 있다.

2. 이념 드러내기의 몇 가지 방식

맨 먼저 문제 삼을 수 있는 것은 이념 지향성(사상주제, 계급적 자각)의 문제이다.[5] 장자전설을 변형시킨 '원소전설'로 상징되는 이러한 이념 지향성은 무엇보다도 작품의 한 축을 담당하고 있는 당대의 지배계층들, 예컨대 지주인 정덕호와 신임군수, 주재소, 공장감독 라인의 인간군이 나타내는 부정성 및 '신철' 등의 지식인들에 대한 의구심과 노동자 계급의 긍정성이라는 세 계기로 대비되어 나타나고 있다.

지주 정덕호의 존재는 『인간문제』의 초반부에 속하는 용연동네의 농민적 삶을 규정하는 한 축으로 기능하고 있다. 지주이자 고리대금업자인 정덕호는 미가통제안(米價統制案)에 따른 곡가의 상승[6]을 기화로 고리대의 지불을 현물로써 요구함으로써 자신의 계급적 속성을 드러낸다.

주지하다시피 미가통제안이란 1932년의 일본 내에서의 농업공황에 따른 과잉미의 처리를 둘러싸고 진행된 일련의 대응방안 중 하나로서 일본 독점자본의 국내 진출과 함께 이 시기 국내경제의 존립 자체를 규

---

5) 북한의 『조선문학사』(과학백과사전출판사刊)나 박충록의 『한국민중문학사』(연변교육출판사刊) 등에서 사용되는 소설미학의 중심개념. 이에 따르면 강경애의 『인간문제』는 동일 작가의 「소금」(1934)과 함께 1930년대의 가장 중요한 작품군에 속한다.
6) 보다 정확하게는 1933년도의 미곡통제법(米穀統制法)을 말하는 것으로 이해된다. 과잉미의 내지(內地) 반입을 효과적으로 조절함으로써 일본 내의 지주계급의 이익을 보호하고 농업공황에 따른 미가하락을 식민지 농업에 전가하기 위해 제정된 이 법의 여파로 당시 미가가 1925년도의 미가 100斤당 11원 40전에서 1931년도 기준 미가 4원 63전으로까지 급락하였던 것으로 되어 있다.

정하는 한 요인이었다. 농업공황에 직면한 일본 내의 지주계급의 이해 대립의 과정에서 이의 대응방안으로 제시된 이 미가통제안은 식민지 조선 내에서의 농업생산관계에 지대한 영향을 미치게 되는데 그 중의 하나가 바로 곡가의 급변이고 이에 대한 조선내의 지주계급의 대응방 안을 둘러싸고 농민계층내의 극심한 갈등을 가져오게 하는 한 요인이 되었던 것이다.

> "…… 배은망덕이란 말이 바로 이런 것을 두고 한 말일세 그려, 허 거정 나 두 손두 없는 사람이라 저희들을 내 친자식들과 같이 사랑한단 말이어. 어제 만 하더라도 내가 생각해서 벼 한섬을 거저 주지 않았나. 그런데 그놈이 그 은공을 몰라본단 말이어 ……."
> 덕호는 도로 자리에 누우며 이놈들을 더 고생시켜 세상의 법이 어떻다는 것 을 알리어 정신을 차리게 해 주렸더니 날은 점점 추워오고 어서 눈오기 전에 마당질을 끝내야겠으니 부득이 놓아주랄 수밖에 별 수가 있나! 하고 생각하였 다. 더구나 이 가을부터 미곡통제안(米穀統制案)이 실시된다는 말이 있으니 그렇게 되면 곡가도 오를 것이다. 어서 바삐 그놈들의 빚도 현곡가로 청산하 여야겠다는 생각이 들자, 곧 그는 자리에서 일어났다. (101면)

다소 긴 인용이지만 지주 정덕호의 성격적 교활함이 미가통제안이라 는 역사적 사건을 기반으로 여실하게 드러나 있다. 이는 한편으로는 지 주로서의 재력과 발 빠른 처세술로 면장의 직위에까지 나아가는 것과 또 다른 한편으로는 간난이와 선비로 대표되는 소작인들에 대한 비윤 리적 행위로 발현된다.

용연동네 농민들의 삶은 전적으로 절대적 궁핍의 차원에서 규정된다. 작품의 초반부에는 방축골의 빈궁이 기아상태로 죽어 가는 한 어린아 이의 모습을 통해 드러나고 있다. 동일 작가의 「모자」(1935.1)・「지하촌」 (1936.3~4) 등에서도 당대 민중일반의 궁핍상에 대한 묘사는 섬뜩하리만 큼 자세한 것이어서 일종의 기괴스러움을 보여주기도 하거니와, 방축골

의 빈궁은 너무도 선명한 것이어서 용연동네 빈농들의 삶 전체를 규정
하는 주요인으로 되고 있다. 이 사실은 새삼 강조되어 마땅한데 이는
작품 초반부를 구성하는 제반 요소들, 예컨대 등장인물의 행위와 의식
이라든지 이들이 유발하는 사건 등이 이의 규정성에서 한 치도 벗어나
지 못하는 까닭이다.[7]

이는 풍작으로 거둬들인 벼 열다섯 섬 중에서 반 이상을 이런저런 명
목으로 빼앗긴 개똥네와 입도차압을 당한 뒤 반 미쳐버린 풍헌 영감 등
의 모습에서도 확인되며 부의 죽음 이후 진행되는 선비의 일관된 몰락
과 그로 인한 이농(離農) 등도 이와 연관되어 있다. 농민들의 현실변혁의
열망을 담고 있는 제반 장치들 예컨대 '원수전설'이 지닌 윤리적 규범
성이라든지 '농부가' 등으로 표출되는 심리적 내면화 등도 이와 동일한
사정에 속한다.

절대적 궁핍과 지주의 횡포 앞에 놓인 이 지역 농민들은 그러나 이러
한 현실을 타개할 아무런 힘을 지니지 못한다. 단지 '알지 못할 어떤 충
동'에 휩싸일 뿐이다.

　땅버리는 그 둥글둥글한 음성을 길게 빼어가지고 소리 곡조로 마디마디를
꺼어 돌렸다. 뒤미처 쏴르륵하고 섬속으로 흘러들어가는 벼알 소리! 그들의 가
슴은 어떤 충동으로 스르르 뜨거워지는 것을 깨달았다. 그리고 무의식간에 그
들은 눈을 썩썩 부비치고 동무의 어깨를 누르며 바짝바짝 다가들었다. (95면)

미가통제안을 사이에 둔 대결에서 지주인 정덕호는 일방적인 승리를
얻게 된다. 이는 물론 농민들의 대응이 단순한 일회적 사건이었다는 점

---

7) 이 지역 빈농들의 일반적인 존재양상에서 가장 일탈해 있는 것으로 형상화되는 첫
째의 경우조차 그러하다. 첫째가 보여주는 일탈의 양상은 대략 세 가지로 요약될 수
있다. 상대적인 자유로움과 뿌리 뽑힘, 무정부주의적인 개인주의가 곧 그것인데 이 셋
은 상호 연관적인 것으로 이해된다. 이에 대해서는 후술할 것이지만, 간략하게 말한다
면 이것들의 물적 토대로 상정되는 것으로 절대적 궁핍의 차원에서 규정되는 제반 요
인을 들 수 있다.

과 지주 정덕호가 지닌 압도적인 힘에서 기인하는 것이기도 하지만 무엇보다도 용연동네 소작인들의 토대적 허약함에서 기인하는 것이다.

이렇게 본다면『인간문제』의 초반부를 구성하는 농민적 삶의 형상화는 지주와 빈농의 두 계층이 날카롭게 대치하는 형식 논리적인 것으로 되고 있다. 한편에서는 성격적 교활함과 비윤리성을 체현하는 악의 전형으로서 지주가 형상화되고 또 다른 한편에서는 절대적 빈궁을 중심으로 한 이 지역 빈농들의 일반적인 존재양상이 자세하게 묘사된다. 이 둘은 서로가 상호규정적인 것이어서 어느 한쪽이 선명하면 할수록 나머지 한쪽 역시 선명하게 부각되는 관계에 놓이는 것으로 판단된다.

이기영의『고향』에서 확인할 수 있는 바에 따르면 당대 농촌현실의 한 축을 이루는 부분인 지주계급의 존재양상은 동일한 농민계급에서 분화되어 나와 농민들과 직접적인 연관관계를 맺으면서 지주계층의 이념을 재생하고 있는 마름의 존재이며, 이 마름의 존재가 근대화의 문제가 맞물리면서 당대 농촌의 구체적인 현실성을 확보하는 것으로 나타나고 있다. 즉 현실의 구체성과 역사성을 드러내는 방식의 한 계기인 구성적 대립성의 골격이 탄탄하게 구조화되어 있다는 의미이다.

이렇게 본다면『인간문제』에서 나타나는 지주 정덕호의 형상화는 이에 미달하고 있는 것으로 파악된다. 이는 지주 정덕호의 전사(前史)가 핍진성 있게 묘사되지 못 했다는 사실과도 일정하게 연관되어 있지만 무엇보다도 지주계층이 갖는 계급적 적대성과 지주계층에 의해 혹독하게 착취낭하는 소작인세층의 여러 인물들, 에컨대 개똥이나 풍헌 영감 등의 궁핍한 삶을 좀 더 직접적으로 드러내고자 하는 작가의 의도에서 발현하고 있다고 할 수 있다.

『인간문제』의 초반부에 나타나는 인물 중 이 지역 빈농들의 일반적인 존재양상에서 어느 정도 일탈해 있는 것으로는 선비의 부인 김민수와 유서방이라는 인물을 들 수 있다. 유서방은 정덕호의 밭을 부치는 소작인으로 장리쌀을 나누어주는 대목에서 마치 마름 같은 존재처럼 보이듯이 농민형상화의 단순성과 도식성을 나타내는 전형적인 경우를 보여주고 있다. 김민수는 장자전설의 착한 며느리의 역할을 어느 정도 담당하고 있는 인물로서 여기서는 단지 선비의 비극적 인생을 드러내는 인물로만 기능하고 있다는 점에서 그 역할이 제한적이다.

식민지시대 사회운동에서 지식인이 차지하는 위치 역시 다분히 부정적으로 제시되어 있다. 육체적 허약성과 우유부단함으로 인해 노동자적인 삶에 쉽게 적응하지 못하는 신철의 나약함은 그의 전향에서도 보이듯이 이념의 나약함에서 연유하는 것으로 그려져 있다.

유신철은 경성제대 재학생이자 옥점의 애인으로서 강직한 성품을 가진 것으로 형상화된다. 그는 신경쇠약으로 요양차 옥점의 고향인 용연 동네로 시골행을 하였다가 선비와 인연을 맺게 된다. 이 과정에서 선비에 대한 애정의 표시를 통해 긍정적 인물로서의 선비의 형상화가 드러나고 있다. 이후 그는 부모가 강요하는 옥점과의 결혼을 회피하여 가출하게 되고 가출 이후 잠시의 룸펜생활을 거쳐 조직운동가가 된다. 이과정이 충실하게 나와 있지 못하다는 점과 더불어 운동가로서의 활동 양상과 그 역할이 당대 사회운동의 일정한 층위로서 구체화되지 못하고 있다는 점에서 신철의 행적을 형상화하는 데는 일정한 한계가 놓여 있지만 이는 별로 중요하지 않다. 보다 중요한 것은 신철의 행적을 바라보는 작가의 시선일 터인데 이는 작중에서 첫째의 시각으로 환치되어 나타난다.

"돈많은 계집을 얻구 취직을 하지요……"
그렇다! 신철이는 그만한 여유가 있었다. 그 여유가 그로 하여금 전향을 하게 한 게다. 그러나 자신은 어떤가? 과거와 같이, 그리고 현재와 같이 아무런 여유도 없지 않은가? 신철이는 길이 많다. 신철이와 나와 다른 것이란 여기 있었구나. (261면)

인용문에서도 여실하게 드러나고 있듯이 신철의 전향은 이념의 허약성과 지식인 특유의 '여유' 또는 선택할 수 있는 많은 '길' 등을 기반으로 형상화된다. 이는 물론 계급운동에 참여한 당대 지식인들의 전향의 일정한 양상을 그 내면과 물질적 토대의 양면에서 보아내고자 한 것이겠지만, 전향이라는 문제를 당대 사회운동의 역사적인 발전 과정 속에서 구체적으로 파악하지 못하고 있다는 점에서 그 한계를 가진다.

주지하다시피 세부적인 사실묘사의 뛰어남에도 불구하고 전체적인 맥락의 구성이 모호하다는 점은 작가 강경애의 한계로서 널리 지적되어 온 것이지만 여기에서는 무엇보다도 작가가 지식인이 지닌 기회주의적 속성을 일면적으로 과장함으로써 맥락의 모호성이 발생하고 있는 것으로 보인다. 이러한 사실은 신철과의 상이한 입장에서 오르거의 역할을 담당한 여타 인물들, 예컨대 인천의 철수와 경성의 밤송이에 대한 묘사가 전혀 없다는 점에서도 드러나고 있다.

이와 동일한 연장선상에서 노동자들에 대한 긍정적인 묘사가 진행된다. 작중에는 세 가지 유형의 노동자상이 제시되어 있다. 첫째와 선비, 간난이가 곧 그들이다. 이 중 간난이가 이미 오르거로서의 위치에 올라섰다는 점은 당대의 노동소설들, 예컨대 김남천의 「공장신문」(1931)이나 이적효의 「총동원」(1931), 한설야의 「교차선」(1933) 등과 대비해 볼 때 당대 노동운동의 질적 성장을 살펴볼 수 있는 하나의 자료로써 문제적이라 할 만하다.[8]

첫째와 선비의 형상화가 드러내는 문제점에 대해서는 차후에 논의하기로 하고 여기에서는 먼저 간난이를 포함한 인천 지역의 노동자 일반의 존재양상에 대해 논해보기로 한다. 작품에는 인천 지역 노동자들의

---

[8] 역시 같은 연장선상에서 인천지역의 노조활동에 대한 참조가 필요하다고 보는데 이는 작중에서 나타나는 인천부두의 하역노동자들과 방직공장 노동자들 간의 연대문제가 다소간 불명확하다는 점에서 더욱 그러하다. 예컨대 당시 인천지역의 노조활동이 지역별이었는지 혹은 산별이었는지와 같은 문제 등이 이에 해당한다고 하겠다.

일반적인 존재양상이 열악한 노동환경과 함께 제시되어 있다.

> ……그 팔! 그 손끝! 차마 눈 가지고는 바라보지 못할 것이다. 선비는 이마
> 의 땀을 씻으며, 그의 손가락을 다시 보았다. 빨갛게 익은 손등! 물에 부풀어
> 서 허옇게 된 다섯 손가락! 산 손등에 죽은 손가락이 달린 것 같았다. 그는 전
> 신에 소름이 오싹 끼치며 이 공장안에 죽은 손가락이 얼마던지 쌓인 것을 그
> 는 깨달았다. (…중략…) // 와꾸 와꾸 잘돌아라 / 핑핑 잘 돌아라 / 네가 잘 돌면
> 상금 / 네가 못 돌면 벌금 //
> 겨우 이렇게 입속으로 부른 선비는 눈등이 뜨거워지며 눈물이 주루루 흘러
> 내렸다.
> (…중략…) 활활 타는 가마 속에 그의 몸뚱이를 넣고 달달 뽁는 것 같았다
> (257·-238면)

위의 인용문에는 초기 자본주의의 한 양상인 열악한 노동환경이 '산
손등에 달린 죽은 손가락'의 상징성과 여기에서 느끼는 선비의 정서를
기축으로 여실히 나타나 있다. 여기에서도 역시 문제되는 것은 일반적
인 존재양상과 그것이 식민지 자본주의 발전의 일정한 역사적 단계에
서 차지하는 위치의 문제이다.

주지하다시피 1930년대 중반의 식민지 조선의 자본주의 현실은 초기
자본주의 특유의 열악성과 더불어 일본자본의 국내 진출로 인한 민족
자본 상층부의 매판화라는 이중적인 의미에서 규정된다. 한설야의 『황
혼』(1936)을 비롯한 제반 노동소설들에서 확인할 수 있는 것은 바로 이
둘의 관련양상이다. 작품 후반부의 주 무대로 되어 있는 인천 지역의
의미는 이런 맥락에서 당시 국내 자본주의의 존재 양상을 전형적으로
드러내는 것일 터인데, 여기에서는 일반적인 노동현장성만이 강조되어
있을 뿐 그 역사적 의미는 약화되어 나타나고 있다. 곧 열악한 노동환
경과 강한 현실변혁성만이 도식적으로 주어지고 있는 것이다.

『인간문제』에 나타나는 노동현장은 크게 보아 연안부두의 하역 작업

장과 제사공장으로 설정되어 있다. 이는 작품의 전반부와 관련하여 임노동자의 창출 과정을[9] 선비와 첫째의 양쪽에서 보기 위해 고안된 것으로 이해된다. 연안부두의 하역 작업장을 묘사하면서 작가는 부두노동자들의 이러저러한 존재양상을 세밀하게 보여주고 있다. 이는 무엇보다 값싼 임금과 일용노동의 불안정성에 기반을 두고 있는 것으로 형상화된다. 작업할당을 둘러싸고 감독과 노동자들 사이 및 노동자들간에 벌어지는 치열한 경쟁이라든지, 몸싸움, 감독들의 농간, 신철의 우스꽝스러운 행위를 통해 드러나는 하역작업의 육체적 어려움과 단순성 및 이를 통해 역으로 드러나는 노동자들의 육체적 강인성 등이 이런 선상에서 자세하게 묘사되고 있다.

그러나 하역작업을 둘러싼 부둣가의 노동현장을 규정하는 데 있어 무엇보다 중요한 것은 이들 일용노동자들의 의식 속에 깊이 낙인되어 있는 삶에 대한 회의와 이를 뚫고 솟아오르는 현실변혁에의 강렬한 의지로 나타나는 이념적 요소이다. 전자의 경우 그것은 삶에 대한 아무런 희망도 없이 술에 파묻혀 하루하루를 살아가는 첫째의 모습에서 확인되고 있다. 30년대 초반의 대표적인 노동소설 작가로 통칭되는 이북명의 「공장가」(35)에서도 노동자의 '부정적' 일면으로 묘사되고 있는 이러한 삶에 대한 무정향적 회의는 그러나 매우 문제적인 것이다. 노동의 단순성과 불안정성이 이의 근저에 놓여 있기 때문이다.

일용노동자들이 보여주는 이러한 삶의 부정성은 그러나 쉽사리 극복되어지지 않는다. 이는 단지 신철이나 철수 등의 오르거들로 대표되는 이념집단의 계몽에 의해서만 실현될 수 있는 까닭이다. 이러한 사정은 선비가 속해 있는 제사공장의 경우에도 역시 동일하게 나타난다. 단지

---

9) 임노동자의 창출 과정은 1930년대 노동소설의 한 주제가 되고 있는 매우 중요한 문제이다. 한설야의 「사방공사」(1932)가 이 계열에 속하는 작품이거니와 이는 여러 가지 한계를 지님에도 불구하고 농민적 삶과 노동자적 삶을 전체적인 역사발전의 단계에 비추어 동시적으로 파악하고자 하는 노력의 산물로 나타난다. 이수인, 「노동계급 형성론에 대한 일연구」, 『노동계급 형성이론과 한국사회』, 문학과지성사, 1990 참조

제사공장의 경우 선비와 간난이로 나타나는 두 인물이 이미 일정하게 이념화된 인물로 나타난다는 점에서 이념 집단의 주된 활동 공간은 부둣가의 하역 작업을 둘러싼 일용 노동자들의 세계에 전적으로 집중된다. 작품에는 이들 이념 집단의 계몽을 통해 각성된 노동자들의 집단의식이 파업을 경과하면서 매우 선명하게 나타나고 있다.

> 해가 벌겋게 타올랐다. 그들은 저 해를 바라보면서 단결의 힘이 얼마나 위대한가를 깨달았다. 그리고 오늘의 저 햇발은 그들의 이 단결함을 보기 위하여 저렇게 씩씩하게 솟아오르는 듯하였다. 그들은 저 햇발에 비치어 빛나는 저 바다 물결을 온 가슴에 안은 듯하였다. 그리고 그들의 눈에 비치는 모든 만물은 새로움을 가지고 그들을 맞는 듯 싶었다. 동시에 무력하고 성명 없던 자기들이 오늘 이 순간에는 이 우주를 지배하는 모든 권리란 권리는 다 가진 듯이 생각하였다. 자기들이 단결함으로써 이러하고 있으니 기세를 부리던 백통대 안경을 위시하여 기선의 기중기며 선원들까지 아주 동작을 잃어버리고 꼼작하지 못했다. (234면)

인용문에서도 여실하게 드러나고 있듯이 '저 바다 물결은 온 가슴에 안은 듯'하고 '우주를 지배하는 모든 권리란 권리는 다 가진 듯'한 노동자들이 보여주는 이러한 의식이란 비록 그것이 '단결함으로써' 가능한 것일 수는 있다 하더라도 이념적으로 매우 과장되어 있는 것임을 알 수 있다. 이러한 양상은 20년대 후반기에 진행된 볼셰비키화 단계에서 산출된 노동소설들에서 흔히 드러나는 과장된 전망에 일정하게 근접해 있는 것으로 판단된다. 이는 물론 현실인식의 추상성과 도식성에서 연유하는 것이지만 여기에서는 무엇보다도 이념집단에 의한 계몽의 일방성에서 기인하는 것으로 되어 있다.

작품의 후반부에 나타나는 이념 집단의 형상에는 전혀 현실적 구체성이 상실되어 있다. 이들 인물들은 전혀 생동감 있는 개인적 면모를 보여주지 못하고 있는 것이다. 즉 보편적인 이념의 견지에서 추상화되어 있을 뿐 개별성의 차원에서 성격화가 이루어지지 못하고 있는 것이다. 물론 작품에는 공장신문 류의 선동문을 작성하여 노동대중에 대한 의식화 활동을 수행하는 노동자의 모습이 일정하게 나타나고 있으며 작품 속에 드러나는 노동자들의 이러한 활동양상은 그것이 비합법적인 혁명적 노동운동의 구체적 실천양식과 일대일로 정확하게 대응하고 있다는 점에서 일정한 의의를 가진다. 그러나 세부적 사실성의 문제는 별다른 중요성을 갖지 못한다. 일회적 사건의 묘사가 흔히 빠지기 쉬운 단편성의 한계에 갇혀 있기 쉬운 까닭이다.

이러한 사정은 한설야의 『황혼』에서 나타나는 노동자들의 모습과도 여러모로 선명하게 대비되는데 『황혼』에서는 이념 지향성이 공장 안팎에서의 일상적 실천의 다양한 형식으로 대체되어 나타나고 있다. 예컨대 노동자들 내의 개인적인 존재 기반에 따라 상이하게 드러나는 의식의 차별성과 이러한 차별성 내에 존재하는 긍정적·부정적인 모순에 찬 제반의 다양한 모습들, 노동자의 내부에 존재하는 부정적인 면모에 대한 가열한 비판과 긍정적 모습에 대한 고양 등을 통해 끊임없이 행해지는 일상적인 실천의 모습들이 구체적으로 부각됨으로써 보다 낙관적인 성격을 확보하게 되는 것이다.

이렇게 본다면 『인간문제』의 후반부를 구성하는 인천 지역의 형상화는 임노동자의 창출 과정을 중심으로 당대 이 지역 노동자 집단의 일반적인 존재 양상과 이념 집단의 현실변혁적 이념의 두 축으로 선명하게 도식화되어 나타나고 있음을 알 수 있다. 이 중 후자의 것이 보다 중점적으로 나타나고 있는 것으로 파악되는데 이는 임노동자의 창출 과정이라든지 노동자들의 일반적인 존재 양상과 같은 매우 중요한 요소들이 그에 의해 전적으로 규정되는 양상을 일정하게 보여주기 때문이다.

3. 낙관적 비극의 문제

　소련의 미학자 까간(Kagan)에 의해 '이상의 궁극적 승리에 대한 믿음'
과 '승리의 불가피성'으로 정의된 바 있는 이러한 낙관적 비극성[10]은
선비가 보여주는 일관된 몰락과 그럼에도 불구하고 얻게 되는 비장미
에 연관되어 있다. '남달리 불우한 생활'을 겪고 '세상물정에 어둡고 순
박하기만한' 선비가 공장노동과 간난이의 지도에 의해 '각성된 인물'로
되어 가는 과정을 통해 하층계급의 한 여인이 자신의 운명을 초극하여
이념의 전사로 되는 모습이 작품 속에서 그려지고 있다.
　따라서 이 전사의 죽음이야말로 장렬할 수밖에 없는 것일 터인데 여기
에는 몇 가지 한계가 있는 것으로 보인다. 먼저 선비의 운명이 당대 농촌
현실의 구조적 요인과 어느 정도 긴밀한 연관 관계를 맺느냐는 문제이고,
그다음 선비를 위협하는 소위 내면적 위험이 원소전설의 그것에서 어느
만큼 벗어나 있는가라는 문제이다. 즉 현실적으로 선비의 내면에 대해 무
엇이 어느 만큼 구성적 대립성을 구축하고 있느냐는 문제이다.
　주지하다시피 근대소설에서 현실 형상화의 문제는 개인의 구체적인
삶의 궤적 속에서 의미의 내재화로 인한 세계의 우연성과 그로 인해 겪
게 되는 내면적 위협으로서의 개인의 문제성을 동시에 드러냄으로써
달성된다. 즉 주관과 객관, 관념과 현실의 어느 한쪽에 치우치지 않고
양자를 유기적으로 종합함으로써만이 현실의 구체적인 형상화가 가능
한 것이다.
　선비의 삶과 운명을 결정짓는 요인으로는 대략 세 가지를 들 수 있
다. 아비인 김민수의 죽음이 첫째이고 정덕호에 의해 정조가 유린된 것
이 둘째이며 상경하여 간난이를 만나 선진노동자로 발돋움하게 되는

---

10) M. S. Kagan, 진중권 역, 『미학강의』, 벼리, 1989 참조.

것이 셋째이다.

첫 번째 요소인 부(父)의 죽음은 방축골의 궁핍한 삶과 지주 정덕호의
잔혹한 성격의 일단을 드러내는 계기로 기능하고 있다는 점에서 의미
심장하다. 그가 장자전설의 착한 며느리 역할의 일정 부분을 하고 있다
는 점이 여기에서 확인되기 때문이다.11) 아비의 김민수의 죽음이 기실
은 지주 정덕호의 잔혹한 매질 때문이라는 사실을 아직 선비는 알지 못
한다. 그에 따라 선비는 정덕호의 수양딸로 가게 되고 자신의 후견인으
로 알던 그에 의해 정조를 유린당하게 된다. 이 과정에서 지주 정덕호
와 그의 이념을 재생하고 있는 정덕호의 처(妻) 등의 인물들이 갖는 비
윤리성이 폭로된다.

이러한 비윤리성은 한편으로 그것이 정덕호가 갖는 성격적 잔혹함의
발현이라는 점에서 속악한 것이지만 또 다른 한편으로는 정덕호의 입
장에서 보면 가부장제를 중심으로 하는 봉건적 삶의 형태를 유지키 위
해 아무런 자의식 없이 선택되는 행위라는 점에서 매우 문제적이다. 즉
선비의 정조 유린은 지주 정덕호의 성격적 잔혹함의 표현인 동시에 양
당사자를 포함한 당대 삶의 봉건성을 일정하게 드러내고 있다는 점에
서 이중적이다.

이렇게 본다면 작품 초반부에 나타나는 용연동네에서의 선비의 삶은
방축골의 빈궁으로 상징되는 당대 농민들의 일반적인 존재양상과 농민

---

11) 김윤식, 「강경애론—식민지 공장 노동자의 세계」, 『(속)한국근대작가론고』, 일지사,
1981; 최내옥, 『한국구비전실의 연구』, 일조각, 1981 참조. 전자의 경우 착한 며느리의
존재를 인정치 않고 단지 악한 인물로만 일관되어 있다는 입장이며, 후자의 경우 이를
첫째와 선비 등의 인물로 보고 있다. 이상경의 「강경애 연구」(1984)에서는 착한 며느
리의 의미를 지배계급의 일원으로서 자신이 속한 계급에서 분화되어 나와 새로운 계
급의 일단으로 전이해가는 인물이라는 점에서 신철과 같은 일단의 지식인 그룹을 설
정하고 있다. 이는 물론 타당한 견해이지만 신철의 경우 지배계급의 잔혹성을 드러내
는 매개적 기능과 이를 초월하고자 하는 뚜렷한 방향성을 동시에 보여주지 못한다는
점에서 그 의미가 축소되는 것으로 보인다. 이런 맥락에서 양 측면을 동시에 드러내는
것으로서 김민수와 그의 딸 선비의 삶이 여기에서는 보다 중요한 의미를 갖는다고 보
는 것이 타당하다.

적 삶에 잔존해 있는 봉건성의 일정한 면모를 압축적으로 보여주는 매개항으로 기능한다. 그러나 농촌에서의 선비의 삶은 아직 그다지 폭넓은 것이 되지 못한다. 이는 곧 선비의 삶이 그려내는 궤적이 당대 농촌 현실의 구체적인 현실성을 담아낼 만한 폭넓은 공간을 포용하지 못하고 있다는 뜻으로 된다. 이는 용연동네의 대부분의 농민들이 소작인으로 형상화됨으로써 빈농의 성격을 갖는 데 비해 김민수의 그것이 어느 정도 동떨어진 지점에서 형상화되어 있다는 점과 선비와 지주 정덕호의 관계가 일정하게 윤리적인 문제의 일면에만 치우쳐져 있다는 점에서 확인할 수 있다.

정덕호에 의해 정조를 유린당한 선비는 가출을 감행하여 상경하게 되고 산난이를 만나게 된다. 작중에는 선비가 간난이와의 만남을 통해 선진노동자로 발돋움하게 되는 장면이 매우 감동적으로 묘사되어 있다.

> 그때 그는 간난이가 일상 하던 말을 얼핏 깨달으며, 세상에는 덕호와 같은 우리들의 적이 많은 것이다. 그것을 대항하려면 우리들은 단결하지 않으면 안 될 것이라던 그 말을 그는 다시 생각하였다. 선비는 어떤 힘을 불쑥 느꼈다. 그리고 간난이가 가르쳐주는 그대로 하는데서만이 선비는 첫째의 손목을 쥐어보리라 하였다. 흙짐을 져서 꽐아진 첫째의 등허리! 실을 켜기에 부르튼 자기의 손끝! 수많은 그리고 그 등허리와 그 손들이 모여서 덕호와 같은 수없는 인간과 싸우지 않으면 안될 것이라─하였다. 보다도 선비의 앞길에 나타나는 길은 오직 그 길뿐이다. (227면)

비록 윤리적인 측면에 치우친 것이기는 하지만 인용문에는 간난이의 지도를 통해 자신의 계급의식을 깨우치게 되는 선비의 내면의 변화가 매우 섬세하게 나타나 있다. 이는 또한 '흙짐을 져서 꽐아진 첫째의 등허리!'와 '실을 켜기에 부르튼 자신의 손끝'으로 상징되는 현실적 삶의 열악함을 그 토대로 하는 것이라는 점에서 매우 문제적이다. 이러한 문제성이 선비로 하여금 자신의 몸을 돌보지 않는 투쟁과 죽음으로 몰고 가게 하는 요소가 되는데, 여기에는 몇 가지 한계가 있는 것으로 파악된다.

주지하다시피 농촌에서 유리되어 나와 공장 노동자로 되어 가는 존재 전이의 문제는 노동현실을 작품의 주된 무대로 삼고 있는 노동소설에 있어서 한 특징적 양상으로 나타난다. 유진오의 「여직공」(1931)이 그 전형적인 경우에 해당한다고 말할 수 있는데 여기에서 중요한 것은 노동자로서 존재 전이된 한 여직공의 내면에 대해 무엇이 얼마만큼의 문제성으로 부과되어 있는가라는 문제이다. 즉 한 여직공의 존재전이가 갖는 현실적 필연성이란 자신의 삶을 지탱해 나가는 제반 요소들이 현실적 구체성과 이들의 필연적 발전으로서의 자기 지양일 때에만 유효한 것이라는 의미이다.[12]

「여직공」에서 주인공 옥순의 삶을 규정하고 있는 것은 단순한 '농촌→도시빈민→노동자'로의 존재 전이일 뿐만 아니라 이러한 존재 전이가 갖는 무기력함을 기반으로 하고 있다. 이러한 무기력함이란 또한 동시에 당시의 노동자 일반이 갖는 현실적 무기력함으로 나타나는데 이를 통해 당대 노동 현실의 열악함과 함께 노동자 일반의 존재를 그 토대와 심리의 양면에서 볼 수 있었다는 점에 이 작품의 뛰어남이 있는 것이다.

이렇게 본다면 『인간문제』의 선비의 형상화는 여기에 미달하는 것으로 보인다. 이는 물론 선비가 농촌에서 유리되어 나와 노동자로 전이되는 과정을 묘사하는 작가의 단순성에서 기인하는 것일 터이지만, 무엇보다도 선비 자신의 삶이 갖는 추상성에서 연유하는 것이다. 즉 노동자로서 신비가 갖는 헌신연관성이란 '곯아진 등허리'와 '부르튼 손끝'으로 상징되는 현실의 열악함과 아무런 매개 없이 이루어짐으로써 구체적인 현실성을 누락하고 있는 것으로 판단된다.

---

12) 작품 속에 등장하는 인물들의 행위는 그 인물의 개별적인 성격화와 이의 구체적인 현실성의 확보가 이루어질 때 보다 낙관적인 성격을 지닐 수 있게 된다는 의미이다. G. Lukas, 조정환 역, 「숄로호프-'고요한 돈강'」, 『변혁기 러시아의 리얼리즘문학』, 동녘, 1986 참조.

4. 긍정적 인물유형의 제시

첫째에 대해 작가는 낙관적 전망을 보여줌으로써 그를 노동자계급의 전형으로 형상화하고 있으며 이에 대해서는 이미 공인된 제반 평가가 있어 온 것도 사실이다.

작품의 서문에서 작가는 다음과 같이 말하고 있다.

> 인간사회에는 늘 새로운 문제가 생기며 인간은 이 문제를 해결하기 위하여 투쟁함으로써 발전할 것입니다. 대개 인간문제라면 근본문제와 지엽적 문제로 나누어 볼 수가 있으니 나는 이 작품에서 이 시대에 있어서의 근본문제를 포착하여 이 문제를 해결할 요소와 힘을 구비한 인간이 누구이며 또 인간으로서의 나아갈 길을 지적하려고 하였습니다. (1면)

당대적 삶의 '근본문제'란 인류 보편의 문제인 착취와 피착취의 문제를 말하는 것일 터인데 이는 두말 할 필요 없이 노동자와 자본가 사이의 모순을 의미할 것이다. 따라서 이러한 문제를 해결할 '요소와 힘을 구비한 인간'이란 도대체 누구여야 하는가라는 문제는 곧 역사 주체의 문제에 맞닿아 있는 것이라 할 수 있다. 물론 작가는 이에 대한 해답을 이미 갖고 있다. 곧 첫째와 그로 대표되는 의식적인 노동자계급이 이에 해당한다 할 것이다. 물론 이러한 인물유형의 내면에는 현실의 폭압을 헤쳐 이길 강인함과 다가올 미래에 대한 낙관적 이상이 체현되어져야 할 것이며 그것에 더하여 계급에 대한 확고한 일체성으로 발현되는 이념성의 문제가 견지되어야 할 것이다.

첫째는 덕호의 소작인으로서 창녀의 아들이자, 깡패로서 형상화되어 있다. 밥을 얻기 위해 싸움질도 마다하지 않는 첫째는 이기영의 「서화」 (1933)에 나오는 돌쇠를 연상케 하는 강인함을 갖고 있는 이는 덕호 류의

인물들에 대한 즉각적인 반발로 나타나기도 하는데 오히려 이 점이야
말로 첫째를 보다 현실적인 인물로 나타나게 하는 요인이 되고 있다.

첫째가 보여주는 이러한 적극적인 행동에로의 의지와 그것이 구체적
인 방향성을 얻지 못하게끔 구조화되어 있는 현실이 첫째가 보여주는
직접적 행위의 기반을 이루면서 당대 현실의 일정한 단면을 드러내는
요인으로 작동한다. 이는 또한 용연동네 소작인들의 궁핍한 삶을 그 현
실적 기반으로 하고 있다는 점에서 보다 문제적이다. 즉 용연동네에서
의 첫째의 삶은 당대 빈농들의 일반적인 삶의 궁핍함과 이를 넘어서려
는 강한 지향성을 동시에 보여준다는 점에서 그 의미를 부여할 수 있다.
그러나 이는 아직 자각되지 못한 채 파편화되어 있는 것일 뿐 그 어떤
구체적인 방향성을 갖지 못한다.

작품 초반부에는 첫째의 삶이 매우 그로테스크하게 그려지고 있다.
한쪽 다리를 나무로 댄 불구자인 이서방과 창녀인 어머니 그리고 첫째
가 그려내는 생활의 모습은 단순히 궁핍의 차원에서 이해될 수 없는 매
우 기괴스러운 모습을 띠고 있다. 절대적 궁핍의 수준에서만 이해 가능
한 이러한 불구적 삶의 형태는 첫째가 보여주는 제반 행위와 의식의 토
대를 이루면서 당대 이 지역의 빈농들의 삶을 그 최저선에서 여실히 보
여주고 있다.

풍헌 영감의 입도차압 사건을 통해 첫째는 고향인 용연 동네를 떠나
인천의 공사판으로 향하게 된다. 이 과정에 소위 '신성불가침으로만 믿
었던 법'에 대한 회의와 이를 통해 현실에 대한 일정한 인식이 성립되
고 이는 자신의 내면에 잠재되어 있던 '그 어떤 무의식적인 충동'과 함
께 첫째를 보다 적극적인 인물로 몰고 가게 하는 원동력이 된다. 첫째
의 성격적 강인함 속에 내면화되어 있는 이러한 적극성은 인천 지역의
이념집단을 통해 명백한 계급적 표현을 얻게 된다. 그것은 자신이 살아
온 삶의 부정성의 일정한 지양 극복이라는 점에서도 그러하지만 자신
의 영혼 깊숙이 내재한 삶의 허무함을 일거에 눈뜨게 함으로써, 자신이

본래부터 지녀왔던 적극성의 표출을 가능케 한 이러한 이념의 힘은 신철로 대표되는 지식인의 계몽에 의해 주어진다.

신철에 의해 포지된 첫째의 이념은 한편으로는 선전물 돌리기를 통해 철수 등이 속해 있는 이념 집단의 구체적인 실천에 참가함으로써 또 다른 한편으로는 신철로 대표되는 지식인의 기회주의적 속성의 비판을 통해 일층 고양된다. 첫째의 이념 획득과 이의 실천이 갖는 과정의 사실성은 그다지 중요한 문제가 아니다. 중요한 것은 이와 같이 고양된 첫째의 이념이 마침내 작가에 의해 그로 대표되는 노동자 계급 일반의 이념으로 되고, 나아가야 할 빛나는 '길'로 형상화된다는 점에 있다.

> 그가 반생을 살아오면서 막히고 얽혔던 수수께끼는 바라보이는 저 신작로같이 그렇게 뚫려 보이었다. 그리고 그가 걸어갈 장차의 앞길까지도 저 길과 같이 환하게 내다보이었다. 동시에 칼칼하던 그의 가슴은 햇빛에 빛나는 저 바다같이 그렇게 희망에 들떴다. (217면)

첫째가 보여주는 이념과 그것이 드러내는 전망의 수준이란 곧 작가의 그것을 가리킨다 할 수 있다. 이는 첫째를 통해 당대 역사의 근본적인 '인간문제'를 제시하고 이를 통해 역사주체의 문제를 형상화하고자 했던 작가의 말에서도 확인할 수 있다. 여기에서 중요한 것은 바로 역사성의 문제이다. 이는 곧 1930년대 중반을 작가가 어떤 눈으로 보고 있는가라는 문제와 연결되어 있기 때문이다. 이 시기의 현실이 자신의 계급으로부터 나온 한 개인이 자신에게 부과된 제반 역사적 문제들을 깨치고 나와 본연의 계급에 대해 자각적인 인간으로 성장해 갈 수 있는 호의적이고 적절한 토대를 제공하고 있다든지 없다든지 하는 문제는 완전히 자신의 현실적 판단과 이후 역사가 보증할 문제에 속할 터이다.

5. 결론

이상에서 강경애의 『인간문제』를 간략하게 검토해 보았다. 결론은 이렇다.

장자전설을 변형한 것으로 보이는 '원소전설'의 규범성이 이념 지향성으로 치환되어 작품의 전체적인 골격을 규율하고 있으며 그에 따라 인물 및 사건들의 구체적인 현실성의 확보가 미진하다는 한계가 있다. 이는 또한 역으로 작품 전반에 걸쳐 세부적인 사실에의 지나친 집착에로 귀착되는 결과를 낳고 있다.

예컨대 초반부의 방축골에 대한 자연주의적 묘사라든지 후반부의 노동현장에 대한 묘사가 인물 및 사건 서술에 비해 현저하게 많은 분량을 차지하는 것 등이 이를 나타내고 있다. 이념 지향성과 현실의 피상적인 외연에 대한 자연주의적 묘사는 동전의 양면과도 같은 것이어서 어느 한쪽이 강하면 강할수록 다른 한쪽도 보다 선명해지는 형식 논리학적인 관계에 놓이는 것이다. 이는 이 둘 사이를 조정하고 매개하는 것으로서의 제반 미학적 장치들이 부재함으로써 발생하는 것으로 이해된다.

선비의 삶은 낙관적 비극의 골격을 가진다는 점에서 그 의의가 인정되나 선비의 삶이 일정하게 현실성을 탈락하고 있다는 점에서 한계를 갖는다고 보았다. 즉 선비의 일관된 몰락이 당대 민중들의 운명에 대해 갖는 연관성이 구체적인 현실성으로 드러나지 못한 채 상징의 차원에서 멈추고 있다든가 선비의 내면에 대해 그것이 일정하게 구성적 대립성으로서 구축되지 못하고 있다는 점을 들 수 있다.

『인간문제』의 주제의식을 한 몸에 받고 있는 첫째의 형상화에는 상대적 자유로움과 뿌리 뽑힘 및 당대 농촌의 무정부주의적 개인주의가 일정하게 관여하고 있다는 점과 이러한 요인들이 첫째의 강인함에서 내면화되어 있다는 점 등등에서 가장 사실적인 부분으로 파악된다. 그러나 작품 후반부의 첫째의 형상화는 이념의 개인화라는 점에서 규정되며 여기에는 30년대를 바라보는 작가 자신의 현실인식의 관념성이 일정하게 드러나고 있다는 점에서 문제적이라는 사실만을 확인하였다.

『인간문제』 전체를 관통하고 있는 공간 단절의 양상은 그러나 강렬한 이념 지향성과 현실의 외연에 대한 피상적인 자연주의적 묘사간의 단절성으로 이해되어야 한다. 이는 강경애의 여타 작품들에서도 확인되는 것으로서 매우 의미심장하다고 할 수 있다. 농촌과 도시, 농민적 삶과 노동자적 삶의 단절이 아니라 현실을 피상적이고 도식적으로 파악하는 현실인식의 제반 한계들간의 무매개성인 까닭이다.

『황혼』과 1930년대 노동문학의 수준

1. 들어가는 말

이 글은 『황혼』(1936)을 중심으로 30년대 노동문학의 일정한 수준을 검토하고자 한다. 일제강점기의 한국 경향문학사에 있어서 특히 30년대의 노동문학이 주요한 관심의 대상으로 부각되는 이유는 대략 다음과 같다.

주시하다시피 한국 경향문학은 그 출발에 있어서부터 내재적인 사회주의 사상과 더불어 식민지 현실에 대한 문학적 대응이라는 강한 현실지향성을 띠고 등장하게 된다. 세계에 대한 문제적 인식과 현실의 변혁을 두 축으로 하여 전개된 경향문학의 이러한 강한 현실 지향성은 1~2차 방향 전환을 경과하며 일층 강화되면서 공장과 농촌으로 대표되는 현장 실천을 요구하기에 이른다. 작가의 정치적 실천과 문학적 실천을 무매개적으로 동일시함으로써 일단의 한계를 가지는 이러한 현장성의 강조는 그러나 그것이 가지는 현실인식에의 능동성으로 인해 일정하게 현실의 객관적 경향성을 보아 내려는 가능성을 보인 것이라 할 수 있다.

1930년대는 식민지 조선의 사회·경제적 토대를 규정함에서 있어서 매우 중요한 시기이다. 1920년대 후반기부터 진행된 일제 독점 자본의 국내 진출로 인해 식민지 내에서의 자본주의적 경제 범주의 확립이 이루어짐으로써 한편으로는 지주 소작 관계의 봉건적 모순의 심화와 또 다른 한편으로는 식민지 종속형 자본주의의 발전이 제기하는 계급적 모순의 심화로 대표되는 이중적인 사회모순의 양상이 전개된다. 일제 독점 자본의 식민지 초과 이윤의 원천이 이미 자본—임노동 관계 위에 서게 됨에 따라 광범위한 노동 계층이 성립하게 되고 이러한 현상은 식민지 사회 구조의 가장 기본적인 모순으로서의 계급모순을 발생케 한 것으로 보인다.

30년대에 와서 급격히 진행되는 이러한 계급모순의 확대 재생산은 민족 자본의 매판화 등의 요소와 함께 모순의 대립적 구조로서 일제 독점 자본의 제국주의적 성격 등에 의해 노동운동 자체를 하나의 반제·반일운동의 민족해방운동적 성격으로 몰고 가게 하는 요인이 되는데 이는 민족해방운동의 주체로서의 노동자 계급의 질적 성장이 이루어지고 있었다는 사실을 보여 주는 것이다.

『황혼』에 대한 기존 연구자들의 입장은 크게 보아 두 가지 상반된 경향을 보이고 있다. '환경과 성격의 불일치'를 거론하여 『황혼』의 노동문학적 성과에 대하여 일정한 한계를 두고자 한 임화의 소론1)에서 분명하게 드러나는 부정적 입장은 이후 김윤식·서경석에 오면 추상적 전망의 제시와 구체적 현실성의 미비라는 점에서 보다 구체적으로 제시된다.2)

---

1) 임화, 『문학의 논리』, 학예사, 1940, 557면.
2) 김윤식, 『한국 현대 현실주의 소설 연구』, 문학과지성사, 1990, 66면; 서경석, 「한설
   야론」, 『한국 근대 리얼리즘 작가 연구』(김윤식·정호웅 편), 문학과지성사, 1989.

한편 『황혼』의 노동문학적 성과에 대해 보다 긍정적인 입장을 보이고 있는 제 논자의 경우[3] 이 작품이 보여 주는 긍정적 인물 유형과 역사적 낙관주의를 고평하여 『황혼』이 노동소설이 본래적으로 지녀야 할 하나의 전범이 되고 있다고 본다.

2. 1920년대 노동문학의 성격

1932년에 발표된 글에서 임화는 볼셰비키적 창작 방법이 다양한 현실을 파악하지 못한 채 "마음 속에서 불타는 '문학자'적인 열정인 좌익적 관념에 젖어" 무한한 다양성과 복잡한 현실을 문학적 제재로 정식화하여 일일이 나열하는 오류를 범했다고 비판하고 있다. 그는 이러한 정치주의적 편향성이 "좌익적 관념의 고정주의와 문학적 주의의 일양화"의 도식성을 가져왔다고 비판하고 있다.[4] 추상화된 관념과 이에 따른 작품 생산의 도식화는 이 시기 노동문학의 일반적인 경향이 된 바 있거니와 이의 타개를 위해 제시된 것으로 한설야의 이른바 '현장적 실천'을 들 수 있다.

창자 이론과 작품 행동과의 매개 (…중략…) 창작이론이 대중을 파악하고 그 역사적 직능을 성취하는 도정에 있어서의 양자의 매개형태는 작가가 조직을 통하여 대중의 속으로 들어가서 그들과 같이 호흡하고 생활하는 무산자적 제생활이다. 그러므로 우리는 조직을 통하야 또는 조직을 결성하여 대중의 속으로 들어가야 하며 그래서 그들과 같이 생활하고 목도하야 그들의 생활을

---

3) 김재용, 「일제 시대의 노동운동과 노동소설」, 『변혁 주체와 한국문학』, 역사비평사, 1989.
4) 임화, 「1932년을 향하여 — 조선 신문예운동의 신계단」, 『중앙일보』, 1932.1.4.

재현하고 그리고 그들의 동향을 제시할 수 있다. (…중략…) 이것을 모르고는 도저히 소위 전위의 눈을 얻을 수 없고 그러한 제품을 제작할 수 없다. 설사 그런다 하더라도 그것은 그들에게 하등의 박력을 주지 못할 것이다.[5]

한설야의 위와 같은 진술은 현장성의 강조를 매개의 핵으로 파악하고 그 주위에 당시의 경향문학론의 핵심적인 요소들이 모두 포함되어 있는 것으로서 상당한 폭을 지닌 것으로 보인다.

세계관의 문제를 실천의 문제와 더불어 제시함으로써 구체적 현실의 경향성을 보아 내는 보다 심화된 현실인식을 보여준다는 점에서 일정한 의의를 갖는 이러한 현장적 실천에의 요청은 그러나 현장성의 설정을 "조선프롤레타리아와 그*(당-인용자)이 힘새 조선의 혁명적 프롤레타리아가 그 전력을 집중하고 있는 대공장 노동자, 빈농"으로 설정하고 그 구체적인 방식으로 "프롤레타리아적인 진실한 계급적 기초"로서의 조직적 실천에 중점을 둠으로써 강한 이념적 성격을 띠게 된다.[6]

기본적으로 현실의 구체적 현실성의 확보란 관념과 현실의 유기적 종합을 매개하는 실천의 문제가 정당하게 취급되고 이에 따라 본질적으로 현실 속에 내재된 경향성을 파악해냄으로써만이 가능한 것이라면 이 시기 노동소설의 형상화 수준은 이에 미달하는 것이 된다. 곧 현장 실천의 단편성과 작품의 도식화가 드러나고 있는 것이다.

---

5) 한설야, 「사실주의 비판」, 『동아일보』, 1931.5.22.
6) 안막, 「조선 프로 예술의 당면한 긴급한 임무」, 『중앙일보』, 1930.8.21.

3. 『황혼』의 수준

1) 공간의 확대와 다양한 인물 유형

『황혼』[7]의 무대는 서울. 1930년대 초 중반에 걸친 시기의 산업 합리화 정책에 따른 노자(勞資)간의 갈등을 중심으로 공황기에 직면한 식민지 조선의 현실을 총체적으로 조망하고자 하는 것이 이 작품의 주요한 골격을 이루고 있다.

기계자동화에 따른 '임금 인하'와 '부당 해고' 등을 통해 소설의 한 축을 형성하고 있는 자본가 안중서와 이에 대항하여 파업을 일으키고자 하는 준식을 위시한 노동자 집단의 대결적 양상이 작품의 전체를 규정짓는 두 축으로 되어 있고 이러한 두 축 사이에 애정을 매개로 한 노동자로서의 존재 전이 과정을 보여 주는 중간자적 성격의 여순이라는 지식인이 나타나고 있다. 여기에 자본가 계급의 편에서 이 계급의 윤리적 타락성을 성격적으로 재생하고 있는 일단의 인물 유형들(예컨대 김경재의 모와 어린 동생의 비윤리성, 자본가적 교활함을 체현하는 인물인 장감독과 그에 의해 매수되어 부정적 노동자상을 보여 주는 정임, 자본가 계급에 기생하는 일단의 민중적 인물 유형들 예컨대 부엌 어멈과 침모 등)과 사회주의 사상을 받아들임으로써 강한 현실 지향성을 보여 주지만 구체적인 현실적 실천에 있어서 편차를 보이는 일단의 지식인 집단(경재·현철·준모 등), 동일한 노동자 계급에 속해 있지만 현실적인 존재 기반의 편차로 인해 성이한 의식을 보여 주는 다양한 노동자들(예컨대 준식·여순·학수·동필 등)의 형상화가 대립적인 양상을 보이면서도 긴밀한 연관하에 서술되고 있다.

위와 같이 놓고 보면 『황혼』이 확보하고 있는 공간은 매우 폭넓은 것

---

7) 여기서는 『황혼』(상·하)(『창비 교양 문고』 11, 창작과비평사, 1989)을 텍스트로 하였다.

으로 구성된다. 볼셰비키화 단계에 놓여 있던 종래의 노동소설들이 대부분 강한 이념 지향성으로 인해 노동 현장을 중심으로 한 단일한 사건 구성과 이를 둘러싼 노동자 집단의 대응 양상만을 도식적으로 제시함으로써 집단의식의 제고를 꾀하고 있는 것에 비추어 본다면 이 작품에서는 자본가 집단(여기서는 자본가인 안중서를 둘러싼 제반 인물 유형을 지칭함)과 노동자 집단의 대결 양상과 각 집단 내부의 세부적인 갈등 양상을 통해 당대 식민지 조선 현실의 일정한 상태를 보여주는 상당히 폭넓은 공간을 포용하고 있는 것으로 이해된다.

이는 물론 작가적 체험의 폭이 그만큼 넓어진 데서도 그 원인을 찾을 수 있겠지만 우선 무엇보다도 30년대 초에 진행된 식민지 자본주의 실서의 재편이 갖는 다대한 의미에서 그 원인을 찾을 수 있다.

"그런 불경기 시대에는 조업을 단축하고 인원을 줄이고 삸을—"
하고 주임은 그런때의 경리방법을 말한 다음,
"참 딱했습니다. 이 어른이 '산업합리화'란 말이나 아셔야지요. 하니까 말씀해도 과단을 못낸 거지요." (상, 95면)

"허니까 문제지요. 돈많은 새로운 기계를 놓아 보시우 그전에 열사람이 하던걸 기계 한 대에 한 사람이 붙어서하게 되 보시우. 상품은 굉장히 나올 수 있지만 — 나머지 아홉사람은 …",
하다가 준식은 문득 생각이 난듯이 말을 끊고…… (상, 53면)

생산 라인의 기계화와 임금 인하를 통한 직공의 해고 등으로 나타나는 산업 합리화 정책은 물론 세계사적인 공황의 진전이 식민지 조선에 끼친 불경기의 영향으로 나타나는 자본주의적 모순의 발현과 이에 대처하기 위한 자본의 자기운동의 일환이라 할 수 있다. 중요한 것은 이러한 전환의 과정에 나타나는 자본가 계급의 철저한 자익 추구의 성격이다.

잘 알려져 있다시피 1929년에 발발하여 30년대 초의 식민지 조선을 강타했던 세계사적 대공황은 이의 극복을 위해 민족 자본주의의 일정한 상층 부분을 매판 자본화하게끔 한다. 그것은 한편으로는 살아남기 위해 일제의 거대 독점 자본에 대해 경제적 예속 관계를 맺는 것과 또 다른 한편으로는 공장 내에서 파업 등으로 구체화되는 노동자들과의 관계에서 자본가 자신의 이익을 관철키 위해 일제 권력의 비호 아래로 들어가는 것을 통해 구현된다. 이러한 경로를 통해 매판화된 민족 자본의 일정한 부분은 만주사변 이후에 불어 닥친 '만주 시장'에 대한 환상으로 인해 보다 적극적인 매판 자본으로 전화해 가게 된다.8)

　이와 같이 독점 자본주의의 진행으로 인해 불가피해진 민족 자본의 매판화 등이 안중서의 교활함과 비윤리적인 면모의 성격의 기반을 이루면서 작품의 선명한 한 축을 담당하고 있다. 작중에서 이러한 교활함과 비윤리성의 측면은 공장 감독인 털복숭이 장 감독과 안중서의 처 및 둘째 아들에게서 재생되어 나타나고 있다. 전자는 여순의 칫솔로 자기 구두를 닦은 뒤 이를 질책하여 담당 선생께 이르겠다는 여순에 대해 칫솔을 사용한 사실 자체를 부정하는 것에서 더 나아가 부의 영향력을 통해 이를 해결하려 하는 모습을 보여 주는 경일의 천박함과 가정교사와 부엌어멈, 침모 등으로 대변되는 하층 계급의 사람에 대해 노골적인 멸시를 스스럼없이 표현하는 경일 모의 잔혹한 성격 등으로 형상화된다. 한편 후자는 산업 합리화 정책에 따른 인사이동을 이용해 자신의 사욕을 채우려는 장 감독의 교활한 성격으로 발현된다.

　　그는 여순을 흘낏 눈짓하고 사장실을 기웃이 늘여나 보디니 마치 시냇물을 건너는 사람같이 발을 뽑으며 사장실로 들어간다. 그의 좁고 짧은 양복바지 자락과 낡은 아사고무 구두 어간에 삐쭉이 보이는 목쳐진 양말과 발목털에 무심코 눈을 주었던 여순은 불현듯 웃음이 나서 고개를 돌이켜 다시 글을 썼

---

8) 梶村秀樹, 「일본 제국주의하의 조선 자본가층의 대응」, 『한국 근대 경제사 연구』, 사계절, 1982 참조.

다. 공장 주임은 둘 사이 유리문을 닫고 사장 곁에 가서 공손히 인사하고 사장이 권하는 의자에 걸쳤다. (상, 88~89면)

자본가인 안중서에 대한 비루한 복종과 공장 노동자들에 대한 우월감을 심리적 기반으로 하는 장 감독의 이러한 교활함은 노동자들의 입장에서 보면 단순히 자본가적 비윤리성을 체현하는 것이라는 점에서 문제적일 뿐만 아니라 실제 파업을 준비하는 과정에서 하나의 현실적 위협 요인으로 나타난다는 점에서 보다 문제적이지 않을 수 없다.

실제 작중에서 나타나는 장 감독의 모습은 노동자들의 파업에 대한 자본가 측의 대응 방식을 의식과 행동의 양면에서 체현하고 있는 문제적 인물로 형상화된다. 물론 이러한 문제성이란 그것이 개별적인 진실성을 보여 준다는 점에도 불구하고 단순히 파업이라는 사건을 중심으로 설정됨으로써 구체적인 현실성을 담보하는 데까지 나가고 있지는 못하다. 구체적 현실성은 사건 속에서 반짝이듯이 나타나는 것이 아니라 구조화된 삶의 본질에 육박하는 핍진한 서술을 통해서만 얻어지는 것이기 때문이다.

이를 단편성이라 할 수 있을 터인데, 『황혼』이 갖는 결점으로도 흔히 이야기되는 이러한 단편성은 이 작품의 평면적인 서술 방식에서도 잘 나타나고 있다. 톨스토이 론을 쓰면서 루카치가 지적한 바 있는 소설의 서술적 성격이란 묘사적인 것에 반대된 것으로써 현실의 총체성은 하나의 일련의 사건이 작품전체와 맺는 유기적 성격과 세계 인식의 능동성을 기반으로 이를 다각적인 방향에서 이해하려는 정신을 기축으로 구현되는 것으로 된다. 이런 점에서 볼 때 『황혼』의 서술 방식은 그 세부 묘사의 충실성에도 불구하고 다분히 평면적인 서술에 머물고 있는 것으로 이해된다.

2) 개별적인 의식의 다양성과 일상적 실천의 형상화

한편 작품에서 나타나는 제반 산업 합리화 정책의 결행을 대하는 노동자들의 대응 양식은 '위기가 다가올 것 같은 몽롱한 불안'과 미정형의 정치적 열망으로 형상화된다.

> 그러나 이렇게 웃고 떠드는 중에서도 다른날과 달라서 오늘은 무슨 일이 다가오는 것 같은 심리를 그들은 느꼈다. 동시에 무슨 비장한 장면까지를 그들은 한편 생각하였다. 몇사람만 모여서도 무엇이던지 해낼것 같은 엄청난 생각도 나고, 무엇이던지 번쩍 들어다가 제 놓고 싶은 자리에 놓아보고 싶은 충동도 났다. (하, 163~164면)

'엄청난 생각'과 '영웅적 충동'으로 표상되는 노동자들의 적극적인 행동에의 의지는 그러나 아직 구체적인 방향성을 갖지 못한다. 정치의식이 없는 그들에게 있어 자본주의의 심화된 모순에 의해 발생한 공황이라든가, 자본의 자기 대응 방식으로서의 인원 감축 등의 의미를 이해할 까닭이 없는 것이다.

그런 까닭에 그들은 막연한 '생각'과 '충동'만을 느낄 뿐 구체적인 행동에의 지향을 보여 줄 수 없다. 의식화되지 못한 상태이기는 하지만 노동자들의 집단적인 행동으로의 이러한 지향이야말로 곧 작가의 정치의식일 터인데, 이 작품에서는 그것이 준식을 중심으로 한 일단의 선진적 노동자들이 지닌 현실인식과 공장 내에서의 일상적인 실천의 형식으로 형상화된다.

작품 내에는 이러한 일상적 실천의 다양한 면모들, 예컨대 노동자들 자신의 개인적인 존재 기반에 따라 상이하게 드러나는 의식의 차별성과 이러한 차별성 내에 존재하는 긍정적 부정적인 모순에 찬 제반의 다양한 모습들, 노동자들 개인의 내부에 존재하는 부정적인 면모에 대한 가열찬 비판과 긍정적 모습에 대한 고양 등을 통해 끊임없이 행해지는 일상적인 실천의 모습들이 매우 섬세하게 그려지고 있다.

> 학수는 이때까지 준식에게 고마운 감정을 가져 본 일이 없다. 그는 이때까지 준식을 겉으로는 친한 체 하면서도 속으로는 늘 멀리 하고 있었다. (…중략…) 그래서 속으로는 아니꼽게 생각한 때도 많다. …… 그러나 준식이가 직공들의 인기를 집중하고 있는 관계인지 학수는 늘 그에게 위압되는 감이 있어서, …… 그러면서도 한편, 제 딴에는 자존심이 있어서 속으로 준식이를 비웃기도 하였다.
> 그러나 오늘의 준식의 태도에서 학수는 일찍 가져보지 못한 좋은 감정을 그에게 가지게 되었다. 그것은 다만 감사하다는 그 정도의 감정이 아니고 좀 더 높은 감정인 것을 느끼며 학수는 새삼스레 준식의 손을 꼭 잡았다. (상, 187~188면)

다소 긴 인용이지만 위에서 드러난 바와 같이 기술공이라는 자부심과 정임에 대한 애정에 의해 포지된 학수의 남다른 부정적 의식의 전환 과정은 그것이 드러내는 자연스러움으로 인해 일상적 진실성을 구현하고 있다는 점에서 현실적인 것으로 이해된다.

노동자의식의 개별적인 차별성에 대한 형상화는 이외에도 예컨대 준식의 일상적 실천에 대해 심리적 반감을 품고 있는 고참 노동자 동필의 "준식이 따위의 햇내기 패들은 자기처럼 살뜰이 직공의 뼈저린 생활을 알지 못한다"(하, 36면)는 식의 경험주의로 나타나기도 하고, "되도않한 년들이 딱 보기 싫고 …… 천대 받고 싶은 일 해가며 그 년놈들 틈에 끼여 있기 싫어"(하, 67면) 사무 노동자로 나아간 정님의 생리적인 육체 노동 혐오증의 형태나, 사고를 당해 "염소똥 만큼 되는대로 틀어논 머리"를 가진 사범공이 "모진 악취와 먼지와, 때와 땀이 절은 퀴퀴한 냄새"(하, 157~163면)를 풍기는 열악한 근로 환경 속에서도 살아남기 위해 자본가의 이데올로기를 그대로 재생하는 순종주의 등으로 나타난다.

이상에서와 같이 자연스럽게 드러나는 노동자 집단의 계급의식의 고양은 비록 그것이 개별적인 인물 유형에 대한 단편적인 묘사로 인해 일정한 한계를 지니고 있긴 하지만 노동자들 내부의 다양한 개별적 차별성과 이에 대한 일상적 실천을 통해 구현된다는 점에서 보다 사실적이다.

일반적으로 노동자들의 계급의식이란 현실적인 자본주의적 범주의 확립을 기반으로 노동으로부터의 소외로 인한 세계 내에서의 존재의 문제성과 이를 극복해내고자 하는 적극적인 현실 변혁성을 두 축으로 하고 그 사이에 일상적 실천과 정치적 실천을 유기적으로 종합함으로써 양자를 변증법적으로 지양 극복해내는 데서 달성되어지는 것이라 한다면 『황혼』에서 드러나는 일상적 실천의 형상화는 이에 매우 근접해 있는 것으로 파악된다.

한편 『황혼』의 노동자 계급의 세계를 떠받치고 있는 또 다른 축으로서 작중에서 나타나는 일상적 실천의 낙관적 성격에 기반을 둔 완결된 인물 유형으로서의 준식과 노동자 계급의 건강성을 성격적으로 체현하고 있는 복술을 둘 수 있다. 즉 "시기도 없고 흐림도 없는 맑은 성격을 가진" 복술의 긍정성과 준식의 내면적 풍부함이 드러내는 낙관적 분위기에의 신뢰가 작가의 강렬한 정치 지향성을 대체함으로써 노동소설의 중요한 한계로서 지목되는 지나친 관념 편향성을 일정한 수준에서 극복하고 있는 것으로 보인다.

3) 소시민적 감수성의 두 형식

『황혼』의 또 다른 축을 형성하고 있는 것으로서 경재와 여순을 들 수 있다. 전자는 지식인의 관념적인 현실인식의 특징적인 모습을 보여 준다는 점에서, 후자는 노동자로서의 존재 전이를 통해 이 시기 작가가 가진 일정한 역사의식의 세부적인 면모를 나타낸다는 점에서 중요하다.

작중에서 경재의 형상화에는 대략 세 가지의 문제가 드러나고 있다. 첫째는 동경에서 획득한 이념이 실상 하나의 관념에 지나지 않았다는 사실의 발견으로서, 이는 현옥과의 교제가 갖는 추상성과 대비해 보면 일층 선명하게 드러난다.

'남녀 문제를 떠나'고 '내것 네것을 가리지 않는 특수한 심리 상태'로 표현되는 즉 젊은이다운 정열로써 획득된 것일 뿐, 실상 거기엔 현실이 없었다는 점에서 드러나는 이러한 관념성은 현옥의 편에서 바라보면 더욱 선명해진다. 즉 애정에 의해 선택된 사상이 존재 기반의 변모로 인해 너무나 쉽게 포기되어질 수 있다는 점에서 현옥의 사상 선택이 갖는 토대의 허약성을 엿볼 수 있다.

주지하다시피 현실인식의 관념성은 초기 경향소설의 중요한 성격인데[9] 이는 기본적으로 현실과 유리된 관념만을 극도로 추상화함으로써 그것을 객관적 현실의 능동적이고 포괄적인 반영으로서가 아니라 초자연적인 원리로 간주하는 데서 발생하는 것이다.

중요한 것은 이러한 관념성의 표출 및 극복 방식인데 한설야의 경우 이는 「과도기」(1929)에서 보여 준 현실의 재발견에서 성취된다. 기왕의 연구자들에 의해 '귀향 모티프'라 명명되고[10] 이로써 한설야 작품의 전체적 체계를 세우려는 노력이 있어 왔거니와,[11] 이를 좀 더 자세히 알아보

9) 임화, 「소설문학의 20년」, 『동아일보』, 1940.4.16.
10) 서경석, 「한국 경향소설과 '귀향'의 의미」, 『한국문학의 리얼리즘과 모더니즘』, 민음사, 1988 참조.
11) 김윤식, 「한설야론」, 『한국 현대 현실주의 소설 연구』, 문학과지성사, 1990 참조. 이 글은 전향 이후의 한설야의 문학세계를 '제2의 귀향'이라 규정하고 그 특징을 살핀 글이다. 김윤식 교수에 의하면 이 시기 한설야의 문학세계는 「임금」(1936) 계열과 「귀향」(1939) 계열로 나누어진다. 전자가 생리적 오기를 심리적 기저로 하여 원칙으로서의 유물 변증법을 드러내는 것이라면, 후자는 이 시기에 작자가 드러내는 일정한 현실 모색의 단면을 보여 준다는 점에서 특징적이다. 물론 중요한 것은 후자로서 여기에는 『황혼』이 포함된다. 그러나 과연 이 시기 한설야의 문학세계를 규정짓는 저류의 맥이 이 두 가지 요인만으로 설명될 수 있는지는 의문이다. 즉 '생래적 오기'로 규정되는 심리적 요인과 아무런 내용 없는 공허한 '귀향'(여기서는 이기영의 『고향』이 드러내는 세계

기 위해서는 「과도기」 이전의 한설야의 작품세계를 살펴볼 필요가 있다.

이 시기 한설야의 작품세계가 초기 경향소설의 한 속성인 관념 편향성을 보여 주고 있음은 두루 인지된 사실이다. 이러한 관념성을 한설야는 상당히 독특한 방식으로 드러내는데 이러한 독특한 방식이란 곧 운명으로 형상화되는 전기의 형식을 취하고 있다는 점이다.[12]

이 시기의 작품으로 '황혼'과의 연관하에서 중요한 것으로는 「뒷걸음질」(1927)이 있다. 이 작품에서 나타나는 C라는 여성은 동경 유학생이다. S라는 청년에 대한 애정이 파탄되자, 애정에 의해 매개된 사회주의사상마저도 포기되기에 이른다. 이러한 사상의 포기는 C라는 여성 개인의 운명과 결부되면서 "C는 다시 어느길을 가려느냐"[13]로 표현된다.

에 비하여 한설야의 그것이 별다른 차별성이 없다는 점을 말한다) 등으로 나타나는 도식적이고 추상적인 요인만으로 『황혼』을 포함한 이 시기 한설야의 작품세계를 총괄해 내는 것이 과연 타당한가라는 의문이다. 상식적인 수준에서 보더라도 이는 부정적일 수밖에 없는데 이는 한설야의 전기적 사실만을 보더라도 확연히 드러난다. 주지하다시피 한설야는 볼셰비키화 단계에서 '현장성'(「사실주의 비판」, 『동아일보』, 1931.5.22.)의 개념을 중심으로 당대 창작 방법론의 핵심을 꿰뚫은 바 있다. 현실인식에의 능동적인 계기를 내포함으로써 작가적 성실성에로의 지향을 보여 주는 이러한 방법론을 몸소 작품으로 보여 준 것이 바로 「과도기」(1929)였다. 이와 같이 당대 제일급의 이론가이자 작가였던 한설야가 위와 같은 추상적인 잣대로만 현실을 재단했을 이치가 없다는 것이 이 글의 요점이다. 필자가 조사한 바에 따르면 한설야는 30년대 초반 이후로 의식적으로 북조선의 현실에 관심을 두기 시작한다. 이를 처음으로 드러내기 시작한 것은 「추수후」(1933.6)가 유력하다. 이를 떠받치고 있던 것으로 사회주의 사실주의의 수용 이후 작가들에게 요구되었던 작가적 체험의 형상화가 그 동인이 되었을 것이고, 무엇보다 중요한 것은 이와 같은 북조선 현실에의 일정한 관심에 나란히 가는 것으로서 일련의 사회 경제사에 대한 작가의 관심이 놓여 있다는 사실이다. 물론 현실인식의 일정한 세계관이 거기 덧붙어 있다는 것은 두말할 필요가 없는 것이다. 『황혼』을 포함하여 1930년대 중·후반기에 창작된 한설야의 작품세계를 총괄하는 기축은 위에서 말한 제반 요인들을 포함하여 이를 보다 유기적으로 연관시켜 고찰함으로써 완전해질 수 있지 않을까라는 것이 이 글의 요점이다. 즉 한편으로는 현실의 변화에 상응하여 발전하는 작가의 세계관을 보다 면밀하게 검토하고 또 한편으로는 현실인식의 문제에 있어 작가가 보여 주는 특수성의 부분을 다각도에서 해석함으로써 이 시기 한설야의 작품세계가 보다 명확하게 드러날 것으로 생각한다.

12) 차원현, 「한국 경향소설 연구」, 서울대 석사논문, 1987, 24면 참조.
13) 한설야, 「뒷걸음질」, 『조선지광』, 1927.8, 150면.

'길'로서 형상화되어지는 이러한 개인적 운명의 묘사가 당대의 현실과 괴리된 지점에서 관념적으로 추상화되어 있는 것임은 두말할 필요가 없는 것이지만, 중요한 것은 이러한 형식적 특징이 『황혼』에서도 그대로 재생되고 있다는 점이다. 현옥과 경재의 관계가 곧 그것인데 여기서는 현옥이 갖는 인물 형상화의 추상성이 약화된 대신 오히려 경재에게서 이러한 측면이 보다 강화되어 나타나고 있다.

즉 현옥과의 애정이 기실은 하나의 관념에 불과했다는 사실에서 출발하여 이제 이러한 애정이 경재의 존재를 일정하게 구속하는 현실적 요인이 된 것이다. 집안의 몰락이 가져다 준 현실적 어려움과 현옥에 대한 거부감 사이의 갈등을 통해 경재는 문제적 인물로 나타난다.

> 밖에 나와서 지향 없는 발길을 옮겨 놓느라니 아닌게 아니라 자기를 유일한 미끼로 살아가려는 몰락해가는 가정의 무능한 부모가 한편 밉기도 했지만 또 한편 가엾은 생각도 전혀 없지 않다. 종로에만 나서도 냉락한 세상의 거친 바람이 뼈를 할는 것 같고 게다가 하잘것 없는 제 몸을 하염없이 돌이켜보는 회심이 생겨서 가정에 대한 생각도 더 한층 가냘프게 스며든다. (상, 144면)

> …… 하면서도 그는 저보다도 훨씬 멀리 뒤떨어져 있는 현옥에게 대해 그는 일종 우월감을 가지고 있다. 고민과 우월감! 그는 지금 이런 범벅된 생각을 가지고 있는 것이다. (상, 49면)

물론 작중에서 나타나는 경재의 물적 기반이 소시민의 그것에 닿아 있다는 점에서 이러한 문제성의 상당 부분이 과장되어 있음은 두말할 나위가 없다. 또한 이는 경재라는 인물의 형상화에 있어서 세부적인 사실성이 일정하게 훼손되는 결과로 나타나고 있다.

그러나 보다 중요한 점은 이러한 갈등의 양상과 이의 극복 방식에 있다. 즉 '경멸할 만한 인간들과 자기를 비교하지 않겠다'는 도덕적 순결주의와 변모한 현실에 대한 인식을 통해 경재는 주체 정립의 새로운 길을 모색하게 된다. 또한 이러한 모색은 자신이 종래 동경에서 얻어 온 독서 체험의 관념성을 비판한 이후에 추구된다는 점에서 보다 문제적으로 된다. 그것은 '어디로 갈까'라는 운명의 형식[14]으로 제시된다.

> 생각만은 아직도 때와 세상이 움직여 가는 가장 바른 길을 찾고 싶으나 실지로 그것을 가져보고 스스로 밟아볼 용기와 방법을 얻을 수 없다. 농촌에 가봐야 한다! 공장에 들어가봐야 한다는 것은 책에서 얻은 지식이나 그것은 한낱 지식에 그칠 뿐으로 참말 혈행이 되고 맥박이 되어서 그 몸을 슬기있게 달음질치도록 만들어주지 못한다. 그는 괴로웠다.
> 어디로 갈까? ……
> 아득한 그의 앞에는 오직 배우지 않고 깨달아지고 뜻하지 않고 잡혀지는 사랑의 길만이 무엇보다 환히 열려 있다.
> '여순에게로 ……' (상, 144~145면)

인용에서와 같이 주체 정립의 과제 앞에서 경재는 문제적으로 된다. 진정한 문제 해결의 방식은 결국 또 다른 '현장적 실천'의 방법론을 찾아내는 것이겠지만 경재에게 있어서 이는 포기된다. 단지 여순에 대한 애정만이 표나게 들어날 뿐이다. 여기에서 「과도기」에 이은 또 다른 하나의 현실 모색이란 결국 여순과의 애정에 의해 매개되는 그 무엇으로 됨을 알 수 있다. 여순은 누구인가?

여순은 농촌 출신으로서 서울에서 독학으로 중학을 다니는 여성으로 형상화되어 있다. 작중에는 김재당의 집에서 겪는 제반 어려움을 무릅쓰고 중학을 졸업한 여순이 이러저러한 사정으로 사무 노동자로부터 공장 노동자로 전화해 나가는 모습이 나타나 있다. 여순 자신이 지닌

---

14) 임화, 「한설야론」, 『문학의 논리』, 학예사, 1940 참조 여기서 임화는 주로 여순과 준식을 중심으로 논지를 전개하고 있으나 한설야의 종래 작품들과 대비해 볼 때 오히려 여순은 경재와 더불어 그 성격이 규정되어야 할 듯하고(즉 경재의 운명과 여순이 그것이 실은 두이 아니라 하나라는 사실), 준식보다는 준식을 둘러싼 노동자 집단이 여기서는 보다 중요한 축을 담당하고 있다고 보인다.

물적 기반과 심리적 특수성에 더하여 여순의 존재 전이에 직접적으로 관여하는 인물로는 경재와 준식을 들 수 있다. 무기력한 모습을 보이는 관념적 지식인인 경재와 낙관적 전망을 드러내는 투사 준식을 좌, 우에 위치지우고 그 사이에 여순을 놓아 당대 현실을 어느 정도 총괄적으로 조망하려는 것이 작가의 의도이겠지만 이러한 의도는 작중 인물들이 보여 주는 관념성으로 인해 다분히 추상화되어 있다.

작중에서 여순이 드러내는 문제는 대략 세 가지로 요약할 수 있다. 첫째, 농촌 정서를 드러내고 있다는 점. 작중에서 드러나는 여순의 형상화는 두 가지의 상반된 모순의 양상으로 나타난다. 즉 농촌에서 유리된 도시 빈민적 모습이 그 하나이고 지식인의 모습이 그 둘이다. 여순이 나타내는 농촌 정서 역시 이 두 모순된 여순의 물적 기반에 따라 상이하게 나타나고 있다.

"누나 잘 있소? 나도 서울 가고 싶소 우리 야학은 아주 못하게 되었소 그리고 이곳에는 수리조합이 된 후 일이 무척 많아졌소 밭을 파서 논을 만들어야 하우. 나는 지금 날마다 그 일을 하고 있소 작년 여름 홍수에 신동이 터져서 겨우내 부역하다가 다리를 다친 것이 도져서 매우 괴롭소. 좋은 고약이 있으면 있으면 ……"

(…중략…)

연필속에 침을 묻혀가며 서툴게 그려논 동생의 편지를 생각하고 그는 이불 속에서 느껴 울었다. (상, 21면)

순간 여순의 머리에는 그 옛날의 농촌생각이 어제런 듯 새로워졌다. 호드기를 불며 소먹이러 다니던 그 기억이…….

(…중략…)

"갈배 동동 물배 동동—"

하는 목동의 노래를 부르며 소 배 부르기를 기다리던 그 시절의 기억과 함께 여러 가지 쓰고 단 옛 기억이 되살아오는 것이었다. (상, 120면)

물적 기반의 상이함과 그에 따라 차별적인 농촌 정서를 드러내는 점이야말로 물론 작가적 한계의 확실한 표정으로 읽혀진다.

중요한 것은 여순이 드러내는 농촌 정서의 일정한 부분 예컨대, 수리조합이니 개답이니 하는 것이 상징하는 의미이다. 그것은 한마디로 북조선의 현실에 대한 일정한 관심이 작품에서도 지속적으로 나타난다는 점이다. 물론 작중에서 그것은 동생의 편지라는 단소한 형식으로 드러나는 것이기에 단편적일 수밖에 없다. 그러나 여순의 형상화에 일정하게 북조선의 농촌 풍경이 그 기반으로 작용하고 있다는 점과 「추수후」에서 나타나는 농촌의 폭 좁은 세계를 여순이 탈피해 있다는 점은 중요하다.

둘째, 여순의 존재 전이 과정이 「과도기」의 그것을 닮아 있다는 점을 들 수 있다. 이 점은 「과도기」를 보다 구체적으로 살펴봄으로써 가능할 터인데, 주지하다시피 이 작품은 창선의 귀향을 중심으로 한편으로는 변모하는 조선의 현실을 드러내고 또 다른 한편으로는 그러한 현실에 의해 창선이 지닌 일종의 낭만적 속성을 비판하는 구도로 되어 있다. 즉 변모하는 현실 앞에 선 창선이 그로 인해 깊은 내면적 상처를 입게 되고 이로써 현실적 인물로 변해 가는 과정을 작품세계의 중요한 축으로 설정함으로써 보다 현실적인 공간을 포용하게 되는 것이다.

『황혼』의 여순이 드러내는 행적 역시 이러한 점에서 본다면 매우 유사한데 단지 특이한 것이 있다면 이 과정에서 드러나는 여순의 의식이 갖는 독특함이다.

> ①그럴때마다 여순의 그리운 표정은 때아닌 서리에 떨어지는 낙엽과 같이 가깝고도 먼 두 사람의 사이를 마치 텅 비인 거친 뜰같이 하염없이 휘날려 사라지곤 하였다. 그러면 너른 뜰에도 인총이 빽빽한 세간에도 오직 한 몸만이 외로이 서있는 자기 자신을 여순은 발견하는 것이다. (상, 16면)
> ②기껏 깊어지는 것은 기껏 높은 데로 올라가는 유일한 길이다. 지옥을 통하지 않고는 낙원으로 갈 수 없는 것이다. 여순은 지금 바로 지하도를 통하는 것 같은 침묵에 잡혀 있다. (하, 7면)

인용문 ②에서 보이는 것은 존재 전이에 임하는 여순의 의식 수준을 보여주는 것이다. 고독함으로 상징되는 심리적 퇴행을 거쳐 '지하도의 사상'[15]이라할 만한 일정한 신념하에 행해진 것이라는 점에서 이는 매우 문제적이다. 즉 현실적 위협 앞에서 문제적으로 된 여순의 자기 극복 방식이 지니는 관념성을 이 점은 보다 명확히 보여 주는 것이다. 전술한 바 있듯이 이러한 관념성이란 여순의 존재 기반이 갖는 모순된 성격에서 오는 것이다. 실재 여순의 존재 전이 과정은 이 두 가지 모순된 존재 기반에 의해 제약된 모습으로 나타난다.

셋째, 여순의 존재 전이가 계속적으로 지연됨으로써 일정한 현실성을 유지한다는 사실이다. 이는 여순의 존재 전이를 사이에 둔 노·자 양측의 치열한 싸움이 전개됨으로써 보다 현실적인 것으로 형상화된다. 이러한 지연성은 준식이 보여 주는 일상적 실천의 형상화와 연관되어 이해되어야 할 것인데, 여기서는 여순이 지닌 일정한 지식인적 속성에 대한 비판의 의미를 띠는 것으로 이해된다.

이제 여순에 대해 정리해 보자. 무엇보다 중요한 것은 여순의 존재 기반이 갖는 이중적 모습이라 할 것이다. 농촌 출신의 도시 빈민적 성격이 그 하나이고 소시민적 지식인의 속성이 그 둘이다. 이 이중성은 전술한 여순의 제반 특수성을 일관되게 제약하는 중심 범주로 작용한다. 본고에서 주목하고자 하는 것은 특히 전자의 모습이며 이러한 점에서 여순의 존재 전이가 갖는 일정한 부분이 어떤 방식으로 당대의 구체적 현실을 담아내는가를 드러내고자 하였다.

---

15) 한설야, 「지하실의 수기─어리석은 자의 독백」, 『조선일보』, 1938.7.8.

4. 결론

지금까지 30년대 노동문학의 수준을 한설야의 『황혼』을 중심으로 살펴보았다. 이 작품은 두 가지 점에서 당대의 현실을 포괄적으로 드러내는 것으로 파악된다.

첫째, 여순의 존재 전이 과정을 보여 줌으로써 민족 자본의 일정한 부분을 드러냈다는 점과 이를 이념적·윤리적으로 재생하고 있는 일단의 인물들을 형상화함으로써 보다 구체화하고 있다는 점. 즉 이를 통해 30년대에 진행된 한국의 자본주의화와 민족 자본의 재편 과정이 드러나고 있다는 점이다.

둘째, 작가의 관념을 과도하게 노출시키지 않음으로써 노동 현장의 세부적 사실성이 확보되었다는 점. 이는 준식이 갖는 긍정적 면모와 현실의 낙관적 전망이라는 두 측면에서 발현되고 있다.

한편 작중에서 드러나는 현실 모색의 또 다른 한 축인 경재와 여순의 형상화는 기본적으로 여순이 갖는 존재 기반의 이중성에 의해 제약된다는 점은 새삼 강조할 필요가 있다. 현실 모색의 관념성과 이의 극복 문제가 여기 걸려 있는 것으로서 한편으로는 전향기의 소시민적 허무주의가 이에서 나타나고 또 다른 한편에서는 현실 발전의 구체적 경향성을 보아 내려는 노력도 이에서 발현되고 있는 까닭이다.

토지개혁의 형상화와 농본주의 사상

이태준의 『농토』에 대하여

1. 『농토』의 작가—해방의 의미

우리 민족에게 있어 해방이란 무엇인가라는 문제가 기왕에 있어 왔다. 혹자는 이를 도둑처럼 찾아온 것이라 하여 그것이 바깥으로부터 주어진 것임을 강조한 바 있다. 물론 이를 민족 내부의 주체적인 시각에서 파악하여 이러저러한 설명을 부연하고 있는 경우가 있음도 주지의 사실이다. 이러한 입장의 차이는 물론 해방의 의미를 어떤 층위에서 보아내느냐는 문제와 연관되어 있다.

한편 이와는 별도로 해방이라는 역사적 사건을 바라보는 시각의 차이와 관련하여 이 문제를 검토해 보는 방식은 없을까. 대상과의 시간적 거리의 멀고 가까움이라든지 사태를 바라보는 주체의 입장에 따라 대상 자체의 규정성이 달라지는 경우도 있을 것이기 때문이다. 1945년 8월 15

일에 방송된 일황의 항복선언에서부터 시작되어 1948년 8월로 완결되는 이 기간의 본질적 측면을 한 연구자는 총괄하여 '해방공간'이라 규정하여 그 무시간성을 표나게 내세운 바 있거니와[1] 이를 좀 더 세분화시켜 검토해 보는 자리에 이태준의 『농토』(1948)[2]를 놓아보는 것은 어떠할까.

여기에는 물론 이 작품의 주인공인 '억쇠'가 보여주는 해방에 대한 인식의 남다름이 전제되어 있다. 해방이란 그것 자체로 신명나는 일에 속한다는 점, 그러나 농민의 주체적 입장에서 보면 토지개혁이 우선적인 과제라는 점, 토지개혁이 수반되지 않은 해방이란 상상할 수도 없고 상상하기조차 싫은 것이라는 점 등이 곧 그것이다.

이 가재울 구석에도 아침 저녁으로 새소문이 연달아 드러왔다. 임시정부가 어느날 드러온다더라, 서울서 벌써 건국이 되었다더라, 나라 이름이 『대한』이라더라, 아니 『조선 인민 공화국』이라드라, 대통령에 누구, 육군대신에 누구……, 어른 아이 할 것 없이 저마다 지꺼리었다. 그러나 지꺼릴 때 뿐이었다. 인전 공출로 빼앗기지 않을 추수라 농군들은 밭과 논에 예전 공출 없을 때와 같은 애착이 끌어 올랐다. 올해는 밥이라도 한번 실컷 해 먹어보자! 올해는 추수가 일년계량만 되면 남의 자식(며누리)도 한번 데려오자! 나라 이름이 무엇으로 정해지던 대통령이 누가 되던 그런 것이 앞으로 저이 살림에 미칠 영향을 생각할 줄 모르는 이들은 『나라』라는 것에는 이내 무관심할 수 있었다. 못 불러보던 『독립만세』를 목이 터지게 불러보는 것도 시원은 하나 역시 집에 돌아오면은 권생원네와는 달러 배고픈 것이 급하였다. (138면)

농민대회는 장구네 마당에서였다. 억쇠는 그까짓 병아리쯤 내버려두고 색시도 같이 올라올걸 싶었다. 남들은 아니 어른 할것 없이 안팎이 떨어 나와 있었다. 멍석을 깔고 가운데는 앉았고 가이으로는 울타리처럼 물러서기도 했다. 작년 『팔,일오』 때보다도 더 많이 모였다고들 했다. 주인을 따라 모여든 개들도 꼬리를 치고 설치었고 그 바람에 닭들도 놀라 지붕 위로 풍산을 한다. (163면)

1) 김윤식, 『해방공간의 문학사론』, 서울대 출판부, 1989, 1~5면 참조.
2) 이태준, 『농토』, 삼성문화사, 1948. 이후 인용은 이 책에서 한다.

『농토』를 창작한 시점(1948)에서 해방공간을 바라보는 작가 이태준의 내면은 어떠했을까. 이 점을 굳이 문제 삼는 이유는 일차적으로 해방 후에 보여주는 작가의 정치적 행로의 특이함에서 연유한다. 1925년 처녀작 「오몽녀(五夢女)」로 등단, 1935년 구인회를 결성했고 1939~41년 기간에는 『문장』지를 주재하면서 단편집 『달밤』(1934)을 통해 "소멸되어 가는 조선적 감각 또는 미학"(최재서)이라는 평가를 받은 바 있으며 해방 후 '문학자의 자기비판'을 주제로 한 봉황각 좌담회에서 '해방=조선어 의 회복'이라는 등식을 유달리 내세운 바 있으며 이를 통해 김사량과의 논전을 유발한 바 있고, 곧바로 문건에 나아가 「해방전후」라는 작품을 통해 남로당의 인민민주주의 노선을 직수용한 바 있고 이로써 문학가 동맹의 제1회 소설상을 수여했고 이후 월북, 남로당 노선에 있으면서 소련기행을 다녀온 바 있으며, 전후 1953년 숙청된다. 이때 그의 나이 49세였다.

북한에서의 토지개혁이 1946년 3월이고 뒤이어 같은 해 8월 10일에 서 10월 15일 사이에 소련을 다녀온 뒤 『농토』가 간행된 시점이 그 이 듬해인 만큼 창작기간을 감안한다 하더라도 이 작품이 쓰인 시기는 해 방에서 대략 2년 미만에 해당한다고 볼 수 있다. 이 기간에 해방을 염두 에 두고 쓰인 소설 작품으로 모두에 오는 것으로는 「해방전후」와 「불사 조」를 들 수 있다. 이 중 전자가 보다 중요한데 이는 앞서 이미 말한바 와 같이 남로당 계열의 인민민주주의 노선을 직수용한 것이기 때문이 다. 해방을 맞이하는 단계에서 신념의 재정립이 필요하다는 점, 막연히 자본주의적 민주혁명이 필요하다는 점, 인민성의 단계에까지 나아가지 못하고 있다는 점, 지식인 주인공을 중심으로 한 계몽성의 차원에 머무 르고 있다는 점 등이 지적될 수 있다.

한편 『농토』에서의 사정은 어떠한가. 거기에는 해방에서 농지개혁에 이르는 기간의 현실변모에 대해서는 일언반구의 언급도 없이 오로지 토지개혁의 문제에만 시선이 집중되고 있다는 점을 일단 문제 삼을 수 있다. 토지개혁의 문제를 해방 전 1930년대의 단계로 되돌려 농민의 주체성에서 그 근거를 구하고 있다는 점, 따라서 다분히 역사소설적 구도를 가진다는 점 등이 우선 눈에 띄는 장면이다. 농민을 주체로 삼는다는 점에서 지식인에 의한 계몽구조가 보이지 않고 있다는 점도 특기할 만하다.

과연 그 내용은 무엇인가. 이제 『농토』의 세계로 가 보도록 하자.

2. 토지개혁의 형상화

『농토』의 무대는 황해도 개성 인근의 가재울이라는 곳이다. 머슴출신의 억쇠라는 주인공을 통해 1930년대 후반에서 해방 후 1946년의 토지개혁에 이르는 시기의 농촌사회의 제반 풍경을 드러내고 있는 작품이다. 작품 초입부의 무대로 제시된 개성에서부터 소작농이 대다수를 이루는 전형적인 빈촌인 가재울로 공간이 이동한 뒤로 거의 이곳에 고정되는 공간적 고정성을 보여준다. 이웃마을인 '벌촌' 농민들의 삶의 편린이라든지 해주에서의 운동 상황, 선로 사업장에서의 노역, 근로 징용문제 등이 농촌에서의 삶의 궁핍화와 함께 제시되고 있긴 하지만 이는 에피소드에 불과하다.

가재울이란 어떤 곳인가. 30여 호 남짓 되는 농민들의 대다수가 소작인이라는 점, 유일한 지주인 윤판서와 고리대금업자 권생원이 이 마을 농민들의 생존의 문제를 전적으로 규율하고 있다는 점 등이 우선 지적될 수 있다. 구 귀족계층 출신인 지주 윤판서가 몰락한 뒤 이를 뒤이어 가재울의 지주로 부상하는 고리대금업자 권생원이 상업자본가 정도로 읽혀질 수 있다는 점이나, 전직 군수출신이자 매판적인 방법에 의해 축재한 황영감과 그의 아들 도꾸지가 파락호로 나타남으로써 1940년대의 소위 국민총동원령하에서의 농촌의 피폐상을 보여주는 인물로 기능하고 있다는 점 등도 눈에 띄는 장면이다.

이를 작가의 역사의식이라 불러도 될 것이다. 특히 작품에서 나타나는 권생원의 모습은 김남천의 『대하』에서 나타나는 '박성권'의 모습과 대조해 보면 상당히 흥미로운 바 있는데 이는 그가 개성상인이라는 점 때문이다.

『대하』에서의 '박성권'의 모습은 어떠한가. 그는 중인의 자손이다. 청일전쟁을 계기로 가산을 모았는데 그 과정이 초기 상업자본의 모습과 일정하게 대응하고 있다는 점이 『대하』의 특징이다. 이 점은 좀 더 부연 설명할 필요가 있다. 주지하다시피 민족자본으로서의 상업자본이란 30년대까지만 그 민족적 의미를 지닌다. 물산장려운동의 단계가 곧 그것이다. 30년대의 공황기를 넘어서면 더 이상 민족단위에 의해 규정되지 않는데 그 까닭인즉슨 자본의 자기운동의 단계상 매판화의 필연성이 대두하게 되기 때문이다.

『농토』에서 드러나는 권생원의 모습에는 이러한 사정이 전연 몰각되고 있다는 점이 여기서는 중요한데(물론 이러한 사정이 반드시 이 작품에만 국한된 것이라 할 수는 없지만), 이는 작가가 이 부류의 인물들이 가질 수 있는 여러 측면 중에서 농민적 측면만을 강조한 때문이라 봐야 할 것이다. 곧 이중적 착취자의 면모만이 앞서나와 있는 형국이다.

이렇게 본다면 작가는 가재울의 계급구성의 상층부를 이루는 것으로 세 가지 층위를 제시하려 한 것으로 볼 수 있다. 이 세 가지 층위란 물론 역사적 각 시기별로 대응되는 지주의 존재양상을 드러내려 한 것이다. 토착 지주에서 상업자본으로 나아간 모습과 이의 매판화를 한묶음으로 하여 일제 치하의 지주의 형상화를 꾀한 것으로 볼 수 있을텐데, 이를 일단 '윤판서-권생원-동척 라인'이라 이름하도록 하자.

한편 이러한 사정을 농민들의 입장에서 보면 어떠할까. 『농토』에서 나타나는 농민들의 존재양상에 대하여는 이미 여러 논자들에 의하여 분석된 바 있다. 농민계층 내부의 미분화 상태가 곧 그것이다. 특히 1930년대 이후의 시점에서 이 계층적 미분화 상태란 그것이 당대의 농촌현실에 비추어 얼마나 현실적인 것일 수 있느냐 라는 질문과 결부될 때는 특히 문제적으로 된다.

> 허구헌 날 지주집 대청 밑에 가서 장되쌀을 주십시오, 멧소를 한필 사주십시오, 이자를 좀 탕감해 주십시오, 한섬만이라도 내년으로 밀어주셔야 살겠읍니다. 귀밑에 흰털 박힌 것이 새파란 아쎄짜리한테 죽는 엄살을 써가며 때로는 억쇠의 입까지를 빌어 비럭질을 하는 문서에 오른 종보다 나을 것 없는 저 이들의 신세 ……. (37면)

인용문에서 나타나는 바와 같이 이 지역 농민들의 계급적 존재양상은 흡사 1920년대 초에 창작된 최서해의 제반 작품에 등장하는 농민상에 닮아 있음을 알 수 있다. 극한적인 궁핍상과 미래에의 전망 없음으로 표상되는 농민들의 절망적 상황이 곧 그것이다. 역사발전의 각 시기에 대응되는 지주의 존재양상의 나열과 이들에 의해 일방적으로 착취당하는 농민상의 제시라는 단선적 구도란 의심할 것도 없이 토지개혁의 역사적 중요성을 강조하기 위한 장치로서 작가의 선험적 구도가 농민들의 현실을 재단한 본보기로 되는 것일 터이다. 이런 점에서 이 작품을 당대 농민소설의 한 정점으로 파악하고 이에 나타난 농민들의 삶을 선형적인 것으로 보아 해방 후의 농민문학의 구도를 정립하려 한 한 연구자의 논지[3]는 지나치게 과장되어 있는 것이 아닐까.

이태준의 『농토』를 규정하고 있는 핵심적인 층위의 하나로서 토지개혁의 문제와 이를 중심으로 한 농민문학적 성격을 들 수 있다. 이 양자가 모두 드러난다고도 할 수 있는데 이는 이 작품이 가진 구조적인 특

---

3) 류보선, 「역사의 발견과 그 문학사적 의미—해방 후 이태준의 문학」, 『한국의 전후 문학』, 한국현대문학연구회, 태학사, 1991 참조.

징과 연관되어 있다. 즉 토지개혁의 문제를 농민들의 입장에서 파악하여 이를 해방 이전까지 확장하려는 작가의 의도가 곧 그것인데 이는 이 작품의 전반부가 대체로 일제치하의 농촌현실을 그리고 있다는 점과 이에 반해 후반부의 중심은 현저하게 토지개혁에 쏠려 있다는 점에서 확인된다.

이때의 토지개혁이란 물론 북한에서의 그것을 가리킴인데 여기에 대해서는 남한에서 이루어진 농지개혁과 함께 이미 많은 논의들이 이루어진 바 있다. ① 해방 후 비교적 이른 시기인 1946년 3월에 이루어졌다는 점. ② 무상몰수·무상분배라는 점. ③ 20여 일만에 완수됨으로써 사상 유례가 없이 신속하게 이루어졌다는 점. ④ 이를 통해 비로소 사회주의 건설의 일보를 내디뎠다는 짐 븡이 그 내용이다.

이에 비해 남한에서의 농지개혁의 사정은 어떠했던가. 80년대의 대미를 장식한 바 있는 『태백산맥』이 표나게 강조하고 있거니와, 무엇보다 ① 유상몰수 및 유상분배였다는 점. ② 그 기간의 장구함으로 인해 개혁의 취지가 상당부분 손상되었다는 점. ③ 개혁의 와중에 전쟁이 발발함으로써 미완의 성격을 갖는다는 점. 이러한 사실들에서 보이듯이 남한측의 토지개혁은 많은 문제점을 안고 있었던 것이라 할 수 있다. 특히 농민들의 입장에서 보면 두 번째의 사항은 특히 심각하였던 것으로 판단되는데 이에 비해 볼 때 북한에서의 그것은 이러한 점에서 일정한 강점을 가진 것이라 볼 수 있다.

해방 후 곧바로 문건에 나아가 「해방전후」라는 작품을 통해 남로당의 인민민주주의 노선을 직수용한 바 있고 이로써 제1회 문학상을 수여했고 이후 월북, 남로당 노선에 있으면서 소련기행을 다녀온 바 있으며 또한 이때의 경험을 『소련기행』이라는 책으로 낸 바 있는 이태준이 최초의 본격적인 작품으로 토지개혁의 문제를 들고 나올 수 있었던 데는 무엇보다 이런 식의 우월감이 작용하지 않았을까 싶다. 따라서 이러한 우월감이 어떤 외피를 입고 나타나는가에 우리의 관심이 놓여 있음도 사실이라 하겠다. 『농토』의 후반부는 이를 적실히 보여주고 있다.

한갓 머슴 출신인 억쇠가 토지개혁 위원회의 멤버들과 더불어 농민 위원회 부위원장인 달근류와 논쟁을 벌인다. 억쇠의 배경에 해주 도 인민위원회의 논리가 뒷받침되어 있기 때문이다. 이로 미루어보건대 '억쇠—성필—인민위원회'의 라인이 이 작품의 이념적 주축임을 짐작할 수 있다. 그리고 이 라인은 일제하의 소작쟁의에서 잠깐 나타난 '억쇠—성필—낯선 사나이'의 라인과 정확하게 대응되는 것이어서 새삼스럽다. 일제하에 잠깐 나타나는 이 라인에 대해서는 사료적 측면에서 실증적인 연구가 선행되어야 하는 것이지만 일단 그것의 현실성의 유무와는 무관하게 동척으로 대표되는 전시형 수탈체제의 한 대응양상이라는 점에 주목할 만하다.

물론 풍문으로만 들어오던 운동가의 모습이 잠깐 등장하고 투쟁 또한 비교적 미미한 수준에서 감행된 것이었다는 점에서 한계가 뚜렷하다. 그러나 그런 한계가 있음에도 불구하고 해방 전의 운동에 관한 서술이 작품의 전반적인 암울한 분위기를 깨치고 표나게 올라와 잇는 까닭은 무엇일까. 이를 자신감이라 불러도 될 것이다. 이러한 자신감이란 곧 억쇠 등으로 대표되는 농민층의 의식 수준의 일정한 면모를 예언자적 입장에서 보여준다는 점에 있다. 『농토』의 전반부가 30년대 후반에서 해방에까지 이르는 기간을 비교적 지루하게 묘사하고 있는 것에 비해 해방 후의 부분이 간략히 서술되고 있는 이유가 이로써 어느 정도 넝맥해긴 것으로 보인다.

해방 이후에서 48년도의 토지개혁에 이르는 기간이 농민들의 갈등에 찬 이러저러한 모습을 형상화해내지 못한 것은 분명 이 작품의 현실주의 소설로서의 한계를 드러내는 것이다. 그러나 여기에서 보다 중요한 것은 농민들의 입장에서 해방이란 곧 토지개혁에 다름 아니라는 사실, 역으로 말하면 토지개혁이야말로 대단히 '감격'스런 그 무엇이라는 점이 강조되어야 할 것이다. 이에 비하면 해방이란 그 자체로는 무의미한 것 혹은 그 의미가 상대적으로 축소되어야 할 그 무엇이 아닐까. 이렇게 본다면 토지개혁의 구체적 모습을 두고 '자작농의 처리문제'라든지 '지주들의 교화문제'와 같은 것은 사소한 일에 속한다고 보는 시각이 성립 가능하다. 그리고 오히려 이러한 시각이야말로 북한 지역에서 이루어진 토지개혁의 자심감 내지는 낙관성을 드러내는 장치에 해당한다고 할 것이다. 작중에는 토지개혁을 주제로 한 인민회의에 임하는 억쇠의 결연한 모습이 제시되어 있다.

> 「성필이가 늘 원칙 원칙 하더니 평산 그 친구 얘기 듣구 생각해보니 일이란 딴은 잔사정에 끌릴 게 아니라 원칙대로만 나가야 할 거데! 잔사정에 끌린다는 건 그게 벌써 맘보가 협잡을 부릴 수 있게 틈이 버려진 증걸세 그려! 좀 몰인정 힌 깃 같아두 일이란 원칙대로만 나가야 할 것세!」
> 「알겠읍니다. 참 속 쉬원한 말씀 들었읍니다.」 (167면)

토지개혁은 원칙적인 차원에서 실시되어야 한다는 것, 과부가 평생을 걸려 모은 땅이라 할지라도 원칙인 한에서 그것은 몰수되어야 한다는 것, 여기에는 물론 이러저러한 논리적 근거가 있다는 점 등등, 토지개혁이란 결국 이러한 원칙의 선명함이 아니겠는가라고 작가는 말한다. 그리고 이 선명한 원칙의 선상에 '억쇠―성필―인민위원회'의 라인이 권위 있는 주체로서 서 있다.

이렇게 본다면 『농토』의 후반부는 실로 북한에서 실시된 토지개혁의 이념만을 전파하는 계몽의 수준에서 맴돌고 있다고 해도 과언이 아니다. 물론 이 작품을 이렇게만 읽어내는 데는 한계가 있다. 작품의 전반부에 나와 있는 지루한 농촌묘사 부분은 그 한계야 어떻든 간에 자주적인 농민의 주체성을 확립하려 했던 작가의 의도를 반영하고 있기 때문이다.

작품의 초반부에서 반복하여 나타나는 억쇠의 소소유자적 속성에 대한 강조라든지 해방 후 토지의 분배 문제를 둘러싸고 소작인들간에 벌어지는 신경전, 이에 대한 지주들의 대응방식 등을 자세하게 적고 있는 작가의 의도는 무엇일까. 바로 '억쇠─성필─인민위원회' 라인이 아니겠는가. 바꿔 말하면 '인민위원회─성필─억쇠' 라인이 아니라 그 역에 의해 토지개혁의 문제를 파악하는 방식이 아니겠는가라는 점이다. 이때 작가의 시점은 전적으로 억쇠에게 향해져 있다. 작품의 전반부에 지루하게 제시되어 있는 것, 그것은 곧 억쇠의 성장사이다. 이를 작가는 주체성으로 보고 있는 듯하다.

3. 주체성의 미학─농본주의 사상의 드러냄

『농토』의 주인공 억쇠는 누구인가. 서울─개성을 거쳐 가재울의 지주로 정착한 구 귀족계급 출신인 윤판서댁의 한갓 머슴에 지나지 않는다. 한 연구자는 이를 행보(行步)라 적절히 지적한 바 있거니와[4] 이는 작품의 초반부에 나오는 억쇠의 모습이 농군의 일반과는 지나치게 동떨어진 자리에서 형상화되고 있음을 지적한 것이라는 점에서 타당하다.

행보(行步)란 무엇인가. 좀 더 정확하게 이야기하면 심부름 종이라는 이야기이다. 고된 육체적 노동을 수반하는 머슴살이에서 벗어나 주인집 자식의 공부를 수발하는 비교적 자유로운 위치에 있다는 점, 이로 인해 언문은 물론 일문조차 약간은 배울 수 있었다는 점, 주인의 장리쌀 수발을 든다는 사실 때문에 일반적인 농군들에 비해 남다른 의식을 가지게 된다 라는 점 등이 그 차별성이다.

정확한 자료의 미비로 인해 자세히는 알 수 없지만 이 행보의 의의는

---

4) 김윤식, 「토지개혁과 개벽사상」, 『한국현대 현실주의 소설연구』, 문학과지성사, 1990 참조.

보행전(步行錢)에 있다. 이를 우리 소설에서 최초로 드러낸 것은 한설야의 「추수후」(1933.6)인 것으로 보인다. 「추수후」는 그 제목에서 암시하듯 추수후의 농촌의 풍경을 그린 작품이다. 추수로 거두어들인 수확의 반을 소작료로 내고도 이런 저런 명목의 비용과 장리쌀 들을 빙자로 수확의 거의 전부를 착취해 간다는 것, 추수 후에 의당 그러해야 할 것으로 여겨지는 추수기의 풍성함이란 애당초 생각조차 할 수 없다는 것, 이에 더하여 장리쌀 빚을 갚으라고 독촉하는 행보마저 보행전을 요구한다는 것, 따라서 도저히 살아낼 수 없는 생존의 극한에 와 있다는 것, 이러한 삶의 조건으로 말미암아 어쩔 수 없이 일용노동자로 전화해 갈 수밖에 없는 농민상을 제시하려는 것이 작가의 의도였다. 이렇게 본다면 농민들의 삶의 극한적인 궁핍의 기저에 이 보행전이 심리적인 압박감으로 놓여 있다는 점과 이 행보라는 것이 지주에 기생하는 반농민적 존재라는 사실이 중요하게 부각된다.

『농토』에서 이러한 가능성은 물론 지주인 윤판서의 몰락으로 인해 차단되고 말지만 행보가 자작농으로 전화할 수 있는 가능성은 여전히 남아 있다. 억쇠는 2대에 걸친 머슴질의 대가로 받은 돈 4백 원과 깍지방 한 채를 가지고 주인집으로부터 독립한다. 물론 이 점에 대해서는 좀 더 부연 설명이 필요하다. 자작농에로의 전화 가능성을 차단당한 뒤 소작농으로 전락, 전시체제 하에서 부역 노동자로 되어 가는 억쇠의 운명과 그 성격을 결정짓는 장면인 까닭이다.

천생의 하인으로 출생하여 주종관계를 천륜으로만 아는 부모의 피를 타고 태어났으나 "대처에서 자라 그런지 말도 경우에 닿게 하고 인물도 눈이 둥그렇고 턱이 넓적한 것이 사내답게 생겨 모두들 그 아비와는 딴 판"(48면)이라고들 하는 억쇠의 형상화는 그 자체에서부터 이미 문제를 내연시키고 있는 것으로 설정된다.

다분히 문제성을 띤 인물로 설정되는 억쇠의 내면을 규정하는 최초의 단서는 주종관계의 맹목성에 사로잡힌 부모의 기생성을 응시하는

"새파랗게 노려보는 눈"이다. 이는 어미의 죽음과 연관되어 있는데, 2대에 걸친 머슴살이의 결과로 남은 것 중의 하나가 곧 어미의 죽음이었다. 주인댁 새아씨의 출산으로 인해 어미의 죽음을 목도하고도 울지 못하고 시신마저 내팽개치다시피 묻어야 했던 억쇠의 내면을 작가는 하늘에 빛나는 초저녁의 샛별에 비유하여 적고 있다. 그것은 한마디로 순진성의 미학이라 할 만한 것이다.

> 밤은 길기도 했다. 정거장에 나와서도 찻시간을 멀었는데 춥기만 하다. 속 쉬원히 울 수가 있기는 날이 밝기나 주인댁에 드러가기보다 차라리 나왔다. 애비가 끽끽거리고 울음을 터트리는 바람에 억쇠도 이미 묻을 때 보던 샛별들을 쳐다보며 시린 손등으로 눈물을 문대기고 하였다. (15면)

억쇠의 이러한 내면의 순진성이란 무엇일까. 이는 작가가 농민을 바라보는 시점의 어떤 원초적인 부분이라고 봐야 할 것이다. 가재울에서의 삶에서 보여지는 억쇠의 내면은 흙을 딛고 사는 농촌적 삶에 대한 원초적인 애정과 이러한 삶을 짓밟는 지주들의 행태에 대한 증오로 양분되는 양상을 보여준다. 이러한 이분화된 정서의 기초에 놓여 있는 것으로 바로 이 성격적 순진성을 들 수 있지 않을까. 이렇게 본다면 억쇠가 비교적 자유로운 위치에서 소작농의 신분으로 나아가는 과정을 중심에 두고 이 작품을 읽는 독법이 가능하지 않겠는가 싶다.

이를 신분 전이의 문제로 보는 방식이 그 첫째이다. 이를 중심으로 하여 '윤판서─권생원─황영감─통척'의 라인과 '억쇠─성렬─인민위원회' 라인이 서로를 맞비추고 있다는 점에서 일제 말에서 해방에 이르는 기간의 역사적 규정성을 읽어 낼 수 있다. 또 다른 하나의 방식으로는 억쇠의 내면 읽기의 방식이 있을 수 있다.

여기에서는 후자가 보다 중요한 것으로 판단되는데 이는 곧 자작농으로의 전이 가능성에 대한 집착이 계속적으로 반복되고 있다는 점과 토지개혁을 바라보는 작가의 내면이 이에 잠겨 있을 수 있다는 의미에서 특히 그러하다.

작중에서 드러나는 억쇠의 지주계급에 대한 증오의 양상을 살펴보도록 하자. 먼저 농민 일반의 정서와 공유되는 부분은 다음과 같다. 예컨대 열여덟 섬의 추수에서 반타작 소작료를 내면 아홉 섬으로 된다는 것, 다시 여기에서 비료대와 농지세를 감하고 장리쌀값과 고리대를 쌀로 갈음하면 결국 남는 것이라곤 빚밖에 없다는 것, 이는 당대 농촌에서의 수탈체계에 정확하게 대응하는 것이라 할 수 있다.

보다 중요한 것은 자작농에로의 계층전이를 가로막는 도꾸지라는 인물에 대한 극도의 증오인데 작가는 이를 퓨나게 내세우고 있어 특기힐 만하다.

> 억쇠는 신작로에 나와 펄썩 주저 앉았다. 하늘은 농군들이 기다리는지 오란 비도 좀처럼 올 것 같지 않다.
>
> 「슬컨 가물어라! 망해라 어서! 우리집을 그냥 먹은 건 고사하고라도 내가 고까도 없는 제집 종사리가 아닌가? …… 고런 놈들 주둥이에 거미줄 안 서는 걸 봄 저놈의 하늘이란 것도 말짱 헛거구먼!」
>
> 「이를 갈자! 미워하자!」 (…중략…) 「악한 놈 내 행복을 짓밟는 놈은 사정없이 미워해야 한다. 도꾸지란 놈은 악한 놈이다! 내 행복이면 따라다니며 짓밟으려는 놈이다!」 (121~122면)

도꾸지에 대한 극단적인 증오의 원인에 대해서 작중에는 이러 저러한 많은 예화가 거례되고 있다. 이는 일차적으로 자작농에로의 열망을 가로막는 것이라는 점이 중요하게 부각되고 있다. 이를 농민 특유의 소소유자적 속성이라 비판할 수는 있겠지만 실상은 이보다 훨씬 색다른 층위에 있다. 땅에 대한 애착이 곧 그것이다. 이를 좀 더 작가 특유의 문체로 고치면 흙에 대한 원초적인 애정이라 할 수 있다. 이미 앞서 설명한 바 있지만 한갓 머슴에 지나지 않던 억쇠가 토지개혁위원회의 멤버들과 더불어 농민위원회 부위원장인 달근류와 논쟁을 벌인다는 사실, 이를 추동하는 근거의 하나로 억쇠-성필-인민위원회의 라인을 든 바 있거니와 이를 버팅기고 있는 또 다른 한 축으로 바로 이 흙에 대한 원초적인 애정을 들 수 있다.

억쇠의 내면에 원초적으로 주어져 있는 혹은 있다고 판단되는 흙에의 애정이야 말로 '인민위원회-성필-억쇠' 라인이 아닌 그 역의 라인을 작가가 자신 있게 내세울 수 있었던 요인이었던 것으로 판단된다. 농민계층의 주체성을 설정할 수 있는 위치에 작가는 바로 이 흙에 대한 원초적인 애정을 제시하고 있다는 사실이야말로 토지개혁에 임하는 작가의 내면풍경이 아닐까 싶다. 이른바 농본주의가 바로 그것이다. 작가 이태준이 『농토』에서 자신 있게 내세웠고 또 그 외에는 생각조차 해 본 일이 없고 할 수 없었던 것이 바로 이것이 아니었겠는가 싶은 것이다.

역사적 주체로서의 농민계급의 사상 중심에 농본주의를 둔다는 점, 토지개혁이란 실상 이것의 실현에 다름 아니라는 것, '억쇠-성필-인민위원회' 라인이 일사불란한 균형 상태를 이룰 수 있는 지점이 바로 이 농본주의의 언저리쯤에 있다는 점 등이 곧 『농토』의 이념 부분을 구성하고 있다. 한 과부의 농지에 대한 시비 따위는 이에 비하면 아무것도 아니라는 것의 의미도 이쯤에 놓여 있을 것이다. 이를 두고 작가는 '역사에의 행복한 동참'(『소련기행』, 조선문학가동맹, 1947)이라 불렀다. 지식인 주인공의 소멸이라든지 반봉건에 대한 계몽구조의 소멸 등이 이를 뒷받침하고 있다.

이제 『농토』의 문학사적 의의를 거론함으로써 결론을 맺도록 하자. 먼저 토지개혁의 문제를 주제로 하고 있다는 점은 해방의 의미를 한갓 땅의 분배 문제로 국한하고 있었다는 사실을 보여주고 있다. 토지개혁의 한 버팀목으로 주체성의 문제를 제시하였지만 그것이 기실은 농본주의의 차원에서 멀리 벗어나지 못한 한계를 가졌다는 사실도 지적되어야 할 것이다. 토지개혁의 문제에 더해 민족 해방이 갖는 나라 만들기의 차원에 대한 사유를 보이지 못한 것은 그 동력을 농민 혹은 인민의 순진성 차원에서 구하려고 했다는 점 때문일 것이다. 흙에 대한 애정만을 기축으로 형상화된 억쇠가 이후 역사발전의 주체로 발돋움할 수는 없는 일이다. 이를 관념적으로 처리하는 일이란 한갓 도식적인 현실인식에 다름 아닐 것이기 때문이다.

2 부

모더니즘소설의 이념과 윤리

현대적 글쓰기의 기원

모더니즘의 경험과 방법에 대한 고찰

1. 모더니즘의 '아이'들

1930년대 한국 모더니즘문학 작품을 읽다 보면 거기에는 무수히 많은 '어린이들'이 등장하고 있음을 목도하게 된다. 예컨대 김기림은 "어적게의 詩들이여 / 잘 잇거라 / 우리들은 어린아히니"[1]라고 읊음으로써 자기 세대의 정체성이 '어린아히'의 그것임을 표나게 내세우고 있고, 이른바 고현학이라는 새로운 방법론을 창출한 작품으로 평가되는 「소설가 구보씨의 일일」(1934)에서 화자는 "이 아이는 대체 어디 가 있는겐가?"[2]라고 되뇌인다. 「소설가 구보씨의 일일」은 기본적으로 '집 나선

---

1) 김기림, 「시론」, 『김기림 전집』 1, 심설당, 1988, 276면. 이하 김기림의 『전집』은 심설당의 것을 저본으로 한다.
2) 박태원, 「소설가 구보씨의 일일」, 『소설가 구보씨의 일일』, 문장사, 1938, 224면.

아이의 산보'라는 구조를 가지고 있다.

모더니즘 작가 중 이른바 '모더니즘의 운명을 초극'3)할 당사자로 지목되었고, 이후의 연구자들에 의해서도 가장 문제적인 인물로 평가되는 이상의 경우에는 사정이 좀 더 래디컬하게 나타난다. 출세작인 「오감도」에는 "13인의 아해가 골목길을 달려가오"4)라는 상황이 연출되고 있으며, 이러한 상황 설정은 이상 문학의 핵심적인 국면을 형성하고 있는 것으로 평가되고 있다. 여인들과의 연애담이 주된 기조가 되는 일련의 소설들에서도 이 '아이'는 예외 없이 거듭 되풀이되면서 나타나고 있다.

사정이 이러함에도 불구하고 이 '아이들'은 기존의 연구에 의해 별다른 조명을 받지 못했다. 기존의 연구진들은 30년대 모더니즘이 갖는 기법상의 특징, 즉 기법의 혁신을 통한 새로운 예술 방식의 창출이라는 측면에 주된 관심을 보였거나 모더니즘 작품들이 특징적으로 보여주는 '미적 자의식'의 남다름, 즉 그것이 반영이론으로 대변되는 고전적인 미학에 대해 갖는 차별성의 측면에만 주로 관심을 두었다.

이런 경우 모더니즘 연구는 당연히 그것이 기반하고 있는 미학적 특수성에 대한 연구로, 다시 이러한 미적 특수성이 갖는 문학적 의미와 그 가능성에 대한 탐구 쪽으로만 흐르기 십상이다. 물론 이러한 측면에서 진행되어 온 기존의 연구 성과들이 눈부실 정도로 매우 다양하면서도 깊이 있는 수준을 보여 준 것은 사실이다. 그러나 이런 방식의 연구는 사실상 그러한 미적 자의식이 도대체 어떤 체험과 정신으로부터 연유한 것이며 어떤 방식으로 세계에 대한 특유의 반성을 수행하는가를 밝히는 것에는 일정한 한계를 갖는 것으로 판단된다.

이런 사실은 최근의 연구 흐름 중 하나5)에서도 보인다. 최근 연구자

---

3) 김기림, 「모더니즘의 역사적 위치」, 『인문평론』, 1939.10.
4) 이상, 「오감도」, 『이상 문학전집』 1(이승훈 편), 문학사상사, 1993. 이하 이상 『전집』은 문학사상사의 것을 저본으로 한다.
5) 문흥술, 「의사(擬似) 탈근대성과 모더니즘」, 『외국문학』, 1994년 봄 참조

들 중 일부는 몇몇 모더니즘소설이 사실상 탈근대적인 지향성을 갖는데 주목해 왔다. 예컨대 이상 소설은 확실히 통상적인 문법의 관점에서 분열된 양상을 보인다. 그러나 문제는 사실이 그렇다고 해서 이상이란 작가 자신이 정신분열자인 것은 아니며 분열 텍스트가 꼭 소설의 텍스트여야 한다는 법은 없다는 사실에 답하기 힘들다는 점이다. 이상은 매우 명료한 정신으로, 그리고 자각적인 방법으로 자신의 작품세계를 구축해 간 보기 드문 예민한 정신이었을 따름이며 소설이란 장르의 지평 내에서 작업을 했을 뿐이다. 따라서 이런 연구의 경우 문제는 문법적인 분열을 거론하는 것에서 한 걸음 더 나아가 그러한 분열 속에서 자신을 드러낼 수밖에 없었던 당대 모더니스트들의 정신과 그러한 정신의 작동 방식, 또는 그러한 정신을 필연적으로 요구했던 시대적 상황이란 무엇인가를 질문하는 일이 매우 힘들다는 사실에 있다 하겠다.

이 글은 모더니즘 특유의 고통스러운 언어를 가능케 했던 체험은 무엇인지, 그리고 그러한 체험 속에서 어떤 방식으로든 주체를 구성하고 의미의 새로운 영역을 창출하고자 했던 모더니즘 특유의 정신은 어떠한 것이었는지, 결과로서의 모더니즘소설의 서사적 특수성은 어떤 양상을 보이는지 등의 문제를 살피고자 한다. 그리고 이 일을 위해 잠정적으로 '유아기적 감수성'이란 개념을 설정하고, 이를 통해 모더니즘소설의 특수성을 해명해 보고자 한다.

'유아'란 개념의 저변에는 이른바 정신분석학이라 불리는 거대한 내면 탐구의 영역이 존재한다. 모더니즘문학이 근본적으로 낯선 세계에 대면한 주체의 자기 탐구란 특징을 보인다는 점[6]을 감안하면, 심리학적 분석은 모더니즘소설을 탐구하는데 있어서 필요 불가결한 사항이다. 감수성이란 개념에 대해서도 역시 마찬가지이다. 감수성 혹은 감각은 그것 자체만으로는 그 어떤 의미도 갖지 못하는 개념이다. 그것이 하나의

---

6) 강상희, 「1930년대 한국 모더니즘 소설의 내면성 연구」, 서울대 박사논문, 1998 참조.

개념으로서 의미를 가지려면 특정한 감수성 혹은 특정한 감각에 의미를 부여하는 통합된 인식의 체계라고 하는 것이 미리 존재해야 한다.

'유아기적 감수성'이란 이런 관점에서 보자면 우리가 통상적으로 '대상-감수성-인식'의 체계 내에서 감수성을 인식의 하위 개념으로 정의할 때의 그러한 감수성과는 다른 특권적인 지위를 갖는 개념이다. 그것은 대상에 대한 단순한 감각적 인지라는 차원에서 작동하는 감수성이 아니라 대상을 마주한 주체의 내면에서 야기되는 의식 내부의 이러저러한 반응과 복합된 감수성을 뜻한다. 유아기적 감수성이란 영역 내에서 우리는 세계와 대면한 주체의 주관적 반응과 그러한 주관성에 입각한 세계 이해, 더 나아가서는 세계의 재구성이라는 모더니즘 특유의 기획과 마주치게 된다.

모더니즘문학은 세계에 대면하여 주체가 자신을 드러내는 방식, 즉 한편으로는 내면 속으로 탐침을 내려 주체의 자기 구성의 문제를 두고 역투했던 내향적 경향과 또 다른 한편으로는 어떤 방식으로든 세계에 대한 통합된 이해에 도달하려 하고 또 그렇게 함으로써 세계를 예술적으로 재구성하려 했던 외향적 경향이라는 두 경향 사이의 긴장 속에서 스스로를 형성해 간 문학이라 할 수 있다. 모더니즘문학이 심리학적 탐구의 영역과 인식론적 체계를 동시에 아우르고 있다는 것은 바로 그러한 의미에서이다.

이렇게 본다면 유아기적 감수성이란 개념은 일차적으로 당대 모더니스트들이 겪었던 정신적 내상(內傷)과 그러한 체험으로부터 새로운 의미론적 체계를 길어 올리고자 했던 정신의 작동 방식, 작품 속에서 정신이 스스로를 드러내는 방식 및 그러한 방식의 예술을 통해 대결하고자 했던 시대적 특수성에 대해 이해하고자 할 때 비교적 유용한 도구로써 사용될 수 있다.

그것은 작품 속에서 특유한 서사적 문법으로 자신을 나타내며 작중인물들의 성격을 해명하는 데 있어 유용한 개념이다. 동시에 그것은 그렇게 함으로써 온전히 세계를 전유하고 그러한 세계를 대면하고 있는 자신들의 존립 근거를 마련한다고 믿었던 작가들의 정신이 갖는 매우 중요한 양상들을 살필 수 있는 도구로 판단된다. 또한 좀 더 근원적인 의미에서, 그리고 개념 자체가 갖고 있는 최종적인 가능성의 차원에서 이 개념은 모더니즘적인 기획, 특히 문학예술 쪽에서 진행된 그러한 기획의 중요 국면들을 조망할 수 있는 한 지점으로서 기능한다고 생각한다.

2. 유아기(幼兒期)의 감수성

발생사적 관점에서 볼 때 30년대 한국 모더니즘소설의 한 뿌리에는 프랑스의 모더니즘, 특히 보들레르의 모더니즘이 자리 잡고 있다. '유아기적 감수성'이란 개념 역시 그에게서 빌려온 것인데 이 개념은 당대 파리의 새로운 경험에 민감하게 반응하는 일단의 화가들이 드러내는 특유의 감수성을 표현하기 위해 동원된 개념이다.

보들레르에 따르면 '유아적 예민함(childlike perceptiveness)'[7]이란 '사물에 대한 희귀한 감수 능력'을 의미한다. 그것은 하나의 사물을 대상 일반으로 환원해 들이는 통상적인 관찰의 양상과는 다른 관찰, 즉 '병후의 회복기에 처한 환자의 능력'이란 표현 속에서 나타나듯이 특정한 사물의 인상을 그 극단적인 생생함의 방식으로 포착해내는 능력을 의미한다. 사물에 대한 황홀경적 몰입이라고도 말할 수 있는 이러한 독특한 감수 능력이란 도대체 무엇을 말함인가, 그리고 그렇게 함으로써 얻을 수 있는 현대적인 것에의 경험이란 어떤 의미를 갖는가에 대해 그가 별

---

7) C. Baudelaire, *The Painter of Modern Times and Other Essays*, Phaidon, 1964, p.9.

다른 말을 하고 있지 않고, 단지 그것이 관찰자의 정신이라고 밝혀 놓은 것으로 보아, 이 개념이 당대의 새로운 감수성을 일관되게 설명할 수 있는 풍부한 가능성을 갖는 개념이라고 스스로 생각했던 것은 아닌 것 같다.

따라서 약간의 해석이 필요하다. 우선 이른바 '병후의 능력(faculty of convalescemce)[8]'이란 무엇을 말하는 것인가에 대해 이해할 필요가 있다. 프로이트는 대상관계에 대한 자신의 이론을 발전시키면서, '병적 상태'란 카텍시스(cathexis)의 이상(異常) 집중을 가능케 하는 조건이라 규정한 바 있다.[9] 이 설명을 따르자면 병적 상태는 비정상적인 상태에 빠진 카텍시스가 어떤 한 지점에로 고착되면서 자율화되어버리는 현상, 즉 고착된 지점에서의 무한증폭을 통해 대상을 현실 연관의 너머로 가져가버리는, '자아-대상'관계에 있어서 통상적인 상태에서는 납득하기 힘든 매우 이상한 현상을 가능케 하는 힘으로 작동한다.

따라서 이 경우 '병후의 능력'이란 관심의 그러한 작동 방식을 통해 특정한 사물에로 향하는 자율화된 힘의 작동을 가능케 하는 능력이며 나아가 그러한 힘의 작동을 통해 현실 연관성 속에 존재하는 대상을 그 맥락으로부터 떼어내고 자아로 하여금 대상에 대한 전혀 새로운 방식의 대면을 가능케 하는 힘의 근원으로서 작동하는 능력이다.

병후의 능력이 새로운 감수성을 의미하는 것이라면 그것은 감수성이 통상적인 작동 방식을 떠나 이와 같은 자율화의 길을 걸어갔다는 의미일 터이다. 그렇다면 그것이 뜻하는 바는 또한 무엇인가라 질문은 이 경우 핵심적이다.

이른바 계몽을 '미성숙으로부터의 해방'이라 규정했던 칸트[10]에 따르면, 인간이 세계의 주인이자 자기 삶의 자유로운 주체일 수 있는 것

---

8) D. Frisby, *Fragments of Mordernity*, Polity press, 1985, p.17.
9) Freud, 임홍빈 · 홍혜경 역, 『정신분석학 강의(상 · 하)』, 열린책들, 1998 참조
10) Kant, 김성기 역, 「계몽이란 무엇인가」, 『모더니티란 무엇인가』, 민음사, 1994 참조.

은 통합된 주체로서의 개체가 자신의 외부에 존재하는 그 어떤 힘에도 의존하지 않고 자율적인 능력들을 소유할 수 있을 때 가능하다. 또한 이 자율적 힘이란 그것을 통해 세계를 합리적으로 이해할 수 있는 것이어야 한다.

예컨대 독단적 이성론은 내가 가진 관념과 대상의 일치를 보장하기 위해 어떤 외재적인 원인, 즉 신의 신성(데카르트)이나 예정 조화(라이프니츠)를 끌어들인다.[11] 그러나 그렇게 되어서는 인간이 자기 삶의 주체로서, 세계의 합리적인 인식의 힘으로서 정립될 수 없다. 따라서 칸트는 모든 것을 이성 능력들이 갖는 자율적인 힘의 차원에서 내재화시켰다. 그는 주체와 대상의 관계 문제를 본성상 상이한 인간 능력들이 관계 문제로 환원한다. 그런 연장선상에서 그는 사유에 있어서 지성의 입법을, 행위에 있어서 이성의 입법을 주장했고 그러한 입법권 아래에서 감성이나 상상력은 지성과 이성의 요구에 정확하게 자신을 일치시킬 수 있는 능력으로서만 그 정당성을 인정받을 수 있는 능력들로 한정된다.

수용적 감수성은 세계의 다양성을 확인하며 능동적 지성은 이에 입법하여 경험 대상을 만든다. 경험 일반의 가능성이 동시에 경험되는 대상의 대상성을 규정하는 조건이 되는 것이다. 감수성의 자율화란 이런 의미에서 보자면 성숙한 계몽적 주체의 내부에서 일어난 하위 능력으로서의 감성의 자율화를, 다시 말해 상상력과 지성 혹은 이성간의 관계를 통합시켜 주었던 도식에 문제가 발생하였다는 것을 의미한다.

칸트 그 자신도 『판단력 비판』에서 '지성과 상상력 간의 이 무시무시한 싸움'이라 표현하고 있거니와 성숙한 주체의 정신에 균열이 발생하였다는 것, 그리고 그것은 비유컨대 폭동과도 같은 것이어서 이러한 양상 아래에서 지성과 이성은 입법관으로서의 기능 중지를 선언할 수밖에 없게 되었다는 것을 의미한다.

---

11) G. Deleuze, 서동욱 역, 『칸트의 비판철학』, 민음사, 1995 참조.

그런데 감수성의 자율화로 요약되는 이러한 방식의 정신의 작동 양상은 보들레르에 따르면, '유아기로의 회귀(return of childhood)'12) 또는 유아적 정신의 영역에 속하는 것이다. 특히 그가 지적했던 것은 그것이 어떤 다른 국면에서가 아니라 자신이 직접 기획했던 모더니즘 예술 속에서 나타나는 특유한 의식으로서의 유아적 정신이라는 점이다. 따라서 이 부분을 구명하는 것은 모더니즘소설이 관철하고자 했던 특유의 예술적 기획을 규명하는 데 있어 핵심적인 사안이다. 좀 더 나가보기로 하자.

헤겔 미학에 따르면,13) 예술은 물질노동(제 1의 자연에 대한 노동)이 충족되는 지점에서 나타나는 특별한 형식의 노동이다. 예술은 유한한 자연 속에 유폐된 인간에게 무한한 것의 감각을 제공한다는 점에서 유한/무한의 분열을 극복하고 정신의 자유에로 나아가는 과정에 위치한다. 유한/무한의 분열을 고통의 근원으로 보면서 헤겔은 예술을 정신이 자기 자신과 화해하는 형식, 즉 절대적인 것의 자기만족으로 파악한다.

그러나 사회가 추상화되면 될수록 감각질료에 속박된 예술의 종합적 능력은 그 힘을 상실해간다. 따라서 헤겔에게 있어 예술은 지나간 시대의 형식일 뿐이다. 그의 관점에서 볼 때 시민사회의 예술은 통속적이 되지 않으면(시민사회를 영웅화하는 이데올로기적인 것이 되는 것), 시민사회의 추상성과 복잡성 때문에 감각적인 총체성으로 묘사되기를 거부하는 사회에 대한 고통의 표현일 따름이다. 그 속에서 예술가의 지고성은 파괴되며 예술은 기껏해야 체념적인 동경이나 유토피아적인 형상으로만 나타날 뿐이다. 루가치의 『소설의 이론』은 바로 이 부분 즉 곤궁의 미학을 정확하게 계승하고 있다. 헤겔의 완미한 그리스적 정신은 세계를 있는 그대로 받아들이는 수동적인 관조적 정신이 아니라 세계를 자신 속에 회수함으로써 세계를 관조하는 그러한 정신이다.

절대지의 단계에서 체험을 멈추고 자족하려는 헤겔에 대항하여 『부

---

12) C. Baudelaire, op. cit., p.9.
13) G. W. Hegel, 임석진 역, 「정신」, 『정신현상학』, 분도출판사, 1980, 참조.

정의 변증법』의 아도르노는 '순수한 수동적 관조'를 통해 체험의 비판적 계기를 영구히 작동시키는 헤겔을 옹립한다.[14] 그에게 있어서 예술의 핵심인 체험은 그저 단순히 '이것이 여기에 있다'라는 것으로서의 감각적인 인지(칸트)가 아니며, 의식의 변증법이라는 긴 터널을 지나온 정신이 획득하는 객관적인 세계의 경험 즉 오만에 가득 찬 주체의 세계 경험(헤겔)도 아니다. 그것은 회의의 부정성을 수단으로 개념과 대상의 불일치를 비판함으로써 획득되는 것이며 이 불일치가 발생하는 지점에 섬이라는 의미에서의 체험이다.

미메시스(Mimesis) 개념을 통해 아도르노의 예술론이 겨냥하는 것은 바로 이 지점이다. 그는 사유를 '객체가 감고 있는 베일을 주체가 찢어버리는 행위'라 표현한다. 그리고 이런 능력은 '주체가 두려움 없는 수동성 속에서 자신의 체험에 몸을 맡길 때' 얻어진다. 인식론의 용어로 말하자면, "주관적인 이성이 주체의 우연성을 감지할 때 객체의 우위, 즉 주관성이 가미되지 않은 객체 자체가 깜빡이는 것"이라 표현된다.[15] 자연이 하나의 대상으로서 자신을 나타내는 것은 인간을 통해서이지만, 인간 주체에 의해 주체의 자기정립의 계기로서가 아니라, 인간의 눈과 자연의 대상성이 그 속에서 복합된 것으로서의 세계로서 나타내 보일 뿐이다.

따라서 아도르노의 체계에 의하면 관찰은 특유의 상위 능력에 해당한다. 물론 이 관찰은 대상의 대상성을 주관의 정립이라는 관점에서 보아내려고 하는 열의로 가득 찬 그러한 관찰이 아니다. 그것은 대상의 대상됨을 그것 자체로서 파악하려는 수동적 정신 즉 대상에 자신의 눈을 빌려줄 뿐인, 따라서 말 타는 주인에게 손을 빌려주는 그런 하인적 정신, 헤겔의 오만한 주체를 비껴가는 주체, '외경'하는 정신, 그러나 외경을 자기 힘의 원천으로 삼으면서 존재하는 것들을 그로써 지배하려는 '사도(使徒)적 열망'을 품지 않는 정신, 공포스러움 속으로 자신을 밀

---

14) T. W. Adorno, 홍승용 역, 『부정의 변증법』, 한길사, 1999, 96~102면.
15) 김유동, 『아도르노의 사상』, 문예출판사, 1993, 124면.

어 넣음으로써 세계의 원천을 탐색하고자 하나 스스로는 공포를 실현하고자 하지 않는 정신, 자기를 내세우기보다는 주변세계 속으로 자신을 잃어버리고자 하는 정신을 뜻한다. 그것은 유아기적 감수성의 영역속에서 세계를 재구성함으로써 열린 세계(진리)를 얻으려는 재생에의 열망으로 충만한 정신이다.

아도르노에게 있어서 심미적인 인식은 이러한 방식으로 자신을 실정화된 세계의 합리성 너머로 몰고 간다. 사물들을 익숙하지 않은 조망속에서 바라보려는 정신 즉 객체를 주체의 실용적인 목적에 이바지하도록 종속시키고 독단화함으로써 주체가 자신이 가지 않은 길마저도 자기화하려는 독단에 빠지지 않도록 하는 정신은, 이 글에 따르면 유아기적 감수성에 입각해 작동하는 정신의 영역이 갖는 최대의 가능성 즉 영구히 작동하는 비판성의 계기로서의 초월적 정신이다. 아도르노에 따르면 그러한 의식은 '미세하고 분화된 감수성'의 영역에서 발원한다.

통합된 이념을 주체됨의 지반으로 하며 그것을 통해 세계에 대한 주권을 추구했던 계몽주의적 인간이 구성했던 특유의 세계는 한 철학자에 따르면16) 인간 행위에 관한 제3자적 관점 즉 '재판관의 눈' 위에 서있는 세계이다. 이 논법에 따르면 실증화된 과학과 철학의 원리주의는 항상 제3자적 관점에 입각해 있으며 이런 관점에 입각해 삶의 의미론적 체계를 구성하려 한 근대적 주체의 눈은 '재판관의 눈'이다.

니체는 이 제3자적 관점의 객관성과 실정성을 비판한다. 왜냐하면 그것은 행위자의 관점이 아니라 수동적인 자들의 인식이기 때문이다. 예컨대 경제학에는 기회비용이라는 개념이 있다. 투입과 산출 사이의 합리성을 측정하기 위한 개념으로 그 측정치는 숫자로 환원된다. 만일 이 개념이 없다면 투자와 소득 사이의 합리성을 측정할 잣대가 없기 때문에 생산은 비효율적이 되고 그에 따라 경제행위는 합리성을 상실하게

---

16) G. Deleuze, 이경신 역, 『니체와 철학』, 민음사, 1998 참조.

된다. 또한 수학은 직선거리라는 개념을 가르쳐 주는데 흔히 미터 단위로 환산되는 이 거리의 정확성은 가시적인 물리적 여로의 합리성뿐만 아니라 비가시적인 정신적 세계에도 작용함으로써 인간이 스스로의 삶을 효율적으로 조직할 수 있도록 도와준다.

문제는 이러한 개념이 인간적 가치에 중심을 두고 진행되는 실제적인 삶 속에서도 항상 동일하게 작동하는 것은 아니라는 점에 있다. 이른바 의식의 차원에서 보자면 실제적인 삶 속에서 이러한 수치들은 우리에게 사물에 대한 단편적인 지식만을 제공할 따름이다. 일상 속에서 우리가 걷는 길은 직선이 아니며 수치화된 지식은 그 길의 세부에 대해 아무런 정보도 제공하지 못한다. 기회비용 역시 수치화될 수 없는 질적 요소 즉 과정으로서의 인간적 관계와 경험에 대해서는 무관심한 채 결과에만 집착할 뿐이다. 수학적인 세계 이해는 사물이 갖는 외형적 가치를 정량화하는 데에는 도움이 되지만 그 사물의 질적 가치 즉 사물이 개체로서의 개인과 맺는 관계에 대해서는 아무런 의미도 부여하지 못한다.

니체적 의미에서의 수동자 즉 실정화하고 수학화한 세계 속에 자신을 밀어 넣음으로써 존재하는 개체, 유적 본질의 담지자로서의 개인은 바로 이와 같은 3자적 재판관의 눈 위에서만 세계를 이해하며 주체를 구성한다. 그는 단지 지켜보는 자에 불과하면서도 정작 행위에 대한 소유의 자연권을 자신들이 갖는다고 주장한다.

예컨대 내가 가지 않은 길을 그리워하는 까닭은 그 길이 좀 더 내 인생을 인생답게 만들어주었을 지도 모른다는 기대 때문이다. 그러나 도대체 인생에 인생다운 것이란 무엇인가? 인생답다는 말의 의미는 무엇인가? 이 개념이 의심되고 나면 인생에 있어서의 기회비용이란 아무런 의미도 갖지 않는다.

그럼에도 불구하고 실증화된 세계의 주인으로서 세계를 통합된 이념의 차원에서 정의하고 온전한 향유의 특권을 갖는 유적 존재로서의 인간은 가지 않은 길에 대한 소유권을 주장함으로써 합리화된 그러나 베버적 용어에 기대면 쇠창살로서의 닫힌 체계를 만들어 낸다. 내가 가지 않은 길에서 내가 갖는 흥미는 그것이 '내 인생을 좀 더 값지게' 해주었을지도 모른다는 발상이다. 그것은 좀 더 값진 것은 무엇이며, 그것은 어떻게 달성 가능한가라는 사유 즉 공리적 관점에 입각한 세계 이해를 지향한다.

따라서 실정화된 세계 특유의 도구적 이념인 공리주의는 기본적으로 가지 않은 길에 대한 관심에 입각해 있다. 그것은 자신이 지금 행하고 있는 일의 가치에 대한 과도한 관심의 배후에 가지 않은 길에 대한 호기심과 질투라는 심리학을 숨기고 있는 체계이다. 맑시즘은 많은 부분이 공리주의를 담고 있다.[17]

'가지 않은 길'을 두고 한 논리학자는 '가능세계'라는 개념으로 설명한 바 있다.[18] 그에 따르면 이 가능세계의 주인은 고유명사 즉 단독자이다. 단독자 즉 고유명사는 결코 기회비용을 계산하지 않으며 가지 않은 길에 대한 불안을 갖지 않는다. 일반화된 의지로서의 주체 즉 세계와 대면하여 세계 자체를 인간 의지의 일반적인 실현체로서 규정하고 창출하고자 하는 계몽의 이상주의적 열정이 포기되고 나면 남는 것은 낯선 세계 속에 던져진 실존으로서 개체가 갖는 개체됨의 확실성 혹은 진정성에 대한 추구뿐이다.

주체는 전혀 상이한 방식 속에서 자신의 주체됨을 확인할 수밖에 없다. 세계에 대한 탐구의 지반은 탐구하는 자아로서의 개체의 확실성이라는 경계 내에서만 존재하며 주체는 스스로에 대한 검사를 통해 우회적으로 세계에 대한 탐구에로 나아갈 수밖에 없다. 세계에 대면하여 주체가 스스로의 내부를 탐사하는 것은 유아기적 감수성에 기반을 둔 정신 특유의 작동방식이다.

흄은 사물을 '감각의 다발'로 규정[19]한다. 예컨대 세계와의 접촉은 감

---

17) F. Jameson, *The Political Unconsciousness*, London, Methuen, 1981, p.298.
18) S. 크립키, 정대현 역, 『이름과 필연』, 서광사, 1986 참조

각의 다발을 제공한다. 세계를 일관되게 이해할 수 있는 통합된 이념이 소멸하면 세계와의 관계맺음은 이 감각의 다발에서 시작하지 않을 수 없다. 개인의 바깥에 존재하면서 개인을 일관되게 규정하고 그를 통합에로 이끌어 올리는 일체의 선규정된 모든 힘이 회의되고 나면 결국은 감각의 다발로부터 시작하지 않을 수 없다는 것이 흄 철학의 한 핵심이다.

다섯 가지의 감각의 흐름 중 다발로 식별되는 것 혹은 식별된 다발의 각각의 조각 단위를 그는 사실이라 하고 그 단위의 식별 과정을 관찰이라 한다. 관찰이 정확할수록 사실은 견고해진다. 따라서 흄에게 있어 관찰은 인간 특유의 상위 능력에 해당한다. 인간의 본질은 통합에 있으므로 맨 아래에 있는 감각의 흐름을 기초로 하여 ㄱ 상층에 있는 추상적·고차원적·비판적 사고 쪽으로 나아갈 수밖에 없다.

통합능력이 약한 인간은 자폐(自閉)로 분류된다. 이상의 「날개」에 나오는 주인공에서 여실히 나타나듯이 자폐는 인간 본질이 통합에 있음을 잘 보여준다. 통합은 세계와 관계 맺음의 출발이요, 그 궁극적인 종착점이므로 통합에로 향하는 경로의 다양성은 그 자체로써 다양성 속의 통일이라는 새로운 종합의 가능성을 지지하는 기반으로 기능한다.

통합의 메카니즘은 개인에게서 시작되며 개인에 따라 다른 양상으로 나타난다. 그것은 선규정된 집단적 주체를 상정하지 않으며 보편성에 입각한 종합의 지평을 강요하지 않는다. 어떤 이에게 그것은 언어와 개념일 수 있으며 어떤 이에게는 이미지, 어떤 이에게는 소리와 냄새, 어떤 이에게는 느낌과 통찰 등이 있을 수 있다.

따라서 흄의 체계 내에서 통합은 철저하게 개인적인 단위에서의 주체 구성을 요구한다. 그것은 '가지 않은 길'에 대한 염려나 질투에 입각한 주체 구성을 거부하고 단독자로서의 주체 구성에 입각한 통합을 향해 나아간다.

---

19) 한자경, 『자아의 연구』, 서광사, 1997 참조.

이러한 통합의 체계 내에 서면 유동하는 세계의 감각적 흐름을 '사실'이라는 기초 단위로 묶고 다시 그 기초 단위를 엮어 '개념'으로 동이고, 다시 그 위에 '문맥과 의미'라는 체계를 부여하며, 마지막으로 가치판단이라는 거멀못을 박아 고정시켜 버리는 집단화된 이념의 체계는 그 어떤 의미의 생성도, 따라서 창조의 가능성도 없는 세계로 전락하고 만다.

단독자로서의 주체 구성의 체계 내에서 주체는 스스로가 선택하고 받아들인 차원에서 사실을 구성하고 개념화하며 가치 판단하고 통합한다. 그리고 그 근저에는 유아기적 감수성이라 개념화한, '미세하고 분화된 감수성'이 핵심적인 요구 사항으로서 존재한다. 감각의 바다에서 항해할 때 주체는 '나의 의식은 나의 사회적 존재의 반영물이다'라든지, '인간의 의식은 객관적 실재의 반영이다'와 같은 유적 본질로서 존재하는 인간됨의 서사적 전략을 포기하게 된다.

> 지난 날의 시는 [나]의 정신세계의 일부분이었다. 새로운 시는 [나]를 여과하여 구성된 세계의 일부분이다. 그것은 새로운 세계다. 낡은 [눈]은 현실의 어떤 일점에만 직선적으로 단선적으로 집중한다. 새로운 [눈]은 작은 주관을 중축으로 하고 세계, 역사, 우주 전체로 향하여 복사적으로 부단히 확대할 것이다.[20]

모더니즘문학 특유의 주체 구성 속에서 '나'의 의식은 '제 3자의' 집단화된 '눈'에 의해서가 아니라 각 개체의 '유아적 시각'에 의해 구성되며, 사회적 존재의 반영물이 아니라 사물들이 흘러가는 바다 위의 '항해자'로서 존재한다.

견고하게 고정된 객관적 실재란 존재하지 않으며 다섯 감각의 흐름이 빚어내고 있는 망망대해만이 한없이 공포스럽게 출렁거리고 있을 뿐이다. 검푸른 파도의 밑에 바닥이 있는지 없는지, 바닥이 있다면 그

---

20) 김기림, 「감상에의 반역」, 『전집』 2, 83면.

바닥 밑에는 또 무엇이 있는지 알 수 없다. 유동적이며 변화무쌍한 바다에 뜬 배는 그 자신에 의지할 수밖에 없다. 자기 고유의 나침반에 의존하지 않을 수 없다. 감각의 바다에서 항해하는 자가 의존할 수 있는 것은 결국 자기 자신이 선택한 방법론일 뿐이다. 주체는 스스로에게 의존해서만 주체를 구성할 수 있을 뿐이다.

모더니즘소설은 낯선 세계에 대면하여 고립된, 그러나 역설적인 의미에서 독자적 가능성으로 충만한 존재가 되어 버린, 자신의 힘에 의해서만 세계와 대면할 수 있는 주체의 자기 구성의 서사라 할 수 있다.

보들레르적 모더니즘의 기획 곧 유아기적 감수성에 입각한 '자아—대상' 관계의 새로운 발견이 갖는 궁극적인 의미는 모더니즘 일반이 깃는 근대 비판적 기획의 연장선상에 위치한다. 베버의 관점에서 보자면 그것은 쇠창살 내부에서 살아갈 수밖에 없는 수인(囚人)으로서의 개체는 어떤 방식으로 그 외부를 사유할 수 있는가라는 문제의식에 연관되어 있다.

구조적인 차원에서 보자면 그러한 외부적 사유란 도저히 있을 수 없다는 것, 따라서 근대 비판적 사유의 계기는 파편화된 사물화의 세계 내부에서 그것을 내파할 수 있는 혈로를 찾아야 하는데 이 계기는 오로지 사건적인 것으로만 찾아온다. 개체는 사건적인 것의 도래를 향해 자신을 열어두는 것 외엔 아무런 방법도 갖지 못하는데 이 자신을 열어둠이 의미하는 바는 결국 감수성의 자율적인 작동 방식에 근거해서야 비로소 가능한 것이라고 판단된다. 벤야민이 '계시의 순간에 대한 미적 감수성의 열어젖힘'이란 테제21)를 통해 탐구하고자 했던 비판의 가능성도 이와 맥을 같이 한다.

모더니즘적 기획이 주체라는 지점을 자신의 문제 영역으로 설정했던 이유도 여기에 있다. 사실상 주체에 대한 질문의 기반은 여기 있는 이 '나'라는 것에 대한 실감의 요구이다. 진정한 자기에 대한 물음이란 세

---

21) P. Anderson, 오길영 외역, 『마르크스주의와 포스트 모더니즘』, 이론과실천사, 1993, 176면.

계의 진정성을 전제할 때에만 가능하다는 점에서 이는 세계의 진정성에 대한 질문을 포함한다. 세계의 어쩔 수 없는 분열에 대한 인식은 따라서 모더니즘의 주체로 하여금 자아/세계의 새로운 일치를 모색하는 정신으로 나타나지만 동시에 존재하는 일련의 고정된 실체들을 의문시하는 회의적 정신이 될 수밖에 없다.

우리가 목격했던 현대성의 기본적 성격은 그것이 새로움을 향한 끊임없는 혁신을 요구한다는 사실에 있다. 현대성은 과거의 삶과 가치 및 정체성의 형식이 끊임없이 파괴되고 새로운 것들의 생산과 결합되는 상황으로 특색지어진다.[22] 현대성의 경험이란 새로움의 경험에 다름 아니며 그것도 끊임없는 새로움, 이른바 혁신의 경험이며 모든 것은 잠정적인 것이라는 사실의 경험이다. 현대가 인류에게 가져다 준 가장 근원적 체험은 현기증과 불안[23]이다. 사태의 복잡함은 자아/세계의 종합의 과제를 한층 난처한 것으로 만들어 버린다. 주체의 주체됨을 규정하는 시각이란 그것 자체가 본질론적이고 합리적인 것이므로 의문시되어야 할 성질의 것에 지나지 않는다거나, 주체성이란 일종의 구축된 것에 지나지 않는다는 관점을 취하든 사정은 동일하다.

유아기적 감수성에 입각한 주체 구성의 방식 즉 보들레르가 묘사했던 유아기적 감수성의 형식 속에서 '자아—대상' 관계를 구성하는 이 유아적 주체가 활동하는 공간은 바로 이러한 공간 즉 파편화된 세계의 조각 속에서 유한/무한 분열을 극복하고 자아/세계의 새로운 종합을 추구하시만 세계의 근원적 분열 때문에 과제의 달성이 근원적으로 불가능하다는 사실에 직면한 정신의 자기운동의 영역이다.

22) M. Berman, 윤호병 외역, 『현대성의 경험』, 현대미학사, 1996, 17면.
23) D. Frisby, op. cit., p.76.

3. 고갈된 낭만주의와 나침반론

근대에 들어와 이른바 우리가 문화라고 부르는 정신의 외화로서의 객관세계는 기술·법·윤리·예술·과학·종교 등등 자신에 고유한 내적 기준들에 의해 작동하는 자율적인 체계를 형성하고 이 체계들은 객관화된 정신의 분화된 영역들을 구성하게 된다. 계몽 시대에 있어서 인간과 자연 사이에 형성되었던 대결의 장은 사물화된 객관세계와 주관 사이의 이항 대립으로 전화되면서 이중화된다. 사물화된 세계는 이제 그 자체가 새로운 자연, 이른바 제2의 자연으로 전화되었으며 삶의 주관적 욕구를 부정하고 훼손하는 대립물로 전화되었다.

짐멜에 의해 현대문화 고유의 비극이라 규정된[24] 이러한 현상은 "끊임없이 활동하지만 시간에 제약되어 있는 유한한 주관적 삶과 그것이 갖는 내용으로서의 객관적 세계 즉 한 때 창조되었지만 이제는 영원불멸이 되어버린 이 객관 사이에 존재하는 급격한 모순 너머로 헤아릴 수 없는 비극들"[25]이 나타나는 토대로서 기능한다. 영혼이 자신에게 되돌아가기 위해 밟아야 할 길로서의 세계 즉 영혼의 매개체로서의 세계는 돌연 낯선 것이 되어 버리고 불투명한 방식으로만 자신을 드러낸다. 주체는 세계의 의미 상실 때문에 긴 우회로를 밟아야 하지만 그것은 자기 모멸과 주체 상실의 위험을 동반하는 것이기에 매우 고통스러운 대가를 요구한다.[26]

세계는 그것이 개체의 자기 발전에 적절한 것일 때에만 주체가 자신에게로 귀환하는 과정의 매개체로서 기능한다. 그리고 이때 세계는 주

---

24) G. Simmel, Trans. P. K. Etzkorn, *The Conflict in Modern Culture and Other Essays*, Teachers Press, N.Y, 1968 참조.
25) Ibid., p.26.
26) Ibid., p.27.

관이 스스로를 발전시키기 위해 동화시켜야 할 영양분으로서 객관적 정신에 의해 산출된 일련의 산물로서 존재한다. 낭만적 주체성은 자아 실현의 이러한 변증법으로서 존재한다.

낭만적 주체성에 있어 전체로서 그리고 통일체로서의 개성은 자체 내에 통합에의 완결된 가능성을 보유하고 있다. 낭만적 개성의 메타포는 우물[27]이다. 그것은 바닥을 알 수 없는 풍부한 깊이로서 존재하며 그런 의미에서 세계를 온전히 그 속으로 회수해 들일만한 가능성으로 충만한 세계이다. 개성의 배후에서 그것의 통일성을 보증하는 후광을 갖는 것, 개성이 드러내는 이와 같은 이미지는 곧 그것의 충만한 가능성이며 예상 가능한 완벽한 현실성이다. 객관적 정신의 외화로서 존재하는 세계 위를 걸으며 세계의 산물들을 적절히 취함으로써 주체는 '괴테적'인 명령 즉 "지금 존재하는 그대로의 개인이 되라"[28]는 명령을 완수할 수 있다. 낭만적 주체성 아래에서 주체는 자기 완결적인 주관의 폐쇄된 울타리를 넘어 객관적 정신이 꽃피워둔 세계의 다양성을 지나 개화된 개성의 새로운 통일성 즉 주체의 자기완성의 도정을 걸어간다. 그리고 세계는 자기완성에로 나아가는 이 낭만적 주체가 그 속에서 활동하는 무대로서 기능한다.

그러나 이러한 낭만적 주체성은 곧 모순에 봉착한다. 객관적 정신에 의해 구축된 세계는 사물화에 의해 주관에 대해 무관심하거나 심지어는 적대적인 현실로 바뀌어 버린다. 세계는 한 순간 어둠 속에 휘말려 버렸고 주관이 내면한 것은 세계의 낯선 얼굴이었다. 세계는 자신의 얼굴을 보이지 않는다. 혹은 얼굴을 보이되 그 표정을 읽을 수 없는 세계로 화해 버린다. '표정 읽기'란 테마는 모더니즘문학의 기저를 구성하는 한 핵심이다. 박태원 문학 혹은 이상 문학에는 이에 대한 수많은 표현들이 나타난다.

---

27) B. E. Flemming, *Modernism and Its Discontents*, Peter Lang, 1993, p.39.
28) Ibid., p.40.

예컨대 다음과 같은 대목이 그러하다.

暴風이 눈 앞에 온 경우에도 얼굴빛이 변해지지 않는 그런 얼굴이야말로 人間苦의 根源이리라. 실로 나는 울창한 森林 속을 진종일 헤메고 끝끝내 한 나무의 印象을 훔쳐 오지 못한 幻覺의 人이다. 無數한 表情의 말뚝이 共同墓地처럼 내게는 똑같아 보이기만 하니 멀리 이 奔走한 焦燥를 어떻게 점잔을 빼어서 救하느냐.29)

체계의 분화와 각각의 사물화는 주관에 위협적인 것이 되고 주관은 기술화된 문화 혹은 종교화된 문화 즉 고도로 전문화된 세계에 대면하게 된다. 세계에 대한 일반화된 교양은 주체에게 본질적인 것이 되지 못하며 전문화된 영역에서의 자기완성만이 파편화된 존재로서의 주체가 걸어갈 수 있는 유일한 대안이 될 때 낭만적 주체는 더 이상 불가능해진다.

객관화된 세계의 구조가 이러한 방식으로 변질되면 그 자체의 자율적인 체계를 갖는 끝없는 분열이 나타난다. 그것은 '주관—객관'의 종합을 문제적인 것으로 만들며 심지어는 비극으로 만들어 버리기조차 한다. 객관적 정신의 산물로서의 세계가 영혼의 완성을 보장하리라는 믿음이 사라지게 되면 세계에 대면한 주체의 자기 통합은 완전히 불가능한 기획으로 되고 말기 때문이다.

체계가 가속화된 방식으로 전문화의 길로 나아가고 분화된 영역들의 총체로서의 세계가 개체의 내적 필요와의 관련성을 초월해 버릴 때 즉 개체의 자기실현과는 무관해져 버릴 때, 세계는 인간 개체의 개별적 필요와는 무관하게 스스로를 위해 그리고 자기 자신의 필요에 의해서 자신을 복제해내는 자율화된 공정(工程)으로 나아간다. 전문화된 영역들은 그 내부에서만 자신의 의미를 산출하고 체계를 발전시킬 수 있기 때문에 개체로서의 주관에는 이미 낯설어진 객관적인 정신에 의해서만 산

---

29) 이상, 「동해」, 『전집』 2, 271면.

출된다. 분화되고 자율화된 체계로서의 세계는 주관적 정신에 대한 봉사의 노고로부터 자신을 해방시켜 버린다.

세계는 '외재적 체계'[30]로 변모한다. 그것은 주체를 중심으로 통합된 의미의 총화로서 존재하던 세계를 파괴해버리고, 분화된 체계들 각각의 요구에 부응하여 새로운 의미론적 체계를 재구성[31]해낸다. 전문화의 시대가 오면서 인간의 산물은 다양한 영역들 속으로 분배되고 각각의 규범에 의해 완성되며 인간 개인의 운명에 대해 무관심해져 버린다. 기술의 영역에서는 주체의 근원적인 욕구가 갖는 전망에 대해서는 어떤 감각도 갖고 있지 못한 채, 인공적인 요구만을 야기하는 상품들의 대량 공급을 결과하는 공정의 완성이 요구된다.

동일한 일이 과학이나 예술의 테크닉에서도 일어난다. 세계는 이제 문화가 드러내는 폭정의 희생물이 된다. 인류는 단지 객관적 정신의 논리가 그것을 통해 자신의 발전을 지배하는 힘(노동력)의 소유자로서만 간주된다. 객관적 정신은 자신이 만들어 내는 세계가 주체의 개성적 발전에로 귀결되는 것이라고 약속하지만 이 약속은 기만에 불과하다. 이를 일컬어 짐멜은 문화의 비극이라 하며 개인의 죽음 혹은 낭만적 주체의 죽음이라 칭한다. 낭만적 주체성은 자율화된 세계가 만들어 둔 객관적 정신의 범람 속에서 사망한다. 객관적 정신의 자율화는 그리고 그런 과정에서 만들어진 세계는 현대의 낭만적 개인에게 있어서 적대적인 환경으로 변모한다. 문화는 이제 개인의 개인됨·인격·개성에 속하는 것이 아니라 다양한 문화적 복합체에 속한다.

문화적 폭정에 입각한 세계 즉 자율화된 세계는 그것을 통해 문화적 산물들의 영역이 마치 내적 필요에 의해 스스로를 만들어 나가는 듯한 불길한 독립성을 산출한다. 단순한 무정형의 덩어리로 존재하는 세계의 산물은 개체들로 하여금 그 산물을 주관에 동화하지 못하도록 하며 자

30) G. Simmel, op. cit., p.40.
31) N. Luhmann, *Observations on Modernity*, Standford Univ Press, 1998, p.19.

신의 주관을 발전시키기 위해 요구되는 객관적 세계의 의미론적 가능성을 판별하지 못하도록 한다. 이 경우 세계는 보편성의 지반으로서의 지위를 상실한 채 탈중심화된다.

의미의 보편성이 아니라 총체성이 요구되는 시대[32]가 도래한 것이다. 문화는 개인이 그 속에 자신의 의미를 새겨 넣을 수 있는 전체로서 어떠한 의미도 갖지 못한다. 문화는 자신의 내용을 담을 구체적인 형식의 통일성을 상실한 채 파편화되며 주체에게 전체성에 도달하기 위한 일련의 고통스러운 도정(道程)을 요구한다.

의미의 부재 속에서 주체는 사물화된 세계가 산출한 우울증의 희생자가 된다.[33] 분화된 체계가 산출한 끝없는 문화적 사물은 주체에게 다양한 요구들을 제공하며, 개인의 내면 속에서 무수한 욕망을 창출하면서, 개인으로서의 부적합성과 무력감이라는 감정으로 개인을 몰고 간다. 주체는 자신을 향해 몰려오는 무수히 많은 문화적 번잡함 속에서 어떤 의미도 확인하지 못한다. 의미가 없는 것도, 그렇다고 해서 의미로 충만한 것도 아닌 일련의 운명이 개체의 삶 속에 뿌리 내린다. 세계를 거부할 수도, 그렇다고 해서 긍정할 수도 없다는 사실 때문에 개체는 이러한 사물들의 어루만짐과 유혹으로부터 스스로의 통일된 형식을 어떻게 지켜낼 수 있을 지를 전혀 알지 못한다. 죽어 가는 낭만적 주체성은 세계에 의해 모욕되며 유혹되지만 끝내 만족하지는 못한다. 주관은 스스로의 발전을 도모하지만, 자신을 현실화하기 위한 지반을 전혀 찾지 못한다.

모더니즘문학이 출범의 닻을 올린 것은 이러한 상황 속에서이다. 현실이 단단한 실체로서 혹은 의미의 공고한 지반으로서 더 이상 느껴지지 않는 그 무엇으로 변전할 때 그리고 무정형의 실증화된 세계인 낯선 객체로서 군림할 때 개체로서의 주체는 세계에 대한 일체의 기대로부

---

32) G. Lukacs, 반성완 역, 『소설의 이론』, 심설당, 1985 참조.
33) C. Buci-Glucksmann, *Baroque Reason : The Aesthetics of Modernity*, London, Sage, 1994, p.28.

터 자신을 떼어낼 수밖에 없다. 탐색이 필요하며 주체는 이제 스스로를 검사하기 위해 의식의 하부로 내려가거나 새로운 감수성의 차원에서만 세계와 대면할 뿐이라는 것이 이 글의 요지이다.

변증법적 종합의 지평은 존재하지 않으며 세계가 더 이상 그것의 감각적 총체성 내에서 느껴지지 않기 때문에 현재의 특권적 지위는 부정된다. 무한히 확장되어 가는 세계의 의미 없는 지평만이 아득히 펼쳐져 있으며 세계는 단지 '감각의 다발'로만 존재할 뿐이다. 무정형의 세계와 대면한 단독자로서의 주체가 나타난다. 개체로서의 주체는 의미론적 기반을 상실한 채 오로지 스스로의 힘에 의존해서 세계 탐색의 길에 나선다. 주체는 의미도 목적도 따라서 의미론적 종결을 향한 그 어떤 기대나 동경도 없이 홀로 던져진 자신을 발견한다. 유적 존재로서의 본질은 포기되며 집단 속에서의 개체는 포기된다. 주체는 이제 사회적 동물(zoon politicon)로서가 아니라 단독자로서 세계와 대면한다. 주체는 항해자이며 오직 자신의 나침반, 자신만의 방법론에 입각해 세계의 탐색으로 나아간다.

모더니즘문학은 방법론을 처음으로 자각한 문학이며 세계 탐사의 도정에 나선 신인류, 유아기적 감수성으로 무장한 신인류의 르포르타쥬[34]이다.

　　　파랑 帽子를 기우려 쓴 佛蘭西領事館 곡댁이에서는
　　　三角形의 旗빨이 붉은 金붕어처럼 꼬리를 떤다.

　　　地中海에서 印度洋에서 太平洋에서
　　　모-든 바다에서 陸地에서
　　　펄 펄 펄
　　　기빨은 바로 航海의 一秒前을 보인다.

---

34) 김기림, 「旅行」, 『전집』 5, 172면.

旗빨 속에서는
來日의 얼굴이 웃는다.
來日의 웃음 속에서는
海草의 옷을 입은 나의 「希望」이 잔다.35)

世界는
나의 學校.
旅行이라는 課程에서
나는 수 없는 신기로운 일을 배우는 유쾌한 小學生이다.36)

김기림의 '깃발'은 리얼리즘의 '깃발'이 아니다. 그것은 깃발 아래로 모여드는 군중들을 이넘석 차원에서 묶어내는 정신적 유대의 힘 즉 세계의 중심으로서 모든 의미가 거기에서 흘러나오는 의미론적 지반으로서의 깃발이 아니다.

그 깃발은 '깃발이 나부끼면, 항해의 일초전이 보인다'라고 했을 때의 그 깃발 즉 바야흐로 무엇인가가 출발을 향해 정렬하는 불분명한 것들의 가시화, 가시화의 현장 속에서 현재를 넘어 미래로 한없이 뻗어나가는 시간성을 획득하는 그 깃발이다. 불분명하게 존재하며 형체도 없이 존재하지만 일단 깃발이 휘날리면 일체의 존재하는 물질적 세계 자체의 변혁으로 나타날 수밖에 없는 새로운 흐름이 이제 막 자신의 모습을 드러내는 새로운 세계의 출현을 알리는 표지로 그것은 기능한다. 이 깃발은 그 속에 '내일의 웃음이 존재'하는 바로 그 깃발이다. 의미의 지반은 오로지 '미래' 속에서만 가능하지만 이 미래는 현재의 가능성이라는 관점에서 규정되는 그런 미래가 아니라 규정할 수 없는 무정형의 시간으로 존재하는 부정법(不定法)적 미래일 뿐이다.

이 '내일' 속에서 김기림의 '소학생'은 세계로 향한 탐색의 여정에 오

---

35) 김기림, 「旗빨」, 『전집』 1, 74면.
36) 김기림, 「서시」(일부), 『전집』 1, 52면.

른다. 세계는 유령이며 김기림의 '소학생'은 무당이다. 그는 유령처럼 도래하는 세계를 처음으로 예지하고 이를 고지(告知)하는 자 즉 예언자이며 모더니즘의 전령(傳令)37)이다. 의미의 생성은 어떻게 가능한가라는 질문을 앞에 두고 김기림의 '소학생'은 그것이 특권적인 주체로서의 인간이나 사물 혹은 양자를 초월하여 구성되는 체계에 의해서가 아니라, 사물 혹은 사태에로 환원되는 일체의 실체적인 것을 초월하는 표면 위에서만 가능하다고 본다.

그는 의미가 그로부터 유래하는 특권적 지점을 부인하며 그러한 지점의 자기 완결적인 체계성을 부인한다. 의미는 현전(現前)하는 일체의 것을 그림자로 만들어버리는 궁극적인 빛의 장막 속에서 쏟아져 내리는 한 줄기 은총이 아니며 쓸 데 없는 말을 끊임없이 주절댐으로써 세계를 전유(專有)한다고 착각하는 두 발 달린 동물의 특권적인 의식 속에서 자명한 것으로 치부되는 어떤 것으로부터도 또한 그러한 자명성에서 유래하여 세계를 일관되게 구성하는 자기 완결적 체계로부터 나타나는 것도 아니다.

그에 따르면 의미란 오히려 이념의 관점에서 형상화 불가능한 것, 현재화될 수 없다는 점에서 한계 지워지지 않는 미래로 뻗어 있는 무한한 지평, 끊임없이 미래로 분할되면서 현재를 지워버리는 것으로서의 생성, 일체의 양과 질, 부피도 갖지 않는 그래서 현재화되지 않은 부정법적 존재로서의 세계 위에서 발견하고 구성해내는 것이어야 한다.

세계의 메타포는 유령이다. 그것은 사물들과 사태의 심층을 구성할 수 없다는 점에서 표면으로 추방된 것이며 또 그러한 의미에서 그 자체로는 현재적인 것도 정형화된 어떤 실체도 갖지 않지만, 바로 그러한

---

37) 모더니즘의 문학사적 의의를 예언자 특유의 달뜬 목소리로 고지하는 평론가 김기림과, 그에 반해 허점이 많은 논리적 정합성 사이에 존재하는 김기림 평론 사이의 불균형은 김기림 초기 평론의 한 특징이다. I. A. 리챠즈를 수용하는 후기에 가서야 '태도 정립'이란 문제를 두고 김기림은 비로소 논리적 정합성을 갖게 된다. 이에 대해서는 김유중, 『한국 모더니즘문학의 세계관과 역사의식』, 태학사, 1996 참조.

이유 때문에 역설적인 의미에서 자신을 현재의 지평 저 너머로 그리고 정형화된 실체의 미분화된 배면 속으로 끊임없이 무한 분할하는 하나의 잠재태(潛在態)로서 기능한다. 그러나 동시에 그것은 마침내 호각이 불고 깃발이 나부끼면 미친 듯한 생성의 질주 속에서 현재적인 모든 것을 증발시키면서 자신의 잠재태 속에 모든 것을 온전히 가두어버리는 무시무시한 존재가 된다.

김기림의 '소학생'은 익히 알고 있던 한 세계의 종언이 임박했음을 알리고 또한 그럼으로써 새로운 세계 질서의 수립을 명령하는 예언자의 목소리로 말한다. 짐멜식의 어법으로 말하자면 이 아이는 신들린 주체[38]이다. 그것은 천공을 날아다니는 '날개'이며, 해류를 타고 넘니드는 '행복스러운 어족(魚族)'이다.

어적게의 詩들이여
잘 잇거라
우리들은 어린아히니[39]

七月은
冒險을 즐기는 아이들로부터
故鄕을 빼앗었다.

우리는 世界의 市民
世界는 우리들의 「올리피아드」[40]

물론 한계는 있다. 새로운 세계는 가능성으로 충만한 세계이지만 동시에 냉혹함으로 가득 찬 세계일뿐이다. 김기림의 '어린아이'는 이 양가

---

38) Deena & Michael A. Weinstein, *Postmodernized Simmel*, Loutledge, London, 1993, p.145.
39) 김기림, 「시론」(일부), 『전집』 1, 276면.
40) 김기림, 「여행」(일부), 『전집』 1, 79면.

성을 보지 못한다. 그리고 그 결과는 참혹하다.

　　오직 얼마 안되는 숙박 뒤에는 초조한 出程이 있을 뿐이다. 한편에서 인생
은 언제고 그 濁流 속에 끓어넣으려고 꾀인다. 눈을 부릅뜨고 위협한다. 무척
탐이 나서 끌어안으려는 순간에 현실은 가면을 벗고 검은 이빨을 들추어 내
놓는다. 청춘이 좋다고 하는 것은 그는 꿈과 환상으로서 인생의 유감을 물리
치는 까닭이다. 그러나 조만간 그도 「유토피아」라는 武器를 꺾어버리고 인생
의 軍門 앞에 업드리고 만다. 예외로 내 의지 아닌 것에 끌리지 않고 스스로
의 생을 창조해 가려는 무모한 영웅들도 있다. 모든 벗들이 인생의 나래 아래
서 가정을 가지고 예금을 가지고 田地를 가지고 번영할 때 영웅은 沙場을 피
로써 물들이고 자빠진다.

—「랭보」, 「고갱」, 李箱[41]

　1939년의 일이다. '영원한 만족은 없다'라는 표현 뒤에, '초조한 출정'
이라는 개념이 나온다. 무엇이 초조한 출정인가? 현실이 '무척 탐이 나
서 그것을 끌어안으려는 순간에 현실은 가면을 벗고 검은 이빨을 들추
어 내놓는다'는 것. 청춘이라면 현실의 이 탁류 혹은 그 '꾀임'에 꿈과
환상으로서 대응하겠지만 이제 그럴 수는 없다. 그럼에도 불구하고 '사
장(沙場)을 피로 물들이며' 고꾸라지더라도 스스로의 생을 창조하려는
영웅들이 없지는 않은데, '랭보, 고갱, 이상'이 바로 그들이다.

　사람들은 동양사상을 들먹인다는 점. 그러나 그럴 수는 없다. 이른바
'목계(牧谿)의 사상'에는 동조할 수 없다. 그것은 정신의 자기 패배에 지
나지 않는다는 점을 김기림은 고통스럽게 토변하고 있다. 차라리 '토낸
티스트의 고원'으로 초월하고자 하는 것 혹은 파스칼의 팡세를 읽는 것,
갈대의 갈대임은 그것이 바람에 자신을 내맡김으로써 가능하다는 것.
환경의 힘이 도저히 인력으로 제어할 수 없을 때 그것은 운명이라는 점
에서 시대의 탁류 한 가운데에서 방향 상실한 채 우두망찰하고 있는 김

---

　41) 김기림, 「산」, 『전집』 5, 176면.

기림의 모습이 선명하게 부각된다. 김기림의 한계를 지목하는 기존의 연구[42]가 이 대목에 촉각을 곤두세운 것도 무리는 아니다.

사실상 이러한 자기 부정 내지는 부정할 그 무엇도 없음에서 오는 고통의 심연은 그가 득의만만하게 내세웠던 출발의 정신이 사실상 세계와 대면한 주체의 허약함 즉 유아기적 감수성의 허약함에서 말미암은 것에 지나지 않는다. 모더니즘문학의 한 지반을 형성하고 있는 이 '어린아이'는 삶의 지반을 초월함으로써 스스로 신이 되고자 하는 그런 아이도 아니며 환경의 부침을 통해서야, 그 도움을 통해서만 자신의 인간됨을 확립하는 진정한 자기의식의 도정에 나선 노예적 주체로서의 아이도 아니기 때문이다. 그것은 매순간을 회의함으로써, 다시 말해 사내의 극한 속에 자신을 몰아넣음으로써, 비로소 거기에서 세계의 세계됨과 나의 나됨의 투명성을 얻고자 하는 모더니즘 특유의 주체이다.

김기림의 '허무, 절망, 단념'은 따라서 노예적 주체의 원한에 가득 찬 나르시시즘에 하등 다를 바 없다. '위도의 어느 점에도 뿌리박지 못하는 갈대'로서의 나, 티끌로서의 나, 그림자로서의 나라고 그가 말할 때 이 '나'는 산이 아니다. 이 산이 아닌 '나'에 절망하는 김기림. 유아적 의식 속에서 설정된 김기림의 주체는 사실상 출발과 회귀의 형식 속에서 성숙을 향해 전진하는 '신들린 주체' 속에서 자신의 가능성을 소진한 낭만적 주체의 잔해에 지나지 않는다.

유아기적 감수성에 입각한 모더니즘적 주체의 가능성은 또 다른 차원에서, 세계의 도래를 바라보되 그것의 양가성을 정확하게 응시하고 그로써 자신을 구성해 간 두 명의 모더니스트, 박태원과 이상의 문학 속에서 자신의 진정한 가능성을 발견한다.

---

42) 김학동, 『김기림 연구』, 새문사, 1988, 28~31면.

4. 모더니즘 혹은 모더니스트의 유형학

짐멜은 낭만적 주체의 사망 이후 주체가 나아갈 수 있는 도정을 세 가지로 유형화하여 보여준다. 그에 따르면 낭만적 주체성 이후의 주체는 문화적 자율성과 대량성 및 형식 부재에 대응하는 주관적 정신의 답신[43]으로 나타난다.

세 유형의 주체가 제시된다. 첫째, 세계에 자신을 내맡김으로서 주체성을 내부로부터 소거해버리는 인물 유형. 이 유형은 낭만적 주체의 죽음이 야기한 진공 속에 사물화한 세계의 산물들이 자리를 잡은 경우에 해당한다. 김기림의 '신들린 주체'는 이 유형에 정확하게 일치한다. 사물화된 세계가 만들어 내는 다양한 자극과 흥분들 속에서 주체는 한 없이 연약해지고 자신의 고유한 내면을 표현할 수 있는 동력을 상실한다. 네델만(Nedelmann)의 용어에 따르면 문화적 이중성이 나타나고 객관적 문화가 하나의 우세종으로 나타나는 경우[44]에 해당한다.

객관세계는 그 자체로 위대한 힘으로서 존재하며 자신을 강화시켜 나간다. 주관적인 문화는 더 이상 거대 기획에 입각해 세계를 대면하지 못하며 객관화된 세계만이 자신의 자율화된 체계들을 통해 이 일을 한다. 주관은 무기력해지며 세계내에서 자신을 실현할 방법을 알지 못한다. 객관적 문화 체계는 낯설어져서 찬성 혹은 반대의 대상조차 되지 못하나. 주체는 헌저히 판단력을 상실한다. 주체는 세계로부터 빠져나갈 수 있는 어떤 방법도 알지 못한다. 심지어 일탈적이거나 과상된 방식으로라도 그렇게 하지 못한다[45]는 것이 이 주체성의 핵심이다.

---

43) G. Simmel, op. cit., pp.129~137 참조.
44) B. Nedelmann, *Individualization, Exaggeration and Paralysation, Theory, Culture and Society* 8, 1991, pp.169~193 참조.
45) Ibid., p.174.

짐멜은 이 흥미없음이란 태도가 판단력의 둔화(시킴) 속에 그 본질을 갖는다[46]고 생각했다. 이 주체는 영속화된 방식으로 운동하는 자본의 흐름 위에 서서 동일한 중력으로 부유하는 모든 사물들이 그 속에 떠도는 완전히 내화된 자본 경제의 반영인 충실한 주체이다. 내적인 삶은 마치 거기에 존재하는 것처럼 보이지만 사실상 분장(粉裝)하고 입술에 루즈를 칠한 가면을 쓴 희극의 여배우일 뿐이다. 그는 개인의 사적인 발전을 가능케 할 현대적 욕망이나 주관적 문화에 대한 인간다운 향수를 포기한 채 자아 이미지들을 격렬하게 받아들이는 묵시적 동의 속으로 들어간다.

이러한 상태 속에서 주체는 획득되거나 실현되는 것이 아니라 단지 상상될 수 있을 뿐이다. 그것은 운명론적 주체이며 운명 속에서만 삶의 완결된 형식을 갖는 주체이다. 거기에는 비극에 필요한 일정한 긴장이 존재하지 않기 때문에 주체는 실체 없는 그림자로서만 남게 되며 잘 그려진 풍경화 그러나 실제로는 교묘한 눈가림에 불과한 착시적 풍경화에 지나지 않게 된다. '자아—이미지'는 객관세계에 의한 주체성의 식민화의 완성이다. 신들린 주체, '자아—이미지'로서의 주체에게 있어서 이 세상보다 멋진 것은 없다. 주체의 자기 서사는 승리담의 일종이 된다.

두 번째 유형[47]은 생동하는 반역을 통해 외부를 향해 터져 나가는 방식으로 주체를 소거해 버리는 인물 유형이다. 주체는 세계를 소유하기 위한 불가능한 청원을 행하며 세계의 특권적 지위를 탈취하려 하며 세계를 형식 없는 주관에 복종시키려 한다. 이 주체의 심리학은 권태 위에 서 있으면 주체는 이럴 수도 저럴 수도 없는 일종의 교착상태에 빠져 있다. 무관심성을 결과한 동일한 주체의 위기가 여기에서는 전혀 상이한 대응 양상 즉 세계로부터 그것의 자율성을 박탈하려는 공격적인 반응으로 귀결된다.

---

46) G. Simmel, op. cit., p.129.
47) Ibid., pp.134~142 참조.

세계의 폭력은 여기에서는 적극적인 억압의 성격으로 나타나는 것이 아니라 숨 막힐 듯 답답한 '죽은 힘'으로 나타난다. 세계는 '흡입―배설'의 공리적 차원에서만 존재[48]하고 삶은 범람하는 인공물에 의해 질식사할 위기에 처해 있다. 삶은 자유로운 대기를 향하여 깨고 나올 곳을 찾지만 공리계(公理界)의 바깥에는 아무것도 존재하지 않기 때문에 삶의 새로운 형식을 창출하는 것은 불가능하며 다만 형식에 대한 투쟁의 당위성만을 느낄 뿐이다. 반항의 종착점은 정신분열이다.

세 번째 유형[49]은 이용 가능한 세계 내적 존재들을 활용함으로써 복수(複數)적인 정체성을 전략적으로 배치하는 주체성이다. 짐멜에 따르면 인간은 경계의 경계로서 존재하는 존재이며 단일한 사물로서 존재할 수 없는 존재이다. 이 주체는 다양한 이름을 가지고 있으며 특정한 규정 속에서 움직이지 않는 주체이다. 그는 자신을 익명화함으로서 상황에 따라 스스로를 배치하는 주체이며 그런 한에서 가언적(假言的) 주체이다.

그는 항용 가능성의 차원에서 움직이며 배역을 수행하는 현대의 영웅이다. 그는 세계의 차가움을 냉소[50]하면서 스스로를 가설적인 주체로서 구성하거나 간주함으로써 자신의 고유한 삶을 자각적으로 건축해내는 자아이다. 그는 자신의 고유한 풍부함을 긍정하고 그러한 풍부함을 껴안는 것을 즐기는 주체 즉 명랑한 주체이다. 그리고 그런 까닭에 그는 근대적 주체를 훌쩍 뛰어 넘어 버리는 탈근대적 주체[51]이다.

이 양 구단들에 의해 창출된 거리 내에 존재하는 정신적인 실존의 반향을 감지하면서, 영혼은 그럼에도 불구하고, 성장한다. 사실상 이러한 성장은 영혼이 양 진영 중 어느 한 쪽에 편들지 않음으로써 그러하다. 주체는 마침내 양 극단에 존재하는 이러한 절망과 환희를 포용하고, 그것을 자기 삶의 고유한

48) G. Deleuze & Gayattari, 최명관 역, 「자본주의」, 『앙띠 오이디푸스』, 민음사, 1996 참조.
49) G. Simmel, op. cit., pp.137~143 참조.
50) P. Sloterdijk, Critique of Cynical Reason, Minnesota Univ Press, 1987, Ch.1 참조.
51) B. Nedelmann, op. cit., p.189.

표현으로서, 힘으로서, 그의 다양한 삶의 형식으로서 창출해낸다. 그리고 그러한 포용을 즐긴다.[52]

박태원과 이상 문학에서 나타나는 주체는 대도시의 성장 속에서 19세기 말의 한 사회학자가 관찰했던 낭만주의 이후의 세 주체성에 정확히 대응하는 양상을 보여주고 있다.

박태원의 '어린아이'는 「적멸」(1930), 「피로」(1932), 「소설가 구보씨의 일일」(1934), 『천변풍경』(1936) 등 일련의 작품을 통해 되풀이되어 나타나고 있으며 특유의 멜랑콜리(Melancholy)한 세계 인식에 입각하여 세계의 양가성을 보아내는 예민한 '눈'[53]을 구성하고 있다.

거기에서 주체는 하나의 '밝은 눈'이자 관찰하는 정신으로서, 관찰의 장인으로서 스스로를 재구성해 낸다. '과거-현재-미래'라는 비가역적 시간에 의존하지 않고 오로지 미래를 향해 열린 일상적 삶의 범람을 보아낼 수 있었던 것은 재빠르게 휘발하는 세계의 양가성 앞에서 자기 포기에 입각해 구성된 박태원적 주체만이 감당할 수 있었던 영역이라 할 것이다.

이에 비해 이상 문학의 주체는 전혀 다른 길을 걸어간다. 그는 삶의 불모성을 권태의 심리학에서 구하며 이를 기반으로 자기 탐구에 나아간다. 주체는 정신병적 차원에 이르기까지 분열되며 자기 처벌의 서사가 나타난다. 이 자기 처벌로부터 이상 문학은 매저키즘(Masochism)의 단계를 거쳐 마침내 형식의 절대화라는 단계로 상승한다. 거기에서는 예술 속에서만 가능한 주관의 절대적 자유 속에서 자유롭게 변신하며 주어진 삶을 즐기려는 유희적 태도가 나타난다.

이상 문학은 형식 부정 속에서만 형식의 새로운 창출을 목도하는 예술적 주체의 절대화란 기획 위에 서 있다. 이상 문학에 오면 예술만이

52) G. Simmel, op. cit., p.181.
53) 최재서, 「리얼리즘의 확대와 심화」, 『문학과 지성』, 인문사, 1938.

유일한 가능성이며 예술이 곧 주체가 되는 전도가 일어난다.

무엇이 이런 일을 가능케 했는지 그리고 그 속에서 작동하는 인간의식의 논리와 한계는 무엇인지가 앞으로의 주된 관심사임은 두 말할 필요도 없다.

문학과 이데올로기, 주체 그리고 윤리학

프로문학과 모더니즘의 상관성을 중심으로

1. 들어가는 말

글을 시작하기 전에 몇 가지 전제를 설정해야겠다. 우선 이 글은 '왜 지금 다시 프로문학인가'라는 표제를 달고 있는 심포지엄의 발표문 형식을 갖고 있지만, 그럼에도 불구하고 이 질문에 대한 어떤 대답도 갖지 못한 상태에서 작성된 것이라는 사실을 지적해야겠다. '지금 다시'라고 말할 때 항용 기대되는 것은 무엇인가 새로운 이야기가 가능하고, 그로부터 새로운 사유와 실천의 가능성을 뽑아 올릴 수 있을 것이라는 사실이다.

예컨대 1930년대의 프로문학에 대한 80년대의 학적 접근에는 일정한 역사적 체험이 녹아들어가 있다. 당시의 지적·정치적 상황을 총괄할 수 있는 위치에 있지 않기 때문에 뭐라 단언할 수는 없지만, 일반적으로 그것은 당시의 억압적인 정치 상황이 정치·사회·문화의 각 영역에 강요한 이념적 편향성을 극복하고, 민족사의 주체적이며 올바른 재정립을 추구한 노력의 일환으로 존재했다고 할 수 있다. 학적인 관심의 배후에는 주어진 현실을 올바르게 이해하고, 인식과 실천의 종합을 통해 정의롭지 못한 현재를 지양하여 새로운 시대를 열고자 했던 열망이 잠재해 있었다. 문학사가 다루어야 할 실체는 개인의 정신이 아니라 자연과 사회·계급·역사였다. 개인은 다만 합목적적인 역사성에 귀의함으로써만 구원을 얻을 수 있는 존재로 간주되었다. 역사가 요구하는 역할을 하고 그 요구에 따라 역사 진보의 배우가 되고, 궁극적으로는 개인과 사회가 통일될 수 있는 사회를 기획·실천하는 일 속에서 의미 있는 하나의 고리를 이루어냄으로써만 문학 연구는 자신의 정당성을 가질 수 있었다.

연구자의 경우에도 마찬가지 이야기가 가능할 것이다. 1930년대 식민지 한국의 프로문학에 대한 학적 관심은 문학사라는 분과화된 장을 통해 역사의 전체적인 흐름에 참여하는 통로였으며, 소외와 분열·고통으로 가득 찬 사회를 변혁시키고자 한 집단적인 실천 속에서 연구자로서의 존엄성과 윤리적 진정성을 확인하는 체험의 장으로 기능했다. 프로문학에 대한 1980년대의 학적 관심은 한편으로 민족문학사의 이념과 내용에 대한 변경을 요구하면서, 그것을 통해 시대와 나란히 가고자 했던 당대 특유의 체험을 담고 있었던 것이다.

그런고로 '지금 다시'라는 말의 본의를 정확히 이해하지 못한 상태에서 이 글이 쓰인다 할 때, 그것은 1980년대식 문학 이해의 방식, 더 근본적으로는 세계 이해의 방식이 지금, 이 시점과는 걸맞지 않은 것이 아니냐, 그리고 그런데도 '지금 다시'라고 말할 만한 어떤 새로운 이유가 있느냐는 회의를 표명하고 있는 것이라 할 수 있다. 문학사를 새롭게 작성하고자하는 요청이 단지 실정적인 사실들의 재확인에 대한 호기심이라는 직업 정신에서 말미암은 것이라면 그것은 뭔가 싱거운 이야기라 생각한다. 굳이 집단화된 토론의 형식을 빌릴 까닭이 없지 않은가 싶은 것이다.

그렇다고 해서 여기에서 90년대에 횡행한 자유주의자들의 비판을 되풀이하고 싶은 것은 아니다. 특유한 역사적 체험은 그것의 결말이 어찌했던 간에 응숭한 깊이의 의미들을 갖게 마련이고, 그것이 어떤 의미로든 정확하게 그리고 깊이 있게 이해되지 않은 상태에서 먼저 부정하고 해체하자라고 하는 주장은 지나치게 성급한 일이라 본다. 거기에는 민족사가 갖는 비극적인 단계들에 대한 성찰이 결여되어 있고, 그런 한에서 경박한 짓에 지나지 않는다.

계급적 분리에 근거한 실천의 가능성 속에 문학을 고정시켜 놓고 고집하는 일에 대해서도 마찬가지 이야기가 가능하다. '놋쇠 하늘'은 여전히 세계를 뒤덮고 있고, 분열과 고통도 여전히 존재하는 마당에 문학이 갖는 정치적 동원의 가능성을 놓을 이유가 어디 있느냐고 주장하는 것[1]은 동어반복에 불과하다. '계급적 분리'라고 말하는 순간 문학은 정치적으로 동원되어야 할 자원에 불과한 대상이 되어 버리는 것이다. 자신의 전제를 의심하지 않는 주장은 맹목적이다. 광기로 세계를 뒤덮을 수는 있지만, 진실하게 세계를 대면할 수는 없는 것이다.

물론 세계와의 윤리적인 대면을 요구하는 문학이 현재 처해 있는 이론적 상황에 대해서는 또 다른 많은 이야기들이 가능하다고 본다. 사실이 글은 복잡다단한 이론적 과정들을 거치고 엄격하게 범주화된 학적 개념들을 통해서만 발언할 수 있는 대목들을 모두 축약해 버렸다는 근본적인 한계를 안고 있다. 이 점에 대해서는 다시 한 번 진지하게 검토해 볼 작정이다.

말이 길어졌지만, 다시 한 번 이 글은 '지금 다시'라는 문제제기에 대해 어떤 답변도 갖지 못한 상태에서 쓰인 글이라는 점을 강조하고 싶다.

---

1) 윤지관, 「놋쇠하늘에 맞서는 몇가지 방법」, 『창작과 비평』, 2002년 봄 참조.

그것이 이 글이 놓인 지점을 정직하게 드러내는 것이라고 본다.

현재의 문학적 상황은 다양한 목소리들이 있음에도 불구하고 매우 불투명하고 비관적인 것으로 보인다. 세계를 그 전체에 있어서 온전히 회수해 들이고 그 속에서 '다른 세계'에 대한 꿈을 주조해내었던 위대한 개성들은 보이지 않고, 대신 그 자리를 단편화된 쇄말적 세계들과 분열된 개성들이 차지하고 있다. 문학은 물화되고 분열된 채로 존재하는 현실의 단편들을 퍼 올리는 무기력한 '두레박' 같은 존재로, 그 속에서 전체의 나머지를 더듬어 촉진해야 하는 불운한 장님 같은 신세로 전락하고 말았다. 현재에 묶인 시간의 물꼬를 터 새로운 역사, 의미로 충만한 시간성의 새로운 형식을 창출하고자 했던 20세기 특유의 기획은 실패로 돌아갔고, 비유컨대 현재 우리는 관리되는 공리적 시간의 도도한 장강 위에서 한 점 조각배를 타고 표류하고 있다. 반인간의 징후들은 항상 포착되지만, 항용 주체 없는 휴머니즘의 공허한 구호 속에서 관념적으로만 용해되고 있고, 세계 전체를 조망하고 온전히 고양시켜줄 원대한 이상은 보이지 않는다.

현재의 상황이 갖는 문제성을 염두에 두면서 이 글은 프로문학과 모더니즘문학이 갖는 변별성과 그러한 변별성 속에서도 여전히 관철되고 있는 실천의 가능성은 어떤 것인가를 규명해 보고자 한다.

주지하다시피 프로문학은 계급 분리에 입각한 실체로서의 사회성을 전제하고 있고, 인간 개체의 유적 존엄성이란 테마 위에 서 있다. 그런고로 이 문세에 내해 모디니즘문학은 어떤 변별적인 태도를 가지고 접근하는지가 이 글의 중요한 관심사이다.

몇 가지 개념들을 범주화하였다. 이데올로기 / 주체 / 윤리학. 세 가지 차원에서 양자는 어떻게 상이한 태도를 드러내는지, 그 문학적 결과물은 어떻게 나타나는지, 이러한 차이들이 드러내는 실천의 양상들은 어떤 것인지 등이 이 글에서 규명하고자 한 내용들이다.

2. 왜상(歪像)과 실상

박태원의 「성탄제」(1937)[2]에는 자장면을 맛있게 먹는 두 자매 이야기가 나온다. 두 자매는 여급이다. 술 시중을 드는 것만으로는 가족의 생계를 감당할 수 없었기에 몸을 파는 지경에 이른다. 몸을 판 다음날 아침이면 꼭 남자를 졸라 자장면을 시켜 먹는다. 가족들의 아침 식사가 되기 때문이다. 가족들은 이 자장면을 맛있게 먹는다. 딸의, 언니의 혹은 동생의 처지를 염려하여 머뭇거리지 않는다. 쉽게 말해서 눈물 젖은 자장면을 먹지 않는다는 것이다. 남자를 졸라 자장면을 주문하는 언니의 모습도 활달하다. 주눅 든 모습을 보이지 않는다. 몸을 파는 것은 '타락'이지만, 이 타락은 체념 속에서 수용되는 것이기에 거기에는 이상주의적 자기 부정이나 영혼의 고양을 위한 몸부림 같은 것이 존재하지 않는다.

나는 어디에선가 "이 언니들의 타락한 삶이란 그 자체로 물화된 세계 속에서 개인이 짊어져야 할 운명일 뿐이다"[3]라고 말한 적이 있다. 만일 그것이 '운명'이라면, 여급으로서의 삶이란 비난되고 부정되어야 할 것이 아니라 세계 속에서 자신의 정당한 지위를 갖는 것이며, 그 속에서 삶의 고유한 자기 전개가 가능한 영역이다.

'운명'이라는 말 때문에 오해가 있을지도 모르겠다. 일반적으로 이 단어는 삶의 근원적 불활성(不活性)을 나타내기 때문에 주체의 자발성을 부정하는 개념으로 통용된다. 여기서는 뉘앙스가 좀 다르다. 헤겔식으로 말하자면 특수하고, 통상적으로는 파편화되어 있다고 말해지는 삶의 방식 속에 우리 모두는 처해 있다. 그런 한에서 모더니스트든 리얼리스

---

2) 박태원, 『소설가 구보씨의 일일』, 문장사, 1938을 저본으로 함.
3) 차원현, 「1930년대 모더니즘 소설에 나타난 미적 주체의 양상 연구」, 서울대 박사논문, 2001, 55면.

트이든 차이가 없다. 다만 이 인간 조건을 필연적인 것으로 볼 것인지 그렇지 않은지가 다를 뿐이다.

만일 그것이 역사적 모순의 특수한 현상태이고 그런 까닭에 반드시 그러할 수밖에 없는 성질의 것이라면, 모순의 지양 극복을 통해 세계를 그 전체에 있어 대면하는 여행이 가능할 것이다. 그러나 사실이 그렇지 않아서 인간 조건이 단지 우연적인 것에 불과하고 그런 까닭에 근원적인 것이라면 헤겔식의 여행은 단지 추상적인 가능성에 불과한 것이 되고 만다. 다시 말해서 의식 속에서는 가능하지만 현실적인 구체성을 갖지는 못한다는 뜻이다. 이 경우 헤겔식의 주체를 고집하는 일은 광기 속에서 자신의 힘을 소진하는 결과로 나타나게 될 것이다.

그에 반해 인간 존재의 근원적 우연성을 가정하는 주체는 상황을 이해하지만 동시에 그것이 그 자체로는 대자화될 수도, 지양 극복될 수도 없는 것이라는 사실을 인정한다. 그에게는 세계 자체가 양가적인 것이다. 주체는 현저히 수동적이다. 그는 세계의 한 조각에 불과하며, 조각들을 유기화할 수 있는 힘을 갖고 있지 못하다. 그가 갖는 능동성은 오직 상황에 대한 인지력에 있고, 내적인 자기 통합의 가능성에 존재한다. 그런고로 여기에서 '운명'이란 말로 표현되고 있는 것은 이중적인 의미를 담고 있다. 우선 그것은 환유적으로만 세계와 대면할 수 있는 수동적 주체가 처해 있는 비극적 상황을 가리키지만, 동시에 그로부터 내적 통합이라는 자율화된 방식에 의거, 세계의 신구성이 가능한 토대로서 적극적인 의미를 갖는다.

「성탄제」에서 표현되고 있는 이 '운명'의 의미를 이해하기 위해서는 두 사람 혹은 두 개의 가족을 상정할 필요가 있다.

첫째, 정숙한 소녀들이 있고 이 소녀들을 잘 갈무리하는 부모로 구성된 가족이 있다. 사는 것이 어려워 몸을 팔 수도 있지만, 그것은 상황이 초래한 것에 지나지 않는다. 소녀들을 타락케 한 동일한 필연이 타락으로부터 그들을 건져내고 인간 승리의 진정한 표본으로 만들 것이다. 타락의 본질은 특정한 역사적 계기 속에서 작동하는 구조의 효과이고, 그런 한에서 타락한 삶이란 하나의 그림자, 단계 혹은 조만간 지양될 하나의 가상에 지나지 않는다. 자의식을 작동시키고 그로부터 자신을 고양하려는 눈물겨운 노력들, 때로는 광포한 광기 속에서 자신을 소진시켜버릴 수도 있는 행위들을 통해 이 가족은 아마 진정한 관계를 복원할 수 있을 것이다.

이 경우 실상(實像)을 구성하는 것은 타락한 소녀들과 태연하게 그들로부터 밥을 빌어먹고 있는 그로테스크한 가족(즉자적인 것으로서)이 아니라, 현상으로서 그것을 요구하고 또 특유한 법칙에 따라 그것을 지양해낼 내적인 힘으로 충만한 소녀들 혹은 가족들이다. 다시 말해 상황이 그것을 요구하지만, 동시에 상황 자체를 질적으로 변화시킴으로써 고양이 가능하리라는 예감 속에서 운동하는 가족들이 이 경우 실상을 구성하고 있다는 얘기이다.

물론 「성탄제」에 나타나 있는 가족은 이런 류의 가족이 아니다. 박태원이 그리고 있는 현실의 가족은 전혀 다른 논리 위에 존재하는 가족이다. 이 사실을 설명하기 위해 예를 하나 들어 보자.

예컨대 박태원은 「음우(陰雨)」(1940)[4]에서 '바람 난 아내를 어찌할 것인가'고 묻는다. 답이 간단하지 않다. 「음우(陰雨)」의 사내는 현대판 처용이다. 그는 분노하지 않는다. 그는 자신이 대면하고 있는 아내는 '원래 내 것이 아니'라고 생각한다. 아내의 성에 대한 배타적 소유는 단지 환상, 다시 말해 만들어진 인공물에 지나지 않음을 그는 정확히 알고 있다. 그런고로 이혼하지조차 않는다. 오히려 그는 매우 즉각적으로 상황 때문에 결행하지 않을 수 없었던 결혼 생활 전체의 문제성을 조망하는 지점으로 옮아간다. 그리고 그 지점에서 아내에 대한 연민과 가장으로서의 자기 조정이라는 문제의식이 돋아 나온다.

---

4) 『문장』 1권 10호(1939.10)를 저본으로 함.

이 부분은 뭔가 통상적이지 않은 대목이다. 오쟁이진 사내가 현장을 목도하기까지 한 마당에 화를 내지도 않고 절차를 밟아 이혼을 감행하는 것도, 그렇다고 자신의 처지를 염려하여 비탄에 젖는 것도 아닌 경우란 무언가 전대미문의 경우라 하지 않을 수 없다. 오히려 이 사내는 눈물을 흘리면서 자신의 아내를 감싼다. 사내의 뜻밖의 반응 속에서 우리는 낭만적 사랑과 그 위에 서 있는 근대적 가족이 실상 당사자가 그 속에 포함되어 있는 일종의 가상에 지나지 않을지도 모른다는 가능성을 읽어낼 수 있다.

그리고 이러한 생각의 배후에는 '아내라 이름 붙여진 사물(a thing called as wife)'에 대한 배타적 소유의 무근거성에 대한 통찰이 존재한다. 사실상 그것은 관계맺음 일반의 무근거성, 즉 사회적 관계 자체의 근원적 불가능성에 대한 알레고리로 읽힌다. 뭔가 말이 어려워졌지만, 여기에서 이야기되고 있는 것은 우리가 통상 "인간은 사회적 동물이다"라고 말할 때의 그 '사회성'에 대한 통렬한 회의이자 부정이다. 사회성의 일반적 무근거라는 관점에서 보면 '아내가 바람을 핀다'는 것은 뭔가 실망할 만한 것이긴 하지만, 화를 낸다거나 할 일은 아니다. 중요한 것은 상대에게 특정한 관계를 요구하는 일이 아니다. 관계에 임하는 당사자의 태도가 문제의 열쇠인 것이다.

그러니까 사태는 이런 것이다. '여자라고 불리는 사물'은 원래 누구의 것도 아니다. 이 말은 여자는 원래 모두의 것이라는 사실을 함축하고 있다. 남자 역시 마찬가지이다. 남/녀 모두는 관계의 근원적 불능성 앞에 서 있다. 남녀 사이에는 어떤 선규정된 관계도 존재하지 않는 것이다. 그러나 이 근원적 관계불능성은 사회적 삶의 가능성과 그것의 현실태인 현재의 삶과 모순된 관계에 있고, 그런고로 매우 두려운 것이다. 관계 자체가 해체되지 않고 어떤 식으로든 자신을 보존하기 위해서는 그 두려운 것의 실상을 덮어 가리는 장치가 필요하다. 그 장치란 다름 아니라 특정한 역사적 문맥 속에서 나타나는 관계 맺기의 다양한 장치들이고, 그것의 일관된 외현으로서의 제도들이다. 제도들은 그러니까 이 두려움을 회피하기 위해 반복적으로 구축되는 어떤 것이지, 선규정된 관계들(참된 부부)의 역사적 사물화의 결과로 나타나는 것이 아니다.

그런고로 박태원은 사태를 완전히 다른 각도에서 보고 있다. 관계는 일정한 법칙에 따라 특정한 역사적 계기마다 물화되고 왜곡된 방식으로 자신을 드러내는 실체가 아니다. 실체는 오히려 관계의 근원적 불가능성 쪽에 있고, 나타난 관계는 다만 관계맺음의 이 원초적 불가능성을 가리는 장치에 지나지 않는다. 그런고로 지양/복원해야 할 관계라고 말하거나, 궁극적인 것으로 상정되는 '다른 관계'라는 식의 수사는 존재하지 않는다.

『잃어버린 환상』에서 발작은 자본주의 하에서 모든 인간은 세금 납부자이거나 세금 포탈자 둘 중 하나일 뿐이라고 말한 바 있다.5) 그는 아마도 자본제화된 삶의 근원적 세속성을 표현하기 위해 전형적인 사례 하나를 든 것일 터이다. 그러나 거기에는 세금이라는 제도적 장치를 사이에 둔 관계 맺기의 방식에 대한 고려가 빠져 있다. 세금이라는 문제의 밑을 파고 내려가 보면 거기에는 지배와 예속의 문제, 경제적 수탈의 문제가 존재한다. 이것이 아마 발작이 말하고자 한 바였을 것이다.

발작의 한계는 그가 '그런데 왜 하필 세금인가'라는 문제를 건드리지 않은 점에 있다. 다시 말해 발작은 세금이라는 장치가 기능하는 방식(사회적 기능)에 대해서는 문제를 제기했지만 세금이라는 기능 자체, 더 나아가서는 사회적 기능 자체의 존재 근거에 대해서는 질문하지 않은 것이다. 맑시즘에 입각한 문화 연구의 지울 수 없는 전제가 문화 자체를 기능적인 단위로만 보는 점에 있다고 살린(M. Sahlin)6)이 비판할 때 그는 이런 사실을 지적하고자 한 것으로 보인다. 다시 말해 맑스는 기능 자체의 기원 혹은 그것의 존재론적 차원에 대해서는 문제를 제기하지 않

---

5) G. Lukacs, 변상출 역, 『발자크와 프랑스 리얼리즘』, 문예미학사, 1998, 62면에서 재인용.
6) M. Sahlin, *Culture and Practical Reason*, Chicago University Press, 1976 참조.

은 것이다. 세금이라는 제도에는 양면성이 존재한다. 그것은 경제적 수탈의 장치인 동시에 계급 관계의 근원적 적대성을 다듬어 지속 가능한 관계를 구축해 올리기 위해 만들어진 장치의 하나인 것이다.

「성탄제」에 나타나는 가족의 그로테스크함을 이해하기 위해서는 이런 류의 전혀 다른 세계 이해 위에 서 볼 필요가 있다. 자본제화한 사회 내에서 누군가는 팔고 누군가는 뜯는다. 부모가 딸을 팔아 생계를 잇기도 하고 그 역일 수도 있다. 항용 자본주의적 생산 양식 하에서 인간 존재의 존재론적 규정은 이런 것이다. 누구나 몸을 팔아 무엇인가를 얻는다. 심청이는 부모에 대한 효도 때문에 몸을 팔았고, 이 자매들은 삶 자체의 비극성에 대한 연민 때문에 몸을 판다는 차이만이 있을 뿐이다. 이 경우 현실의 현실성은 몸을 팔 수 밖에 없을 지경으로 타락한 특수한 역사적 계기와 그것을 규정하고 있는 구조화된 심연의 어떤 곳에 존재하는 것이 아니라, 살고 사회적 관계를 맺기 위해서는 어쩔 수 없이 무엇인가를 팔아야 한다는 사실 그 자체에 존재한다. 그것이 「성탄제」의 두 자매가 당면해 있는 현실이고, 이로부터 몸을 돌려 스스로를 고양시키고 자신이 들리어졌다고 느끼는 정화의 순간은 존재하지 않는다. 현실은 특화된 질적 시간의 선을 따라 페이지를 넘기듯 흘러가는 어떤 것이 아니라, 그 자체 붙박이고 고정된 삶의 경계들 각자의 내부에서 말없이 스며들고 혼융되는 물처럼 존재하는 어떤 것일 뿐이다.

두 개의 현실이 있다. 「성탄제」는 이 중에서 후자의 현실이야말로 두 자매기 당면해 있는 현실이라 말하고 있다. 특수한 역사적 계기로서의 타락이 아니라, 타락이 일반화된 세계의 한 단면을 그것은 그리고 있다. 내가 하고 싶은 이야기는 이런 것이다. 둘 중 어떤 것이 현실이고, 어떤 것이 환상인가?

맑스는 특수한 역사적 과정 속에 존재하는 현상을 그 자체로 즉자적인 것으로, 자연스러운 것으로 영구화하고 일반화하는 것이야말로 이데올로기의 작동 방식이라 규정하고 이를 허위의식, 즉 환상이라 말한 바 있다. 그런고로 맑스에게 물어본다면 물론 그는 후자는 환상, 이데올로기에 불과하다고 말할 것이다. 역사적 계기를 섣불리 일반화한 결과로서 나타난 인식의 미망에 불과한 것이다.

그러나 동일한 사실을 박태원에게 물어보면 어떻게 될까? 그는 아마 인간 삶의 근원적 비극은 그/그녀가 무엇인가를 팔아야 삶을 재생산할 수 있다는 사실에 있다고 말할 것이고, 부모와 자식 사이, 오누이와 자매 사이에는 그 어떤 선규정된 연대도 있을 수 없다고 말할 것이다. 그는 또 아마 이렇게 말하지 않을까 싶다. 타락한 현실을 역사의 특수한 계기, 필연적으로 지양될 수밖에 없는 한 계기에 지나지 않는다고 보는 것은 인간이 당면한 이 근원적이며 존재론적인 비극을 관념의 유희 속에서 회피하려는 자기기만에 지나지 않는다고.

박태원의 관점에서 보면 맑스는 사태를 너무 성급하게 역사화시키는 오류를 범한 것이고, 이 오류는 기본적으로 그가 자명한 사실이 주는 고통과 공포를 그런 류의 환상 속에서 해소하려는 데서 나타난 것에 지나지 않는다. 이른바 성급한 역사적 상상력 위에 맑스는 서 있는 것이다.

예컨대 맑스는 우리에게 역사에 투신하여 역사의 배우가 되어야 한다고 가르쳤다. 일체의 쇄말적인 단편들에서 눈을 돌려 전체를 보아야 하고, 자신이 본 것을 실천할 수 있어야 한다. 그 경우에만 우리는 진리에 가닿을 수 있고, 삶과 진리를 일치시킬 수 있다. 그것은 우리로 하여금 현실 속에 존재하는 특수한 세속적 대상들에 대한 병적인 애착으로부터 우리를 풀어주고 자유롭게 한다. 맑스적 실천이 해방적인 것은 그것이 세속적 세계에 대한 열망과 환상의 일치할 수 없는 환유적 미끄러짐으로부터 우리를 구원해 올리기 때문이다. 물론 이 경우 맑스적 실천 그 자체만이 모든 열망과 '환상의 흡입구, 즉 유일한 대상'[7]이 된다는 전제하에서만이다.

7) S. Zizek, 이수련 역, 『이데올로기라는 숭고한 대상』, 인간사랑, 2002, 1장 참조.

3. 주체 혹은 주체성

사실 지금 이야기되고 있는 것은 이데올로기를 바라보는 두 개의 관점이다. 맑스는 이데올로기를 사회적 관계들의 총체성을 보지 못하는 파편화된 시선에서 나타나는 것으로 보았다. 그것은 현실의 실재성을 보지 못하는 인식론적 전도 혹은 착각에서 온다. 자본주의사회에서 우리 모두는 칸막이 속에서 사태를 보고 있고 자신의 관점이 사실은 사회적 관계의 특정한 한 지점에서 발원한 것임에도 불구하고 그것이 세계를 가장 보편적인 관점에서 묘사하는 것이라고 생각한다.

이른바 현실과 인식의 괴리 위에 부르주아 철학은 서 있다. 물신(物神)은 이런 지점에서 나타난다. 그것은 사회적 관계 속에 존재하는 개별성을 무매개적으로 보편화할 때 나타나는 인식상의 전도에 근거하고 있다. 그런고로 물신과 그에 따른 소외를 비판하고 극복하기 위해서는 거짓된 보편적 이해의 배후에 존재하는 특정한 시각을 소환해야 한다. 일반적인 인간 이면에 부르주아적 개인이 존재하고 보편적인 자유의 배후에 착취가 존재한다는 식으로 그것은 진행된다. 그런고로 거칠게 일반화해 본다면 맑스의 이론적 장 내에서 주체는 분열된 개별적 존재로부터 자신을 떼어내어 여기에서는 사회성이라 표현된, 전체로서의 역사 변증법적 위치에로 옮겨 갈 때 나타난다.

박태원에서 유추할 수 있는 논리에 따르면 사정은 다르다. 그는 사회적 관계 자체가 일종의 가상이라 본다. 다시 말해 그는 이데올로기를 관계 맺음의 근본적인 불가능성을 은폐하는 상상적인 시나리오 정도로 보고 있는 것이다. 그런고로 환상의 핵심은 이데올로기에 있는 것이 아니라 사회적 관계 그 자체에 존재한다.

사실상 여기에서 나는 박태원을 통해 라클라우와 무페가 『*Hegemony and Socialist Strategy*』(Verso, 1985)에서 전개한 이데올로기론을 되풀이하고 있다.8) 박태원이 말하는 관계맺음의 근원적 불가능성을 그들은 '근원적 적대' 혹은 '분열'이라 이름 짓는다. 모든 환상은 개별적 환상이며 그것은 사회적 장이 성립될 때 단순히 주어지는 어떤 것이 아니라 근원적 적대 혹은 분열을 은폐하기 위해 생산되는 상상적인 시나리오인 것으로 간주된다. 다시 말해 환상은 이데올로기 쪽에 있는 것이 아니라 현실 자체가 언어적으로 구조화된 상징적 산물이라는 것이다. 그런고로 개별적인 환상은 그 속에서 근원적 적대를 봉합하여 사회적 관계를 가능케 하는 장치로 기능한다.

그렇다면 이 경우 주체는 어디에 위치하는 것일까? 맑시즘의 경우 주체는 개체가 분열되고 파편화된 위치에서 자신을 들어 올려 전체적인 위치로 옮겨갈 때 나타난다. 이른바 신인동형적 인간형이 맑스적 주체의 원형이다. 그에 반해 모더니즘의 주체는 분열된 개체가 특유의 환상 속에서 스스로의 삶을 미학적으로 정립하는데서 나타난다. 현실적인 분열을 봉합할 온전한 전체상을 추구하지 않는다는 사실과, 그런 까닭에 분열을 생산해 낸 세계 전체와 대면하지 않고 현실을 다만 주어진 어떤 것으로만 대면한다는 사실 때문에 이 주체는 수동적이고 파편화되어 있으며 쉽게 말해 제압당해 있는 주체이다. 그는 베버적인 의미에서 수인(囚人)이다. 주체는 관계 맺음의 근원적 불가능성에서 몸을 자신의 내부로 돌려 그 속에서 특유의 환상을 만들어 내는 과정, 즉 관계맺음의 일반적 가능성을 만들어 내는 과정 속에 존재한다. 그런고로 그것은 파편화된 조각상들의 전체적 종합 속에서 존재하는 맑스적 주체와는 다르게 내적 통합의 계기, 즉 주어진 조각 내에서 이루어지는 자기 통합의 과정 속에서만 존재한다.

『자본론』에서 맑스는9) 인간 노동에 특권적 지위를 부여했다. 꿀벌 혹은 거미가 아무리 정교한 분업, 정교한 작업을 한다 하더라도 인간의

---

8) Laclau-Mouffe, *Hegemony and Socialist Strategy*, Verso, 1985, Ch.3 참조.
9) K. Marx, 김수행 역, 『자본론』 I(上), 비봉출판사, 1989, 55면 이하 참조.

노동에 비할 바 아니다. 인간의 노동은 그 목적성·의식성·투사성에 있어서 꿀벌이나 거미와 다르다. 맑스는 노동의 분업이 모든 고통의 근원이라 보고 분업 이전의 상태를 이상적인 것으로 간주하였다. 그 결과 분업이 철폐된 세계상, 즉 동일한 개인이 사냥꾼과 어부·학자를 겸비한 사회를 몽상하고 그것을 휴머니즘의 완성이라 규정한다. 투쟁은 분업을 통해 작동하는 사물화된 체계에로 향해져야 했으며 개인은 정치적 동물로 규정된다.

개체의 의식은 그의 사회적 존재의 반영일 뿐이며 따라서 심리·영혼 등은 일체가 허상일 뿐이다. 실체는 개인의 정신이 아니라 자연과 사회·계급·역사이다. 개인은 이 역사성에 귀의함으로서 비로소 주체가 된다. 역사가 요구하는 역할을 하고, 그 요구에 따라 역사 진보의 배우가 되고, 궁극적으로는 개인과 사회가 통일될 수 있는 사회를 기획, 실천하는 것만이 의미를 갖는다.

이에 반해 뒤르켐에 따르면[10] 노동의 분업이야말로 인간의 본질이다. 상징과 상상이 있기에, 그리고 각자 자신의 정신에 의해 자신의 경험을 통합하고 있기에 서로 소통할 수 있고 소통이 이루어지고 있는 상황에서는 노동의 분업이 일어날 수밖에 없다. 만약 문제가 노동의 분업 그 자체가 아니라 분업이 맹목적이고 계급적이고 세분화해서 진행될 때 나타나는 소통의 붕괴와 그에 따른 의미/가치 체계의 붕괴, 그에 따른 도덕적 아노미라고 규정하게 되면 주요 관심은 계급이나 계급투쟁이 아니라 인간 커뮤니케이션의 회복에로 향해진다. 뒤르켐은 인간의 분업이 그 극에 달하면서 소통이 그를 뒷받침하지 못할 때 인간이 다른 인간과 맺고 있는 관계의 의미와 가치가 붕괴하고 그 결과 도덕적 아노미가 온다고 이야기한다. 뒤르켐 입장을 따르게 되면 문제는 개인의 개성 발전과 소통의 발전이 된다. 또한 의미론적 관심은 상징·상상·심리학

---

10) Durkheim, 권기돈 역, 『직업윤리와 시민도덕』, 새물결, 1998 참조.

등으로 확대된다.

물론 여기서 내가 누구는 옳고 누구는 틀렸다는 이야기를 하려는 것은 아니다. 다만 뒤르켐의 통찰을 잣대로 삼아 사태를 바라보면 박태원의 소설에서 나타나고 있는 '라클라우—무페' 식의 주체 개념이 매우 명징하게 보인다는 사실을 지적하고 싶을 뿐이다. 뒤르켐 식 사유에 입각하면 맑스는 인간 노동의 근저에 상징과 상상을 만들어 내는 힘이 존재한다는 점을 보지 못했다.

뒤르켐에 따르면 인간 작업의 본질은 상징과 상상에 있다. 인간은 자신의 경험을 통합하여 세계를 나타내는 하나의 정신세계를 만든다. 이는 경험에 대한 통합력이 없는 병리적 케이스를 보면 잘 나타난다. 예킨대 자폐(自閉)를 보면 인간에게 있어 자기 자신의 경험을 통합하여 세계를 나타내는 하나의 정신세계를 만든다는 것이 얼마나 본질적인 것인가를 알 수 있다. 경험을 통하여 하나의 상을 만드는 것은 상징과 상상에 의존한다. 맑스가 말한 노동의 특질 즉 목적성·의식성·투사성은 인간의 상징, 상상 능력의 표현 형식일 뿐이다. 상징과 상상은 본질적으로 개인적이고 실존적이며 심리적인 세계이다. 그것은 영혼의 영역과 밀접한 관계를 맺는다.

프로이트는 꿈을 소망 충족의 텍스트라 부르고 있다. 꿈이 예술의 텍스트와 같은 역할을 한다면, 예술은 바로 삶에서 배제된 것들을 재료로 만들어지는 통합의 영역인 셈이다. 그런고로 모더니즘 이론가들이 '예술이 삶에 우선한다'는 식으로 말할 때 그것이 갖는 의미는 이런 것이라 할 수 있다. 상징과 상상의 세계 혹은 상징과 상상의 능력은 비사회적 혹은 초사회적 영역에서 근원한다. 예를 들어 그것은 도덕적 금기라든지 혹은 법률적 일탈에 대한 염려조차 넘어서 버린다. 그것은 망망한 우주 한 가운데 홀로 존재하는 절대적 고독자의 영역이다. 한 발 잘못 디디면 가장 반사회적인 행동, 가장 반인륜적인 행동을 할 수 있는 영역인 것이다. 거기에는 아무런 준거나 타부가 있을 수 없다.

체계론자들의 주장에 따르면 사회 내에 존재하는 일체의 갈등과 문제는 의미론적 영역이 실제의 사회적 영역들의 분화에 뒤처져 오기 때문에 발생하는 것이라고 한다.[11] 이 경우 체계의 자기 관찰 문제가 매우 중요해진다. 그런고로 이들에게 있어서 문학은 의미론적 영역을 담당하고 있는 분과들의 하나로서 특권적인 지위를 갖는다. 문학은 영역들간의 분화가 야기할지 모를 의미론의 해체와 붕괴를, 그리고 그에서 연유하는 체계의 훼손과 붕괴를 막기 위해 요구되는 소통의 매체, 즉 일반화된 소통의 상징적 매체이다.

사실 박태원 문학의 주체를 소통의 주체라고 규정할 수 있을 지에 대해서는 아직 무엇이라 말하기 어렵다. 그런 식의 규정이 가능하려면 먼저 소통이라는 물건이 갖는 복합적인 측면들에 대한 사전 검토가 있어야 할 것이다. 여기에서는 다만 추상적인 이야기만을 할 수 있을 뿐이다.

박태원 문학의 주체를 사회적 차원으로 확대해 본다면 아마 그 모델은 소통의 근원적 불가능성 위에서 이루어지는 소통에의 역설적인 노력 속에서 구성되는 주체 정도가 아닌가 싶다. 그것의 언어학적 비유는 소통을 향한 필사적인 투쟁을 거론한 후기 비트겐슈타인의 이미지를 닮아 있다. 마찬가지로 자폐로부터 몸을 돌려 세계를 온전히 대면하고자 했으나 그게 잘 되지 않아 고통스러워했던 「날개」의 사내를 인격적으로 대변하는 것처럼 보이기도 한다. 이 부분은 소통론을 중심으로 한 일반적인 이론의 천착을 통해 좀 더 심화시킬 필요가 있는 대목이라 본다.

사회학의 태두인 짐멜 역시 인간 능력의 본질을 수단의 복잡화·증폭·다양화에 대한 능력이라는 입장에서 파악했다.[12] 짐멜은 현실 생활을 영위하는 데 있어서 핵심이 되는 인간 능력을 '욕망―수단―목적'이라는 세 가지로 설정한 뒤, 인간 능력의 가장 심오한 특징은 바로 두 번

---

11) N. Luhmann, *Observations on Modernity*, Stanford Univ Press, 1988, Ch.1 참조.
12) G. Simmel, Trans. P. K. Etzkorn, *The conflict in modern culture & other essays*, Teachers Press, N.Y, 1968 참조.

째 능력, 즉 수단을 증폭하고 다양화할 수 있는 능력이라는 점에 두고 있다. 욕망과 욕망 성취의 단계인 목적 사이에는 반드시 수단이 있어야 하는데 수단에 관한 한 인간은 여타 동물과는 판이하게 다른 능력을 가지고 있다. 바로 상징의 능력을 가지고 있기 때문이다. 동일한 욕망을 성취하기 위한 인간의 수단 개발 능력의 다기성은 문화적 맥락의 다양성과 복합적인 습합을 해명할 수 있는 유효한 개념이다. 이 경우 문화는 그것을 야기케 한 특정한 욕망이나 욕망을 달성하기 위한 합리적인 기획에로 환원될 수 없다. 그것은 인간 특유의 상징 능력의 자유로움 위에 기반하고 있는 것이지 욕망에 기초해 있는 것이 아니기 때문이다.

근대적 법의 기반은 골드만에 따르면 관용 위에 서 있다고 한다. 그리고 이 관용은 약한 자에 대한 동정 위에 서 있는 것이 아니라 타인에 대한 무관심, 인간관계에 대한 냉정함 위에 서 있다. 박태원 소설의 주체가 연기(演技)해내고 있는 삶의 무대는 바로 이 냉정함으로서의 근대적 법체계를 승인한 위에 서 있는 세계이다. 그런고로 이 주체는 기본적으로 우울증에 걸린 주체이다. 박태원 문학에서 우울증과 체념, 사태를 바라보는 관점의 양가성이 핵심이 되는 이유는 여기에 있다.

4. 세 가지 윤리학

다시 「성탄제」(1937)로 되돌아가 보도록 하자. 이 작품에는 세 가지 윤리학이 병존한다. 물론 이 '병존'이라는 단어의 의미를 실정적인 것으로 보아서는 곤란하다. 단지 세 가지 층위의 윤리학이 서로 겹쳐 존재하면서 이 작품 특유의 윤리적 정향을 구성하고 있다는 뜻이다.

첫째, 동일시에 기반을 둔 윤리학. 이는 두 자매 중 동생에게서 나타난다. 동생은 언니에게서 자신의 불길한 운명을 예견한다. 언니를 대하는 정도 이상의 적대감은 이 때문이다. 그녀는 언니의 존재가 자신의 윤리적 순결성을 훼손하는 것이라 생각하고 밥은 빌어먹을지언정 언니의 존재 자체를 인정하지 않으려는 태도를 보인다. 한마디로 그녀는 설령 타락했다 할지라도 그 당사자가 동일한 사회적 지평 속에 더불어 살아가는 개체인 한 그녀가 갖는 존엄성에 대해서는 관심을 보이지 않는다. 동정이 없는 것이다. 그런 한에서 그녀는 윤리적 이분법의 단계에 머물러 있다. 윤리적 순결성에 대한 강박적인 열망 때문에 이 소녀는 유적 개체로서의 자기 확인에는 결코 도달하지 못할 것이다. 타락한 언니는 가족이 생존하기 위해 무의식 속에 파묻어두어야 할 부끄러운 오점에 지나지 않는다.

둘째는 인간 일반이 갖는 존엄성이라는 테제 위에 서 있는 보편적인 윤리학이다. 몸을 팔지 않을 수 없는 상태를 두고 '슬픔'을 느끼는 작품 전체의 분위기는 인간이 갖는 근원적 존엄성이라는 윤리적 테마를 반복하고 있다. 타락을 두고 무슨 이유를 대든지 타락은 타락인 것이다. 현실은 속악하지만 그것은 미래의 유토피아를 향해 나아가는 길의 한 도정일 뿐이며 인간됨의 특권적인 존엄성을 증명하는 시험대일 뿐이다. 현재를 부정하는 것은 다만 부정 속에서만 자신의 진정성을 확인할 수 있는 정신의 악무한적 운동 때문이 아니라, 밝은 미래를 향한 지고한 자기 검증의 의미를 갖는다. 그런고로 역사의 신은 현실이라는 어두운 터널을 만들어두고 거기에서 개체들의 자기 증명이라는 어려운 시험장을 마련함으로써 오히려 개체의 자기 고양의 기회를 제공한다.

물론 성탄제의 두 소녀는 이 길을 향한 운동을 보여주지 않는다. 작품 속에는 동생마저 몸을 팔지 않을 수 없는 세계의 악마성과 그것의 악무한 앞에서 개체가 느끼는 한없는 연약함, 그로 말미암아 나타나는 전반적인 비극성외에는 나타나지 않는다. 이 작품을 두고 임화가 '멜랑콜리의 극치'라 부른 것도 우연이 아니다.

물론 작품은 여기에서 끝이 난다. 그러나 좀 더 작품을 읽어보자. 작품이 미처 다 말하고 있지 못한 부분을 읽는 방식을 두고 어떤 식으로 이론화하든 그것은 무방하다.

이 두 소녀에게 남은 길은 무엇일까? 눈물이 마른 뒤, 벗어날 길 없는 이 '놋쇠 하늘'이 그녀들 앞에 끝없이 펼쳐져 있을 때 결국 그녀들은 자장면을 맛있게 먹는 쪽으로 정신의 운동을 되돌릴 수밖에 없는 것은 아닐까? 사물화된 세계의 한 조각을 타고 앉아 있다는 사실 때문에 어쩔 수 없이 근원적으로 분열되어 버린 개체가 그 속에서 새로운 삶의 방식을 찾는 것, 다시 말해 현실적으로 불가능한 통합을 미적 세계 속에서 완성하는 이 아니러닉한 정신의 운동이 갖는 윤리적 정언 명법은 어떤 것일까? 「성탄제」가 겨냥하고 있고, 모더니즘의 윤리학이 하나의 윤리적 대안으로 존재할 수 있는 지점은 이러한 질문에 답할 때만 주어진다고 본다.

「성탄제」의 윤리적 요구는 매우 역설적이고 일견 낯선 문법 속에 존재한다. 일단 우리는 이 두 여인이 우리의 거울이거나 보편적으로 존엄한 개체이기 때문에 윤리적으로 대해야 할 대상이 아님을 논증했다. 그녀들은 이른바 누구와도 닮은 개체들이 아니고 전혀 존엄하지 않은 개체들이다. 그런데 바로 그런 까닭에 윤리적인 연대의 상대로 격상되어야 한다고 말할 수 있다. 통상적인 윤리적 정언 명법은 자신의 근거를 가지고 있다. '그런고로'의 형식을 갖고 있는 것이다. 이에 비해 「성탄제」의 그것은 '그럼에도 불구하고'라는 반어적 속성을 갖고 있다. 그런고로 이 반어가 가리키는 윤리적 속성이 어떤 성격의 것인가가 해명되어야 한다. 도대체 그것은 '왜' 그러한가?

무엇보다 특정한 공리주의적인 원인이나 동기 때문에 그녀들과 윤리적인 연대를 맺을 수 없다는 점은 분명해 보인다. 다시 말해 이 '연대'는 사회적인 것이 아니라는 점이다. 그것은 사회 내에 존재하는 기능의 단위로 동원되는 '연대'일 수 없다. 또한 그것은 아이러닉한 형태로 창출되는 것인 까닭에 인식의 차원에서 합득적적인 근거를 가질 수 없다. 이 말은 그것이 다만 실천될 수 있을 뿐이라는 사실을 가리키고 있다.

그런고로 근거 있는 사회적 연대의 불가능성이 바로 윤리적 연대의 근거로 작동한다. 현재 우리가 목도하고 있는 특수한 관계들은 어떤 단일한 실체의 필연적인 표현이 아니다. 앞서 이미 서술했듯이 그것은 관계의 근원적 불가능성 때문에 삶이 갖는 두려움을 가리기 위해 만들어진 관계에 지나지 않는다. 항용 무엇인가 관계가 구성될 때면 거기에는 근원적인 '적대'와 분열을 가리는 작용이 존재한다. 그런고로 이 연대는 실정적이고 적극적인 내용을 갖는 주체들에 의해 실현될 수 없다. 말이 좀 어눌해졌지만, 「성탄제」의 윤리적 주체는 분열된 개체들이 바로 그 분열 속에서 언제든지 '질식당할 수 있다'는 사실 위에 서 있는 부정적인 상황 속에서만 성립되는 주체이다. 라클라우-무페의 용어에 따르면 그것은 언제든지 패퇴당할 수 있고, 근원적인 '적대' 속으로 발가벗고 추방당할 수 있다는 사실 때문에 존엄하게 간주되어야 할 개체들의 윤리학이다.

사실 여기에서 이야기되고 있는 것은 로티(R. Rorty)가 『우연성, 아이러니, 연대』에서[13] 서술한 현대의 윤리적 상황이라는 개념과 유사하다. 로티의 문제의식은 윤리학의 보편적—합리적 토대가 파산하고 난 이후 그럼에도 불구하고 우리는 무엇 위에 자유주의적—민주주의적 윤리학을 건설할 수 있을까라는 데 있다. 초월적이거나 선험적인 토대(자연권, 보편적 이성 등) 위에 윤리학을 정초하려는 노력은 더 이상 불가능하고, 역사 과정을 인도하게 될 어떤 이상 위에 인간의 권리와 자유를 정초하려는 노력 역시 마찬가지로 불가능한 상황 앞에 현대인은 직면해 있다는 것이 그의 진단이다. 과거 자체가 끊임없이 재구성되고 그 의미 또한 변화하고 있는 상황에서, 분화해 나아가는 서사적 상징화를

---

13) R. Rorty, 김동식 · 이유선 공역, 『우연성 아이러니 연대성』, 민음사, 1996 참조.

조정하고 총체화하는 것을 가능하게 할 중립적인 입장을 가정하는 것 자체가 선험적으로 불가능하다는 것이다. 따라서 로티는 형이상학자/아이러니스트의 대립을 설정하고 아이러니스트의 윤리학이 갖는 가능성에 주목한다.

로티에 따르면 아이러니스트는 자신의 가장 중심적인 신념과 욕망이 우연적이라는 사실을 직시하는 사람을 말한다. 로티가 말하는 형이상학자의 윤리는 공동체의 윤리이다. 한 개인이 도덕적인 것은 그들의 행위가 개체를 넘어서는 전체, 즉 예컨대 합리성이나 신, 진리 혹은 역사에 대해 그것이 맺는 관계가 정합적인 것 혹은 선순환하는 것이냐에 따라 결정된다. 이에 반해 아이러니스트의 윤리학은 한 개인이 도덕적 주체가 되는 것은 그에게 존재하는 '모욕당할 수 있는 어떤 것' 때문이다. 다시 말해 이때의 윤리적 관계란 공동 소유가 아니라, 공동의 위기감을 기반으로 형성되는 윤리인 것이다. 지식인의 임무는 다수의 주체들에 관한 어떤 진정한 제안들을 통해 윤리적 연대를 보존하고 옹호하는 것이 아니라, 개인이나 공동체가 그들의 환상과 생활의 중심으로 삼고 있는 '사소한 차이들'을 인식하고 기술하는 기량을 증대시키는데 있다.

로티의 윤리학은 그러니까 두 가지를 배제하고 한 가지를 승인하는 논의 위에 서 있다. 연대의 기초는 첫째, 공통의 속성과 가치·신념·이상을 소유하는데 있는 것도 아니고, 둘째, 우리가 믿고 욕망하는 것을 마찬가지로 믿고 욕망하는 누군가로서 타인을 인식할 것을 주장하지도 않는다. 그는 고통받을 수 있고, 고통 속에 있을 수 있는 누군가로서 타인을 인식할 것을 제안한다. 로티는 '궁극적인 모욕'을 두고 '내가 나 자신—정직하거나 성실하거나 경건한 사람으로서의 나 자신의 자화상—에 대해 스스로 말해 온 이야기가 더 이상 의미 있지 않은 상태에 있는 자신을 발견하는 것'이라고 한다. 그것은 관계 맺음의 근원적 불가능성 앞에 단독자로서 떨어지는 것을 뜻한다. 결과적으로 로티는 사적 공간이 폭력적으로 침입당하는 것으로부터 각 개인을 보호함으로써 자아—

창조의 자유를 보호하는 중립적인 일련의 규칙들로 사회법의 역할이 축소되는 사회, 즉 최소 법의 사회를 유토피아적인 상태로 보는 듯하다.

5. 결론

「성탄제」의 두 소녀가 삶의 미적 재구성을 통해 만들어 내는 공간은 통속적이거나 추상화된 운명의 세계도 아니고, 계급 분리를 포함한 일체의 경계가 상실되어버린 기괴한 공간도 아니다. 그것은 계급적 분리조차도 근원적 적대를 가리는 하나의 가상들로 용해해 들이면서 어떤 식으로든 삶을 주조해내어야 한다는 열망이 자신의 드라마를 연출해내는 공간이다. 그런고로 그 공간을 삶의 정형 없는 과정들과 그 과정들 속에서 일관되게 자신을 드러내는 삶의 근원적 비극성이 거듭 되풀이하여 나타나고 소환되며 환기되는 장이라 불러야 할 것이다. 그것을 실체 없는 사회적 공간이라 불러도 될지 모르겠다.

라클라우와 무페는 사회를 '사회적인 것'으로 치환하여 재개념화한 바 있다. 이들에 따르면 사회는 그 요소들(노동과 자본, 실천 이데올로기 등)의 관계라는 것이 어떤 단일한 구조에 의해 미리 고정되고 확정된 것이라기보다는 끊임없이 움직이는 '접합 과정'으로 간주된다. 그런고로 사회 구성체들이 갖는 의미가 부정되고 재접합될 가능성의 장은 늘 열려 있다. 문제는 이 가능성을 누가 장악하느냐의 문제이고, 그런 한에서 헤게모니 문제가 핵심적인 사안으로 부상한다. 물론 헤게모니를 향한 이 투쟁은 물질적인 것을 장악하고자 하는 정치적 싸움이 이념의 싸움을 소환해내는 방식으로 이루어지는 것이 아니다. 그것은 소통의 영역에서 일어나는 싸움을 통해 새로운 접합을 이루어내려는 노력이고,

그런 한에서만 현실의 물적 기반을 변혁시킬 수 있는 '거꾸로 선 실천'의 양상을 띠고 있다.

이 글에서 나는 라클라우―무페 식의 세계 이해 방식을 쫓아 모더니즘문학이 갖는 변별성과 그 속에서 여전히 관철되고 있는 실천의 가능성을 규명해 보려 했지만, 그것이 썩 잘 된 것 같지는 않다. 또 이런 식으로 모더니즘문학, 특히 그 중에서도 박태원의 작품을 읽어내는 일이 '프로문학의 재조명'이라는 공통의 관심사에 도대체 기여하는 바가 있는지에 대해서는 몹시 회의적이다.

프로문학의 재조명이라는 차원에서 모더니즘을 거론하기 위해서는 무엇인가 모더니즘과 프로문학이 중첩되는 부분을 그려낼 수 있어야 힐 것이나. 주지하다시피 30년대 후반에 오면 프로문학은 독자성에 대한 주장을 완화하고 새로운 실천의 영역들을 확보해내기 위한 고투에 들어간다. 운동 자체에 대한 반성도 있었고, 당면한 정치적 과제의 성격을 재규정함으로써 상황을 돌파해야 한다는 상황론도 있었다. 그런고로 이런 류의 다양한 노력들 속에서 프로문학이 주체적으로 모더니즘문학을 자신의 이론적·실천적 자장 내에 끌어들일 수 있는 가능성을 어떻게 창출해내는가라는 문제가 조명되어야 하는 것이다. 이 부분이 해명되어야만 해방기에서 프로문학 진영과 예컨대 박태원·이태준·김기림 등 모더니즘 진영 작가들의 합류를 해명할 수 있을 것이다.

이 글은 이 부분에 대한 실정적이고 체계적인 연구를 완전히 생략하고 있다. 물론 그렇다고 해서 완전히 무관한 이야기를 하고 있다고 생각하지는 않는다. 굳이 해명하자면, 이 문제를 조명할 수 있는 하나의 지점을 모색했다는 정도의 의의는 가질 법도 하다고 생각한다.

표층의 해석학

박태원의 『천변풍경』론

1. 태도 혹은 방법의 문제

『천변풍경』(1936)[1]은 「소설가 구보씨의 일일」과 더불어 해방 전 박태원 소설의 대표작으로 인정되어 온 작품이다. 형식 실험이라는 측면에서 보자면 「소설가 구보씨의 일일」 쪽이 훨씬 더 뛰어난 작품[2]이지만 별다른 주목을 받지 못한 반면, 『천변풍경』은 당대 비평가들에 의해 집중적인 평가의 대상이 되었다. 이는 전적으로 최재서의 「리얼리즘의 확대와 심화-'날개'와 '천변풍경'에 관하여」[3]에 의해 촉발된 것이었으며 KAPF

---

1) 박문서관 판 『川邊風景』(1938)을 저본으로 함.
2) 박태원, 「내 예술에 대한 항변」, 『조선일보』, 1937.10.21~23.
3) 최재서, 「리얼리즘의 확대와 심화-'날개'와 '천변풍경'에 관하여」, 『조선일보』, 1936. 10.31~11.7.

의 지도적인 이론가였던 임화의 「세태소설론」4)에 의해 증폭되었다.

두 비평가는 『천변풍경』을 전혀 다른 각도에서 분석·평가했다. 최재
서는 『천변풍경』을 '리얼리즘의 확대' 즉 일종의 발전이라 본 반면, 임
화는 '말하려는 것과 그리려는 것 사이의 분열'에 따른 퇴행 현상의 일
종으로 보았다. 임화는 『천변풍경』을 '세태소설적 경향'의 한 정점에 서
있는 작품이라고 파악하고 이 소설이 궁극적으로 '본격 소설'의 한 결
여 형태이며 지양되어야 할 부정적 현상의 결과물로 인식했다.

한 연구자에 따르면,5) 『천변풍경』에 대한 그 이후의 연구는 이러한
두 시각 사이에서 길항하는 방식으로 이루어져 왔다. 한쪽에서는 이 작
품이 "현실에 대한 정신적 능력의 무력함, 차별 없는 대상세계의 세부
묘사에 대한 집착"이라는 임화의 소론을 확인·발전시키는 방식으로
연구가 진행되었으며 또 다른 한쪽에서는 이 작품이 일정한 한계 내에
서 이전 박태원의 작품들에서 나타나는 수사학적 전략들을 계승하고
있음을 밝히는, 그런 면에서 모더니즘소설의 한 형태로서 강화된 묘사
에 입각한 작품임을 탐구하는 쪽으로 연구가 진행되었던 것이다.

양쪽의 의견 차이가 어떠하든 거기에는 한 가지 뚜렷한 공통점이 존
재한다. 발전론이든 퇴행론이든 『천변풍경』에는 현실의 새로운 일부분
이 침투해 있다는 것, 문학적으로 새로운 형식이라는 점, 현실을 바라보
는 작가의 태도가 작품 형성에 핵심이라는 점 등이 그것이다. 이 중에
서 특히 세 번째 사항이 이 글의 주된 관심사이다.

『천변풍경』이 '세태'를 그린 것임에는 추호의 이견이 있을 수 없다.
그리고 그것이 임화가 말한 바대로 성격 묘사를 위주로 한 본격 소설의
차원에서 보자면 일종의 퇴행인 것도 틀림없는 사실이다. 다만 임화적
'성격'이 의미 있는 발전을 할 수 없는 세계에 『천변풍경』은 속해 있고

---

4) 임화, 「세태소설론」, 『문학의 논리』, 학예사, 1940 참조.
5) 한수영, 「『천변풍경』의 희극적 양식과 근대성」, 『박태원소설연구』(강진호 외), 깊은
샘, 1995, 348면.

그런 한에서 『천변풍경』은 새로운 세계와 대면한 주체의 한 전형적인 자기표현이자 형식이라는 점이 중요하다. 그것은 새 국면에 처한 모더니즘소설이 개척한 한 경지를 보이는 작품이다.

모더니즘문학에 있어서 형식은 세계를 바라보는 주체의 태도에 따라 결정된다. 형식의 결정권은 현실의 압력을 수용하는 주체의 능동성에 입각해 있으며 본질로서의 세계나 그것의 전화는 부차적인 역할을 담당할 뿐이다. 그런고로 『천변풍경』이 새 상황의 압력을 받아 어떻게 본격적 의미에서의 소설이 본래 지녀야 할 형식미를 왜곡시키고 있느냐의 차원이 아니라, 미적·형식적 차원의 대응과 그러한 대응이 가능했던 태도, 방법의 문제가 먼저 거론되어야 할 것이다.

2. '깨진 거울'론(論)과 표층의 현상학

보들레르에 따르면, 모더니즘의 정신 중 한 핵심은 '거리두기의 파토스'6)이다. 프리스비(Frisby)가 이를 보충 설명하고 있는데 그에 따르면,7) '거리두기의 파토스'란 탁월한 것, 차별 지워진 것, 일종의 정신적 귀족주의를 말한다. 삶의 과정 자체가 일정한 목적의식 하에 조직되지 않을 때, 그럼에도 불구하고 그러한 삶을 하나의 삶으로서 가능케 하는 힘은 무엇인가라고 자문하지 않을 수 없을 때, 목적 없는 과정으로서의 삶을 삶답게 만드는 것은 과정의 각 순간에 의미를 부여하는 것 즉 각각의 순간에서 무엇인가가 획득 가능하다고 믿는 것뿐이라는 것이 그 내용이다.

---

6) W. Benjamin, "Some Motifs in Baudelaire", *Baudelaire, the Lyric Poet in High Capitalism*, New York, Verso, 1983, pp.107~154 참조.

7) D. Frisby, *Fragments of modernity*, Polity press, 1985, p.35.

『천변풍경』의 작가가 인물들을 드러내는 방식은 이와 정확하게 일치한다. 작가는 사건들 속에서 인물을 드러내며 사건들은 내적 연관이라는 측면에서는 그 어떤 연관도 갖지 못하는 개별적인 형식 속에서 나타난다. 사건 속에서 그 자신을 표현하고 있는 각각의 특징들이 사건 모두를 특징짓고 있으며 관찰하는 주체는 개별적인 사건의 매 계기들을 긍정하는 시선으로 묘사한다. 각자 저마다의 개별성을 만끽하는 매 순간 속에서 영속성이 획득된다. 무한히 분할될 수 있는 작은 순간이야말로 보다 의미 있는 현실이며, 가치 있는 표현의 대상은 영속적인 흐름에서 흘러나오는 찰나의 불빛과도 같은 것[8]으로 간주된다. 흐름으로서의 현실은 그것을 종합할 수 있는 특정한 마디나, 절, 구분 등을 갖지 않은 채 하나의 도도한 흐름을 이루며 오직 미래를 향해서만 나아갈 뿐이다.

주체의 차원에서는 다음과 같은 이야기가 가능할 것이다. 낭만적 주체의 메타포가 우물이라면, 모더니즘의 주체는 두레박[9]이다. 모더니즘의 주체는 제한된 감수성의 차원에서 세계를 관찰할 수 있을 뿐이다. 그는 협소한 주체이며 제한된 경계 내에서만 존재하는 주체이다. 낭만적 주체와 달리 그에게는 주체를 중심으로 세계의 총체성을 끌어 모을 상상력의 무한한 힘이 부여되어 있지 않다. 모더니즘 주체에 있어 세계는 자신의 힘을 초월한 숭엄한 객체로 존재하며 삶의 힘은 기억이 아니라 망각의 능력으로부터 온다. 니체는 "비역사적이라는 말로 내가 의미하고자 하는 바는 예술이며 망각의 능력이며 스스로를 제한되어진 지평 내에 닫아두는 것의 힘"[10]이라고 하였다. 이런 관점에 서면, '재봉'의 특유한 시각에 의해 구축되는 관찰과 그러한 관찰을 통해 건져 올린 파편화된 개별성의 세계야말로 새로운 예술의 한 전형이 되는 셈이다.

---

8) Ibid., p.37.
9) E. Fleming, *Modernism and Its Discontents*, Peter Lang, p.39.
10) F. Nietzsche, Trans. R. J. Hollingdale, *Untimely meditations*, Cambridge, 1983, p.120.

『천변풍경』이 보여준 세계는 바로 이와 같이 각각의 인물들이 보여주는 개별성의 차원 즉 각자 저마다의 고립된 삶의 양상과, 고립된 파편들을 가로질러 관찰하는 작가의 눈으로 구성되는 세계이다. 작가는 관찰의 장인으로서 파편화된 세계를 이어붙이는 '깨진 거울'과도 같은 존재로서 기능한다. 30년대 후반기 식민지 조선의 한 단면을 그 흐름의 전체성이라는 차원에서 읽어낸 것으로서 『천변풍경』의 세태는 의미를 갖는다.

그것은 변화하는 현실을 삶의 윤리적 진보란 관점하에서 반성적으로 종합하고자 하는 리얼리즘 소설과도 다르며, 현실의 생기 없는 기계적 흐름 앞에 절망한 나머지 개인됨의 가치를 절정으로 이끌어 올림으로써 삶의 권태를 보상받으려는 낭만적 정신과도 무관한 세계이다. 박태원의 관찰 문학론은 이 둘 사이에서 분화된 영역들의 자율적인 발전으로써 존재하는 현실의 단편들을 끌어 모으는 거울로서 기능한다.

개별적인 매 순간을 특권화함으로써 지속의 계기를 마련해 나가는, 그런 의미에서 '대낮의 심연'이 내뿜어내는 그 독한 상실의 가장자리에서 정신적 귀족주의 즉 작가됨의 특권을 자랑하는 화자로서의 '재봉'은 역설적으로 매순간을 긍정하지 않을 수 없다는 점 때문에 주체의 상실을 경험하지 않을 수 없다. 그는 "세계를 보고 세계의 중심에 있으되, 결코 거기에 함몰되지 않는 눈"[11]의 태도를 유지하지만 그것은 스스로를 판단 정지의 순간 즉 세계를 보되 그것의 수증기 같은 자기 전개 아래 숨이 있는 근원저 고통에 뉴갑으로써 가능한 것일 따름이다.

주체는 소멸하며 주체를 대신해 '눈'이 나타난다. 이 눈은 자신에게 주어지는 풍경을 끌어 모우고 풍경의 배후에 존재하는 삶의 분화된 발전을 목격하는 눈이다. 물론 이 눈은 탐색의 뜨거운 눈이라기보다는 호기심에 가득 찬 명랑한 눈이다. '재봉'의 '눈'은 관찰·탐색·해석의 눈

---

11) C. Baudelaire, *The Painter of Modern Times and Other Essays*, Phaidon, 1964, p.8.

이다. 특유의 '눈'에 입각한 박태원 문학에서 작가는 현대적 삶의 분화되고 자율화되어버린, 그런 까닭에 파편적인 형식으로만 주어지는 각 영역들에 대한 관찰자·탐정·해석자로서 호명된다.

『천변풍경』에서 작품 전체를 압도하는 중요한 표현 중 하나는 '이맛살을 지푸리며'라는 표정의 변화에 관한 것이다. 『천변풍경』이 세태를 그리고 있고 현실의 보다 깊이 있는 심층(深層)을 형상화하고 있지 못하다고 비판되는 것은 바로 이와 같이 심층보다는 표층(表層) 즉 얼굴의 표피에서 일어나는 변화에 주된 관심을 갖기 때문이다. 근대화된 경성의 삶을 그 근저에서부터 규정하고 있는 심층으로서의 구조적 동인을 현실주의적 관점에서 보지 못한 채 다만 그 표층 즉 일상으로서의 세태만을 그려 보였다는 것이다.

그러나 『천변풍경』 혹은 박태원 문학 전체에는 '표층/심층'이라는 이분법이 존재하지 않는 것으로 판단된다. 박태원 문학의 관찰자는 이분법적 구도 속에서 움직이는 주체가 아니다. 그에게는 표층이 곧 심층이며 종합될 수 없는 방식으로 표층에서 이루어지는 자율화된 분화와 발전이 곧 현실이다. 다시 말해 현실을 보는 '눈' 자체가 다른 것이다. 물론 이 경우에 있어서 표층의 의미는 단순하지 않다. 표층으로서의 표정의 탐사는 그러한 표정의 배면에 잠재해 있는 풍경의 발견으로 해석자를 이끈다. 안면에서 이루어지는 표정의 미세한 변화를 조명하는 카메라는 곧 그러한 표정의 뒤에 존재하는 풍경의 탐색자이며 그것의 해석자이기도 하다. 따라서 표정은 그것 자체가 그 속에 무한한 삶의 단면을 감추고 있는 기호로서 작동한다.

『천변풍경』은 표면으로서의 표정들이 감추고 있는 삶의 세태를 그려 보인, 그러한 의미에서 표층의 해석학을 소설 속에 도입한 첫 작품이다. 작가는 무수한 표정들에 카메라를 들이대어 표정의 뒤에 존재하는 삶의 개별적인 국면들을 조명하고 탐색한다. 『천변풍경』의 주체는 무수한 각도에서 표정들을 관찰하는 카메라이며 표정의 뒤에 존재하는 개인들의 삶이 갖는 저마다의 궤적을 조사하는 탐구자로서 자신을 정립한다. 작품 속에는 이러한 대목들이 수 없이 제시되고 있다.

〈무어, 돈이 제일이지. 지위가 제일이지.〉
  민주사는, 자칫하였다면 입밖에까지 내어 중얼거릴 뻔한 것에 스스로 놀라, 거울 속에서 다른 이들의 얼굴을 찾으려니까, 저편 행길로 난 창 앞에가 안아 있는 이발소 아이놈의 얼굴이 이편을 향하고 있는 것과 시선이 마주쳐, 어째 그 사이 그놈이 자기의 표정으로 자기의 마음 속을 환안하게 들여다 본 것만 같아, 그는 제 풀에 당황하여, 순간에 엄숙한 표정을 지었다. 아이는 그러나, 별로 민 주사에게 흥미를 가지고 있지는 않았다. 그는 다시 유리창 너머로, 석양녘의 천변 길을 오고가는 행인들에게 눈을 주었다. (33면)

  문득 창 앞을 느린 걸음으로 점잖게 지나는 중년의 신사를 보자, 어린이의 입가에는, 제 풀에, 명랑한 웃음이 떠올랐다.
  그 신사는, 우선, 몸이 뚱뚱하고, 더욱이 배가 앞으로 나왔다. 그것에 정비례하여, 그의 얼굴이 크고 또 살찐 것은 물론이지만, 그 큰 얼굴에 또 그대로 정비례하여, 눈, 코, 귀, 입이 모두 크다. 그 중에도 장관인 것은, 그의 코로, 그 이를테면 벌렁코 종류에 속하는 크고 둥근 콧잔등이가, 근래는 단연히 금주하였음에도 불구하고, 역시 전에 그가 애주하였을 때의 그 기념으로, 새빨갛게 주독이 든 것이 여간 탐스럽지 않다. 그러한 얼굴에다, 그 위에, 그가 애용하는 중산모를 얹고, 실내화 신은 발을 천천히 옮겨 걸어갈 때, 그를 대하는 모든 사람이, 마음에 은근한 기쁨을 갖더라도, 그것이 결코 이상한 일이 아닐 것이다. (36면)

  표층의 해석학을 통해 작가가 천착해 들어가고자 하는 바는 이른바 '세태'를 구성하는 각각의 영역 즉 일상성, 사랑, 삶의 굴곡으로서의 운명 등이다. 일상성은 기쁨과 슬픔의 반복으로 나타나지만 그 반복은 동일한 것의 반복이라는 관점에서가 아니라 각각의 사연 속에서만 자신을 드러내는 개별화된 사건으로서 기술된다. 사랑 역시 마찬가지이다.

사랑에는 다양한 사연들이 있을 뿐만 아니라 거기에는 묘한 얽힘이 존재한다는 것을 작가는 집요하게 탐색한다.

각각의 영역에서 탐구되는 삶의 기본적인 특징은 저마다의 각자성(各自性)이다. 그것은 근대적 삶이 영역들의 분화와 자립화로서 나타나듯이 개인적인 차원에서 상이한 의미들로 충만한 각각의 사건들로서 분화되어 나타난다. 『천변풍경』은 바로 이 개인적인 삶의 각자적인 펼침을 묘사한 소설이다. 그것은 삶의 각자성을 일정한 패턴하에 묶어 고찰하려 하지 않으며 스토리의 통합을 가능케 할 어떤 국면도 보여주지 않는다.

『천변풍경』에 중심적인 테마나 구심점이 존재하지 않는다는 기존의 평가[12]는 이 점을 지적한 것이다. 그것은 그야말로 파편화된 삶이 방식을 객관화하여 드러내 보여줄 뿐이며 삶은 각각의 영역과 그것이 찾아 깃들 개별적인 인격체를 가질 뿐 양자를 통일시켜 줄 그 어떤 접근선도 갖지 못한다. 작중의 인물들은 그들에게 고유한 사연들과 운명들 속에서 형상화될 뿐이며 인격체에 고유한 성격의 발전을 전혀 보여주지 못하는 평면적 인물들일 뿐이다. 사실상 『천변풍경』에 나오는 인물들은 그 속에 삶의 단편적인 풍경들을 담고 있는 매체로서만 작용하며 통상적으로 인물이라 할 때의 개성을 갖지 않는다. '가난한 자 / 부유한 자', '정직한 자 / 사기꾼', '미인 / 추녀' 등으로 이들은 범주화되며 이러한 유형들이 만들어 내는 인격의 접합 속에서 자신들에게 할당된 배역들을 수행하는 기호들에 지나지 않는다.

작품 전체를 묶어주는 유일한 공동 지평으로서 천변이라는 공간을 지적하고, 이 공간의 특수성을 근대화된 도시와 전근대적인 풍경들의 공존이라는 의미에서 휘어져 있다고 본 종래의 관점은 『천변풍경』의 공간이 갖는 특수성을 정확하게 지적하지 못한 것이다. 대다수의 연구자들[13]이 천변풍경이 가지고 있는 공간적 단일성과 천변이라는 공간의

---

12) 임화, 「신간평-박태원 『천변풍경』 평」, 『조선일보』, 1939.2.17.
13) 김종욱, 「1930년대 한국장편소설의 시간-공간 구조 연구」, 서울대 박사논문, 1998,

휘어짐 즉 근대적인 것과 전근대적인 것의 중첩을 지적하고 있지만 공간의 휘어짐은 그러한 방식으로 존재하지 않는다. 그것은 동일한 공간 내에 존재하는 다양한 개체들의 운명 속에 존재하며 그러한 만큼 인물들의 수만큼이나 많은 휘어진 공간들이 존재하는 셈이다.

각각의 인물들은 단편화되어 잘려나간 면(面)들 즉 세계를 그 속에서 드러내지만 그 자체로는 완결된 거울과 같은 존재로서 기능하며 저마다의 각자적인 사건으로서 발생하는 이들 삶의 에피소드들은 그만큼의 휘어진 공간 내에서 존재한다. 작가의 눈은 바로 이 휘어진 공간들을 절속(切續)하면서 이들을 이어주는 다면경의 역할을 담당하며, 작가는 이를 적절히 편집하여 파편화된 세계의 총체성을 드러내는 편집자로서 기능한다.

『천변풍경』에서 가장 큰 사건 중 하나인 '영이-하나꼬'의 혼인담은 이러한 측면을 적실하게 보이고 있다. '영이-하나꼬'의 혼인담은 사랑과 혼인에 관한 제도의 주위에서 파문처럼 퍼져나가는 삶의 운명적 모습을 객관화하여 그린 이야기다.

> 영이-하나꼬의 시집살이는 역시 괴로웠다. 그러나 그것은 시어머니가 구박이 자심하고, 하인배들까지도 자기에게 악의를 가지고 있는 것에서만 오는 것은 아니었다. 우선 그렇게 믿었던 남편의 마음이 원래 먼젓번 아내에게서 자기에게로 옮아왔던 것과 같이, 이제는 또 다른 여자에게로 옮아가고 있다는 것을 분명히 깨달았을 때, 그의 놀라움과 슬픔은 또한 컸다.
>
> 그뿐이 또 아니다. 아무 죄도 없이 버림을 밤은 전실댁이 이 집에 남겨 놓고 간 두 어린 것—여섯 살 먹은 명준이와 세 살 먹은 명숙이가 죽어라 하고 자기를 따라주지 않는 것에도 마음은 아팠다.
>
> (…중략…)
>
> 그러나 언제까지 이러한 상태가 계속될 것인가? 자기는 그것을 끝끝내 견디어 낼 수 있을 것인가? 그리고 그것이 대체 누구에게 다행한 빛을 준단 말인가?

145~148면.

‥‥‥ 그러한 철 없는 어린것에까지 사랑을 받지 못하는 자기의 끝없는 불행을 느끼고, 그와 함께, 그것도 모두 내가 남의 사랑을 빼앗은 그 큰 죄 때문 아닐까? 마음은 한껏 어두워지는 것이다.

〈오히려 죄는 내게 더 큰 것이 있다. ‥‥‥〉

영이는 그러한 것을 느끼지 않으면 안되었다.

〈어째서 나는 버림을 받은 뒤의 여인의 슬픔과, 어머니의 사랑을 잃은 어린 것들의 결코 나을 수 없는 상처에 대하여 생각하지 못하였던 것인가? ‥‥‥〉

모든 사람이 나를 미워하여도 그것은 그들의 탓이 아니요, 암만을 내가 이 집에서 고생을 한다더라고 그것은, 나의, 이 고약한 년의 용서 받을 수 없는 죄로 말미암아서라고 ‥‥‥ 영이는 어느 눈오는 밤, 자리 속에서 피가 나라고 입살을 깨물며, 그대로 얼마든지 느껴 울었다. (337~338면)

하나꼬의 불행은 봉건적 관계에서 나타나는 예속적인 지위로 자신을 이끌고 갔다거나 봉건적 가족 관계 속에 예속되었기 때문이 아니라 스스로, 다시 말해 자발적으로 그러한 관계 속으로 자신을 몰고 갔다는 점에서 말미암는다. 그것은 존재하는 사회적 형식 속에 자발적으로 자신을 몰고 감으로써 주어진 삶의 결과라는 점에서 근대적인 삶의 한 귀결이지만 근대적 삶이 특유하게 요구하는 자기 의지의 자유로운 펼침이라는 원리에 입각한 것은 아니라는 점에서 한계를 갖는다.

하나꼬의 불행은 권리의 주체로서 자아가 응당 가져야 할 보편적인 의지의 산물이 아니라 주어진 조건 하에서 단지 자발적으로 무엇인가를 결정할 수 있다는 소극적 개인주의의 원리 위에 서 있다. 그러나 이 소극적 권리 주장은 엄존하는 현실의 장벽 앞에서 너무나도 쉽게 좌절해 버린다. 따라서 자율적인 의지와 행위의 결과가 갖는 비현실성 간의 분열을 통해 하나꼬는 불행한 운명 속으로 전락하고 만다. 하나꼬의 불행은 가족 중심의 봉건적인 가정과 자발적인 의사라는 근대적 삶의 충동이 맞부딪치는 지점에서 솟아나는 결혼 제도의 모순에서 말미암는다. 따라서 그것은 결혼 제도의 자율적인 발전에 따른 인간학적 결과물로서 기능한다. 여기에서 우리가 목도하는 것은 한 여인의 불행한 운명과 그 내면이지만 이 운명과 내면은 제도에 의해 파생된 운명 일반 혹은 내면 일반의 한 개인적 흔적에 지나지 않는다.

『천변풍경』은 이와 같이 근대의 맹목적인 자기 전개가 낳은 삶의 흔적들을 개별자의 단위에서 하나하나 관찰해 나간다. 그것은 관찰된 개개의 파편들을 공통적으로 묶어줄 수 있는 그 어떤 종합의 계기도 서사적 줄거리의 핵심도 보여주지 않는다. 그것은 관찰된 사실들의 나열로서 관찰의 정신이 현상하는 도시적 삶의 파노라마로서 기능한다. 식민지 근대의 한 가운데를 가로 질러 흘러가면서 자신의 외연을 한없이 넓혀나가는 근대적 삶의 자율적인 성장은 어떤 중심점도 없이 진행되는 것이기에 이에 대한 관찰 역시 표면으로부터 그것의 개별적 의미들을 탐색해가는 형식으로 나타날 수밖에 없다.

『천변풍경』은 바로 이와 같이 중심도 시작도 끝도 없이 펼쳐져 나가는 근대적 삶의 자기 분열이 드러내는 온갖 인간학적 징후들을 바로 그러한 삶이 요구하는 파편화된 관찰의 형식 속에서 육화해 보인다. 『천변풍경』은 근대적 삶의 자율적인 발전 위에서 기식하면서 그 주위에서 마치 수증기처럼 퍼져나가는 인간 삶의 개별적인 운명과 그 궤적을 그려 보인 작품이다.

결혼이라는 제도의 문제성과 그러한 제도가 펼쳐내는 삶의 인간학적 양상이라는 테마는 이후 박태원 작품의 주된 모티프를 형성하게 된다. 「음우(陰雨)」(1939)와 「음우(淫雨)」(1940)는 이러한 세계를 매우 섬세하게 그려내고 있는 작품이다.

〈…… 그러나 그것은, 혹은 순수한 사랑과 존경에서만 빚어진 사랑이 아닐지도 모른다. 그들은 이미 일곱 해를 고락을 같이하였고, 고락을 같이하는 일곱 해 동안에, 그들의 사이에는 이미 세 어린 생명이 딸려 있어, 그래, 그의 아내는 이미 청춘이며 연애며 …… 그러한 모든 것에 애닯게도 단념을 하고, 믿음

성 없는 남편에게나마 그대로 장래를 의탁하려는 데서 나온 감정일지도 모른다…….〉

(…중략…)

〈…… 그것은 그도 막연하게나마 눈치채고 있는 일이었다. 그러나 아내가 자기를 믿고, 의지하고 하는 것이, 전혀 그러한 불순한 동기에서 나왔다 하더라도, 그는 그의 아내를 부족하게 여긴다거나, 섭섭하게 안다거나 할 생각은 조곰도 없었다. 그의 아내는 이미 세 어린 것의 어머니로, 그에게서 소녀의 순진과 정열을 구할 수는 없는 일이었다. 아내의 앞에는 오직 진지한 생활 문제만이 가로놓여 있을 뿐이었다…….〉

(…중략…)

〈허지만 아내만이 아니다. 나도 이미 청춘과 결별한 지 오래 아니냐? 그리고 지금 연애외 예술에 대하여, 아무런 열성도 자신도 가지고 있지는 못하다…….〉14)

「음우(陰雨)」는 조혼에 따른 부부 사이의 문제, 능력 없는 남편으로서의 슬픔과 부끄러움, 여인의 제 길 찾기란 테마를 그리고 있는 작품이다. 나이 어리고 무능력한 지아비를 둔 여인이 도망을 가거나 딴 남자를 찾아 외도를 하는 것은 물론 흔히 있는 일이다. 정작 문제적인 것은 아내의 외도를 둔 남자의 반응이 뜻밖에도 분노나 자기모멸이 아니라, 부끄러움과 슬픔이라는 형태로 표출된다는 점이다. "그러한 경우에 남편된 사람이 취할" 일반적인 태도가 있을 것이나, "의외의 일에 그는 우선 놀랐고, 다음에 떠오른 감정은 분노라든 그러한 것보다도 오히려 슬픔이었다"15)고 하는 주인공의 감정은 확실히 통상적인 반응을 벗어나 있다.

아내의 외도를 둔 남편의 '슬픔'은 따라서 외도라는 사건에 대한 즉자적 반응이 아니라, 상황 때문에 결행하지 않을 수 없었던 결혼 생활 전체의 문제성을 조망하는 지점에서 나타나는 반성적 슬픔이다. 그리고

---

14) 박태원, 「淫雨」, 『조광』 6권 10호, 1940.10, 132면.
15) 박태원, 「陰雨」, 『문장』 1권 10호, 1939.10, 52면.

이 반성적인 '슬픔'으로부터 아내에 대한 연민, 가장으로서의 자기 조정이라는 문제의식이 돋아 나온다. 가난 때문이든, 조혼의 풍습 때문이든, 결혼에 관한 이 제도의 주위에서 퍼져나가는 인간적 경험의 파노라마는 그것이 개별자들에게 어떤 경험을 주는 지와는 무관하게 즉 심리학적인 측면과는 무관하게 하나의 사회적 현상이자 근대가 가져 온 결과물인 만큼 이러한 제도적 차원에서 보면 거기엔 분노를 느껴야 될 아무런 이유도 없다. 아내의 외도를 목격한 남편의 '슬픔'이란 심리는 이러한 지점에서 나타날 수 있는 심리이다. 처용가의 현대적 개작이라 할 만한 「음우(陰雨)」의 독특한 부부상이 형상화된 것은 이와 같이 현대화된 삶 속에서 개인이 겪을 수밖에 없는 삶의 무기력함이라는 고유한 세계 인식에 기반을 둘 때만 가능한 것이다.

「음우(淫雨)」는 신변소설의 범주에 드는 작품으로서 가장으로서의 자기 조정이라는 테마를 다루고 있는 작품이다. 가족의 기반이 된 결혼의 진정성에 대해서는 동의할 수 없다. 그러나 그렇다고 해서 이혼을 선택할 수도 없고 결국 선택할 수 있는 것은 주어진 상황에서 파국을 막아내기 위해서는 성실하게 살아갈 도리 외에는 그 어떤 방법도 없다는 자기 성찰에 이른다.

이와 같이 박태원 후기작의 중심테마는 주어진 상황에서 어떻게 자기 조정을 할 것인가란 문제로 귀착되고 있다. 그것은 주어진 직분에 만족하고 그에 충실하는 것 즉 성실한 삶의 태도란 문제로 집약된다. 박태원 소설이 종국적으로 나아간 지점은 이와 같이 내파된 개인들의 분자화, 그러나 그 속에서 관찰 가능한 삶의 각자적 자기 전개라는 양상이다.

인물들의 삶을 단일한 테마 즉 일상성의 소비라는 관점에서 묶어두면서도 그것이 갖는 개별적 독자성을 형성하는 것으로는 '허영'이라는 테마를 들 수 있다. 허영이라는 테마는 작품 전체에 골계적인 분위기를 만들어 내면서 인물들의 비속성에 대한 관찰이 비판인 인식으로 곧 바로 전화되는 것을 막아주는 방화벽으로 기능한다. 그것은 삶을 일반화된 논리의 관점에서가 아니라 주어진 삶에 대한 각 인물들의 반응이라는 관점에서 묘사하는 것을 가능케 한다. 다시 말해 각각의 삶은 그것이 바깥에서 보여지는 방식에 입각한 유형학적 보편화를 향한 관찰이 아니라 각각의 삶이 갖는 주관적 계기들을 세밀하게 묘사하는 데로 향해진다는 뜻이다.

『천변풍경』이 일상의 세밀한 측면을 표현해내고 있음에도 불구하고, 세태적인 표면의 관찰에 머물고 만다는 평가를 받는 이유는 이 때문이다. 삶의 유형학이 아니라 삶에 대한 '주관적 반응'의 유형화가 『천변풍경』이 지향하는 대목이다. 심층이야말로 표층인 셈이다 작품 속에는 이를 보여주는 대목이 많다.

> 더구나 그가 남의 앞에서 즐겨 꺼내보는 그 시계는 참말 금시계지만, 역시 참말 십팔금인 것같이 남이 알아주기를 은근히 바라고 있는 듯 싶은 그 시계줄이 사실은 오금에 지나지 않는다는 것을 이발소 안에서의 풍문으로 들어 알고 있는 소년은 그의 태도와 걸음걸이가 점잖을수록에 더욱이 속으로 우스웠다.
> 그 웃음에는 그러나 물론 악의 같은 것이 품어 있지는 않았다. 만약 있다면 오히려 호의일 것이다. (36면)

> 「아무것두 안 사구 그냥 나올테니 보세요. 자아, 다시 돌쳐서서 이쪽으로 오죠?」
> 「그래 인젠 저눔이 어딜 가누?」
> 「인제, 개천가 선술집으로 들어갈 테니 보세요.」
> 「어디 ……, 참, 딴은 술집으로 들어가는구나. 그래두 저눔이 가게에서 뭐든지 샀겠지. 그냥 거긴 갔다올 까닭이 있나?」
> 「왜 들어가는지 아르켜 드릴까요? 저 사람이, 곧잘, 다리 밑으루 들어가서, 게서, 거지들한테 돈을 십 전이구 이십 전이구 얻어 갖거든요 그래 그걸루 술두 사먹구 밥두 사먹구 허는데, 그게 거지들이 동냥해 들인 거니 이십 전이구

삼십 전이구간에 모두 동전 한 푼짜릴 꺼 아녜요? 근데 저 사람이 동전 가지 군 절대 술집엘 안 들어가거든요. 그래 언제든지 꼭 가게루 가서, 그걸 모두 십 전짜리루 바꿔달래서 ……」 (35면)

성격의 발전이 아니라 근원적 다면성의 드러남이라는 차원에서 인물들은 존재한다. 인물들을 형상화하는 이와 같은 방식은 삶이 갖는 저마다의 개별성에 대한 작가의 태도를 보여주는 하나의 요소이다. 인물의 다면성은 악역의 천진난만함으로 나타나기도 하고 특정한 상황에 대한 반응의 다양성이란 테마로 나타나기도 한다.

『천변풍경』 특유의 분류법에 따르면 세계에는 순진한 인간과 사기꾼만이 존재한다. 그러나 인간은 인격체가 아니라 개체성과 사회성이라는 양 경향의 복합으로 존재하는 유기체이기에 그리고 성격이 아니라 특징들의 절속(切續)으로서 존재하기에 사태는 단순하지 않다. 만일 인물들이 성격으로만 혹은 개성의 발전으로만 존재한다면 세계에는 '인정'이란 존재할 수 없다. '인정'[16]이 존재하는 것은 인격의 다면성에서 유래한다. '바람 난 여인'과 '정숙한 여인'이 따로 있는 것이 아니라는 것, 오직 욕망만이 있고 그것을 적절히 제어하는가 그렇지 않은가만이 있는 것이다.

누가 행복한가? 행복이란 무엇인가? 『천변풍경』에 있어 사정은 단순하지 않다. 시대에 잘 적응하고 경제적 기반이 탄탄한 한약국집은 행복한가? '적당한 부', '평온한 가족'이 박태원적 행복의 모델이라 지적해온 기존의 연구에는 일정한 한계가 존재한다. 『천변풍경』에서 작가는 그런 가족은 없고 단지 '균형잡힌 가족', '균형잡힌 개인'만이 있을 뿐이라는 식으로 말한다. 성격은 단일성의 양상으로 존재하지 않는다. 『천변풍경』의 관찰자 재봉은 날카로운 관찰안, 탐정의 눈, 일급 해석자의 촉각을 갖춘 '아이'이다. 누구도 이 '눈'에 걸리면 자신의 정체를 숨길 수

---

16) 임화, 앞의 글, 1939.2.17.

가 없다. 인간 운명은 '편식(偏食)'에 의해서도 결정될 수 있다는 세밀한 감식안은 『천변풍경』 득의의 관찰안에 의해서만 한국문학에 비로소 도입된 것이다.

재봉은 사기꾼의 삶의 풍경 속에 숨어 있는 '바보스러움'을, '난봉꾼'의 가슴 속에 숨겨져 있는 '가녀린 센티멘탈리즘'을 정확히 집어낸다.

「그러니까, 이 또 부처님 겉은 만돌이네가, 숫제 가만 내버려 두지나 않구, 제 서방이 그렇게두 섧게 우는 게 하 이상해서, 설거질 허다 말구 나와서, 아아 니 왜 그러는 게냐구 묻지 않었겠수? 그랬드니, 글세 바루 제 기집에게다 대구, 아 그 몹쓸 녀석이 약하디약한 그 기집을, 그렇게 인정사정 없이 막 패드라구, 백죄 그걸 제 기집에다가 대구 하소를 했구료. 내 참 기가 막혀……」 (90면)

부패시킬 수 없는 인물이라는 점에서 『고리오 영감』의 보뜨랭을 닮아 있는 기미꼬는 작가의 현실에 대한 태도를 잘 드러내는 인물이다. 기미꼬는 주관과 자기 논리에 따라 상황에 대처하는 인물이다. 그녀는 작중에서 근대적 삶의 냉소적 성격을 정확히 이해하고 있는 유일한 인물이다. 흔히 '의리와 인정의 화신'이라 평가되는 그녀는 청계천변으로 형상화된 근대적 삶의 악무한성을 인격적으로 반증하고 있는 인물이다. 삶은 악무한에 지나지 않는다는 것이 『천변풍경』의 핵심적인 테마이다. 박태원 문학은 근대적 제도의 합리성 뒤에 숨어 있는 '비인간성'과 '냉혹함'에 대한 환멸이라는 근대 인식의 축 위에 서 있다. 「투도」(1941)와 「채가」(1941) · 「골목안」(1939) 등은 이를 잘 보여준다.

3. 모더니즘의 근대 체험과 우울증

근대란 추악한 것의 무한 분열에 지나지 않는다는 것 그럼에도 불구하고 근대적 삶의 외연은 존재하지 않기에 극복에의 모색 등을 함부로 말할 수는 없고 또 말하지도 않는다는 것이 박태원 문학의 장점이다. 운명의 가냘픈 끈으로만 삶이 세계와 이어져 있을 때 누구든 함부로 지양, 극복을 말해선 안 된다는 식으로 박태원은 말하고 있다.

박태원 문학은 이런 점에서 염상섭 문학과 유사하고, 이광수 문학과는 정반대되는 위치에 서 있다. 염상섭 문학은 '극복' · '모색'이라는 단어를 함부로 사용하지 않는 신중한 자기반성 위에 서 있는 문학이다. 실험실 메스의 섬뜩한 탐침으로만 삶이 세계와 이어져 있을 때, "컴컴한 방속에 드러누었어도 눈섭 밑이 부시"는[17] 전율로서만 삶이 감각될 때, 누구든 함부로 극복을 말해서는 안 될 것이다. 정신은 극복 · 반성 · 모색의 차원으로 너무나 쉽게 비약해 버린다. 삶의 추악함은 초월을 요구하고 세계의 교활함은 의미를 요구한다. 의식은 성급하고 욕망은 맹렬하며 갈증에 목말라 헐떡인다. "무섭게 앙분된 신경"은 스스로를 해명하기 위해 줄달음친다.

물론 박태원 문학은 이런 방향으로 나아가지 않는다. 그는 근대란 비정한 세계라는 사실을 이해하지만, 그러나 그럼에도 불구하고 이를 수용하지 않을 수 없다는 특유의 멜랑콜리적 양가성을 보인다. 박태원 문학의 주체는 사실의 암묵적인 수용이라는 체념[18]위에 서 있는 주체이다. 박태원 문학이 지식인의 자의식을 중심으로 소설 특유의 긴장을 얻

---

17) 염상섭, 「표본실의 청개구리」, 『개벽』, 1921.8.
18) G. Lukas, *Studies in European Realism*, Grosset & Dunlap, New York. p.58. 루카치에 따르면 발작 소설 특유의 '체념'은 1884년 혁명 이후 부르주아 문학이 도달한 한 귀중한 정점이다.

고 있는 최명익 류의 모더니즘과 갈라지는 지점 또한 정확히 여기쯤인 것으로 파악된다.

돈을 아껴서 책까지 안 산다면 내 생활은 무엇이 됩니까? 지금 나에게는 도서관에 갈 시간도 없지 않소? 그러면 그렇게 책은 읽어서 무엇하느냐고 묻겠지만 나 역시 무슨 목적이 있어서 보는 것은 아닙니다. 어떻게 살아야 후회 없는 일생을 살 수 있는가 하는 즉, 사람에게는 사람이란 무엇인가? 하는 의문이 있다는 것을 알고 나도 그것을 알아보려고 한 적도 있었지만 지금은 고학도 할 수 없이 병약한 몸과 이 년 내로 주인에게 모욕을 받고 있는 나의 인격의 울분한 반항이 — 말하자면 모두 자기네 일에 분망한 세상에서 나도 내 생활을 위하여 몰두하는 시간을 가져 보겠다는 것이 나의 독서요.[19]

김윤식에 의하면 「비오는 길」(1936)의 참주제는 "책 곧 문학이야말로 비현실적인 것, 환각에 지나지 않는다. 이 환각에 매달림으로서 현실(삶)을 철저히 멸시, 모독하기를 겨냥한 것"[20]이다. 그러나 이러한 평가는 '독서 모티프'에 대한 과도한 평가에서 나온 것일 뿐이며 그런 한에서 현실에 대한 잘못된 선입견에 근거해 있다. 현실은 그런 식으로 모독되지 않으며 현실이 이런 방식으로 모독 가능하다고 믿는 정신은 성숙하지 못한 정신일 뿐이다. 현실을 관념으로 이겨낼 수 있다고 믿는 순간 주체는 낭만적 관념성 속으로 떨어지고 말며 환상 속에서나 가능한 윤리적 권위 위에 스스로를 구축함으로써 자기만족을 얻을 뿐이다. 그러나 이러한 자기만족은 세계와의 대면을 거부하는 인물의 자족적 심리 즉 자폐(自閉)에서 오는 것인 만큼 언제든지 부정적인 것으로 변전될 수 있는 성질의 것이다.

「역설」(1938)의 도도한 자본주의 비판, 「무성격자」(1937)의 속물성 비판 등에서 나타나는 고고한 윤리적 자세는 쉽사리 「폐어인」(1939)의 의

---

19) 최명익, 「비오는 길」, 『장삼이사』, 을유문화사, 1947, 127~128면.
20) 김윤식, 『김동리와 그의 시대』, 민음사, 1995, 223면.

식 과잉으로, 「심문」(1939)의 의식 분열로 혹은 아편 중독으로 나아가버린다. 세계에 마음의 문을 닫아건 채 주체의 윤리적 진정성에 대한 확신을 놓치지 않으려는 주체가 나아가는 길은 이와 같이 종국적으로는 주체의 붕괴로 귀결될 뿐이다 최명익 소설의 한 축에는 이와 같이 성숙에로 나아가지 못한 정신의 자기 분열이란 테마가 존재한다. 변화하고 있는 세계에 직면하여 자기 조정을 감행하지 못하는 정신 즉 성숙으로 나아가지 못하는 정신의 결과가 얼마나 참혹한 것인가를 최명익 소설은 잘 보여주고 있다.

'도시화된 삶의 시공간이 낳은 정신의 변별적 특징들'이라는 관점에서 짐멜은 도시 특유의 현상인 사물화의 결과들이 개인의 주체성에 어떤 영향을 끼치는가에 대해 탐구한 바 있다.[21] 그에 따르면 도시화된 공동체 내부에서 일어나는 삶의 갈등은 근본적으로 단자화된 개인을 전쟁터로 삼아 벌어지는 사회적 힘과 주관적 힘 사이의 긴장과 갈등에서 파생된다. 이는 갈등이 이제 주체와 세계 사이가 아니라 개인의 주관과 그러한 주관의 결과물로서의 객관적 문화 사이에서 벌어진다는 뜻이다. 근대화된 도시적 삶에 있어서 삶의 문제성은 객관화된 문화와 주관화된 문화 사이의 적대적 긴장 위에 서 있다. 통합의 가능성은 의문시되며 문제화된다. 이는 결국 문제가 압도하는 외적 힘에 대해 개인으로서의 개체는 어떻게 자기 조정을 할 수 있는가라는 차원으로 옮아감을 뜻하는 것이다. 현대적 삶의 본질적인 문제는 압도하는 사회적 힘의 변선에서 어떻게 스스로의 자율성과 개별성을 보존할 수 있느냐란 문제를 둔 개인의 자기 권리 주장으로부터 나타나는 것이다.

대도시는 근대적인 문화 발전의 폭발적인 양상이 하나의 뚜렷한 현상으로 자신을 나타내는 공간이다. 짐멜은 역사의 직선적 발전이라는 목적론을 배제하고 현대화가 펼쳐 보이는 자기 전재의 스토리를 무시

---

21) G. Simmel, Trans. P. K. Etzkorn, *The Conflict in Modern Culture and Other Essays*, Teachers Press, N.Y, 1968 참조.

간적인 팽창·분화 및 다양성으로서 존재하는 인간 개체의 자기 능력의 객관화로서 규정한다.[22) 그의 관점에 따르면 인간 발전의 기본 단위는 분화된 소규모 집단이다. 그것은 자신 내에 존재하는 개인들에게 행위와 기질의 통일성을 부여한다. 이와 같은 닫힌 집단 내에서는 집단의 정체성을 드러내는 특유의 개성들을 구성원들에게 강제하는 방식으로 문화적인 산물들이 일정한 의미론적 관계 속에서 배치되어 있다. 활용 가능한 객관적인 문화들과 이를 받아들임으로서 집단에 대한 개인의 통합을 가능케 하는 장인 주관적인 문화 사이에는 그 어떤 분열도 존재하지 않는다.

그러나 객관적인 문화의 분화가 특히 노동의 분화에 힘입어 가속화되고 자율적인 경지에 도달하게 되면 그 결과 주관적 문화는 사적인 개인의 영역이 되고 객관화와 주관화는 상호 무관한 방식으로 강화되며 심화된다. 유적 개인으로의 자기 고양에 대한 열망과 개인의 독특한 발전에로 향하는 열망 사이의 길항은 정점에 달한다. 소규모 집단에서나 가능했던 그리고 객관성과 주관성 사이의 실체적인 매개체였던 사회적 개성은 소멸하며 단편화된 기능적 복합체들과 분산되었으며 자기 속에 닫힌 개인들 간의 날카로운 긴장만을 남길 뿐이다. 이 양자 사이를 매개하는 것은 돈에 의해 매개되는 비인간적이고 산술적이며 계약적인 관계에 다름 아니다. 거기에는 그 어떤 정서적 교류도 존재하지 않으며 세계는 자연스럽게 실증화된 세계로 변질되어 버린다. 특정한 개인의 개인적인 발전에는 전혀 무관심한 자율적인 규범에 따라 스스로를 규제하는 각각의 기능적 복합체의 발전 경향은 개인들을 공적인 삶으로부터 격리시킴으로써 객관적 문화로부터 주체가 자신의 내적인 통합을 이루어내는 것을 불가능하게 만든다.

현대사회는 객관적인 문화의 자율화 및 그에 따른 자기 분화의 경향

---

22) Deena & Michael A. Weinstein, *Postmodernized Simmel*, Loutledge, London, 1993, p.120.

과 주관의 개별화란 통합될 수 없는 두 경향 사이의 심오한 그리고 아마도 화해 불가능한 투쟁의 장이 되고 만다. 삶은 주관에 대해 그리고 주관은 삶에 대해 매우 낯설고 추상적인 관계만을 맺는다. 도시는 공동체가 아니라 단지 양적인 영역으로 나타난다. 대도시에서 비로소 삶은 전혀 낯선 공간으로서의 균질화된 공간을 발견하며 주체성의 확보를 위한 타협에 직면하게 된다. 전통적인 사회에 있어서 공간은 그 자체가 성화된 공간으로서, 의미로 충만한 대지로서 인식되었다. 균질화된 공간으로서의 도시 내에서 비로소 프로이트적인 타협의 공간이 나타난다.23) 대도시는 자율화된 삶들이 자기의 권리를 주장하는 투기장(鬪技場)으로 변모한다.

도시화된 경성에서 이루어지는 삶의 운명적 부침(浮沈)은 내적 통합을 요구하는 개인들의 요구에 대응하지 못하는 세계의 부적절함을 보완하고자 하는 노력의 결과이다. 그런 의미에서 천변은 일종의 통과제의가 이루어지는 장이라는 한 연구자의 지적24)은 이런 관점에서 읽혀야 한다. 개인의 감수성을 향해 몰려오는 다양한 자극들의 끊임없는 흐름은 개인을 자기 방어의 포즈로 몰고 간다. 그것은 사회 내에서 솟아오르는 다양한 표정들의 해독으로 개인을 몰고 가며 일종의 유형화된 표현과 몸짓을 요구한다.

포즈는 방어 기제의 다양성에 의해 유지된다. 주어지는 자극에 대해 일일이 감정적으로 대응하는 것의 위험은 대응의 불능성이라는 관점에서 위험을 야기하며 그런 한에서 개인은 사람들과 사물들에 대해 지적인 태도를 취하지 않을 수 없으며 내면과 외부 환경 사이에 거리를 확보하지 않으면 안 된다. 정서적인 통합 속에서 자신의 권리를 상실하지 않기 위해서는 감동하지 않는 태도 즉 일종의 정신적 귀족주의가 요구된다. 만사를 의심하는 회의주의, 극단적인 냉정함이 요구된다. 감정의

---

23) Ibid., p.127.
24) 김종욱, 앞의 책, 154면.

고갈, 즉 피로감이 요구되는 것이다. 피로감은 신경이 지나치게 많은 자극적이고 감정적인 자극들로 인해 훼손되었다는 것을 말한다. 그것은 감수성의 피로이다. 대도시적 삶에 대한 개인들의 자기 조정은 세계에 대해 끊임없는 가면 쓰기의 태도 즉 적당한 적의와 혐오, 냉정함이라는 단계를 차례차례 밟으며 진행된다. 무관심함은 대도시의 영역에서 자신이 속해 있는 파편화된 영역 내에서 주어진 일을 수행하는 데 있어서 필요한 거리를 요구하는 시대의 정신과 긴밀히 연관되어 있다. 그것은 분열된 개인들에게 자신이 맡은 몫의 삶을 살아낼 수 있는 가능성을 제공해 주는 이념이다. 또한 그것은 개인으로 하여금 사적인 내성의 독자성을 유지케 하는 역할을 담당한다.

도시는 인류가 더 이상 삶에 대한 공통된 목표를 갖지 않는 시대에 직면해서 만든 해체된 공동체이다. 도시적 삶 속에서 개인은 이제 더 이상 서로를 상호 관련시킬 수 있는 공통된 이념이나 목표를 알지 못한다. 그것은 부조리한 사회이며 삶에 대한 통일된 의미를 갖지 못하는, 그런 의미에서 통일의 부재를 유일한 통일성으로서 갖는 사회이다. 그것은 보편적 입법의 시대가 아니라 루카치의 용어대로 총체성이 요구되는 사회 즉 파편화된 개별 영역들의 총체성이 보편성을 대체한 사회이다.

대도시는 실패한 매체이다. 개인들은 무관심한 지적인 태도와 일체의 동정을 거부하는 무관심의 방식으로 대도시의 삶에 적응할 수 있겠지만 그럼에도 불구하고 내적 삶을 표현하고자 하는 열망은 사그라들 수 없는 법이다. 개인으로 하여금 대도시에서의 삶에 참여할 수 있도록 허용하는 바로 그 방어 기제는 주관의 자기표현에 막대한 기회비용의 지출을 요구하고 주관은 이제 삶의 양식을 스스로로부터 창출해내려는 모든 욕구와 주체의 주권적 열망을 포기하지 않을 수 없다. 그것은 비합리적인 것으로 간주되어 배제되며 그 대신 외적 환경이 요구하는 일반적이고 도식화된 요구들을 수용하는 수밖에 없다. 만일 내적인 삶을 주체의 요구에 따라 결정하고자 하는 욕망이 지나치게 비대해지면 이

제 주체는 전투를 불사하는 대적하는 주체로 되고 신경증은 정신 이상으로 나아간다. 개인적인 삶의 의미 있는 지평이 부재한 상태에서 '적멸의 눈을 가진 극단적 회의주의자들'(「적멸」)이 나타난다. 이들은 극단적인 증오에 불타는 인물들이다. 스스로를 세계로부터 극단적으로 떼어놓음으로써 이들은 도시가 제공하는 일체의 매개를 거부하며 삶의 가치는 규정될 수 없는 실존 속에서만 존재한다고 주장한다. 유아독존적 삶의 방식이나 실증적 허무주의의 범람은 도시가 낳은 병리 현상의 결과일 뿐이다. 그것은 주체의 해방과는 무관하며, 외부를 향해 터져 나가는 주체의 자기 외파(外破) 즉 극단적 허무주의에 지나지 않는다.

현실의 암묵적인 수용과 체념 위에 서 있는 박태원 소설의 주체가 갖는 현대적 의의는 리얼리즘 소설의 주체와 비교해 볼 때 좀 더 명확히 부각된다. 『정치경제학 비판』에서 맑스는 인간 노동에 특권적 지위를 부여한다. 그는 노동의 분업이 모든 고통의 근원이라 보고, 분업 이전의 상태를 이상적인 것으로 간주하였다. 그 결과 분업이 철폐된 세계상, 즉 동일한 개인이 사냥꾼과 어부와 학자를 겸비한 사회를 몽상하고, 그것을 인간됨의 완성이라 규정한다. 투쟁은 분업을 통해 작동하는 사물화된 체계로 향해야 했으며, 개인은 정치적 동물(zoon politicon)로 규정된다. 개체의 의식은 그의 사회적 존재의 반영일 뿐이며 실체는 개인의 정신이 아니라 자연과 사회·계급·역사이다. 개인은 이 역사성에 귀의함으로서 비로소 구원을 얻는다. 따라서 리얼리즘 소설에 있어서 주체는 역사가 요구하는 역할을 하고, 그 요구에 따라 역사 진보의 배우가 되고, 궁극적으로는 개인과 사회가 통일될 수 있는 사회를 기획, 실천하는 것만이 삶의 궁극적인 목적이 된다.

이에 비해 뒤르켐은 인간 노동의 본질이 상징과 상상에 있는 것[25]으로 본다. 그에 따르면, 맑스는 인간 노동이 갖는 유적 본질에 집착한 나

25) E. Durkheim, 권기돈 역, 『직업윤리와 시민도덕』, 새물결, 1998 참조.

머지, 노동의 인간적 본성에 대해 파고들지 못했다. 맑스는 인간 노동의 근저에 상징과 상상을 만들어 내는 힘이 존재한다는 점을 간파하지 못한 것이다. 인간은 자신의 경험을 통합하여 세계를 나타내는 하나의 정신세계를 만든다. 자폐를 보면 인간에게 있어 자기 자신의 경험을 통합하여 세계를 나타내는 하나의 정신세계를 만든다는 것이 얼마나 본질적인 것인가를 알 수 있다. 경험을 통하여 하나의 상을 만드는 것은 상징과 상상에 의존한다. 맑스가 말한 노동의 특질 즉 목적성 · 의식성 · 투사성은 인간의 상징, 상상 능력의 표현 형식일 뿐이다. 상징과 상상은 본질적으로 개인적이고 실존적이며 심리적인 세계이다. 그것은 영혼의 영역과 밀접한 관계를 맺는다.

프로이트26)는 꿈을 소망 충족의 텍스트라 부르고 있다. 꿈이 예술의 텍스트와 같은 역할을 한다면 예술은 바로 삶에서 배제된 것들을 재료로 만들어지는 통합의 영역인 셈이다. 예술이 삶에 우선이라고 말할 때, 그것이 갖는 의미는 이와 같다. 상징과 상상의 세계 혹은 상징과 상상의 능력은 비사회적 혹은 초사회적 영역에서 근원한다. 그것은 도덕적 금기라든지 혹은 법률적 일탈에 대한 염려조차 넘어서 버리며, 세계 내에 홀로 존재하는 절대적 고독자의 영역이다. 그것은 한 발 잘못 디디면 가장 반사회적인 행동, 가장 반인륜적인 행동을 할 수 있는 영역이다. 이미 거기에는 아무런 준거나 타부가 있을 수 없다.

맑스와는 다르게 뒤르켐에 따르면,27) 노동의 분업은 고통의 근원이 아니라 그것 자체가 인간 본질의 외현이다. 상징과 상상이 있기에, 그리고 각자 자신의 정신에 의해 자신의 경험을 통합하고 있기에 서로 소통할 수 있고 소통이 이루어지고 있는 상황에서는 노동의 분업이 일어날 수밖에 없다. 만약 문제가 노동의 분업 그 자체가 아니라 분업이 맹목적이고 계급적이고 세분화해서 진행될 때 나타나는 인간 커뮤니케이션

---

26) S. Freud, 김인순 역, 『꿈의 해석』(상), 열린책들, 1998 참조.
27) E. Durkheim, 권기돈 역, 앞의 책, 참조

의 붕괴와 그에 따른 의미 / 가치 체계의 붕괴, 그에 따른 도덕적 아노미 (Anomie)라고 규정하게 되면 주요 관심은 계급이나 계급투쟁이 아니라, 인간 커뮤니케이션의 회복에로 향해진다. 뒤르켐은 인간의 분업이 그 극에 달하면서 소통이 그를 뒷받침하지 못할 때 인간이 다른 인간과 맺고 있는 관계의 의미와 가치가 붕괴하고 그 결과 도덕적 아노미가 온다고 이야기한다. 뒤르켐 입장을 따르게 되면 문제는 개인의 개성 발전과 소통의 발전이 된다.

뒤르켐의 관점을 계승하고 있는 현대 체계론적 관점에서 보면,28) 사회 내에 존재하는 일체의 갈등과 문제는 의미론적 영역이 기능화된 영역들의 자율적인 분화에 뒤처져 오기 때문에 발생한다. 따라서 이 경우 체계의 자기 관찰 문제가 매우 중요하다. 문학이란 무엇인가? 분화된 영역들의 자율화된 자기 발전을 긍정하는 체계론의 관점에서 사정은 명확하다. 문학은 의미론의 영역이며, 따라서 자율적인 것이지만, 영역들간의 분화가 야기할지 모를 의미론의 해체와 붕괴를, 그리고 그에서 연유하는 체계의 훼손과 붕괴를 막기 위해 요구되는 소통의 매체, 즉 일반화된 소통의 상징적 매체29)이다.

맑스는 진정한 자유란 필연에의 합일 즉 역사의 요구에 대한 복종을 통해서만 가능하다고 한다. 박태원의 모더니즘에 오면 사정은 완전히 달라진다. 박태원 문학은 일치·복종을 말하지 않는다. 대신 그는 '체념'을 말한다. 그리고 이는 한국문학사에 있어서 매우 소중한 한 대목이다. 체념은 운명에 대한 이해에서 비롯한다. 그리고 그 운명을 긍정하는 데서 온다. 일단 운명을 긍정하게 되면 다음으로는 자기 운명에 대한 이해, 또 다른 운명들과의 소통이라는 과제가 나타난다. 박태원 문학은 근대화된 삶의 운명들을 수용하는 한에서 소통을 추구하는 문학이

---

28) 박영도, 「현대를 넘어 현대를 따라잡기 ─ 루만의 '현대를 다시 쓰기'에 대하여」, 『문학동네』 12호, 1997년 가을 참조.

29) Luhmann, *Observations on Modernity*, Standford Univ Press, 1998, p.13.

며 일반화된 소통의 상징적 매체로서 존재하는 문학이다. 그것은 자율화된 방식의 관찰과 그러한 관찰의 특권 위에 서 있는 문학이며 관찰을 통한 수많은 각자성으로서의 운명에 대한 보고서이다.

짐멜 역시 인간 능력의 본질을 수단의 복잡화, 증폭, 다양화에 대한 능력이라는 입장에서 파악한다. 짐멜은 현실 생활을 영위하는 데 있어서 핵심이 되는 인간 능력을 '욕망―수단―목적'이라는 세 가지로 설정한 뒤,[30] 인간 능력의 가장 심오한 특징은 바로 두 번째 능력 즉 수단을 증폭하고 다양화할 수 있는 능력이라는 점에 두고 있다. 욕망과 욕망 성취의 단계인 목적 사이에는 반드시 수단이 있어야 하는데, 수단에 관한 한 인간은 여타 동물과는 판이하게 다른 능력을 가지고 있다. 바로 상징의 능력을 가지고 있기 때문이다. 동일한 욕망을 성취하기 위한 인간의 수단 개발 능력의 다기성은 곧 문화사를 해명할 수 있는 강력한 무기가 된다. 수단의 다기성은 그 결과로서의 문화의 자율성을 해명할 수 있는 좋은 시각을 제공한다.

문화는 그것을 야기케 한 특정한 욕망이나 욕망을 달성하기 위한 합리적인 기획에로 환원될 수 없다. 그것은 인간 특유의 상징 능력의 자유로움 위에 기반하고 있는 것이지 욕망에 기초해 있는 것이 아니기 때문이다. 기술 혹은 수단의 자율화에 기반을 둔 근대문화는 이제 개인의 자기 정합성이라는 차원에서 훌쩍 떠나 자율화해버린다. 근대적 법의 기반은 골드만에 따르면 관용 위에 서 있다고 한다. 그리고 이 관용은 약한 자에 대한 동정 위에 서 있는 것이 아니라 타인에 대한 무관심, 인간관계에 대한 냉정함[31] 위에 서 있다.

박태원 문학은 바로 이 냉정함으로서의 근대적 법체계를 승인한 위에 서 있는 문학으로 판단된다. 그것은 세계의 냉정함을 수용하는 주체의 멜랑콜리 위에 서 있는 문학이다. 박태원 문학에서 우울증과 체념,

30) G. Simmel, op. cit., p.147.
31) L. Goldmann, 문학과사회연구사 역, 『계몽주의의 철학』, 청아, 1983 참조.

양가적인 관찰이 핵심이 되는 이유는 여기에 있다. 박태원 문학은 근대적 법의 승인 위에 서 있는 우울증에 걸린 '아이'의 관찰문학이다. 그것은 모더니즘문학이 나아갈 수 있는 한 지점을 전형적으로 체현해 보여주는 문학이다. 그리고 그런 한에서 항상 현재적인 문학이기도 하다.

자기모멸의 윤리학

이상 소설의 몇 가지 모티프(1)

1. 새로운 여행의 방식

이상 문학에 대한 관심이 90년대 이래 지속적으로 증가하고 있다는 점은 누구나 동의하는 일이다. 현실 변화의 흐름을 반영한 결과이다. 90년 이래 한국사회는 새로운 형태의 경쟁력을 요구받고 있고 세계적 차원의 네트웍을 구성한 신자유주의와 이에 기반을 둔 제반 기획은 기존의 한국사회가 안고 있던 많은 문제들과, 그러한 문제들을 중심으로 생산된 다양한 사회적 의제(議題)들을 한 때의 유행으로 만들면서 일찍이 경험하지 못한 새로운 대응을 촉구하고 있다.

그럼에도 불구하고 일단의 지식인들은 세계적 차원의 대항 운동을 거론하면서 사유의 무정부적인 허망함만을 드러내고 있고, 또 다른 한편에서는 차가운 냉소를 통해서만 사태를 빗겨갈 수 있다는 패배주의가 만연하고 있다. '위대한 거부'는 그것이 위대한 것인 만큼 희극적이며, 냉소의 밑에서 작동하는 뜨거움은 스스로의 존엄함을 녹여내는 일상의 따스함에 지나지 않는다. 표적은 적중되지 않고 있으며, 사태는 거듭 되풀이될 조짐을 보이고 있다.

세계의 재편에 따른 중심의 붕괴와 혼란은 문학 쪽에서도 마찬가지이다. 민족문학의 향방과 관련된 논의들, 근대성에 대한 재인식을 둘러싼 다양한 담론들의 배후에서 들려오는 것은 전환기 특유의 고통과 아픔과 탄성과 한숨이다. 정치한 논리들은 구사되지만 주조음은 환멸과 울분에서 나오는, 그러나 끝끝내는 '미치지 못하고 빗겨갈 뿐인' 질타이거나 명민한 정신을 가장한 싸늘한 자조일 뿐이다. 새로운 원칙들을 찾아 막힌 길을 뚫고자 하는 정신의 운동은 가열하게 이루어지고 있지만, 그러면 그럴수록 사유의 날카로움은 세계를 거슬러 튀어 오르고 스스로를 상처낼 뿐이다.

모더니즘적 사유, 특히 이상 문학의 새로운 가능성이 인지되고 의미 있는 영역으로 재발견되고 있는 것은 이러한 상황 속에서이다. 민족의 미래적 가능성에 대한 신뢰에서 돋아 나왔고 그로부터 지속적으로 자양분을 얻어 성장해왔던 80년대의 문학적 사유가 한계를 드러내자마자 세계는 돌연 '어둠' 속으로 가라앉았다. '어둠'을 메타포로 갖는 시대 특유의 감성은 불안이다. 매개적 범주의 상실 아래 보편성을 사유해야 한다는 것이 주는 당혹감과 그럼에도 불구하고 기대어 볼 어떤 확실한 삼각을 갖지 못한 시유의 심리학은 확실히 '불안'의 형식을 취한다. 그런 의미에서 새로운 세기의 문학은 동일한 시간대를 살아가고 있는 우리 자신의 모습을 그대로 닮고 있다. 우리 모두는 불안 속에 갇힌 수인(囚人)이다.

나가지도 그렇다고 해서 물러서지도 못하는 지점에 선다는 것, 사방은 막혀 있고 운명의 손금을 헤아려 볼 밝은 빛 한 줄기 존재하지 않는 어둠에 촉수를 드리운 감수성 예민한 문인들 중 이상(李箱)보다 더 멀리 그리고 충분히 깊이 있게 나아간 한국 작가는 아마 찾기 힘들 듯 싶다. 그런 의미에서 이상 문학은 유력한 단면도(斷面圖)이다. 그 유명한 「오감도(烏瞰圖)」(1934)가 그려 보이는 세계 즉 13인의 아이가 그 속에서 '공포에 떨고 있는' 세계란 본질적으로 이와 같은 성질의 것이라 본다.

도대체 '13인의 아이들'이란 무엇을 말함일까? 다양한 해석이 있어 왔으나 핵심은 이 아이들이란 그 무엇으로도 환원될 수 없는 아이들이라는 점이 아닐까 한다. 환원될 수 있음이 곧 체계를 이루어냄 또는 그러한 힘의 펼침으로서의 의미를 갖는다면 이 아이들이란 '아이들'이라는 말의 뜻 그대로 그 무엇으로도 환원되거나 대체될 수 없는, 그런 의미에서 체계화 불가능한 힘이다. 이른바 인식의 사후적(事後的) 능력에 의해 포착될 수 없으며 모뮌석 입법 가능성의 체계 내에서는 어떠한 형식도 이루어낼 수 없는 국면, 즉 절대 생성의 원점(原點)에 서기란 의미로 그것은 읽힌다.

절대 생성이란 동시에 절대 부정이다. 그것은 누군가의 등을 볼 수 없는 지점 혹은 뒤돌아 건져 올릴 그 무엇도 존재치 않는 시간대에 홀로 서야 함을 의미한다. 비유컨대 그것은 작두 위에서 서식(棲息)하는 키에르케고르적 신(神)의 포즈를 요청한다. 길을 가지만 길의 가능성 자체를 회의하는 자에게 동반자란 존재하지 않는다. 길은 오직 개체됨의 극한에서 혹은 아도르노 식으로 말하자면 어찌할 수 없는 세계의 심연, 그 위태로운 가장자리에서만 존재할 뿐이다. "노아의 홍수보다 더 진한 밤도/어둠을 뚫고 타는 두 눈동자를 끝내 감기진 못했던"(김기림, 「쥬피터 추방」 11절) 이상 문학이 자신의 몫으로 기꺼이 짊어지고자 했던 사유의 영역은 이러한 성질의 것이었다고 판단된다.

한 철학자(레비나스)에 따르면 예술의 메타포는 '불면(不眠)'이라 한다. 잠들 수 없음이란 고통이다. 고통 속에서 의식은 스스로를 낯선 것으로 여기게 되고 자신 속에 존재하는 이 낯설음을 탐색하는 근원에로의 운동을 시작한다. 그것은 투명한 체계로서 이해되어 오던 일체의 현존을 뒤흔들고 익명적인 존재의 세계에로 향하려는, 그런 의미에서 존재하는 모든 것의 구극을 향해 내려가는 정신의 운동이다. 그러나 한편으로 거기에서 정신이 발견하는 것은 복원된 카오스 혹은 낯선 사물들로 가득한 공허, 현기증 나는 운동의 다발일 따름이다. 부정 속에만 권리를 갖는 정신은 거기에서 그 자신마저 하나의 형해(形骸)가 되는 것을 본다.

근원에로 나아가는 정신의 운동이 가열 찬 것이면 그러할수록, 그것은 파멸을 자신의 본질로 갖는다. 부정의 정신이 운명적으로 가질 수밖에 없는 파국을 막고 새로운 세계의 창출이라는 긍정적 기획으로 정신을 이끌어 올리는 것은 무엇인가? 예술이 그 자신의 본질로서 형식의 질서 지움에 도움을 요청하지 않을 수 없는 것은 바로 이 지점에서이다. 파국적 운명에 처한 정신으로 하여금 그 자신을 탐구케 하고 그러한 노력 속에서 새로운 여행의 방식을 찾도록 하는 것은, 그래서 이 낯선 경험에 형식을 부여하고 고통 속에서 갈갈이 찢어져버린 삶의 분열을 보듬어 하나의 형식으로 질서지우는 것은 오로지 미적 종합의 가능성 내에서만 이루어질 수 있다. 이상 문학은 새로운 여행의 가능성이다.

2. 방법론 혹은 당혹감

지난 10여 년 동안 이상 문학에 대한 연구 수준은 수위를 재빨리 높여 왔다. 물론 아직도 현재 진행형이지만 텍스트 확정 문제나 텍스트에 대한 실증적인 정리 작업이 일정하게 이루어졌으며,[1] 초기에 특히 그 성가를 높이던 정신분석학적인 방법론[2]은 들뢰즈식의 분열분석비평[3]이

---

1) 김주현, 『이상 소설 연구』, 소명출판, 1999 참조.
2) 김종은, 「李箱의 理想과 異常」, 『문학사상』, 1973.9; 정귀영, 「이상 문학의 초의식

나 크리스테바의 업젝션론[4] 혹은 라깡식의 주체구성이론,[5] 야콥슨의 실어증 이론,[6] 부르디외의 장이론의 적용[7] 등에 이르기까지 현란한 발전을 보여주고 있다. 세계적 수준을 보이는 다양한 방법론이 동원되고 있으며, 미학적 논리에 입각한 분석의 정치함과 이상 문학 전체를 통합적으로 이해하려는 노력은 연구자의 세대적 차이를 뛰어 넘어 많은 결실을 낳고 있다. 방법론에 관한 지적 호기심의 차원을 뛰어넘어 이상 문학의 현재적 가능성을 모색하고 있는 다양한 논의들이 문학적 실천의 가능성이란 슬로건 아래 나타나고 있다는 점[8] 또한 매우 고무적이다.

물론 그렇다고 해서 문제가 없을 수는 없다. 방법론에 대한 강한 관심이 텍스트의 의미심장함을 충분히 뛰어넘고 있는가에 대해서는 많은 이들이 의문을 던지고 있으며, 방법론 자체에 대한 정밀한 독해 혹은 종합적인 이해의 수준이 일정한 단계를 거치고 있는 것인지에 대해서조차 합의가 이루어지지 않고 있기 때문이다. 예컨대 라깡의 경우, 그의 주저인 『세미나』 연작이 아직 제대로 소개되지 못한 국내 학계의 현실에서 번역본 한두 권 혹은 라깡의 이론에 대한 개략적인 해설서 독서의 수준에서 논의가 진전된다면 이는 문제가 아닐 수 없다. 크리스테바나 들뢰즈·바르트의 경우에도 마찬가지 이야기가 가능할 것이다. 이론의 전체상을 정밀하게 독해하는 것과는 별개로, 그러한 이론이 불가피하게 요청되지 않을 수 없었던 정신사적 배경에 대한 천착 역시 필요할지도 모른다.

심리학」, 『현대문학』, 1973, 7~9면; 정태용, 「이상의 인간과 문학」, 『예술원보』, 1959; 조두영, 「이상의 인간사와 정신 분석－초기 작품을 중심으로」, 『문학사상』, 1986.11.
3) 신범순, 「이상문학에 있어서의 분열증적 욕망과 우화」, 『국어국문학』 100, 1990.5.
4) 김윤식, 『이상 연구』, 문학사상사, 1987.
5) 문흥술, 「이상문학에 나타난 주체분열과 반담론에 관한 연구」, 서울대 석사논문, 1991.
6) 김승희, 「이상시 연구－말하는 주체와 기호성의 의미작용을 중심으로」, 서강대 박사논문, 1991.
7) 김민정, 「九人會의 존립양상과 미적 이데올로기의 상관성 연구」, 서울대 박사논문, 2000.
8) 서영채, 「근대성의 세가지 파토스」, 『문학동네』, 1999년 가을.

사실상 새로운 방법론에로의 급격한 경사는 어떤 의미에서 이상 문학을 대면해 본 연구자라면 누구나 느낄만한 유혹이다. 이상 문학과의 대면에서 오는 일차적인 느낌은 당혹감이며, 이는 아마도 작가 특유의 남다른 어법 때문일 것이다. 텍스트는 불투명하고 난해하며, 그 속을 뚫고 들어가 의미의 온전한 전체상을 그려보기란 어떤 의미에서는 불가능해 보이기조차 한다.

이상 문학이 그 자신 공언한 바대로 '비밀 만들기' 혹은 '언어유희'라는 자각적인 방법론 위에 구축된 것이라는 사실에 이르게 되면 사태는 한층 난처하다. 의미를 알 수 없는 기호나 숫자 혹은 부호의 남발, 위트, 아이러니, 패러독스 등 언어의 악의적인 왜곡에 입각한 전통적인 문법 의식의 파괴는 소통을 거부하는 글쓰기의 전형을 보인다. 물론 거기에는 그러한 방식이 아니고서는 그 무엇도 표현해 낼 수 없다는 이상 특유의 위기의식이 녹아 있을 터이지만, 그럼에도 불구하고 연구자들이 그 앞에서 느끼는 것은 위악감이다.

대다수의 연구자들로 하여금 손쉽게 새로운 방법론의 모색으로 나아가게끔 한 것도 바로 이 위악감일 터이다. 방법론의 새로움이야말로 위악스러운 이상 문학을 단숨에 제압할 수 있는 손쉬운 방편이기 때문이다. 그러나 이러한 방법론이야말로 연구자들이 이상 문학에 대해 행하는 위악이기 쉽다. 이런 의미에서 이상 문학 연구진에게 요구되는 으뜸가는 덕목은 아마도, 방법론으로 경사되었던 눈을 돌려 작품 자체의 풍부한 의미를 확인하려는 분석의 태도 혹은 더 나아가 그러한 의미들의 현재적 가능성을 가늠하려는 실험적 정신이라 할 수 있다.

이상 문학은 낯선 세계의 한 복판에서 이루어진 한 예민한 정신의 산책기이다. 그것은 일체의 선입견으로부터 벗어나 시대를 진단하고자 했던 새로운 예술정신의 자기표현이자 그러한 방식의 정신이 건져 올린 시대상의 보고서이다. 동시에 그것은 예술을 통해서만 가능한, 세계 내에서의 새로운 실존의 방식을 모색한 실험의 결과이기도 하다. 산책의 결과는 무엇인지, 그것의 실험적 의미는 어떤 것인지를 제대로 알기 위해서는 방법론의 침대 위에 대상을 억지로 끼워 맞추기보다 먼저 꼼꼼히 그 의미와 가능성을 헤아리는 작업이 필요한 이유가 거기 있다.

3. 이분법의 거부

김기림의 구분법에 따르면 모더니즘 예술은 감상적 낭만주의와 도식적 현실주의를 동시에 극복하려는 시도에 해당한다. 모더니즘은 현재에 긴박된 현실의 맹목적인 힘을 확인하려는 세속적 관심을 거부하며 현실의 세속적 악무한을 초월적인 무한 속에서 해소하려는 낭만적 정신도 거부한다. 그것은 현실의 역동성에 대한 신뢰 혹은 인공적인 제작의 힘에 대한 신뢰에 근거하여 유한한 현실의 왜소성을 극복하려는 역동적인 힘을 지향한다.

작품 속에 나타나는 이상의 '분신들'은 현실의 합리적 종합 위에서만 작동하는, 그럼으로써 오직 논리적으로만 가능한 미래에 대한 소망을 갖지 않는다. 그리고 그런 의미에서 리얼리즘을 지향하지 않는다. 리얼리즘의 주체는 현실 부정 위에 서 있는 주체이다. 현재는 보다 나은 미래를 위해 부정되어야 하는 것으로 규정되는 한에서만 그 의의를 가지며 삶의 궁극적인 가능성은 미래의 시간 속에서만 자신의 지평을 갖는다. 인간됨의 윤리적 실현, 역사의 진보에 대한 신뢰 위에 공고하게 서 있는 리얼리즘의 주체는 현재에 대한 부정을 통해서만 자신의 존엄성과 권능을 확보할 수 있을 뿐이다.

이상의 '분신들'은 이런 방식으로 존재하지 않는다. 이들은 주체의 존엄성과 권능을 추구하지 않으며 진보에 대한 신뢰를 갖지 않기에 현재의 부정 위에 서 있는 미래로의 소망도 갖지 않는다.

마찬가지로 이 '분신들'은 속악한 현실을 초월적인 공간으로 대체하지도 않는다. 현실을 구성하는 각각의 사물들로부터 현실의 한없는 속악성을 확인할 수밖에 없는 정신은, 동시에 그러한 속악성 속에 작동하는 자신의 주체를 부정할 수밖에 없다. 낭만주의의 현실 부정은 그런 의미에서 곧 현실적인 주체의 부정이며 초월적인 주체에 대한 갈망으로 나타날 수밖에 없다. 이상의 '분신들'은 이러한 구도 내에서 움직이지 않는다. 그는 속악한 현실의 한 단편 속에서 세계를 관망하려 하며 그러한 조망을 통해 세계를 새롭게 구성해내는 가능성을 탐구하려 한다.

이상 문학은 정확하게 이러한 세계 즉 예술이라는 방식을 통해 세계에 대한 새로운 이해의 가능성을 보여주고자 했던 모더니즘적 예술 세계의 논리적 특징을 정확하게 체현하고 있다. 통상 현실과 이상이라는 임화적 이분법 속에서 움직였던 『단층』파 계열의 작가들9)과 이상 문학을 비교·대조해 보면 사정이 명확하게 드러난다.

> (…전략…) 가슴속에 깊이깊이 잠재하여있든 애정의불길이 호흡을뜨겁게함을 엇지할수 있었든것이요 그것을 단순히 분냄새가 던져준 즘성의 욕심이었다고 한다면 꺼릴눈이없든 좁은방속에서 완전히 그의몸은 나의품속에 찾이할수있든것이다. 그러나 나를 엄연히 지니고온 그때의 리성은 히멀건 육체앞에 느껴진 공포와 흥분을 행동으로 옴기기보다도 능히 회화로돌리어 소회식힐수 있었든 것이나, 「경히 무섭지않소」 「처음의일이되여서 그러니 서마서마해요」 「아니 내가무섭지안나말이요 가령 머리의착각이 일어나 이제라도 당당 즘성이 된다면」 「무슨조롱을 또 …… 기치(旗幟)를 위해선 그때그때 순간의 리성을 딸으는수밖에 없지 않어요」
> 그때에 맺어진 경히와의관계와 지금에맺어진 란연과의 관계는 확실히 근본의뜻부터 달은것이라고 금을 그어 건전한생활을 약조한 경히와의 설계는 스스로 마음속에 귀한것이라고 밝혀지는것이었으며 (…하략…)10)

---

9) 이수영, 「일제말기 모더니즘 소설의 현실대응양상 연구」, 서울대 석사논문, 2000, 17면.

「너는 언제나 어떻게 살까하는걸 말하지만 어떻게도 할수없는 것이 현실이 아니가」

「어떻게도 할 수 없어보이는 현실을 어떻게 해볼래는 것이 인간이고 사는 것이 아닌가 그것이 옳다고 할수있겠지」

「그러나 그것을 아직도 자신을 가지고 말하는 것은 너다운곳이다」[11]

『단층』과 계열의 작품들 속에서 형상화되고 있는 기본적인 갈등은 이상과 현실 사이의 괴리이다. 사회주의에 대한 신념[12]은 여전하지만, 현실은 그렇지 못하다. 변절은 주체의 존엄성을 훼손하는 일이기에 인물들은 신념을 고수하고자 하나 이는 자폐적인 상태에로 자신을 몰고 가는 일이기에 매우 고통스럽다. 끝이 보이지 않는 '죄의식' 및 이와 능을 맞댄 극단적인 분노가 나타난다. 그 속에서 현실은 다만 부정적이고 야만적인 것으로만 형상화될 뿐이다.

유항림의 「마권」(1937)에서도 사정은 동일하다. 세계의 악마적 속성에 대한 특유의 인식과 극단화된 주관적 분노는 과거에 대한 낭만적 향수의 기반이다. 그 속에서 주체는 자신의 진정성을 유지할 수 있지만, 이 진정성은 단지 상상될 수 있는 것에 지나지 않기에 그 어떤 힘도 갖지 못한다.

『단층』과 계열의 작품들에는 인물의 발전, 성숙을 향한 뜨거운 열망이 나타나지 않는데 그 이유인 즉은 전적으로 이러한 까닭에서이다. 성숙하지 못한 정신들에게 있어 세계는 무한한 고통으로서만 감수되거나 거부되며 자폐적인 상태 속에서 갇힌 주체는 단지 몽상을 통해서만 세계와 대면할 수 있을 뿐이다. 그리고 그 결말은 매우 처참하다.

---

10) 김이석, 「환등」, 『단층』 3호, 1938, 21면.
11) 유항림, 「마권」, 『단층』 1호, 1937, 79면.
12) 〈단층〉과 계열의 소설이 그리는 주된 세계는 단순히 지식인 특유의 고뇌에 그치는 것이 아니라, 이념운동과 긴밀한 관계를 맺고 있다. 이 부분에 대해서는 조남현, 『한국 지식인 소설연구』, 일지사, 1984, 142~143면.

나의 생활은 재색 베일을 통해서보는 꿈의 領域이다. 이꿈의領域을 뛰어넘은 끝에 에미꼬와같은 實在가 있지 않은가. 뭇사람이 삶에 움직이고있는 생활권내에서 나만이 뛰쳐난 듯이 호젓한느낌이 나를 누른다.13)

　　이상 문학은 현실과 이상이라는 이분법을 넘어서 있는 문학이며, 현실의 단편 속에서 세계를 조망하고, 그러한 조망을 통해 세계를 넘어서는 새로운 가능성을 탐구하려는 문학이다. 이상 문학에 있어서 예술은 더 이상 특정한 목적에 종속된 수단으로서가 아니라 예술 자체가 주체가 되는 전도가 일어난다. 이상 문학은 예술이란 무엇이며, 그것은 어떻게 만들어지는가에 관한 문학이다. 따라서 그것은 전통적인 문학적 규범과는 매우 상이한 계열의 전통에 속하는 셈이다.

　　결론을 미리 말한다면, 이상 문학은 예술은 현실에 종속된 거울이거나, 현실을 넘어서서 미지의 가상으로 향하려는 형이상학적 충동과는 무관한 것이라고 강변하고 있다. 이상 문학 속에서 예술은 '현실에 속하면서 그것의 밖을 꿈꾸는' 사회내적 존재양상을 갖는 그 무엇이라는 점이 일관되게 강조되고 있다. 이상 문학은 예술이란 현실의 이 쪽 내에 존재하면서 동시에 그것의 유한성을 초월하는 것일 수 있어야 한다는 모더니즘 예술의 기획이 작동하는 영역 내에서 존재하는, 그런 의미에서 현재적 가능성으로 충만한 문학이다.

4. '태도'의 정립

　　이상 문학의 출발점이 "13인의 아해가 골목길을 달려가오"라는 「오

---

13) 최명익, 「자극의 전말」, 『단층』 2호, 61면.

감도」(1934)의 그 유명한 명제로부터 시작한다는 사실은 모두가 공인하는 바이다. "시대의 신선한 공기를 호흡"[14]하며, 새로운 출발의 메타포이어야 할 '13인의 아해'가 기껏 골목길에서 달리기 놀이를 할 수밖에 없다라는 것이 이상 문학의 출발을 특징짓고 있는 셈이다.

> 「13인의아해가도로로질주하오
> (길은막다른골목이적당하오.)
>
> 제1의아해가무섭다고그리오.
> 제2의아해도무섭다고그리오.
>
> (…중략…)
>
> (길은뚫린골목이라도적당하오.)
> 13인의아해가도로로질주하지아니하여도좋소[15]

물론 이 '아해들'의 정체는 남다르다. 그것은 '아해들'인 만큼 미정형의 그 무엇이어서 누구도 이 아해들을 어떤 정형화된 틀 속에 묶어 둘 수는 없는 법이다. 놀이의 끝에 무엇이 있는지는 아직 아무도 알 수 없다. 화자는 단지 '아해들'이 골목길에서 놀고 있다는 것과, 그 놀이는 일종의 질주(疾走)이어서 광포한 것이지만 그 끝에는 무엇이 있을 지 알 수 없다는 사실을 적시하고 있을 뿐이다.

골목길이 닫힌 것인지 열린 것인 지는 아무런 문제도 되지 않는 세계 곧 대칭점이 없는 세계 속에 '아해들'은 놓여 있고 그들은 마치 진공관 속의 분자처럼 궤도 없는 운동을 하고 있을 뿐이다. 따라서 이상 문학의 궤적은 어떤 의미에서 이 미정형의 '아해들'이 어떤 경로를 거쳐 성

---

14) 김기림, 「모더니즘의 역사적 위치」, 『인문평론』, 1939.10.
15) 이상, 「오감도」, 『전집』 1.

숙의 경지에로 나아가는가를, 다시 말해 삶의 온전한 형식을 완수해나가는가를 문제 삼고 있다고 해도 과언이 아니다. 이상 문학의 기본 골격은 성숙을 향해 나아가는 '아해들'의 여행담에 있다.

이상 문학의 출발이 어떤 지점에서 비롯되는가라는 문제는 이상 문학 해명에 있어 한 핵심이다. 이상 문학이 감당하고자 했던 시대적 혹은 예술적 과제가 당연히 있을 터인데 그것은 본질적으로 체험의 문제, 즉 개인적 주체 속에 들어 온 세계상의 이해와 이를 통한 자기 정립이라는 모더니즘문학 일반의 과제 속에서 해석되어야 할 성질의 것이기 때문이다.

모더니즘문학 일반의 과제는 세계와의 대립·투쟁이 아니라, 세계에 대한 자기 정립의 문제 즉 태도의 문제이다. 예컨대 이상주의적 열정에 기반을 두어 자신의 문학을 정립해 갔던 이광수에게 있어서 혹은 주체의 진정성에 입각한 세계와의 대결을 추구했던 염상섭에게 있어서16) 체험은 중요한 계기가 아니다.

주체를 중심으로 세계를 일관되게 정립해 냄으로서 세계를 주술적 미망으로부터 건져 올리고자 했던 이상주의적 문학이나 통합될 수 없는 세계의 악무한을 역설적인 의미에서 주체가 추구해야 할 진정성의 기반으로 삼음으로서 세계와 대결하고자 했던 낭만주의문학에 있어서 투쟁의 장은 어디까지나 주체와 세계 사이에 존재한다. 이에 반해 모더니즘문학에 있어서 투쟁이 발생하는 지점은 더 이상 주체-세계 사이에 존재하지 않는다. 투쟁의 장은 개인에게로, 따라서 주체의 내면 속으로 자신의 위치를 변경하였으며 중요한 것은 개인으로서의 주체가 세계에 대해 갖는 체험을 어떻게 일관되게 해석하고 그에 맞춰 자신을 정립할 수 있는가가 핵심적인 문제로 부상하기 때문이다.

모더니즘문학은 바로 이 태도의 정립 문제가 그리 여의치 않다는 것

---

16) 서영채, 앞의 논문 참조.

과 산술적인 차원에서 해결될 수 있는 단순한 문제가 아니라는 것을 자각한 정신 위에 서 있는 문학이다. 이상 문학은 사태의 이러한 여의치 않음을 극단적인 수준으로 고양시켜 보여주고 있는 문학일 따름이다. 따라서 이상 문학의 낯섦 앞에 서서 그러한 낯섦이 갖는 예술적 성취와 그 문제성을 규명하고자 하는 이라면 누구나 당연히 이상 문학이 갖는 원체험은 어디에서 나오는 것인가에 관심을 갖지 않을 수 없다.

다행히 이상 문학은 이에 관한 한 다양한 증언들을 남기고 있다.

끝 없는 권태가 사람을 엄습하였을 때 그의 동공은 내부를 향하여 열리리라. 그리하여 망쇄할 때보다 몇 배나 더 자신의 내면을 성찰할 수 있을 것이다.

현대인의 특질이요 질환인 사의식 과잉은 이런 권태치 않을 수 없는 권태 계급의 철저한 권태로 말미암음이다. 육체적 한산, 정신적 권태, 이것을 면할 수 없는 계급이 자의식 과잉의 절정을 표시한다.[17]

방에 돌아와 나는 나를 살펴본다. 모든 것에서 절연된 지금의 내 생활—자살의 단서조차를 찾을 길이 없는 지금의 내 생활은 과연 권태의 극권태 그것이다. (…중략…) 불나비가 달려들어 불을 끈다. 불나비는 죽었든지 화상을 입었으리라. 그러나 불나비라는 놈은 사는 방법을 아는 놈이다. 불을 보면 뛰어들 줄 알고—평상에 불을 초조히 찾아다닐 줄도 아는 정열의 생물이니 말이다.

그러나 여기 어디 불을 찾으려는 정열이 있으며 뛰어들 불이 있느냐. 없다. 나에게는 아무것도 없고 아무것도 없는 내 눈에는 아무것도 보이지 않는다.

암흑은 암흑인 이상 이 좁은 방 것이나 우주에 꽉 찬 것이나 분량상 차이가 없으리다. 나는 이 대소 없는 암흑 가운데 누워서 숨쉴 것도 어루만질 것도 또 욕심나는 것도 아무것도 없다. 다만 어디까지 가야 끝이 날지 모르는 내일 그것이 또 창밖에 등대하고 있는 것을 느끼면서 오들오들 떨고 있을 뿐이다.[18]

이상에 따르면 권태는 '현대인 특유의 질병'이다. 객관화된 주관으로

---

17) 이상, 「권태」, 『전집』 3, 146면.
18) 위의 글, 152~153면.

서의 세계 즉 주관에게는 너무나 자명하고 익숙한 것이었던 세계는 권태 속에서 돌연 낯선 것이 되고 그 의미를 상실하며 낭만적 주체는 사망하고 만다. 의미를 상실한 세계 속에 주체는 자신을 기투(企投)할 수 없으며 그렇다고 해서 스스로 죽을 수도 없다.

죽음이란 불을 찾아 뛰어드는 '불나방'에서처럼 '사는 법을 아는' 존재들만이 누릴 수 있는 특권인 것이다. 그것은 주관의 자유를 절대화하려는 노력이며 그런 한에서 주체의 진정성을 확인할 수 있는 특유의 문화적 장을 요구하는 것이기 때문이다. 낭만적 주체는 바로 이러한 문화적 기반, 즉 주체의 진정성을 보증하는 것으로서의 초월계(외부)를 전제할 때만 자신의 정체성을 온존할 수 있는 주체이다.

이상에게는 그러한 장이 존재하지 않았다. 세계는 어두움으로 가득 차 있지만 그 외부는 존재하지 않는다. 낭만적 주체는 사망했고 길은 보이지 않는다. 다만 있는 것은 '여기 있는 나'로서의 주관일 뿐이며 고통속에서 울려 퍼지는 주관의 실감일 뿐이다. 주체는 고통 속에서만, '오들오들 떨고 있는' 육체 속에서만 존재의 실감을 느낀다. 새로운 방식의 여행을 탐색해야 할 필연성 역시 바로 이러한 지점 즉 죽음에의 강박이 그 속에서 내연(內燃)하고 있음에도 불구하고 죽지 못하는 현실 속에서 나타난다. 새로운 여행은 내면으로의 여행이다.

권태의 심리학은 사물화된 세계의 당당한 도래가 야기한 숭엄한 것에서 느끼는 전율의 세계가 아니라 실정화된 세계의 끝없는 반복이라는 체험 앞에 서 있는 심리학이다. 실정화된 세계는 삶에 그 어떤 내재적인 의미도 부여하지 않기 때문에 주체는 새로운 운동을 시작하지 않을 수 없다. 그리고 이 새로운 출발은 세계를 이해하고 그것을 정복하기 위해 떠나는 계몽적 주체의 여행이 아니라 세계의 무의미함에 직면한 정신의 자기운동 즉 내면에로 탐침을 내려 그 속에서 삶의 새로운 가능성을 찾으려는 노력으로 나타날 수밖에 없다.

비유컨대 이상의 서사는 횃불을 들고 원시의 어두움 속에 내려 온 프로메테우스의 서사가 아니라 밝은 대낮에 등불을 들고 거리를 헤맸던 디오게네스의 서사이다. 이상 문학은 근원적으로 바로 이 새로운 방식의 낯선 여행담이다. 그러나 이 여행담은 매우 기괴하고 또한 고통스럽다. 그것은 이해할 수 없는 언어 속에서만 자신을 표현할 수 있고, 그런 한에서 소통하기를 거부하는 몸짓 속에서만 역설적으로 자신을 드러내 보이는 고통스러운 여행자의 서사이다. 이는 무엇보다 이상 문학이 실정화된 세계가 쳐둔 새장 속에서 그 밖을 사유하려는 실현 불가능한 과제에 도전장을 내민 것이기 때문이다.

5. 지도 만들기

무릇 모든 여행에는 지도가 필요한 법이다. 이상은 자신의 새로운 여행에 필요한 지도를 매우 선명하게 제시하고 있어 인상적이다.

시계는여덟시불빛이방안에화안하여도시계는친다든다간다든가하는버릇을조금도변하지아니하니까이때부터쯤그의하는일을시작하면저녁밥의소화에는그다지큰지장이없으리라생각하는까닭은…….

(…중략…)

백지와색연필을들고덧문을열고문하나를여언다음또문하나를여은다음또열고또열고또열고인제는어지간히들어왔구나생각키는때쯤하여서그는백지위에다색연필을세워놓고무인지경에서그만이하다가고만두는아름다운복잡한기술을시작하니그에게는가장넓은이벌판이밝은밤이어서가장좁고갑갑한것인것같은것은완전히잊어버릴수있는것이다나날이이렇게들어갈수있는데까지들어갈수있는한도는점점늘어가너그가들어갔다가는언제든지처음있던자리로도로나올수는염려없이믿고있지만차츰차츰그렇지도않은것은그가알면서도는그러지는않을것

이니까그는확실히모르는것이다.[19]

　　남아잇는박명의영혼 고독한저고리의 폐허를위한완전한보상그의영적산술 그
는저고리를입고 길을길로나섰다 그것은마치저고리를 안입은것과같은 조건의
특별한사건이다 그는비장한마음을 가지기로하고길을그길대로생각긑에생각을
겨우겨우이어가면서걸었다 밤이그에게그가갈만한길을잘내어주지아니하는 협
착한속을 ― 그는밤은낮보다빽빽하거나 밤은낮보다되애다랗거나밤은낮보다좁
거나하다고늘생각하여왔지만그래도 그에게는 별일별로없이 좋았거니와 ― 그
는엄격히걸으며도　유기된그의기억을안고초초히그의뒤를따르는저고리의영혼
의소박한자태에그는그의옷깃을여기저기적시어 건설되지도않해되지도 않는 한
성질없는지도를 그려서가지고다니는줄 그도모르는 채밤은밤을밀고 밤은밤에
게밀리우고하여　그는밤의밀집부대의속으로속으로점점깊이들어가는모험인줄
도 모르고모험하고있는것같은 것은 그에게있어 아무것도아닌그의방정식행동
은그로말미암아집행되어나가고있었다.[20]

　「지도의암실」(1932)은 이상식 지도 제작의 전 과정을 보여주는 작품
이다. 기존 연구에서는 별다른 주목을 받지 못했음에도 불구하고, 이 작
품은 이상식 여행담의 출발이 어떤 선상에서 비롯되는가를 잘 보여준
다는 점에서 이상 문학 해명에 있어서는 핵심적인 지위를 차지하고 있
는 작품이다.

　물론 이때 이상이 말하는 지도는 등고선이 있고 집과 학교와 교회와
도시가 약호화된 기호로 존재하는, 그래서 일상적인 기호체계의 내부에
사리 잡고 있는 지도기 이니다. 통상 지도는 가고자 하는 목적지를 기준
으로 현재의 위치와 목적지와의 거리, 그것에 도달하는 최단 거리를 재
는 기능을 담당하고 있다. 항용 우리가 자본제적 생산 양식 위에 터 잡고
있는 현대적 삶의 방식 한 켠에는 수학적 계산 가능성에 입각한 공간 구
성이 존재한다고 말할 때와 동일한 의미를 그것은 가지고 있는 것이다.

　19) 이상, 「지도의암실」, 『전집』 2, 175~176면.
　20) 위의 글, 172면.

이상이 그리고자 하는 지도는 다른 종류의 것이다. 그것은 공리적 관점에서 그려진 지도가 아니라 출발도 끝도 없는 매우 낯선 방식의 지도 혹은 그런 방식의 글쓰기를 가리킨다. 작가는 아무래도 현실의 지도와 그 속에 함축되어 있는 공리적 계산 가능성의 기획이 일구어낸 현대적 삶의 방식 혹은 그것의 배후에서 울려 퍼지는 멜랑콜리를 야유하기로 혹은 그런 류의 삶에 적응하기 위해 벗어던질 수밖에 없었던 인간 본연의 반문명적 고귀함 따위를 선양해 보기로 작정한 것으로 보인다.

몇 가지 모티프들이 등장한다. 첫째, '나는리상한우스운사람을안다'라는 대목. '나'가 '그'를 묘사한다는 사실, 이른바 관찰자와 주인공의 분리, 자아의 의도적 분열이 제시되고 있다. 주체의 분열 혹은 통합될 수 없는 다중 주체라는 테마는 이상 문학의 기본항이다.

둘째, 일상에서 자신을 떼어내어 한 없이 게으를 것. 이른바 '개 모티프'라고도 할 수 있을 터인데, 이에 대해서는 견유학파(犬儒學派: canine school)에 관한 철학사의 논의들을 참조하는 것만으로도 그 의미를 미루어 짐작할 수 있다. 예컨대 '발간몸덩이를가지고다니는무거운노역'이라는 부분. '발간몸덩이'라는 표현이 직업도 의미도 없는 삶을 나타내는 것이라면 사회적으로 의미 있는 삶에 대한 소망이나 갈구로 읽힐 수도 있는 대목이지만, 그렇지 않고 삶 자체가 '발간몸덩이를 가지고 다니는 노역'이라는 차원에서 읽으면 사회적 삶 자체의 근본적 위선과 무가치에 대한 풍자로 읽히는 대목이다.

일상이 억압인지 아니면 해방인지에 대해서는 논쟁이 가능하겠지만, 이상이 일상으로부터 벗어나고픈 욕망을 '갈망'[21]이라고까지 표현하는 것으로 보아 이상 자신 자본제적 생산양식 위에 서 있는 현대적 삶의 무게에 대해 꽤나 래디컬한 인식을 가졌던 것은 분명하다. "옷을 입었다 벗네" 등등의 대목들, "카렌다에게 안 지네" 하는 등등의 대목들도

---

21) 위의 글, 164면.

모두 일상에 대한 반역의 열정을 드러낸다.

작품 속에서는 의미를 모호하게 만들기 위한 다양한 장치들을 동원하면서 시간에 관해 말하는 대목들이 나타나는데 이 역시 일상에 대한 반역과 연관된 것으로 판단된다. "기인동안잠자고 짧은동안누웠던것이……" 등의 대목들이 이에 해당한다. 현대성과 시간의 상관관계에 대해서라면 다양한 참고문헌들이 존재한다는 점만을 지적하고 싶다. 시간의 선조성(線條性), 운동의 형식으로서의 시간 등등이 시간에 관한 유클리트적 정의라면 그것에 반하는 시간들 이른바 기억으로서의 시간, 부정태 혹은 잠재태로서의 시간 등등에 대한 색다른 정의들이 철학사 속에는 존재한다.

셋째, 냉소라는 방법론.[22] 냉소라는 방법론이 뚜렷하게 명시적으로 등장한다.

> 그는 무서움이 일시에 치밀어 (…중략…) 한없이 가엾어 보여 이번에는그러면가없다는것에대하여 가장적당하다고생각하는 것은 무엇이니 무엇을 내어걸것일까 그는 생각하여보고 그렇게 한참 보다가 웃음으로하기로작정한그는그도모르게얼른그만웃어버려서그는다시걷어들이기어려웠다　앞으로나선웃음은 화석과같이화려하였다[23]

> "웃음과 두려움과 분노는 하나다"[24]

등의 명제도 냉소가 방법론의 차원으로 승화되어 있음을 잘 말해준다.

넷째, 인간적인 것에 대한 가치 부여 금지 혹은 인간이라는 동물에게 외부로부터 부여된 가치의 해체 또는 조롱. 작중에는 자신의 몸을 대상화하는 대목들이 나타난다. "투스부러쉬는그의 이사이로와보고 물이그

---

22) 서영채, 앞의 논문 참조.
23) 이상, 「지도의암실」, 『전집』 2, 171면 참조.
24) 위의 글, 같은 면.

202　한국 근대소설의 이념과 윤리

중에도 빰을 건드려 본다" 같은 대목들 혹은 유기체로서의 몸이라는 사상을 거부하는 대목들은 인간이라는 이름하에 조직된 일체의 가치 체계들에 대한 회의 때문인 듯하다.

"위치 뿐인 폐허"[25]라는 표현 역시 유기화된 몸 사상을 거부하는 대목이다. 사람이 죽고 나면 남는 것은 "단추 넥타이 한리틀의 탄산와사 부스러기뿐"일 터, 거기 무슨 영혼의 존엄성이니 삶의 진정성이니 따위가 있을까 보냐고 냉소하는 대목은 인간적인 것에 대한 가치부여 금지의 래디컬한 장면이라 할 수 있다.

표정 짓기라는 문제 즉 이른바 가면(假面)의 문제도 이 차원에서 논의할 수 있지 않을까 싶다. 물론 여러 가지 매개가 있어야겠지만, 겉 다르고 속 다른 세계 이른바 해석학적 세계 내부에 그 자체 실체로 존재하는 진실은 존재하기 힘들고, "옷 속에 옷, 또 옷……" 같이 진실 주장만이 존재할 뿐이라는 인식론적 태도는 인간을 중심으로 세계를 끌어 모으고 그것에 질서를 부여함으로써 세계를 인식할 수 있다고 믿었던 현대적 이성 중심주의를 정면으로 반박하는 논리라 할 만하다.

여인을 '믿지 못할 종자들'이라 보는 대목(이 작품의 한 핵심이다)이나 동물원 원숭이를 끌어대어 흉내내기의 문제를 거론하는, 맑스를 패러디한 대목도 인간에 대한 혐오, 즉 염인증을 드러낸 것이라 보인다. 전자의 경우 "진화론에 대한 거부, 창조론에 대한 거부, 그렇다면 나의 의미는 어디서 나오는가"라는 질문 바로 뒤에 낭만적 낙타와 모더니즘적 낙타의 구분을 통해 비의적으로 제시되어 있다.

① 가장혼자사아는것이 되리라하는마음은 낙타를타고 싶어하게되면 사막넘어를생각하면 그곳에좋은곳이 친구처럼있으리라생각하게한다 낙타를타면 그는간다 그는낙타를죽이리라 시간은그곳에 아니오리라왔다가도 도로가리라 그는생각한다

---

25) 위의 글, 170면.

가 낭만적 낙타라면,

　　②그는 트렁크와같은낙타를좋아하였다 백지를먹는다 지폐를먹는다 무엇이
라고적어서무엇을 주문하는지어떤여자에게의답장이여자의손이포스트앞에서
한듯이 봉투째먹힌다 낙타는그런음란한편지를먹지말았으면 먹으면괴로움이몸
의살을 마르게하리라는 것을 낙타는모르니하는수없다는 것을 생각한그는연필
로 백지에 그것을얼른배앝아놓으라는 편지를써서먹이고싶었으나낙타는괴로움
을모른다26)

①이 낭만적 낙타라면, ②에 해당하는 부분은 모더니즘적 낙타이다. 후
자는 낙타가 갖는 문화적, 생활 세계적 의미망을 해체하는 환유적 기능
을 담당하고 있다. 만일 이 설명이 적절하다면 '음란한 편지'가 새로이
갖게 된 의미망은 무엇일까?

　낙타는 출발과 동시에 회귀라는 의미를 갖는다. 회귀란 과정을 생략
한 채 오로지 출발만을 강조하는 정신, 바로 고독한 정신일 것이다. 모
든 지점에서 출발만을 목도하는 것, 그것은 곧 정신이 스스로를 촉발시
키는 방식이다. 낙타는 대상(隊商)의 탈 것이다. 그것은 대상의 삶을 현상
하고 있는 매체이다. 대상(隊商)의 삶이란 무엇인가? 그것은 흐름이다. 끊
임없이 흘러가는 것의 메타포이다. 그런데 한 여인의 '음란한 편지'가
이 흐름을 메마르게 한다. 편지는 왜 음란한가? 편지는 음란하지 않다.
편지가 음란한 것은 여인이 음란하기 때문이다. 여인은 왜 음란한가? 그
깃은 여인이 하나의 대상이 되었을 때, 다시 말해 여인이 '사랑'이라는
교환체계 속에 들어올 때이다. 이 여인은 애정의 대상이 됨으로써 즉 다
시 말해 사랑이라는 이자적 관계 속에 들어올 때 음란한 여인이 된다.
　낙타는 대상의 삶을 자신의 메타포로 갖는다. 그것은 흐름을 나타내
며 이 흐름이 차단될 때 낙타는 마른다. 낙타는 여행의 피로 때문에 마

---

26) 위의 글, 165~166면.

르는 것이 아니라 여행이 불가능해질 때 마른다는 것이다. 이 여행이 불가능해짐이란 무엇인가? 그것은 음란한 여자, 아니 여자가 음란한 여자가 되는 삶 때문이다. 그리고 그것은 사랑이 본래의 모습을 상실하고 상대를 구속하는 것이 될 때 일어난다.

사실 낭만적 사랑이란 그런 것이다. 낭만적인 사랑이란 내가 사랑하는 대상의 원 우주를 지우고 그것을 나의 제한된 우주 속으로 빨아들임으로써 나 자신의 사랑받을 만함을 입증하는 행위에 지나지 않는다. 그 속에서 내가 정작 사랑했던 사람의 독자적인 우주는 삭제되고 만다. 낭만적 사랑이 근대적 인간 특유의 사랑의 방식인 이유는 그 때문이다. 낭만적 사랑은 대상 일반을 주체 속으로 환원해 들임으로써 주체를 구성하는 근대적 주체의 작동방식이 풍속의 영역에서 나타난 것에 지나지 않는다. 「지도의 암실」에 나타나는 모더니즘적 낙타의 메타포는 대상의 도구화에 입각한 근대적 기획 일반을 비판하는 구도 위에 서 있다고 하겠다.

사실상 이상의 작품들은 좀 난해하고, 그중에서도 「지도의 암실」은 특히 심한 편이어서 우스꽝스러운 자작해석들이 난무하는 편이다. 사정이 어쨌든 이상이 이 소설에서 그리고자 한 것은 그의 말따나 "건설되지도 항해되지도 않는 한 성질 없는 지도"에 대한 '대항-지도 그리기(Anti-Mapping)' 그리기가 아닐까 싶다. '암실'은 한편으로는 그의 책상, 그의 내면이며 다른 한편으로는 그 내면이 방황했던 길 즉 근대화된 경성의 포도(鋪道)이다. 근대화된 경성의 풍경이야말로 이상식 '지도 그리기=글쓰기'가 현상되는 장소였던 것이다.

6. 고통 혹은 자기 처벌의 논리

'이러지도, 저러지도 못 한다'는 의식 즉 사이에 낀 자 특유의 교착된 심리학이라는 테마는 이상 문학을 떠받치고 있는 체험의 한 핵심적인 양상이다. '딜레마에 빠진 한 인간의 자기표현'이라는 관점에서 이상 문학에 나타난 특유의 자의식을 해명한 것은 정인택의 「불쌍한 이상」[27] 이래 이상 연구의 한 축을 이루어 왔다고 할 수 있다. 이 딜레마의 성격은 무엇이며, 그 속에서 나타나는 비극적 의식의 양상과 그 예술적 가능성은 무엇인가를 묻는 기존 연구사의 한 출발점은 여기이며, 이후 많은 결과물을 낳았다.

이상 문학 전체는 어떤 의미에서 '죽음과 자살 그리고 그에 대항하는 글쓰기'[28]의 가능성이란 차원에서 조망 가능하다. 확실히 그의 문학은 '죽기 못하는 실망과 살지 못하는 복수(復讐)'[29]를 추구한 문학, 곧 원한의 문학이며, '사이에 낀 자'의 삶이 드러내는 '공포'에 기반을 두고 필사적인 탈출의 포즈를 보인 문학[30]의 성격을 갖고 있다.

죽음에 대한 강박 관념이라는 테마는 사실상 이상 문학뿐만 아니라 모더니즘문학 일반의 근저에 가로 놓인 체험이다. 근대적 삶의 근원에는 불안이 존재한다고 본 것은 하이데거[31]이다. 불안이란 어디에서 오는 것인가? 그것은 내 삶의 근원적 의미가 완결된 형식 속에서 드러나지 못하고 있다는 사실의 지각에서 오며 근원적으로는 인간 본질을 실존적 차원에서 외에는 찾을 수 없는 세계의 실정적 비밈에서 온다. 그것은 삶이란 공리주의적 관점에 입각해서 유지될 수밖에 없을 때 즉 삶

---

27) 정인택, 「불쌍한 이상」, 『朝光』, 1939.12.
28) 김성수, 『이상 소설의 해석—生과 死의 感覺』, 태학사, 1999, 17면.
29) 이상, 「12월 12일」, 『전집』 2, 39면.
30) 김윤식, 앞의 책, 1장 참조.
31) M. Heideggar, 이기상 역, 『존재와 시간』, 까치, 1998 참조.

이 단순히 유지적 삶의 차원에서만 가능할 때 온다. 죽음은 필연적이라는 사실, 죽음을 통해서는 어떤 통합도 이루어낼 수 없다는 사실 때문에 죽음에 앞서 가 본 자 즉 더불어 있음의 세계내적 존재 규정을 극복한 자에게 있어 문제는 '불안으로부터의 초월'이라 하이데거는 말한다. 세계내적 존재에 있어 존재의 근저에서 작동하는 불안이라는 계기, 이 계기를 통한 세계에 대한 사유의 고통과 가능성을 이상은 보여준다는 점 확실히 이상의 언어는 고통스럽고 그러한 고통을 통해서 우리는 그가 세계와 비대칭의 관계에 서 있었음을 확인한다.

이상 특유의 문법은 위티즘에 입각해 있다고들 한다. 위티즘에 입각한 수사학의 심리적 양상은 고통이다. 그리고 이 고통은 한편으로는 현전하는 육체 속에 각인된 죽음의 공포 혹은 그러한 공포의 실감으로부터 온다는 점에서, 한편으로는 그러한 현전성 너머 무의미한 삶의 심연 속에서 울려 퍼지는 공포로부터 오는 것이라는 점에서 한결 심각하다. 이상은 이중적인 공포 속에서 그러한 공포 속으로 밀려들어오는 세계의 악마성을 온 몸으로 체현한 작가인 셈이다.

이상은 물화된 세계의 악마성을 보았으되, 그 정면을 마주 본 최초의 모더니스트이다. 「12월 12일」(1930)에는 이에 대한 생생한 증언이 나타나 있다. 첫 소설이라는 점에서 많은 주목을 받아 온 「12월 12일」의 테마는 현실의 한없는 차가움과 그럼에도 불구하고 온기(溫氣) 있는 세계는 부재한다는 사실에서 오는 고통이다. 그것은 '강보(襁褓)에 싸인 어린아이의 울음' 속에서 근원적으로, 그리고 운명적으로 터져나오는 고통이다. 따라서 차가움은 한편으로는 세계의 차가움이요, 그러한 세계로부터 생성된 허무주의의 차가움이지만 동시에 그러한 현실에 마주선 주체의 운명이 갖는 벗어버릴 수 없는 근원적인 차가움을 자각한 데서 나온 것이라는 점에서 한결 심각하다.

태양은 정오(正午)에도 결코 물체들의 짧은 그림자를 던져 주기를 영원히 거절하여 있는—물체들은 영원히 긴 그림자를 가짐에 만족하고 있지 아니되면 아니될—그만큼 북극권(北極圈)에 가까운 위경도(緯經度)의 숫자를 소유한 곳 (…중략…) 그 언제나 휘발유 찌꺼기 같은 값싼 음식에 살찐 사람의 지방 빛 같은 그 하늘을 내가 부득히 연상할 적마다 구름 한 점 없는 이 청천을 보고 있는 나의 개인(個人) 마음까지 지저분한 막대기로 휘저어 놓는 것 같네. 그것은 영원히 나의 마음의 흐리터분한 기억으로 조곰이라도 밝은 빛을 얻어 보려고 고달파하는 나의 가엾은 노력에 최후까지 수반(隨伴)될 저주할 방해물인 것일세.32)

북풍은 마른 나무를 흔들며 불어 왔다. (…중략…) 그가 피를 남기고 간 세상에는 이다지나 깊은 쇠락의 겨울이었으나 그러나 그가 논공행상을 받으려 행진하고 있는 새로운 우주는 사시장춘이었다.

한 영혼이 심판의 궁정을 향하여 걸어가기를 이미 출발한 지 오래니 인생의 어느 한 구절이 끝난 것이지도 모른다. 그러나 사람들 다 몰켜 가고 난 아무도 없는 모닥불 가에는 그가 불을 피하여 달아날 때 놓고 간 그 어린 젖먹이가 그대로 놓여 있었다. (…중략…)

어린 것은 별안간 사람이 그리웠던지 혹은 배가 고팠던지 「으아」 울기를 시작하였다. 그것은 동시에 시작되는 인간의 백팔번뇌를 상징하는 것인지도 몰랐다.

「으아!」

과연 인간 세계에 무엇이 끝났는가. 기막힌 한 비극이 그 종막을 내리우기도 전에 또 한 개의 비극은 다른 한 쪽에서 벌써 그 막을 열고 있지 않는가?

「으아!」

「으아!」33)

삶의 교착에서 오는 고통이란 테마는 거듭하여 나타난다. 확실히 이상 문학의 근저에는 고통의 처리 방식이란 테마가 놓여 있다. 물론 이상 자체가 그런 삶을 살았는가란 문제는 그리 중요한 문제가 아니다.

---

32) 이상, 「12월 12일」, 『전집』 2, 40~41면.
33) 위의 글, 84면.

실상 개인사적 시각에서 이상 문학을 살피는 것은 기존 연구의 기본 항이다. 핵심은 개인사를 구성하고 있는 양극점을 추출하기이다. '19세기적인 것—생활—백부—총독부기사—결혼' 등이 한 축이라면, '20세기적인 것—생활스러운 것 혹은 비생활—친부—다방 경영—금홍과의 연애' 등이 또 다른 한 축으로 나타난다는 점에서 축의 한편에는 당대의 사회적 삶이 스며들어와 있다. 특히 소설에서는 이 사회적인 것 혹은 즉물적이고 물질적인 것이 차지하는 비중이 상대적으로 높다는 점에서 이러한 시각은 특히 이상 소설의 의미를 해명하는 데 있어 매우 유용한 도식인 셈이다.

　물론 여기에도 난제는 있다. 일단 과연 이러한 양축이 이상 테스트의 핵심을 구성하는 것인가와는 별도로 그것이 기본 텍스트라고 했을 때 그 텍스트가 구성하는 자기 증식의 폐쇄회로는 어떻게 처리할 것인가란 문제가 도사리고 있기 때문이다. 이러한 시각은 이상 텍스트 전체를 마치 이러한 양극단의 사이에서 끊임없이 동요할 수밖에 없었던 한 문제적 개인의 자기표현으로 간주함으로써 닫힌 세계 속에 이상 문학을 가두어 버릴지도 모른다.

　이상 문학이란 무엇인가? 딜레마에 빠진 한 비극적 개인의 자기표현, 그것도 최대로 이끌려 올린 자기표현에 지나지 않는 것인가? 그것은 과도기적인 것인가? 이러한 식의 설명 모델은 사실상 매우 경험적인 것으로도 보인다. 왜냐하면 이때 이상 텍스트란 기껏해야 자기에게로 철저하게 회귀함으로써 그로써 세계를 표현해내는 전형으로서만 의미를 갖는 것으로 보이기 때문이다. 그는 분열된 세계상의 틈새 사이에서 형성되는 긴장으로서 혹은 사회적 동인의 인간적 표현에 지나지 않는다. 이상을 하나의 고유명사가 아니라 깨진 거울을 붙이듯 붙여진 존재, 즉 사회—역사적으로 구성된 존재로 재구성해내기는 이상 소설의 가시적인 부분에 대한 손쉬운 해명의 단서를 제공한다는 점에서는 의미를 갖지만 그 이상은 아닌 것으로 판단된다.

죽음과도 같은 의미 상실에 직면한 한 정신이 그럼에도 불구하고 '죽을 수 없는 실망'으로 현상하는 세계의 권태와 마주할 때 선택 가능한 전략 중 하나는 주체를 분열시키는 것이었다. 분열된 각각의 개체들은 규정 불가능한 세계를 탐사하기 위해 의식 속에서의 '시작도 끝도 없는' 운동 속에 자신을 몰고 감으로써 새로운 항해를 개시한다. 사실상 이럴 수도 저럴 수도 없는 교착상태, 잘못 두면 외통수에 걸릴 수밖에 없다는 의식의 절박함과 그로 인한 고통이라는 테마는 이상 문학이 보여주는 체험의 한 근원적인 양상이다.

이상 문학 특유의 고통이라는 테마가 갖는 의미심장함은 바로 이러한 지점에서 솟아오른다. 내면의 관점에서 보자면 고통이란 세계와의 관계가 어긋나 있다는 사실의 주관적 확증이라 할 수 있다. 따라서 한편으로 그것은 사회가 과도하게 개인의 삶을 짓누르고 있다는 사회적 과도 결정성을 증언하는 동시에 그것을 해체하려는 힘의 경향을 혹은 근대가 개인들에게 약속했던 새로운 삶의 가능성들이 파기되고 있다는 사실에 대한 생생한 증언으로써 기능한다.

물론 문제가 여기에서만 그치는 것은 아니다. '정화'라는 개념이 지시하고 있듯이 고통은 동시에 상상의 이러저러한 방식들 속에서 자아를 특권화하는 자아 재구성의 한 방식이기도 하다. 고통은 세계의 의미 없음에 대한 내면의 증언인 동시에 그것을 통해 자아를 확증하고 삶의 주인으로서 주체가 갖는 실감을 가능케 하는 기반으로 기능한다.

고통이 갖는 문학적 기능에 주의를 기울였던 한 연구자[34]에 따르면 고통은 그것이 놓인 문맥에 따라 상이한 기능을 갖는다. 대략 세 가지의 기능이 소개된다. 우선 낭만적 정신 속에서 고통이 갖는 기능은 '동정'을 유도함으로써 궁극적으로는 사회적 체계로의 재통합을 추구한다는 사실에 있다. 낭만적 사랑은 비천하게 된 인간을 신적인 사회의 최

---

34) E. W. Holland, *Bauderaire and Schizoanalysis*, Cambridge Univ, 1993, pp.186~190 참조.

고도의 위치에로 고양시키는 통합적 기능을 담당한다.

　이에 반해 혁명적 열정의 토대로써의 고통은 동정이 아니라 정당한 분노의 표현이자 자기 존엄성의 표지이며 반역적 행위의 지반으로써 기능한다. 이 경우 고통은 잔인한 폭정의 경험이 갖는 역설적인 가능성들이 그로부터 돋아 오르는 비옥한 토양이 되는 셈이다. 그리고 폭정에 대한 증오를 가르친다는 점에서 고통은 존엄함을 추구하는 인간됨의 교사로 기능한다. 고통 속에 놓인 정신은 바로 그러한 고통이 추동하는 행위의 변증법적 과정을 통해, 즉 부정에 대한 부정의 연속 속에서 자유에로 비상하기 위해 날아오른다. "독재의 잔인성은 반역적인 영혼이 탄생하는 요람이며 자유의 노래는 쇠로 만들어진 세계의 차가운 표면으로부터 울려퍼지"는 것이다. 고통은 폭발의 지점을 향해 나아가는 전진 기지로서, 모든 혁명의 추동자로서 기능한다.

　이상 문학에 오면 사정은 완전히 달라진다. 그에게 있어 고통은 자아의 재통합이나 개체의 존엄성을 주장하는 권리의 기반으로 작동하지 않는다. 이상 소설의 인물들은 단지 살아 있음을 느끼기 위해 스스로 고통 속으로 자신을 몰고 간다. 거기에서 고통은 심리적 강렬함의 기반으로 작동할 뿐이다. 이상에게 있어서 고통은 욕망에 의한 것 즉 사회적·상징적 질서로부터 등을 돌려 버린 욕망의 자율화에 따른 고통으로 전화된다.

　이상 문학에 나타난 사악한 유머의 밑바닥에는 바로 이러한 고통 즉 권위에 대한 반역으로서의 고통, 사회의 입법 원칙에 의해 금지된 것으로 규정된 것에 자신의 욕망을 일치시키려는 데서 오는 고통이 존재한다. 그것은 곧 악의 의식, 내가 잘못하고 있다는 것 그리고 그러한 사실을 잘 알고 있다는 것에 대해 죄의식을 부과하기 위해 금지된 행위에 의도적으로 관여함으로써 사회적 상징 질서를 적극적으로 위배하는 일, 질서의 모독으로부터 오는 고통이 가로놓여져 있다. 그리고 이상의 인물들은 그러한 고통 속에서 심리적 강렬함을 느끼며 '그럼에도 불구하고'의 형식 즉 '그럼에도 불구하고 그것이 바로 나다'라는 식의 태도를 취한다.

이상 문학에서 자기 처벌의 논리 곧 매저키즘이 매우 중요한 의미를 갖는 것은 이 지점에서이다. 여기에서 고통은 순수하게 내적인 강렬함의 원천으로서만 그 가치를 갖는다. 사르트르에 따르면 이러한 고통의 도착적인 수용은 일종의 '실존적 매조히즘'[35]의 상태로써, 욕망하는 바와 금지된 것의 일치를 추구하는 데서 오는 고통과 그러한 고통을 희화화하여 보여주는 위악의 태도로 나타난다.

> 한 여름 대낮 거리에 나를 배반하여 사람 하나 없다. 敗北에 이은 敗北의 履行, 그 苦痛은 絶對한 것일 수밖에 없다. 나는 그것을 잘 알고 있다―自殺마저 허용되지 않고 있다는 것을……. 그리고 나는 슬퍼하기보다는 우서 괴로워하기부터 실천하지 않으면 아니된다.[36]

이상 소설의 인물들은 낭만주의적 동정을 거부하며 혁명적 열정으로서의 고통 또한 거부한다. 낭만적 동정을 바라는 고통은 발자크적 의미에서의 '바보들'일 뿐이며, 혁명적 열정을 꿈꾸는 자들은 '잘 속는 인간'(dupes)[37]일 뿐이다. 낭만적 동정을 바라는 자는 콧물을 훌쩍거리면서 애처롭게 사정하는 어린아이일 뿐이다. 그것은 모더니즘의 소년들과는 대척점에 서 있다.

고통 속에서 오로지 심리적 강렬함만을 느끼며 그를 통해 존재의 실감을 얻고자 하는 모더니즘의 소년들은 고통받을만한 인간에게 동정을 베푸는 것의 어리석음을 이기적으로 까발리면서 냉소한다. 이들에게 있어서 고통은 인물들을 사회의 바깥으로 혹은 사회의 상부로 던져버리며 사회에 의한 이러한 거부되었음이야말로 오히려 이들의 우월한 가

---

35) E. W. Holland, 앞의 책, p.188에서 재인용.
36) 이상, 「不幸한 繼承」, 『전집』 2, 212면.
37) G. Lukacs, *Studies in European Realism*, Grosset & Dunlap, 1973, Ch.2 참조.

치를 보증하는 지표로 간주된다. 고통은 동정이나 환심을 추구하는 것도 아니며 사회에 대한 분개와 행동을 유발하는 것도 아니다. 그것은 단지 '새로운 귀족들, 즉 정신적 귀족들의 우월함을 증명하는 말없는 표지'[38]로서만 기능한다.

7. 자기모멸의 윤리학

이상 문학에 나타나는 고통의 의미와 그것이 주체성의 구성에 관여하는 방식은 식민지 자본주의 발전의 결과한 물화된 문화에 특징적인 아이러닉한 냉소주의 쪽으로 나아가게 하는 원동력[39]이 된다. 따라서 그것은 비극적인 명랑함이라는 분위기와 정서 위에 서 있다. 이상 문학에서 나타나는 위트, 아이러니, 패러독스는 세계의 비극성과 그로 말미암은 고통이라는 인식 패러다임과, 그럼에도 불구하고 고통을 통합의 계기로써 혹은 세계의 개조에로 곧바로 연결시킬 수 없다는 사실의 인식 패러다임이 마주치는 지점에서 나오는 이중적인 태도를 담고 있다. 「날개」에는 이런 사정이 한 여인과의 생활 설계라는 방식으로 매우 선명하게 나타나 있다.

> 나는 한 여인과 생활을 설계하오 (…중략…) 이런 여인의 반―그것은 온갖 것의 반이오―만을 영수하는 생활을 설계한다는 말이오. 그런 생활 속에 한 발만 들여 놓고 흡사 두 개의 태양처럼 마주 쳐다보면서 낄낄거리는 것이오.[40]

---

38) D. Frisby, *Fragments of modernity*, Polity press, 1985, Ch.1 참조.
39) P. Sloterdijk, *Critique of Cynical Reason*, Minnesota, 1987 및 서영채, 앞의 논문 참조.
40) 이상, 「날개」, 『전집』 2, 14면.

'여인의 반'이란 표현을 두고 다양한 해석이 있을 수 있겠지만, 작품
상으로 볼 때 그것은 결혼한 매춘부를 지시하고 있다. '아내'인 만큼 내
것이지만, 그 직업이 매춘에 있는 것인 만큼 온전한 내 것은 아닌 것이
라는 의미를 그것은 담고 있다. 「날개」가 처용설화의 한 변용이라는 연
구41)는 이런 점을 잘 지적하고 있다. '여자의 반만을 영수하는 삶'이 매
우 우스꽝스러울 수밖에 없는, 그런 의미에서 심각한 의미를 담고 있는
것이라면 이는 다름 아니라 '매춘'으로 상징되는 현실의 부정성과 그럼
에도 불구하고 온전한 처로서 한 여인을 완전히 향유하고자 하는 열망
이 현실적으로 매우 중요한 문제를 구성하고 있다는 것의 반증에 다름
아니다.

한 철학자에 따르면,42) 매저키즘의 문제는 이상적인 여성상과 육감
적인 여성 사이에서 자아를 새롭게 형성하려는 노력이다. 한 여인을 아
내로서 맞아들이는 것은 결혼, 즉 가족의 공적인 토대로서의 아내／남
편이라는 기성의 체계 속에 자신을 통합해 들이는 것에 지나지 않는다.
개체의 개체성에 관한 한 거기에는 독자성(獨自性)이 존재하지 않는다.
그렇다고 해서 육체적 관계 속에 스스로를 방치할 수도 없다. 그것은
통합될 수 없는 찰나적 쾌락 속에서 스스로를 증발시켜버리는 만큼 참
혹한 결과로 나타날 수밖에 없다. 새로운 모색이 필요하다. 통합된 주체
로의 자기 정립을 강요하는 세계에 굴복하는 일이나, 그것을 거부하고
주체의 진정성에 대한 과도한 주장 아래 스스로를 증발시켜버리는 것
은 세계에 대한 동일한 대응 방식이 갖는 상이한 측면에 불과하다. 이
럴 수도 저럴 수도 없는 지점에 주체는 서 있고, 비로 그러한 지점에서
주체는 스스로를 더 깊은 고통 속으로 끌고 들어감으로써 자유의 가능
한 공간을 창출해내는 것이 매조히즘의 환상적 서사가 갖는 특징이다.
「날개」는 사물화된 세계의 독한 세례를 받아 자폐 상태로 퇴행해 버

---

41) 윤홍로, 「'날개'와 '處容歌'의 거리」, 『문학사상』, 1975.5 참조.
42) G, Deleuze, 이강훈 역, 『매저키즘』, 인간사랑, 1996 참조.

린 한 어린 정신의 여행담을 그린 소설이다. 퇴행이 문제되고 있는 한 거기에는 일종의 자기모멸이란 전략이 내재해 있다. 사물화된 세계의 한 전형인 매춘부와의 동거를 결행하는 것, 더 나아가서는 그러한 처지에 있는 자신을 '백치와도 같은 순진무구한 어린 아이'로 퇴행시켜 보여주는 것은 존엄한 주체의 관점에서 보자면 일종의 자기모멸이라 할 만하다. 이 자기모멸이 무엇을 위한 것인가라는 의문은 따라서 「날개」 해석에 있어서는 핵심이라 할 만한다.

> 이 장난도 곧 싫증이 난다. 나의 유희심은 육체적인 데서 정신적인 데로 비약한다. 나는 거울을 내던지고 아내의 화장대 앞으로 가까이 가서 나란히 늘어 놓인 고 가지각색의 화장품 병들을 들여다 본다. 고깃들은 세상의 무엇보다도 매력적이다. 니는 ㄱ 숭의 하나만을 골라서 가만히 마개를 빼고 병 구녕을 내 코에 가져다 대이고 숨 죽이듯이 가벼운 호흡을 하여 본다. 이국적인 센슈알한 향기가 폐로 스면들면 나는 저절로 스르르 감기는 내 눈을 느낀다. 확실히 아내의 체臭의 파편이다. 나는 도로 병마개를 막고 생각해 본다. 아내의 어느 부분에서 요 내음새가 났던가를……. 그러나 그것은 분명치 않다.
>
> (…중략…)
>
> 아내의 방은 늘 화려하였다. 내 방이 벽에 못 한 개 꽂히지 않은 소박한 것인 반대로 아내 방에는 천정 밑으로 쫙 돌려 못이 박히고 못마다 화려한 아내의 치마와 저고리가 걸렸다. 여러 가지 무늬가 보기 좋다. 나는 그 여러 조각의 치마에서 늘 아내의 胴體와 그 동체가 될 수 있는 여러 가지 포우즈를 연상하고 연상하면서 내 마음은 늘 점잖지 못하다.[43]

퇴행과 등을 맞댄 페티시즘(Fetishism)의 우물 속에서 「날개」의 자폐아는 쾌락을 길어 올린다. 물론 이 경우 반복되는 쾌락은 스스로를 탈성화(脫性化)시키는 방식으로 나타나지만, 곧 반복 그 자체를 재성화(再性化)하는 방식으로 나타난다. 쾌락을 주는 것으로 인지된 것의 반복 대신에

---

43) 이상, 「날개」, 『전집』 2, 322~323면.

이제 단지 반복 그 자체가 하나의 쾌락으로 나타나는 것이다. 되풀이되는 자기모멸의 반복은 자기 처벌의 논리가 어떻게 성적 기제와 연결되어 있는 지를 잘 보여준다. 그런고로 여기에서는 다음과 같은 질문 즉 고통의 반복이 어떻게 즐거운 것일 수 있는가라는 의문이 나타난다.

「종생기」에는 '죽고 또 죽고 또 죽는다'는 식의 표현이 나타난다. 「종생기」란 이 반복되는 죽음을 형상화한 작품이라 할 수 있을 터인데, 이 경우 죽음의 끝없는 반복이란 형식은 허무주의를 향해 삶을 갈갈이 찢어 내던지는 것에 지나지 않으며, 그런 한에서 미학적 형식의 대상이 된다. 다시 말해 형식 자체가 내용으로 되는 지점에 죽음이 놓여 있고, 이상은 이 죽음을 향한 '가열 찬' 과정을 명랑하게 받아들이고 심지어 조롱함으로써 죽음마저도 초월해버리려는 사유의 기괴함을 보여준다.

매저키즘의 논리에 따르면, 특정한 행동이 실제로 일어나기도 전에 그것에 대한 처벌을 받아들이는 것은 죄를 해소하며 행위에 대한 불안을 감소시키며 그것의 성취를 허가한다고 한다. 사물화된 세계상이 부과한 자아 방어적 불안이 일단 높은 수준에서 주어지면 그러한 불안을 감축시키는 필사적인 방법들이 필요한데 사전—처벌은 그것을 가능케 한다는 것이다. 매저키즘은 자기모멸을 통해 쾌락을 획득하는 방식이다. 주체는 처벌의 불안을 완화할 뿐만 아니라 통상적인 권위의 원천인 아버지의 법과의 관계를 단절시키고 자신의 상징적 권위를 무한한 자유를 상징하는 여성에게로 양도한다. 그리고 고통받는 자를 사면함으로써 지신의 권위를 유지시키는 상징적 권위의 위선(僞善)을 무효화시킨다. 매저키즘의 상황 내에서는 처벌 자체가 부당한 것이기 때문에 처벌을 할당하고 있는 인물에게로 비난이 가해진다. 아버지의 법은 거부되고 아버지의 권위가 부인되면 매조히즘의 영웅은 아버지가 규범상으로 금지한 여성과의 관계를 즐기는 행위를 끝낸다.

이상 문학의 한 핵심인 냉소는 매저키즘에서 발원한다. 사물화된 세계는 질적 규정성 속에서 자신을 구성하고자 하는 완미한 개성을 냉소한다. 세계는 주체에게 자신이 부과하는 이미지에 기반을 두어 주체를 구성할 것을 요구한다. 세계의 숭엄한 이미지에 압도된 개체는 스스로를 판단 정지의 백치로 몰고 간다. 그리고 이 지점에서 근대적 삶 특유의 심리학인 멜랑콜리가 발생한다. 이것이 현대문화의 통상적인 논리이다.

이상 문학은 상반된 길을 걸어간다. 이상 문학의 주체는 냉소적인 세계에 대하여 자기 처벌을 요구함으로써 세계를 냉소하는 방향으로 나아간다. 그것은 고통 자체를 쾌락의 원천으로 삼는 특유의 고통의 처리법에 기반을 두고 있다. 이상 문학은 냉소적이지만 차갑지는 않다. 처리할 수 없는 고통의 지옥불과 그에 대응하는 위악적 냉소의 열정 등, 이상 문학의 근저에는 무한에 이르기까지 확장되는 자유 이른바 미학적 자유에 대한 뜨거운 열망이 작열하고 있기 때문이다.

미적 주체의 가능성

이상 소설의 몇 가지 모티프(2)

1. 연애담의 의미

이상 소설은 기본적으로 연애담이다. 현재 확인된 13편의 소설 중 초
기작인 「12월 12일」과 몇 작품[1])을 제외하면 나머지는 모두 여인들과의
연애담을 다룬 것인 만큼,[2]) 이상 소설의 심층에는 연애담이 놓여 있다고
보아도 무방할 듯하다.[3]) 그리고 이 연애담은 매우 자각적인 것이라는

---

1) 예컨대 「휴업과 사정」, 「김유정」 등의 소품들이 이에 해당한다. 흔히 이상 후기 심
부작이라고 하는 「동해」(1937) · 「날개」(1936) · 「종생기」(1937)의 핵심은 여인과의 관계
에 입각한 서사를 전개하는 것이라 할 수 있다.
2) 「지주회시」에서도 역시 여인과의 관계는 나타나지만 단지 하나의 단초로서만 제시
되고 있다는 점이 예외적이다.
3) 이야기의 기본항으로서 연애담이 갖는 비중이 소설의 영역에만 그치는 것은 아니다.
이상의 전 작품을 일관하여 이 연애담은 그의 작품을 구성하는 핵심적인 테마이자 원
리로 나타난다. 예컨대 "안해는 아침이면 외출한다. 그날에 해당한 한 남자를 속이려

점4)에서 의미를 갖는다. 따라서 이 사랑 이야기가 갖는 의미란 무엇인가를 묻는 것은 이상 문학 해명에 있어서 핵심적인 사항이라 할 만한다.

이상 연애담의 기본 구조는 거짓말이라는 규칙 위에 서 있는 연애 관계이다. 문법적인 규칙을 위반하는 말하기 위에 서 있다는 점에서 한편으로 그것은 위티즘과 유사하다. 그러나 위티즘이 의식 속에서 구성되는 관념화된 언어유희의 일종이어서 의미 생성의 벽에 부딪칠 수밖에 없다면, 거짓말에 기초한 사랑은 다르다.

사랑은 '욕망—감정—풍속—제도' 라인에 걸쳐 현실 문명 속에서 독자적인 시·공간을 구축하고 있는 영역이자 체계이며 또한 독특한 방식으로 또 다른 현실 체계들과 일정한 소통의 관계를 맺고 있다. 또한 사랑의 서사는 그 자체 현실의 악무한성에 대한 반성의 형식5)이라는 점에서 소설적 서사를 가능케 하는 기반으로서 작동한다. 결론적으로 말해 사랑 서사는 이상 문학의 독자성을 해명하는 핵심 사안이라 할 수 있다. 더 나아가 그것은 모더니즘 일반의 소설적 문법과 그런 문법이 발생할 수밖에 없는 미학적 근거를 파헤치는데 더할 나위 없이 훌륭한 소재를 제공하고 있다.

「동해」(1937)에서 이야기를 시작해 보자. 「동해」는 항용 이상의 후기 소설 삼부작에 해당하는 것으로 평가되는 작품이다. 이 소설은 연애담에 기반을 둔 이상 소설의 특성을 전형적으로 드러내는 작품 중 하나로 판단된다.

가는 것이다. 순서야 바뀌어도 하루에 한 남자 이상은 대우하지 않는다고 안해는 말한다. 오늘이야말로 정말 돌아오지 않으려나 보다 하고 내가 완전히 절망하고나면 화장은 있고 인상은 없는 얼굴로 안해는 형용처럼 간단히 돌아온다. 나는 물어보면 안해는 솔직히 이야기한다. 나는 안해의 일기에 만일 안해가 나를 속이려 들었을 때 함직한 속기를 남편된 자격밖에서 민첩하게 대서한다."(「紙碑 一」, 『전집』 3, 72~73면)

4) "어차피 살아날 수 없는 것이라면, 혼자서 한껏 殘忍한 짓을 해보고 싶구나. 그래 상대방을 죽도록 기쁘게 해주고 싶다. 그런 상대는 여자―역시 여자라야 한다. 그래 여자라야 할지도 모르지."(이상, 「불행한 계승」, 『전집』 2, 208면)

5) G. Luhmann, *Love as Passion*, Stanford University Press, 1998, Ch.2~4 참조.

「동해」에는 '결혼관계-결혼배제의 연애관계(속고 속이는 관계)-육체적 탐닉(창녀) 관계'라는 세 관계망 중에서 첫째를 거부하고 셋째를 외면하며 둘째만을 취한다는 이상 연애담의 기본구조가 잘 나타나고 있다. 그것은 결합을 추구하지 않는다는 점에서 일본문학의 '이끼(いき)'6)를 닮아 있지만, 거짓말 때문에 상처 받는 남성을 보여준다는 점에서는 종류가 다르다.

거짓말에 기초한 연애 관계가 갖는 일차적인 의미는 그것이 낭만적인 사랑을 거부하는 형태의 사랑이라는 점이다. 예컨대 「지도의암실」(1932)에는 이 관계가 낭만적 사랑의 정반대에 위치하는 것임을 정확하게 보여주는 '음란한 편지를 먹은 낙타' 이야기가 나온다.

> 그의의미는 대체어디서나오는가 머언것같아서불러오기어려울것같다 혼자사아는것이 가장혼자사아는것이 되리라하는마음은 낙타를타고싶어하게되면 사막넘어를생각하면 그곳에좋은곳이 친구처럼있으리라 생각하게한다 낙타를타면그는간다 그는낙타를죽이리라 시간은그곳에아니오리라왔다가도 도로가리라 그는 생각한다 그는트렁크와같은낙타를좋아하였다 백지를먹는다 지폐를먹는다 무엇이라고적어서무엇을 주문하는지 어떤여자에게의답장이여자의손이포스트앞에서한듯이 봉투째먹힌다 낙타는그런음란한편지를먹지말았으면 먹으면괴로움이몸의살을마르게하리라는 것을 낙타는모르니하는수없다는것을 생각한그는연필로백지에 그것을얼른배앝아놓으라는 편지를써서먹이고싶었으나낙타는 괴로움을모른다7)

항용 낙타는 '출발' 혹은 '여행'의 의미를 갖는다. 자신에게로 되돌아오려는 정신의 자연스러운 작동 과정을 생략한 채 오로지 출발만을 강조하는 정신은 고독한 낭만주의의 정신이다. 또한 모든 지점에서 출발만을 목도하는 것은 정신이 스스로를 촉발시키는 방식이기도 하다. 낙

---

6) 柄谷行人, 박유하 역, 『일본 근대문학의 기원』, 민음사, 184면.
7) 이상, 「지도의암실」, 『전집』 2, 169면.

타는 대상(隊商)의 탈 것이다. 그것은 대상(隊商)의 삶을 현상하고 있는 매체이다. 대상(隊商)의 삶이란 무엇인가? 그것은 흐름이다. 흐름이란 끊임없이 흘러가는 것으로서의 삶의 자연스러운 자기 권리의 메타포이다.

그런데 한 여인의 '음란한 편지'가 이 흐름을 메마르게 한다. 편지는 왜 음란한가? 물론 편지 자체가 음란할 리 없다. 편지가 음란한 것은 여인이 음란하기 때문이다. 여인은 왜 음란한가? 그것은 여인이 그러한 여인과의 관계 속에서 주체의 자기 통합을 가능케 하는 매개체로서, 즉 합법적인 결혼의 대상으로서 기능하는 것이 아니라 언제든지 교환 가능한 대상이 되어버릴 때, 다시 말해 여인이 이자적(二者的)인 '사랑'의 관계를 벗어나 그녀 자신을 다중 앞에 공개해 버릴 때 일어난다. 낙타는 대상(隊商)의 삶을 자신의 메타포로 깃든나. 그것은 흐름을 나타내며, 이 흐름이 차단될 때 낙타는 마른다. 낙타는 여행의 피로 때문에 마르는 것이 아니라 여행이 불가능해질 때 마른다. 이 여행이 불가능해짐이란 무엇인가? 그것은 음란한 여자, 아니 여자가 음란한 여자가 되는 경험 때문이다. 그리고 그것은 사랑이 본래의 모습을 상실하고 거짓말을 본질로 가지게 될 때 일어난다.

이상의 연애담이 갖는 의미심장함은 그것이 바로 낭만적인 사랑과 그에 입각한 결합이라는 일치의 이념을 의식적으로 부정하는 구도 위에 서 있다는 사실에서 말미암는다. 이상 소설의 연애 관계가 갖는 의미심장함을 이해하기 위해서는 무엇보다 낭만적 사랑이 근대적인 시민체제와 맺고 있는 연관성을 이해할 필요가 있다.

낭만적인 사랑은 친밀성의 영역에서 근대 시민체제가 만들어낸 새로운 의미론적 영역8)에 해당한다. 원래 여인에 대한 열정은 제도화가 불가능한 것인 만큼 배제되어야 할 질병으로 간주되었다 한다. 사랑의 열정은 결혼 제도를 위협하는 것으로 간주되었기 때문이다. 흔히 '상사병'

---

8) Jacqueline Sarsby, 박찬길 역, 『낭만적 사랑과 사회』, 민음사, 1985, 18~27면.

이란 개념은 이 열정이 곧 병임을 드러내는 표현이다.

이에 반해 낭만적 사랑이란 사랑하는 양 주체의 진정성에 입각해 결혼 관계를 재구성했던 근대 시민들의 파토스를 담고 있는 제도적 장치의 기반이었다. 달리 말해 그것은 열정의 즉자성을 사랑과 결혼의 정서적 기반으로 정립함으로써, 행위에 참여하는 각 주체의 진정성과 존엄성, 관계의 권위와 합법성을 확립하려는 노력의 결과였다.

이는 논리적 차원에서 보면 인식론적 독단 위에 서 있는 근대적 주체와 나란히 나타난 현상이다. 따라서 낭만적 사랑은 대상 일반으로서의 세계를 주체 속으로 환원해 들임으로써, 자기를 독단화하는 근대적 주체의 작동방식이 극대화된 영역으로 존재한다. '낭만적인 낙타'와 '모던한 낙타', '친구'와 '여인'을 대비하고 있는 이 부분, 특히 그 중에서도 '음란한 여인' 부분은 대상의 도구화와 독단적인 주체 구성에 입각한 근대적 기획 일반을 비판하는 구도 위에 서 있다 할 수 있다.[9]

거짓을 본질로 하는 사랑의 또 다른 특징은 그것이 파멸로 귀결될 수밖에 없는 사랑이라는 점에 있다. 생의 창조적 가능성이라는 관점에서 보자면 그것은 궁극적으로는 무로 화해버릴 수밖에 없는 삶의 일과성을 예언적으로 보여주는 사랑이다. 그런 사랑 속에서 주체는 덧없는 일시적 쾌락과 그러한 쾌락의 상실이 주는 슬픔이라는 심리적 반복의 끝없는 메커니즘 속에 놓이게 된다. 연애담을 주된 테마로 하는 이상 소설 전반에는 기쁨과 슬픔의 반복이라는 리듬이 존재하는데 이는 전적으로 그러한 사랑의 방식이 갖는 구조적 측면에서 말미암는다.

사랑이 본질적으로 음란한 것일 수밖에 없다는 사실은 사랑이 또 다른 여인에게로 무한 질주할 수밖에 없는 성질의 것이라는 점과 그런 의미에서 죽음에 이르도록 무한 반복될 수밖에 없다는 점을, 또한 그러한 무한 질주와 반복을 통해서도 만족될 수 없는 것이라는 점을 일깨워 준

---

9) 낭만적 사랑의 논리와 그 한계에 대해서는 차원현, 「해체와 구성의 변증법」, 『작가연구』, 2003.3 참조.

다.[10] 따라서 거기에는 일정한 깨달음이 존재한다. 음란한 사랑은 실망을 통해서 깨달음을 주며 새로운 배움을 가능케 한다.

> 壽君에게 끌려 한강으로 나갔다. 木船을 하나 빌어 麥酒도 싣고 上流로 거슬러 銅雀里 갯가에다 대어놓고 목노 찾아 취토록 먹었다. 黃昏에 水平은 視野와 어우러져서 아물아물 虛空에 놓인 飛鳥처럼 이 허망한 슬픔을 참 어디다 의지해야 옳을지 비철거리지 않을 수 없다. (…중략…)
> 「기집이란 놈의 물건이 아무리 독헌 물건이기루 고렇게 싹 칼루 어인 듯이 돌아설 수가 있나고」
> 우리들은 술이 살렸다. 나야말로 술 없이 사는 도리가 없었다.
> 노들서 또 먹었다. 전후불각으로 취하여 의식을 완전히 잃어버려야겠어서 그랬나.
> 넉 달―장부답지 못하게 뒤끓던 마음이 그만하고 차츰 차츰 가라앉기 시작하려는 이 철에 뭐냐 附箋 붙은 편지모양으로 때와 손자죽이 잔뜩 묻은 채 돌아오다니,
> 「요 얌체도 없는 것아 요 요 요」[11]

"황혼에 수평은 시야와 어우러져서 아물아물 허공에 놓인 비조처럼 이 허망한 슬픔"을 느낀다는 부분은 이상 소설에서는 좀체 찾아보기 힘든 부분이다. 따라서 이 슬픔의 근원은 무엇인가에 대한 이해는 이상 해석의 한 핵심이라 할 만하다. 신문명이 가져다준 눈으로 무장한 위악적인 냉소의 눈에 어리는 슬픔이라는 테마 자체가 이상 문학에서는 낯선 종류의 것이기 때문이다. 세상의 진기함을 바라보는 이 경이로운 눈 혹은 분열자의 눈에 왜 슬픔이 어리는 것일까?

---

10) "번번이 이 鬼哭的 技法은 그 妙를 極하여 가리라. 그것은 女子라는 動物 天惠의 才質이다. 어리석은 남편은 그때마다 새로운 感傷으로 간음한 아내를 용서하겠지 ― 이리하여 實로 男便의 一生이란 「이놈의 계집이 또 간음하지나 않을까」하고 戰戰兢兢하다가 그만두는 가엾이 虛無한 蕩盡이 되리라."(이상, 「十九世紀式」, 『전집』 3, 183면)

11) 이상, 「공포의 기록」, 『전집』 2, 197면.

작품에서 보면 이 슬픔은 삼년 동안 사랑했으나 이제 헤어진지 네 달 된 아내 때문인 듯하다. 그러나 아내는 왜 나의 '슬픔'인가? 슬픔이란 항용 현재와 과거가 비로소 의미 있는 개개의 실체로서 독립하는 지점에서 나타나는 감정이다. 따라서 이 슬픔은 한 때 사랑했던 아내와의 관계가 끝났다는 사실 즉 그 관계는 과거에 속한 것이라는 사실의 깨달음을 달리 표현한 것이라고 보는 것이 합당하다.

정작 흥미로운 대목은 이 슬픔이 소년의 정서로 처리된다는 점이다. 이 소년은 누구인가? 인용문의 바로 앞 대목에는 환각 속에서 바다 너머의 신세계를 동경하는 모던한 소년의 이야기가 나온다. 물론 이 소년이 우리가 알고 있는 단순한 소년이 아님은 사실이다. 이 소년은 밀폐된 방 속에서 자폐아처럼 마음의 문을 닫아건 채 일체의 소통을 거부하는 소년, 자기모멸 속에서 처벌을 기다리는 매저키즘의 아이 즉 이상 소설에 등장하는 특유의 소년이다.

품행이 단정하지 못했던 한 여인과의 관계 속에서만 세상과 이어진 끈을 갖던 소년은 이제 그 끈을 놓쳐버리고 단지 환각 속에서 이루어지는 의식의 운동을 통해서만 세계와 대면한다. 새로운 세계에 대한 갈망으로 채워져 있을 그 환각 속에서 현실은 단지 하나의 배경 화면으로서만 의미를 가질 뿐이며 소년은 환각이라는 부정적인 방식 속에서만 간접적으로 현실과의 끈을 이어갈 뿐이다. 이 경우 현실은 더 이상 삶의 지반이 되지 못하며 단지 환각 속에서만 구성되는 세계의 한 이미지로만 기능할 뿐이다.

따라서 이 소년의 눈에 어리는 슬픔이란 테마는 여인이라는 끈을 통해 세상과 이어져 있던 소통의 가능성이 실상 매우 불안정한 기반 위에서 있는 것이며, 이제 그 가능성의 일단마저 돌이킬 수 없는 것이 되고 말았다는 사실을 소년의 눈, 그 눈에 비친 세계의 낯설음 그리고 슬픔이라는 일련의 계기들을 통해 드러내고 있는 셈이다.

발랄해야 할 소년의 눈에 어리는 슬픔이란 테마는 이런 측면에서 보자면 세계와의 소통 가능성에 대한 탐색과 이어져 있으며, 그런 한에서 삶의 '성숙'이라는 과제와 연결되어 있다. 환각 속에서 세계는 시작도 끝도 없는 강도(强度)로서만 존재한다. 출발도 끝도 없다는 점, 주체도 대상도 없는 세계 혹은 주체와 대상이 무시로 변전하는 세계, 그 속에서 하나의 단자(單子)로서만 존재하는 개체, 그 개체의 자기 성장이라는 문제를 이 부분은 건드리고 있다.

'슬픔'이라는 테마는 여인과의 관계의 단절이 가져온 슬픔이며 그런 한에서 여인과의 관계란 그 본질상 소멸을 향한 열정이라는 사실을 자각하지 못한 데서 온 슬픔이라 보아야 할 것이다. 이상 연애담에서 나타나는 슬픔의 리듬이 만들어 내는 서사적 구조는 바로 이러한 측면, 즉 '관세냇음-관계의 상실-관계 회복의 모색'이라는 '성장'의 서사이다. 그것은 사랑의 회복을 추구하는 과정이며, 사랑의 회복이란 사실상 사랑 외부에 존재하는 또 다른 세계로의 성숙을 향한 여행을 통해서만 가능하다는 사실을 확인하는 과정이다. 그것은 전체로서의 삶이란 무엇인가를 배우는 과정인 것이다.

거짓말에 기초한 사랑이 갖는 유일한 가능성은 새로운 배움의 가능성이며 이 가능성은 낭만적 사랑에서 나타나는 강인한 남성으로서의 성인의 그것이 아니라 온전히 소년의 몫이다. 결론적으로 보자면 이상 소설에 나타나는 연애담의 기본 구조는 실패와 실망을 본질로 갖는 애정 관계 속에서 소년은 무엇을 배우는가에 관한 이야기[12]로 요약 가능하다.

서사적 시간의 가능성이라는 관점에서 본다면, 그것은 미래를 향한 시간의 흐름을 가능케 한다는 점에서 모더니즘 특유의 시간의식을 가능케 하는 지반으로 기능한다. 슬픔은 실망을 통해 과거를 드러나게 한다는 점에서 미래를 향한 시간의 흐름을 예비하는 계기로 작동한다. 과

---

12) G. Deleuze, 서동욱 역, 「사랑의 기호」, 『프루스트와 기호들』, 민음사, 1997 참조.

거는 영원히 지나가버렸다는 사실의 인지에서 오는 슬픔 속에서 과거는 이제 문자 그대로의 과거가 되고 현재는 미래를 자신의 품 안에 받아들일 준비를 할 수 있게 되는 것이다. 비로소 소설의 시간이 가능해진다. 연애담을 기본 골격으로 하는 일련의 이상 소설들은 질투를 그 본질로 하는 사랑의 위선을 위악으로 되갚고자 하는 노력의 결과물이다. 따라서 그것은 위선적 사랑의 그 옆에 혹은 그 위에 존재하는 새로운 세계로의 비상을 꿈꾸는 어린 아이의 여행담이라는 성장 소설의 구조를 갖는다. 비록 그 꿈이 이루어지지 않는다 하드라도 말이다.

거짓말에 기반을 둔 사랑은 죽음에 이르기까지의 무한 반복을 내포한다는 점 때문에 궁극적으로는 절대무(絶對無)로 귀결된다는 한계를 갖는다. 비유컨대 그것은 유한/무한의 분열이라는 근대적 삶의 질곡을 무한에로의 해소를 통해 극복한다는 점에서 교훈 없는 헛된 삶의 메타포에 불과하다. 거짓말에 기반을 둔 사랑의 유일한 가능성은 슬픔에 사로잡힌 주인공의 의식을 미래로 향하게 하고 질투에 사로잡힌 남성의 시선을 여인의 배면에 감추어진 삶의 진실 쪽으로 향하게 한다는 점에서 나타난다. 그러나 그럼에도 불구하고 그것은 여전히 현재에서 과거를 회상하는 시점에 입각해 있다는 점에서 현재에 긴박된 정신이다. 미래의 가능성은 아직 잠정적이다.

2. 리얼리즘의 시간과 모더니즘의 시간

「동해」(1937)는 '나'와 변신술의 천재인 임이와의 대결을 그린 소설이다. 대결을 위해서 세 가지 방법론이 거론된다. ① 면도칼로 찔러 죽이기 ② 자살하기 ③ 먼 외국으로 도망치기 등이다. 이 중 ①과 ②는 실행

될 수 없다. 예컨대 ①의 경우 임이의 정부인 '윤'을 찌르는 것은 질투를 그 본질로 하는 사랑의 규칙을 깨는 것이다. 그것은 일치를 향한 지난한 도정을 마다하지 않는, 그런 의미에서 일치를 향한 그리움에 형식을 부여하는 낭만적 사랑으로의 회귀를 뜻할 뿐이다. 임이를 찌를 수도 없으며 자살할 수도 없다. 그것은 무에로의 전락 즉 아무런 의미도, 그런 의미에서 그 어떤 미래도 생성할 수 없는 허무주의적 노력에 지나지 않기 때문이다.

선택 가능한 유일한 것은 ③번이다. 그리고 그것을 선택할 수밖에 없다는 것이 「동해」의 핵심이다. 물론 작중에서 이러한 선택은 무의미해지는데, 그 이유는 정작 '윤'이 '나'에게 쥐어준 것은 칼이 아니라, 나스미깡이었기 때문이다.

> 나는 차츰차츰 이 客 다 빠진 텅빈 空氣 속에 沈沒하는 果實 씨가 내 허리띠에 달린 것 같은 恐怖에 지질리면서 정신이 점점 몽롱해들어가는 벽두에 T군은 은근히 내손에 한자루 서슬퍼런 칼을 쥐여 준다.
> (復讐하라는 말이렷다)
> (尹을 찔러야 하나? 내 決定的 敗北가 아닐까? 尹은 찌르기 싫다)
> (姙이를 찔러야 하지? 나는 그 毒花 핀 눈초리를 網膜에 映像한 채 往生하다니)
> 내 心臟이 꽁꽁 얼어들어온다. 빼드득 빼드득 이가 갈린다.
> (아하 그럼 自殺을 勸하는 모양이로군, 어려운데 어려워, 어려워, 어려워)
> 내 卑怯을 嘲笑하듯이 다음 순간 내 손에 무엇인가 뭉클 뜨뜻한 덩어리가 쥐어졌다. 그것은 서먹서먹한 表情의 나쓰미깡. 어느 틈에 T군은 이것을 제주머니에 넣고 왔던구.
> 입에 침이 좌르르 돌기 전에 내 눈에는 식은 컵에 어리는 이슬처럼 방울지지 않는 눈물이 핑 돌기 시작하였다.[13]

13) 이상, 「동해」, 『전집』 3, 282면.

이 대목은 거짓말 혹은 그로 인해 사랑의 본질로 떠오른 질투에 입각한 사랑이란 극복 불가능하다는 것, 그것을 극복하기 위해 나아간 길이 사실상 칼을 나스미깡으로 바꿔치기하는 아이러니를 통해서만 가능하다는 것을 매우 선명히 보여준다.

'칼—나스미깡'으로의 대체는 이 작품을 "觸角이 圖解해 놓은 情景"이라 천명한 이상의 의도를 잘 드러내 보여준다. 따라서 작품 속에 나타나는 유일한 가능성은 '나스미깡'에 집약된다. 그것은 사랑의 영역이 갖는 본질적 한계를 감각의 차원에서, 다시 말해 감각의 새로운 영역 속에서 극복하고자 하는 노력이다. '칼'로서는 해결되지 않는 문제적 영역으로서의 사랑의 문제를 초월하는 길은 '나스미깡'에 집약된 감각의 영역으로 나아감으로써 비로소, 그러나 매우 역설적인 방식으로만 가능함을 그것은 암시하고 있다.

그러나 불행히도 이 '나스미깡'이 무엇을 의미하는지 작품 속에서는 그것의 의미를 말해 줄 구체적인 사건의 진행은 존재하지 않는다. 다만 해석해 볼 수 있을 뿐인데, 그것은 "나 자신 문지방을 넘어 나오고 싶다."란 표현에서 볼 수 있듯이 혹은 "유리 속에서 웃는 그런 不吉한 幽靈의 웃음"이 아니라 "소리를 快活하게 질러서 손으로 만지려면 만져지는 그런 웃음"에 대한 갈망에서도 볼 수 있듯이, 거짓말에 기초한 사랑의 관계에로부터 스스로를 단절하고자 하는 욕망이며 선명한 감각에 기대어 새로운 관계를 몽상하고자 하는 욕망이라고 볼 수 있다. "深夜의 車道에 내려진 超然한 性格으로 이런 俗된 混濁에서 돌아서 보았으면"[14]이라는 갈망은 이런 사정을 잘 드러낸다.

나스미깡의 감각은 애정 관계로부터의 초월을 가능케 하는 힘이 된다. 그러한 초월이 실상 현실적인 동경행을 의미하든 그렇지 않든 그것은 중요하지 않다. 단지 나스미깡은 그것 속에서 새로운 가능성의 세계

---

14) 위의 글, 274면.

를 열어보이고 있다는 점이 중요하다.

> T군은 암만해도 내가 불쌍해 죽겠다는 듯이 나를 물끄러미 바라다보더니, 「자네 그 중 어려운 外國으로 가게, 가서 비로소 말두 배우구, 또 사람두 처음으로 사귀구 다시 채국채국 살기 시작허게, 그렇거능게 자네 自殺을 求할 수 있는 唯一의 方途가 아닌가 그렇게 생각하는 내가 그럼 薄情한가?」[15]

이상의 동경행은 실패로 끝나고 말았고, 이에 대해서는 자세한 보고서가 존재한다.[16] 거짓된 사랑은 질투와 그로 인한 실패를 본질적인 계기로 갖고 있다. 그런고로 그 사랑은 그 자체로서가 아니라 사랑 너머의 세계에 대한 가능성의 기반으로서만, 다시 말해 역설적인 의미의 가능성으로만 충만한 사랑에 지나지 않는다.

이상 문학의 핵심 중 하나는 이 거짓된 사랑의 영역을 초월하는 길이 새로운 사랑을 찾아나서는 행위 속에 존재하지 않고 감각의 영역 즉 손으로 만지면 만져질 듯한 그런 감수성의 차원에만 존재한다는 사실에 있다. 현실이 아니라 감각이 문제라는 것, 그것이 이상 문학의 한 핵심인 것이다. 삶에 대한 예술의 이분법이 이상 문학의 한 본질이라 할 때 실패를 본질로 하는 사랑을 초월할 수 있는 가능성은 현실 속에서 모색되어야 할 삶의 새로운 형식에 입각해서가 아니라 삶의 부정 위에 서 있는 예술의 영역에서만 가능하다는 것을 그것은 암시하는 것으로 보인다.

시간이라는 관점에서 보면 '나스미깡'에 의해 분할되는 시간은 '현재로부터의 과거 보기'라는 사랑의 관계에서, 순수 과거로서의 사랑의 망각이라는 차원으로 시간의 차원을 한 번 더 확대하는 기능을 담당하고 있다. 또한 그것은 망각된 사랑 이후에 도래할 미래의 시간을 그 안에 내포하고 있다는 점에서 '순수 과거(망각된 사랑의 시간)—현재(나스미깡의

---

15) 위의 글, 281면.
16) 이경훈, 『이상, 徹天의 수사학』, 소명출판, 2000 참조.

미적 주체의 가능성   229

감각적 시간)—도래하지 않은 가능성(새로운 가능성의 시간'으로서의 미래라는 시간의 세 축을 그 안에 품고 있다. 이렇게 본다면 '나스미깡'의 신선한 감각 속에 내포되어 있는 시간은 사실상 모더니즘소설의 시간이 갖는 매우 흥미로운 양상과 가능성을 보여준다.

리얼리즘 소설의 시간에 대해서는 루카치(G. Lukacs)가 잘 요약하고 있다.[17] 리얼리즘 소설의 시간은 현재를 특권화하는 시간이다. 그것은 주체의 자기 보존 혹은 진정성 확립을 중심으로 과거와 현재 그리고 미래가 주체를 에워싸는 그러한 시간이다. 다시 말해 통합의 시간인 것이다. 흘려보낸 것으로서의 시간은 환멸 속에서 비로소 추체험되고 그럼으로써 현재적 의미를 갖는다. 그것이 체험되는 방식은 지속되는 시간으로서의 현재에 기반을 둔 자발적인 회상을 통해서이다. 회상을 통해 주체는 현재의 자신을 규정해 줄 조각난 세계상을 끌어 모을 수 있다. 그리고 시간의 이런 작동 방식은 사유하는 이 '나'의 실감을 시간의 형식 속에서 통합하여 규정하려 하였던 칸트의 방식과 유사하다. 현재를 특권화하는 리얼리즘의 시간은 세계에 대한 주체의 권위를 반증하는 시간이기도 하다.

'나스미깡'의 신선한 감각이 하나의 가능성으로서 내포하고 있는 시간의 형식은 이와는 상반된다. 그것은 현재 속에 위치하고 또 감각되지만 현재 속에서 그 어떤 종합도 이루어 낼 수 없는 시간이다. 낯선 '나스미깡'에 의해 대체되는 순간 '칼=복수=관계의 신정립'이라는 의미 연관이 산산히 부서진다. '나스미깡'을 손에 들고 주인공이 어리둥절해하는 것은 당연한 일이다. 도대체 '나스미깡' 한 조각을 들고 사태를 종합한다는 것 자체가 우스운 일인 셈이다.

그런고로 '나스미깡'이 노정하는 '현재'는 부정법의 현재이다. 철학적인 용어로 대체하자면 그 속에서 순수 과거와 도래하지 않은 미래로 무

---

17) G. Lukacs, 반경완 역, 「환멸의 낭만주의」, 『소설의 이론』, 심설당, 1985 참조.

한 분할되는, 다시 말해서 자신의 부재 속에서만 '과거-현재-미래'의 종합을 수행하는 부정법적 존재로서의 현재인 것이다. 현실 연관 속에 존재하고 현실 속의 다양성을 그 안으로 환원해 들임으로써 자아와 세계의 통일을 가능케 하는, 그런 의미에서 존재의 실감을 가능케 하는 그런 시간을 이 '나스미깡'은 갖고 있지 않다.

'나스미깡'의 시간은 오히려 주체의 자기 실감을 부정하는 시간대 즉 주체의 자기 부정 위에 서 있는 시간이다. 나스미깡의 신선한 감각 속에서 펼쳐지는 시간은 따라서 무한 증식 가능한 시간 즉 순수 과거와 도래하지 않은 가능성으로서의 미래를 무한히 그 속에서 분할해 낼 수 있는 원점으로서 존재한다. 순수 과거와 현재 그리고 미래의 동시 존재 가능성에서 나타나며 흔히 몽타쥬 수법이나 의식의 흐름 속에서 비로소 관찰 가능한 시간의식인 모더니즘의 시간의식이 나타나고 있는 것이다. 흔히 모더니즘에서 논의되는 비자발적인 기억의 가능성과 그것을 통해 조각난 세계상의 비변증법적인 종합이 가능한 지점은 바로 이 지점에서이다.

프로이트는 『쾌락원칙을 넘어서』[18]에서 쾌락 원칙과 반복의 상관성에 대해 상세하게 논한 바 있다. 그에 따르면 쾌락원칙과 반복은 동전의 양면 같은 것인데 그 예외가 있다. 예컨대 트라우마 꿈의 경우, 반복은 쾌락원칙과는 무관하게 작동하며 지각을 '탈성화(脫性化)'하며, 즐겁지 못한 것을 반복케 하는 매우 이상한 방식으로 작동한다. 다시 말해 기억이 쾌락 원칙에 입각해 유쾌한 것을 재생하는 것이 아니라 극단적으로 불유쾌한 것 즉 상처 입히는 것만을 반복한다는 것이다. 흥미 있는 것은 바로 이와 같은 불유쾌한 것의 반복이 모더니즘소설의 시간이 갖는 소설적 가능성과 매우 긴밀히 연관되어 있다는 점이다.

리얼리즘 소설에서의 반복은 과거·현재·미래를 현재 속에서 의미

---

18) G. Freud, 박찬부 역, 『프로이트 전집』 14, 열린책들, 1997 참조

화하는 방법의 하나로서 기능한다. 그것은 현재에 위치한 주체의 자발
적 기억 속에서 구성되는 시간 속에서 경험을 길들이는 방식의 하나이
다. 자발적 기억이란 쾌락원칙에 입각한 반복의 형식이며 루카치에 의
하면 반복은 재치로써, 그것을 통해 경험을 길들이는 소설의 매우 중요
한 형식[19] 중 하나이다. 리얼리즘 소설의 심리학은 '깨달음'의 환희이
다. 그것은 흘러지나간 것으로만 알았던 과거가 현재 속에서 비로소 그
의미를 드러냄으로써 주체의 통합을 가능케 하는 시간의 작동 방식을
보여준다.

이에 반해 모더니즘소설에 나타나는 반복은 전혀 다른 의미를 갖는
다. 프로이트적인 주체의 특수한 트라우마 뿐만 아니라 현대의 일상화
된 도시적 삶 속에서 마주치게 되는 수많은 충격들은 자아를 변호하기
위하여 반복—강박의 재인식을 지지한다. 그러나 그것은 경험을 쾌락적
으로 만족시키는 방식의 경험의 형식화를 포기한다.

한 철학자는 이런 차이점을 이른바 '기호의 영역'이라는 차원에서 매
우 인상적으로 설명하고 있는데, 그에 따르면[20] 모더니즘소설은 자발적
기억이 아니라 그것의 희생을 통해서, 다시 말해 비자발적 기억을 통해
기호의 영역이 갖는 비변증법 종합의 가능성을 창출한다. 비자발적 기
억을 야기하는 것은 사물의 기호들이며 그것의 심리학은 '슬픔'이다. 그
것은 현재를 특권화하는 시간의식 속에서 포획되어 버린 과거와는 전
혀 다른 과거 즉 의미화될 수 없었기 때문에 망각의 저편으로 쫓겨나
버렸던 순수 과거를 복원시킨다. 또한 동일한 의미에서 그것은 시간의
차원을 확대하여 도래하지 않은 미래에로 시간을 비로소 밀어붙이는
역할을 담당한다.

작품 「동해」는 비유컨대 이러한 방식으로 나스미깡의 신선한 감각이
창출한 무한증식 가능한 이 시간대를 통과하여 세계의 모든 국면, 그러

---

19) G. Lukacs, 반경완 역, 앞의 책, 175면.
20) G. Deleuze, 서동욱 역, 「기호의 영역」, 앞의 책 참조.

나 종합할 수 없는 이 분열된 세계의 전체를 탐사하기 위해 떠나는 바로 그 순간의 '해골이 된 아이[童骸]'를 보여주는 작품이다.

'동해(童骸)'란 '동해(童孩; 아이)'를 패러디한 것이며 한자의 획을 바꾸는 이러한 방식의 수사학이 이상 소설의 한 핵심을 이루고[21] 있음에 대해서는 모두가 인정하고 있는 바이다. 물론 문제는 발랄해야 할 어린아이[童孩]가 왜 갑자기 조로현상을 보이면서 해골[童骸]이 될 수밖에 없는가라는 점에 있다.

'나스미깡'을 손에 쥔 아이는 새로운 성장 혹은 성숙을 향해 나아갈 가능성을 분명히 얻었지만 그러나 이 가능성의 영역은 세계와의 통합을 향해 나아가는 리얼리즘의 주체가 나아가는 가능성의 영역과는 분명히 다른 것이라는 점을 「동해」는 보여준다. 그것은 세계와의 통합이 아니라 세계로부터 자신을 떼어내는 방식으로 즉 사랑의 영역으로부터 비자발적 기억이 야기한 무의식의 영역으로, 현재의 지평 속에서 의미화될 수 없다는 점에서 의식의 이면으로 추방된 세계에로 나아가는 전도된 방식으로 이루어지는 성숙에의 여행담이다. 「동해」는 사랑의 의미론적 영역에서 예술의 절대화된 형식의 세계로 향해 성숙해 가는 한 소년의 여행담을 아이러닉한 이미지를 통해 보여주고 있는 작품이다.

물론 일정한 한계가 존재한다. '해골이 된 아이'는 나스미깡의 신선한 감각과 비자발적 기억이 창출한 새로운 시간의 형식들을 통하여 물화된 사물들의 모든 영역과 문자 그대로의 모든 시간을 탐사할 가능성을 얻지만, 그러한 가능성은 세계가 그 자체로 물화되고 파편화된 세계로서만 존재한다는 점 때문에 궁극적인 도약 즉 유한/무한의 분열을 극복하고 파편화된 것들의 한계 지워진 통합 즉 모더니즘적 종합을 이루어낼 힘을 갖지 못한다.

따라서 '나스미깡'의 신선한 감각이 갖는 유일한 의미는 단지 유한/

---

21) 김윤식, 앞의 책 참조.

무한 분열의 종합 가능성을 그 가능성의 차원에서만 보여주었다는 점에 있다. 해골이 된 소년은 여전히 세계의 조각난 파편 위에서 뒹굴 뿐이다.

이상 소설의 한 주제인 '현기증'의 정체는 이런 관점에서 해독 가능하다. 파편화된 세계의 표면에서 그러한 세계가 제시하는 종합의 방법 속으로 자신을 몰고 가는 것의 불가능함을 알지만 그럼에도 불구하고 새로운 종합에의 가능한 지평 속으로 나아가지도 못한 주체의 심리학은 현기증22)이다. '인공의 날개'를 단 비약은 진정한 비약이 아니다. 비약은 다른 차원에서 모색되어야 한다.

3. 죽음의 논리

「종생기」는 1937년 『조광』에 이상 사후 유고로 발표된 작품이다. 서로 다른 여러 남자를 감춰두고 수시로 관계를 맺는 정희와 '나' 사이의 연애를 게임의 일종으로 설정하여 남녀 관계의 변화하는 풍속을 보이는 동시에 연애에 실패한 '나'의 모습을 희화화하여 보여줌으로써 삶 일반에 대한 허무주의와 유희적 태도를 지적으로 형상화한 작품으로 평가되고 있다.

'나'는 유서를 작성하고 있다. 유서를 작성하는 이유는 명확치 않다. 다만, '산호를 버린다[卻遺珊瑚]'거나 "어머니 아버지의 충고에 의하면 나는 추호의 틀림도 없는 만 25세와 11개월의 「홍안 미소년」이라는 것이다. 그렇건만 나는 확실히 노옹(老翁)이다. 그날 하루하루가 「인생은 짧고 예술은 기다랗다」 하는 엄청난 평생이다" 등의 표현이 있는 것으

---

22) T. W. Adorno, 홍승용 역, 「현기증」, 『부정의 변증법』, 한길사, 1999 참조.

로 보아 자신의 삶이 생활인으로서는 이미 패배한 것이라고 진단하고 그러한 삶의 패배를 벌충하기 위한 방편의 하나로 대단한 「종생기」 한 편을 예술작품으로 남기겠다는 작가적 의욕을 피력한 것으로 보인다.

열세 벌의 유서를 거의 완성해 갈 무렵, '나'에게 속달 편지가 날아들었다. '영원히 선생님 한 분만을 사랑한다'는 뜻을 담은 절절한 명문으로 된 정희의 편지였다. 정희는 열네살에 부모의 강압으로 처음 매음을 한 이후 숱한 남자를 전전한 여인이다. 그런 까닭에 '나'는 그 편지가 거짓이라는 것을 안다. 그러나 편지의 내용이 워낙 절실한데다 잘 쓰이지 않는 유서의 고민을 씻어 버리기 위해, '나'는 맵시를 차려 약속 장소로 나간다.

결과는 '나'의 살못된 판단이었다. 정희는 나에게 사랑을 고백하는 편지를 부치기 바로 전날 저녁에 S와 태서관 별장에서 은밀하게 만났으며, 또 다른 사내들과도 그렇고 그런 관계를 맺고 있으면서 감쪽같이 '나'를 속인 것에 지나지 않았다. 정희는 자신만의 황홀한 연애를 즐기기 위해 "무고한 이상(李箱) 선생, '나'를 징발한 것"에 지나지 않았던 것이었다. 정희는 '공포에 가까운 변신술'을 지닌 여인이었다.

정희라는 인물이 상징하는 것은 삶의 굳건한 토대 중 하나인 적극적인 가치와 그것을 경유한 상호 소통이 붕괴해버린 뒤에 남는 가치의 허무주의 혹은 관계의 붕괴이다. 변덕과 거짓으로 가득 찬 정희의 삶은 삶 일반을 의미 있게 해주는 긍정적인 가치와 그에 기반을 둔 공동체적 관계가 붕괴해 버린 현대의 상황을 대변하고 있다.

예컨대 효(孝)나 충(忠)처럼 전통사회에 있어서 가치는 개인들이 그것에 합의하기 이전에 이미 사전에 규정되어 있어서 집단의 내부에서 각각의 개인들에게 분배되는 삶의 목표였다. 전통사회에 있어 가치는 신전(神殿)에 있거나 세속화된 삶이 도달할 수 없는 경전(經典)들 속에 존재했다. 그러나 현대에 들어와서 이러한 상황은 역전되었다. 가치는 시장 속에서 세속화되었고, 세인들간의 협약과 합의에 의해서만 사후적으로 만들어질 뿐이다.

현대에 와서 가치는 법전이나 계약서 속에만 존재한다. 물론 여기에는 문제가 있다. 개인간의 협약에 의해 사회적 관계와 가치들이 사후적으로 구성될 수 있다는 믿음은 그러한 계약을 철회하고자 하는 개인들에게는 아무런 효력을 갖지 못한다. 가치의 토대가 개인에게 있는 만큼 만일 특정한 개인이 믿을 수 없는 개인, 종잡을 수 없는 인격의 소유자라고 한다면 계약과 그에 따른 가치의 구성 자체가 불가능한 상황이 나타날 수 있는 것이다. 이른바 회의주의자들의 말처럼 합의된 가치 위에서 있는 현대적 삶의 무근거성이 거기에서 나타난다.

「종생기」의 정희가 상징하는 것은 이와 같이 가치들과 삶의 궁극적인 근거들이 휘발해버린 세계이다. 인간을 인간답게 해주는 가치를 상실한 삶은 죽은 삶이다. 그런 삶 속에서 소녀는 몸을 팔아 살아갈 수밖에 없고 소년은 '산호채찍'을 잃고 방황할 수밖에 없다. 근거 없는 삶, 스스로를 탕진할 뿐인 삶은 죽은 삶이다. 그래서 이 작품의 제목은 '종생기'이다.

「종생기」(1937)에는 네 개의 단위로 구별되는 이야기의 모티프가 등장한다. ① 해골이 된 홍안(紅顏) 미소년(美少年)의 이야기 ② 어긋남이라는 본질을 갖는 연애 관계 ③ 연애와 죽음의 동시성 ④ 유서를 통한 반어적 소통이 그것이다. 그리고 그 핵심에는 여전히 연애담이 존재한다.

종생기의 연애담은 이상 연애담의 일반 구조가 그러하듯이 사랑의 본질은 어긋남, 종국적으로는 파멸을 향해 나아갈 수밖에 없는 것으로서의 사랑 즉 사랑의 본질은 거짓에 있고 그것의 주관적 법칙은 고통에 있다는 사실을 보여주는 그러한 사랑의 논리에 입각해 있다. 작중인물은 이 사랑이 갖는 거짓된 어긋남 혹은 고통으로부터 초월하기 위해 스스로를 죽음 속으로 몰고 간다.

물론 이 죽음은 「동해」에 나오는 '자살'과 같은 종류의 것이 아니다. 「동해」에 나타나는 '자살'은 유한 / 무한의 분열이라는 현대성의 질곡을 무한에로의 자기 해소를 통해 해결한다는 점에서 절대적인 무에로의 자기 해소에 지나지 않는 것이었다. 그것은 사랑이 갖는 가능성을 무화시키는 것에 지나지 않는다. 오히려 「동해」의 가능성은 사랑에서 몸을 돌려 '나스미깡'이 전해주는 새로운 감각에로의 이행 즉 그것이 갖는 무한한 가능성에로의 이행에서 주어진다. 그것은 일본행보다 훨씬 더 큰 가능성에로 열려 있는 세계23)였다.

「종생기」의 죽음은 자살로 표현되는 절대적인 무에로의 전락과는 구분되어야 한다. 여기서 죽음은 반어적 종합의 차원에서 움직이며 '나스미깡'이 갖는 이미지 유희의 반어적 부정성과는 구별되어야 한다. '나스미깡'은 텅 빈 기호에 불과하며 부정적으로만 거짓된 사랑의 불모성을 증언하는 이미지에 불과하다. 그에 반해 「종생기」의 죽음은 새로운 종합으로 나타난다.24) 핵심은 '해골이 된 홍안 미소년'의 죽음과 정조 없는 정희와의 결합이다. 결합이되 매우 곤혹스러운 방식의 결합인 셈이다.

결합의 계기는 먼저 '나'의 죽음에서 오며, 그 다음으로는 정희의 '후텁한 호흡'에서 온다. 그것은 '나'의 나뉨을 포기하기 즉 아도르노적 용법에 기대면, '자아의 내어 주기'25)와 타자로서의 정희의 '호흡 주기', 그 사이의 공명에 의해 가능하다. 그리고 그 공명의 한 가운데에 '시체'가 놓여 있다. 죽음은 소통의 가능성을 닫아버리므로 이 결합을 궁극적인 지점에서 이루어지는 낭만적 결합이라 보아서는 안 된다. 그것은 단지 '내어 줌'과 '호흡함' 사이의 공명에서만 가능하다.

비대칭적인 정신들의 반낭만적인 결합 혹은 물화된 세계 속의 개체 즉 세계내적 존재로서의 개체들 사이에서 이루어지는 비변증법적인 종합의 양상을 그것은 가지고 있다. 그것은 비유컨대 마치 비대칭의 두 중심을 품고 있는 알로서의 거듭남과도 같다. 확실히 이런 의미에서 「종생

---

23) 이상 문학에 있어 동경행이 갖는 의미에 대해서는 이경훈, 앞의 책 참조
24) 이를 예술론의 차원에서 설명한 것으로는, 김윤식, 「종생기」 해설, 앞의 책, 참조.
25) T. W. Adorno, 홍승용 역, 앞의 책, 78면.

기」는 변신담의 일종이다. 그러나 이 변신담은 '해골이 된 홍안 미소년'의 변신담이 아니라 비대칭의 주체들이 어긋나는 방식으로 참가하는 매우 곤혹스러운 결합에로의 변신담이다. 그것이 새로운 종합의 방식일 수 있는 가능성은 바로 이런 지점에서 발원한다.

이 종합은 '나'의 '나' 됨을 포기하는 지점에서 이루어지는 타자와의 결합, 그리고 그 결합이 가능성의 형태로 갖는 유한/무한 분열로부터의 초월, 그리고 이 초월이 겨냥하는 지점으로서의 '영원성'이라는 세 가지 계기를 갖고 있다. '시체'의 호곡은 무한히 반복 가능하지만 그것은 '나'의 권리에 속하는 것도 정희의 권리에 속하는 것도 아니다. 그것은 개체들 사이의 공명을 통해서만 가능하며 그 때에만 비로소 개체들의 합으로서 존재하는 시체는 반복하여 부활하는 영원한 존재가 된다. 따라서 「종생기」의 시간은 이제 더 이상 가능성으로서의 시간이 아니라 그것 자체가 시간을 가능케 하는 시간의 시원(始原)으로서 존재한다. 「종생기」는 시간의 근원에로 나아가는 모더니즘소설의 주체가 그려 보이는 삶의 궤적에 관한 소설이다.

연애담을 근간으로 하고 있는 이상 소설의 핵심에는 이른바 소년 모티프가 존재한다. 이상 소설은 네 개의 시간선 즉 현재를 특권화하는 물화된 근대적 삶의 시간으로부터 실패할 수밖에 없는 사랑의 흘러가는 시간으로, 나스미깡의 신선한 감각이 제공하는 무한증식 가능한 시간으로 그리고 마침내 시간의 근원을 향해 나아가는, 시간의 회복에 관한 이야기로 읽힌다. 그것은 또한 동시에 고정되고 사슬에 얽매인 주체와 그러한 주체를 중심으로 몰려드는 세계의 한없는 '차가운 무서움'[26]으로부터 벗어나 유한/무한의 분열을 극복하고 시간의 근원을 향해 나아가는 한 어린 소년의 여행담이다.

---

26) S. Moscovici, 이상률 역, 『군중의 시대』, 문예출판사, 1996, 43면.

4. 미적 주체의 가능성 혹은 절대 형식으로서의 예술

「종생기」에 오면 거짓된 관계 즉 속고 속이는 관계에 입각한 사랑의 지속은 불필요한 것으로 간주된다. 「종생기」는 헛된 사랑의 노력 끝에 너무나도 빨리 찾아 온 죽음이라는 테마 즉 노년기에 다다른 낭만적 주체의 자기 해체라는 테마를 매우 선명하게 드러내고 있는 작품이다. 주체는 특유의 청춘의 발랄함으로 세계 속에 자신을 각인시키려 하지만 일치할 수 없는 사랑의 매 순간 속에서 독버섯처럼 증식하는 퇴폐 속에서 생명력의 고갈을 느낀다. '나'는 너무나 갑작스럽게 노화해 버린다.

> 나는 물론 그 자리에 혼도하여 버렸다. 나는 죽었다. 나는 황천을 헤매었다. 명부에는 달이 밝다. 나는 또 다시 눈을 감았다. 태허에 소리 있어 가로대 너는 몇 살이뇨? 만 이십오세와 십일개월이올씨다. 天死로구나, 아니올씨다. 老死올씨다.[27]

이상은 돌연 일치라는 이념에 입각한 사랑의 방정식을 해체하며 새로운 방식의 관계 맺기를 탐색하기 시작한다. 따라서 이 새로운 방식에 대한 탐색이 갖는 의미망을 점검하는 일은 이상 문학이 최종적으로 나아간 지점을 확인하는 데 있어서 매우 중요하다.

이상 소설의 한 핵심을 연애담이 구현하고 있다고 할 때 그리고 그 연애담에 나타나는 사랑의 방식이 매우 독특한 것이라고 할 때 그것이 갖는 의미는 그러한 사랑이란 통상적으로 우리가 사랑에 부여하는 관계의 진정성 혹은 현실적 완수 가능성과는 거리가 멀다는 사실에서 말미암은 것이었다. 이는 이상이 낭만적인 사랑이 통상적으로 갖는 현실적, 이념적 문맥으로부터 사랑을 떼어내어 그것을 자율화된 영역으로

---

27) 이상, 「종생기」, 『전집』 2, 396면.

재구성해내었기 때문이었다.

이상 류의 사랑은 그것이 갖는 시간적 일시성과 사랑이 보여주는 각각의 얼굴에 독자적인 의미를 부여하는 방식으로 이루어진다. 낭만적 사랑의 유희화 내지는 유희화된 사랑의 방식이라 할 만한 이러한 방식에 입각해서 구성되는 사랑의 형식 속에서 남성 주인공은 돈주앙적인 난봉꾼의 도치된 이미지로 나타난다.

위장을 만족시키고 혈관에 영양분을 공급하기 위해 사냥하는 것이 아니라 사냥 그 자체의 쾌감을 즐기기 위해서만 사냥을 하는 것이 진정한 프로 사냥꾼의 태도이자 윤리라면 돈주앙에게 있어서 여인과의 관계는 사후적인 어떤 목적에도 결부되지 않는 사랑 그 자체를 위한 사랑이다. 그것은 욕망의 매 순간과 사랑이라는 이름하에 나타나는 모든 얼굴과 표정, 제스처를 긍정하고 각각의 순간을 영원성에 이르기까지 미적으로 가공하려는 태도를 뜻한다.

물론 돈 주앙은 감정 없이 단지 유혹하는 자이며 자신의 정욕을 만족시키는 것을 유일한 목적으로 삼는 자다. 또한 그런 점에서 끊임없는 증식 그 자체를 추구하는 자본의 논리를 닮아 있다. 돈 주앙은 감각적인 육욕의 화신이며 정신적인 사랑을 파괴하는 자 혹은 육욕의 소용돌이를 야기하는 자다. 돈주앙이 난봉꾼의 원형으로 지목되는 까닭도 여기에 있다. 그런 면에서 돈주앙식 사랑은 정상성을 위해 배제되어야 하는 것이었다.

이에 대해 이상이 소설에 나오는 인물은 정반대의 도치된 이미지를 보여준다. 거기에는 육욕을 향한 어떤 지향도 나타나지 않으며 오히려 육감적인 사랑을 애써 회피하려는 경향을 보이기조차 한다. 이상 소설의 주인공들은 매춘이라는 육욕적 관계를 추구하지 않으며 그렇다고 해서 정신적인 사랑만을 진정한 관계로 간주하지도 않는다. 그는 육감적인 사랑과 이상적인 여성상으로서의 여인 둘을 모두 배격하여 양자 사이에 서려는 사랑의 방식을 강력히 희망한다. 그것은 사랑으로부터 그것이 갖는 일체의 현실적 연관성을 떼어낼 때만 가능하다. 그리고 그런 점에서 사랑이라는 관계를 향해 몰려 들어오는 일체의 물질적인 관계망을 해체한 뒤 사랑에 그것에 고유한 정신적 무게를 부여하려는 태도를 보이고 있다.

현실적인 무게를 갖지 않는다는 점에서 그것은 그림자놀이와 유사하며 일체의 현실 연관성으로부터 고립된 사랑 즉 사랑 그 자체만을 부각시켜 일체의 문맥으로부터 상대화하여 보여주는 사랑이다. 그것은 사랑의 탈문맥화·탈역사화라는 점에서 낭만적 사랑의 역사성을 무화시키려는 노력인 것으로 읽힌다. 작중의 '나'는 오로지 어쩔 수 없이 휘말려 들어간 관계의 망 속에서 그것 외에는 자신의 순수성과 자유 의지를 입증할 방법이 없다는 듯이 행위하며 그런 한에서 운명적인 방식의 사랑을 엮어 나간다. 그것은 언제든지 수증기처럼 증발할 수 있는 것이라는 점에서 안정되지 못한 사랑이다.

유희화된 게임으로서의 사랑은 그 속에서 삶의 덧없음 혹은 삶의 참조할 곳 없음이라는 특성이 전형적으로 드러나는 지점이다. 그러나 동시에 그 또한 사랑의 한 방식 즉 친밀성의 새로운 한 형식인 점에서는 마찬가지이다. 그런 점에서 이상 류의 사랑 역시 사랑에 관한 새로운 상징적 형식화를 도모하고 있는 한에서는 의미심장한 사랑이다.

그것은 사랑에 대한 전적인 부정 혹은 폄하가 아니라 새로운 방식의 사랑이 가능할 수 있음을 지향하는 것이므로 근본적으로는 사랑 그 자체에 대한 부정이 아니라 현실 관계 속에 자신을 위치 지움으로써 이념적 현실연관성을 갖는 낭만적 사랑의 구조를 비판하는 것에 주된 목적을 갖는 사랑일 뿐이다. 그런 의미에서 이상 소설에 나타나는 연애담의 근저에는 삶에 대한 열망이 가로놓여 있으며 이는 삶과 마찬가지로 사랑에 대한 단순한 비하와는 격이 다른 것이기도 하다. 그리고 이는 이상 소설이 최종적으로 지향하고자 했던 예술의 자율화된 영역화란 방향과 기묘하게 일치하고 있다.

이상의 사랑이 갖는 역설은 그것이 자신의 형식을 부단히 추구하는 것이긴 하지만 어디에서도 그러한 형식을 찾지 못한다는 점에 있다. 따라서 그것은 부단한 추구 그 자체를 자신의 형식으로 갖지 않을 수 없고 결과적으로 사랑의 유희화 혹은 유희화된 사랑으로 나아갈 수밖에 없다. 유희화된 사랑은 사랑 그 자체의 자율화된 방식을 만들어내는 것에 기반을 두며 그 속에서 즐거움을 누리려는 태도에서 기인한다. 삶은 자신이 창조한 것에 그것을 초월하는 어떤 의미도 부여하지 않은 채 창조물에 자신을 양도한다. 삶은 단지 유희적 형식의 주인이라는 사실만으로 즐거워한다. 만일 삶이 놀이의 형식을 초월적이고 외재적인 기준에 입각해 구성되려고 하면 그때 유희는 붕괴할 것이다.

이상의 사랑에서 보이는 낭만적 사랑의 해체는 사랑을 유희화하는 방식에 입각해 있다. 낭만적 사랑은 연인들간의 친밀성의 존재 방식을 보여주는 한 축도이면서 동시에 존재하는 모든 남녀 관계가 그것을 중심으로 결합되지 않으면 안 되는 일종의 규범 같은 것이라 할 수 있다. 유비적인 의미에서 그것은 사물들이 존재하거나 그렇게 존재해야만 할 유일한 합법적 관계망을 형성한다.

낭만적 사랑은 남성의 이름하에 양성간의 관계를 규율하는 하나의 입법체계이다. 그것은 결혼이라는 마침표 속에서 종결된다는 점에서 하나의 완결된 구조를 가지고 있으며 거기에는 새로운 삶으로 향하는 파토스가 존재하지 않는다. 낭만적 사랑은 사랑의 신비 속에 현재를 해방하지만 그것이 동경하는 궁극적인 세계는 남성적 완성의 세계일뿐이다. 이상의 유희적인 사랑은 사랑으로부터 바로 이와 같은 남성의 이름을 빼앗아버리며 사랑이 궁극적으로 추구하는 일치로서의 결혼이라는 제도를 빼앗아버린다.

이상에게 있어서 삶은 더 이상 형식을 창조하는 힘으로서가 아니라 삶 그 자체가 형식에 내재하는 그 어떤 것이 되어버린다는 전도가 일어난다. 「종생기」의 핵심이 의식화된 방법 혹은 미적 자의식의 세계라는 평가는 이런 관점에서 비로소 합당하게 취급될 수 있다. 삶 / 형식 사이의 불화와 그로 인한 비극을 돌파하기 위해 낭만주의적 사랑이 채택한 전략이 형식을 삶에 내재적인 것으로 만드는 것이었다면 이상의 모던한 사랑은 방법 그 자체를 유일한 삶의 근거로 삼음으로써 삶을 방법에 내어주는 방식의 삶 즉 예술적(미적) 자의식에 입각해서만 삶이 비로소 의미 있는 삶이 되는 그런 방식의 해법을 추구해간 것이라 할 수 있다.

이상 문학 특유의 미적 자의식이 갖는 의미는 이러한 지점에서 솟아오른다. 그것은 삶을 기교로써 혹은 유희로써 대체하는 것인 만큼 이상 문학에 있어 삶 그 자체는 예술에 자신의 특권적인 위치를 내어주고 만다. 삶의 형식적 완성이 아니라 형식의 끊임없는 갱신 속에서만 삶이 완성을 볼 수 있는 특유의 미적 주체는 이런 방식 속에서 비로소 나타나고 자기 발전의 도정을 걷기 시작한다.

이상 문학 특유의 미적 자의식은 거리두기의 파토스를 통해서 실천된다. 그것은 존재하는 일체의 응결된 것에 대한 악마적 비웃음 속에서 작동한다. 발자크에 따르면 악마적 냉소란 '환상의 공동묘지' 위에 서 있음을 의미한다. 루카치에 따르면[28] 이는 '저주스러운 현실에 대하여 좀 더 나은 또 다른 종류의 현실이 실존함을 보여줌으로서 두 현실을 문학적으로 대비시킨' 데서 나오는 것이다. 헤겔은 이러한 현상을 '개별자에 의해 표현될 수 있는 최대의 통렬한 표현'이라 개념 규정한 바 있다. 의식의 전도를 보이는 정신 혹은 자신에 대해 말하는 정신은 모든 개념과 현재의 실재성을 뒤집는 것이며, 이 경우 자신과 타자가 행하는 보편적 기만 행위와 이 거짓을 말하게 하는 뻔뻔함이야말로 최대의 진실성이다.

> 모순을 스스로 의식하고서도, 표현할 때에 보이는 의식의 분열증은 존재에 대한 비웃음일 뿐만 아니라, 전체의 얽힘과 스스로에 대한 비웃음이기도 하다.

---

28) G. Lukacs, *Studies in European Realism*, Grosset & Dunlap, N.Y, 1973, Ch.2 참조.

동시에 그것은 흐릿하기는 하지만 전체의 얽힘을 들려주는 울림의 소리이기도 하다. 모순을 분열된 방식으로 형상화한다는 것, 즉 모순의 자각이 있음에도 불구하고 그것을 새로운 종합으로 이끌어올리지 못한다는 것은 결국 사변적인 해결을 통해서만 사태를 해결할 수 있다는 믿음이며, 이는 전형적인 관념이자, 환상일 따름이다.[29]

그것은 사물화가 가져 온 개인의 고립을 삶 전체의 무의미함에 대한 개인의 극단적 반항이라는 형태로 뒤집어 보여주는 것에 해당한다. 임화가 이상의 「날개」를 두고 거꾸로 선 리얼리즘이라 할 때 그 의미는 이러한 것으로 판단된다.

놀이화된 사랑의 형식은 낭만적 사랑이 갖는 현재 해방적 힘을 부정한다는 점에서 끊임없이 현재를 특권화하는 사랑이기도 하다. 그것은 매 순간을 긍정하면서 종결 없는 사랑을 가능케 하는 힘으로 작동한다. 따라서 낭만적 사랑의 해체와 부정에 입각한 이상 소설의 모던한 사랑은 끊임없이 사랑하기의 전략이며 종결점 없는 사랑의 전략에 입각한 사랑이라 할 수 있다. 사랑을 형식에게로 종속시키는 이와 같은 사랑은 사랑이라는 이자적 관계를 초월할 수 없다는 점에서 그것의 영역 내에 국한되지만 동시에 그러한 영역의 가장자리로 자신을 몰고 가려는 노력이며 사랑이라는 관계의 사이에 서고자 하는 욕망이다.

이 경우 사랑은 주어진 형식 속에서 하나의 유희로서만 자신을 표현할 따름이다. 그것이 추구하는 바는 물론 사랑의 새로운 형식을 만들어내려 하는 것이지만 이 새로운 형식은 그것이 갖는 내적 동력으로서의 끊임없는 자기 갱신의 전략 때문에 자율화된 형식들의 유희로 나아갈 수밖에 없다. 그것은 일체의 형식을 거부하는 형식이며 그런 한에서 규범의 거부 위에 서 있는 규범이라는 자기모순 속에서만 작동하는 사랑이다.

---

29) Ibid., p.57에서 재인용.

따라서 놀이화된 사랑은 새로운 사랑의 규범을 만들어내는 것이 아니며 맹목적인 책략에 근거해 기존의 규범을 재배치하는 것에 지나지 않는다. 그것은 사랑의 또 다른 국면을 열고자 하는 것이 아니라 단지 사랑으로부터 그것이 갖는 진정성을 빼앗고자 하는 노력이다. 그것은 친밀성의 안정적인 기반의 요구에 입각해 작동하는 낭만적 사랑의 입법적 기능[30])으로부터 사랑을 해방시키려는 노력이다. 또한 그것은 출산을 목표로 하는 전통적 결혼 관계와 정신의 일치를 추구하는 낭만적 사랑의 전략 즉 섹슈얼리티의 배제나 통합 위에 서 있는 기존의 관계로부터 섹슈얼리티의 해방을 추구하는 사랑이다.

결과적으로 낭만적 사랑이 갖는 정신적 일치와 남성적 추구의 서사는 자신의 형식적 완결성을 상실해 버린다. 놀이화된 사랑의 형식 속에서 일치를 향한 열망은 교착 상태에 직면하게 되며 사랑의 정신적 숭고성은 소멸되어 버린다. 서사를 종결짓고 이야기 전체를 하나의 완결된 형식으로 화하게 하는 사랑의 숭고한 이념은 뒤흔들리며 사랑의 이상태 그 자체 즉 사랑의 이념 그 자체는 서사적 중심으로서의 지위를 박탈당한다.

물론 그렇다고 해서 되돌아갈 전통적 규범이 존재하는 것도 아니다. 모더니즘은 고전주의로 회귀하고자 하지 않는다. 그것은 미리 주어진 규범에 따라 혹은 형식적 균제에 따라 사랑을 재정의하고자 하는 것이 아니다. 오히려 모더니즘의 사랑은 고전적 엄격성에 대해 낭만주의적 유동성을 긍정하며 제한된 것에 대해 한계 지워지지 않은 것을 긍정할 뿐 아니라 아폴로적인 것에 대해 디오니소스적인 것을 긍정하는 사랑이다.

삶은 자신이 창조한 피조물 속에서 스스로를 연출하며 서사를 완결된 형식 속에서 종결짓는 일체의 낭만적 형식은 사랑에 대해 특권을 내세우면서 그것의 가능성을 차압하려는 특권적인 의도의 사악한 시도로

---

30) G. Luhmann, op. cit., Ch.11 참조.

만 간주될 뿐이다. 이상 소설의 사랑은 낭만적 사랑의 권위를 해체하며 그와 함께 사랑에 입각한 서사의 자기 완결성을 해체해 버린다. 그것은 사랑의 밑도 끝도 없는 서사라는 사랑에 관한 새로운 서사의 형식을 도입한다. 「종생기」는 바로 이와 같이 종결되지 않는 서사의 형식에 관한 글쓰기이다. 그리고 그것은 바로 형식 부정의 형식이라는 모더니즘적 사랑의 독한 역설이 만들어낸 서사적 장치에 다름 아닌 것이다.

삶이 종결되지 않는 형식 속에서 자신을 연출할 때 혹은 유희화된 형식의 비종결성 속에서 놀이로서 전개될 때 자기 자신을 어떤 방식으로든 표현하지 않으면 안 된다는 삶의 에로스적 논리는 붕괴한다. 그것은 형식을 더 이상 삶의 외재적인 목적으로 간주하지 않으며 그러한 강박으로부터 스스로를 해방한다. 낭만적 주체는 완전한 죽음에 도달한다. 삶은 자신의 특권을 포기하고 유희화된 놀이로서의 형식 속으로 자신을 던져 버린다.

따라서 이러한 아포리아(aporia)로부터 제기되는 문제는 과연 삶이 이러한 형식으로서의 유희를 견뎌낼 수 있느냐는 문제이다. 또한 놀이로서의 삶이라는 형식 속에서 삶은 무엇을 얻을 수 있는 것인가란 문제가 여기에서는 튀어 오른다. 삶은 과연 예술적 자유를 견뎌낼 수 있는가? 다시 말해서 삶이 끊임없이 요구하는 실질적인 문제들이 야기하는 현실적 긴장으로부터 삶은 자유로운 정신으로서의 예술을 감당할 수 있는가란 문제가 그것이다.

모너니즘 예술이 종국에 도달한 지점 즉 삶에 대해 예술이 갖는 자유의 뿌리에는 정신화된 객관성으로서의 예술을 심미적인 예술 즉 삼각적인 다양성의 향유로서의 예술로 전화시키려는 전략이 내재해 있다. 그것은 기존의 예술이 갖는 외재적이며 구체적인 현실성을 감각적인 다양성 속에서 새롭게 정립해내려는 노력이기도 하다. 또한 그렇게 함으로써 그 영역 내에서 자유로운 놀이를 가능케 하려는 책략이기도 하다.

작가는 주어진 텍스트로서의 세계를 근간으로 글쓰기를 기존의 현실적인 맥락으로부터 떼어내어 자유롭게 하는 역할을 담당한다. 세계는 특권화된 이념 속에서 자신을 현현하는 통일체가 아니라 감각적 다양성 속에서 존재하는 재료로서만 의미를 갖는다. 놀이란 고정화된 형식의 외재적 결정이 미리 존재한다는 것을 의미한다. 그럴 때에만 비로소 놀이가 개시되기 때문이다. 놀이의 대상이 없을 때 놀이는 자신의 도구를 찾지 못한다. 따라서 그것은 놀이의 대상으로 사물화된 세계를 긍정하며 그러한 긍정을 기반으로 자신의 형식을 만들어 가는 정신이라 할 수 있다.

세계 속에 있으되 세계의 밖을 꿈꾸는 일탈하는 정신, 경계에 서서 자신의 등을 볼 수 없는 정신. 이상이 도달한 최후의 형식은 바로 형식 자체가 삶을 대체하는 시섬, 형식의 자기 전개 속에서만 삶이 비로소 하나의 의미 있는 삶으로 인지되는 지점, 삶이 자신을 던져 버리고 유희적인 형식의 자유 속에서 절대화된 자유를 구가하려는 지점, 자율화된 예술이 절대화되는 지점 즉 삶과 형식 사이에서 형식의 우위 쪽으로 나아간 지점이었다.

미적 자의식 혹은 예술적 자의식이 삶을 대체한다는 것을 그리고 그 속에서만 삶은 해방되고 절대화된 자유를 향유할 수 있다는 것을 이상 문학은 보여준다. 이상 문학은 개인주의의 한 극한을 예술적 자의식이라는 방법의 자기 증식에 의해 보여준다는 점에서 근대적인 문학의 한 절정이면서 그것을 뛰어넘는 문턱 위에 서 있는 문학이다.

3 부

자유주의 문학의 논리와 한계

유명론적 세계 이해와 개체성의 윤리학
: 염상섭과 1920년대

풍자의 역사의식
: 채만식의 『태평천하』 읽기

유명론적 세계 이해와 개체성의 윤리학

염상섭과 1920년대

1. 가면(假面) 쓰기와 균열의 사회학

『광분』은 염상섭 문학 최대의 사기꾼인 변원량이 등장하는 소설이다. 그 중 1장 「영양의 귀국」이란 대목에는 '경이원지(敬而遠之)'란 고사성어1)가 나타난다. 문맥에 따르면 '친하게 지내되 너무 가까이 다가가지는 말자'란 뜻이다. 사기꾼의 말이니 좋은 뜻은 아니고, 다만 가면을 쓰고 주의를 다해 계략을 꾸며야 뭔가를 취할 수 있다는 말이다.

인물들은 마치 외교관처럼 말하고 행동한다. 상대방이 드러내는 몸짓 하나, 대사 하나, 눈빛 등 모든 것이 진중하게 해석되어야 할 기호로

---

1) 『논어(論語)』에 나오는 구절. 관습에 따라 귀신을 공경하되 그 실체를 믿지는 말라는 뜻. 관행과 관행 자체의 실체성을 구분하여 전자에 방점을 둔다는 뜻에서는 이 글의 논지와 유사하다.

간주된다. 그것이 지시하는 실제의 것(예컨대 웃는다 해도 호의적인 것은 아닐 수 있다)을 정확히 알아차리지 못하는 것은 패배를 가져오며 치명적이다.

그런고로 인물들은 일종의 긴장병에 걸려 있다. '긴장—웃음'의 반복이 작품 전체에 유기적인 리듬을 만들고 있다. 유연한 자는 이긴다. 긴장하여 웃음을 상실하는 자는 신경증 환자가 되기 십상이고 바보로 간주되거나 패배자이다. 그래서 웃음은 천진난만하지 않다. 그것은 두 가지, 하나는 남을 속여먹을 때 나는 '실소' 혹은 '냉소'이거나 아니면 긴장을 완화하고 자신이 긴장하고 있다는 것을 속이기 위한 '과장된 웃음'이다.

『광분』은 정확하게 진정성을 상실한 이런 류의 기호들이 만들어내는 세계, 곧 허위와 가식·위선·속임수 등으로 뒤범벅된 언어들이 만들어내는 한바탕 난장을 그린 작품이다.

특히 2장 「잔치」 대목은 이를 압축적으로 요약해 보여주는 대목이다. '본심을 숨기다—본심을 읽어야 하기 때문에 긴장하다'는 가면 쓰기의 기본 테마이다. 따라서 '가면 쓰기' 혹은 '연극성'은 『광분』의 비루한 세계를 구성하는 핵심이다. 사실 그것은 첫 장편인 『사랑과 죄』(1927) 이래 염상섭 소설이 그려내는 현실 일반의 한 본질이기도 하다.

'가면 쓰기'란 원래 전통적인 가부장제가 요구한 의례의 한 요소이다. 가부장제 하에서 개인들은 자신에게 할당된 '이름'[君—臣, 父—子, 師—弟] 속에서만 존재한다. 이름 자체가 위계화되어 있고 이름과 존재는 분리 불가이다. 그런 까닭에 관계 맺음은 각각의 이름에 걸맞은 의식(儀式)의 상징성 속에서만 가능하다. 주어진 상징의 한계를 넘는 것은 위험하다.

예컨대 애비가 죽으면 울어야 하지만 지나치게 울어 실신하다든지 하는 것은 비례[過恭非禮]이며 울지 않는 것은 불경(不敬)이다. 이렇게 보면 우리가 예의범절이라고 숭상하는 모든 형식화된 관계 일반이 '가면 쓰기'의 유산, 곧 귀족사회의 유산인 셈이다.

물론 현대사회에서 '가면 쓰기'는 양의적이다. 한편으로 그것은 진정성의 부재를 숨기는 일종의 '쇼(연극)'로 기능하는 만큼 부정적인 의미를 갖는다. 진정성을 상실한 의례적인 언어들은 자기 확장하는 속성(좋아해 →진짜 좋아해→진짜 진짜 좋아해)을 가지고 있고 그러한 언어들이 범람하는 것은 공동체의 윤리적 저열성을 드러낸다. 개혁 혹은 혁명이란 바로 이 공소한 언어에 진정성을 회복시키고자 하는 열망(모두가 서로를 좋아하는 것이 당연한 일이어서 '좋아해'란 말이 필요 없는 사회에의 열망)에 다름 아니다.

그러나 한편으로 '가면 쓰기'는 관계맺음의 보편적 가능성과 안정성을 보장하는 토대이기도 하다. 흔히 우리가 관습 혹은 제도의 긍정적 기능을 거론할 때 통상 지적하는 것은 이런 측면들이다.

예컨대 돈이 종이 조각에 불과함을 잘 알면서도 우리는 그것으로 무엇인가를 사고팔며 바로 이 사고파는 행위를 통해 삶을 구성해 낸다고 믿는다. 만일 누군가가 돈의 진정한 본질이 '단지 종이 조각'에 불과함을 지적하고 그것으로부터 가면을 벗기려고 하면 경제 활동 전체가 다시 말해 삶 전체가 붕괴해버리는 것이다. 마찬가지로 자유가 착취의 특수한 형식에 가면을 씌운 것임을 누구나 다 잘 알고 있지만 그렇다고 해서 자유란 이념 일반이 갖는 긍정성을 누구도 부정할 수는 없다.

많이 에둘러 왔다. 전통적 가부장제 하에서 '가면 쓰기'는 인간관계를 직접적으로 겨냥하고 있다. 그것은 허구적인 실제성의 특성을 가지고 있다. 쉽게 말해 허구의 산물이지만 지배하고 통치하는 국가 장치의 기반으로써 자신을 현실 속에 의미 있게 드러낸다는 것이다. 이 경우 상징적 의례로 표현되는 약속 속에서 관계는 스스로를 충분히 드러낼 수 있는 고로 '가면'의 이면에 무엇이 존재하는가라는 질문 자체는 외설스러운 것에 불과했다.

예컨대 항복한 장수에게 중요한 것은 '항복'이라는 형식과 절차이며 그 속에서 표현되는 관계의 정립이지 항복의 진정성을 묻는 일이 아니었기에 그런 일은 일어나지 않았다는 말이다.

근대에 들어오면 사정은 완전히 달라진다. 전통사회의 '가면 쓰기'가

'지배-예속'이라는 권력 관계에 정당성을 부여하는 토대로 기능했다면 현대사회의 그것은 '사고-파는' 경제적 행위의 기반으로 전화된다. 사유와 행위·신념의 주체로서 자기 처분권을 갖는 자유로운 개인들이 해체해 버린 전통적 권력 관계가 이른바 자유 계약에 따른 경제 행위 즉 상품들간의 관계로 변형되어 뒷문으로 되돌아 온 것이다. 근대 이후 인간들 사이의 권력 관계는 사물들에 의해 대신 표현된다. 권력에 대한 욕망은 사물(상품)에 대한 욕망으로 전치되고 욕망하는 자유의 평등성은 경쟁과 갈등을 낳는다. 정치적 주권의 일인일표성(一人一票性)과 경제적 주권의 일주일표성(一株一票性)이 빚어내는 모순이 현대사회의 근본모순이며 이 모순이 빚어내는 온갖 인간학적 결과물이 곧 사회적 갈등이인 셈이다.

지금 여기에서 이야기되고 있는 것은 다른 것이 아니라 정치적 평등과 경제적 불평등간의 모순 혹은 마르크스가 이른바 물화라고 불렀던 현상 속에서 그것이 드러나는 양상이다. 염상섭 소설 속에서 그것은 '가면 쓰기'라는 소설의 언어로 번역되어 나타나고 있다.

흔히 염상섭 소설이 '돈'에 대한 예민한 감각 위에 구축되어 있다고들 한다. 맞는 말이다. 그러나 염상섭 소설을 한 길 더 깊게 이해하기 위해서는 돈이 갖는 이 '가면성'에 대한 이해로 나아가지 않을 수 없다. 이 둘의 차이는 매우 크고 핵심적이다. '돈에 대한 예민한 감각'과 '돈의 가면성에 대한 감각'을 구분하는 일은 염상섭 소설을 이해하는 관점의 지평 자체를 완전히 뒤바꾸어 놓는 일이다.

『광분』의 염상섭은 '돈'이 갖는 가면으로서의 속성 즉 돈의 권위가 갖는 환상성(돈이 무엇인가 가치를 구현하고 있다는 환상 위에 돈의 권위가 서 있다)을 꿰뚫고 있다. 그에 따르면 근대화된 삶이란 돈의 환상이 만들어내는 인간학적 결과물에 지나지 않는다. 이 점이 매우 중요하다. 염상섭의 주인공들은 돈이야말로 가치 중의 가치이며 그것만이 삶을 온전하게 해준다는 식의 속물의식에 가득 젖어 있는 어리숙한 개인들, 바보들이 아니다. 그들은 돈이 실상 아무것도 아님을 너무나 잘 알고 있다. 그러나 그럼에도 불구하고 사회적 지평 내에서 돈 이외는 그 무엇으로도 자신을 표현할 길이 없다는 사실 또한 잘 알고 있다. 그런고로 염상섭의 인물들은 노회한 인간들이다. 그들은 만인 사제주의나 세계의 중심으로서 개체가 갖는 존엄성과 권위를 주창했던 초기 부르주아적 순진성(naivete)으로부터 이미 탈각한 존재들이다.

『냉소적 이성 비판』의 저자 슬로터딕[2]에 준하여 정의해 본다면 그들은 계몽된 허위의식의 소유자 즉 냉소주의자들이라 할 수 있다. 냉소적인 이성은 순진하지 않다. 염상섭의 주인공들은 부정직하지만 성실하게 그리고 일관되게 부정직한 인물들이다. 『광분』의 변원량이 희대의 사기꾼일 수 있는 것은 바로 그의 사기 행각이 갖는 일관된 구도와 실천의 성실함에서 온다. 염상섭 소설은 바로 이러한 인물들에 의해 구축된 세계를 그리고 있다.

1920년대 초기의 한국소설사에는 단순히 돈을 추구하고 그를 위해 온갖 가치들을 팽개치는 속물화된 개체들의 세계를 그리는 수많은 작품들이 존재한다. 또한 그러한 속물적 성격의 한 부분에 민족적 요소들을 외삽하여 마치 '속물=반민족주의자'라는 식으로 인물들을 몰고 가는 작품 또한 상당수 존재한다.

염상섭 소설은 전혀 다른 지평 위에 존재한다. 이 점을 이해하지 못하면 염상섭이 이른바 '사기꾼'을 '악한'으로 그리고 있지 않은 사정을, 더 나아가서 사기꾼들의 세계를 매우 정교하게 그리고 있는 이유를 이해할 수 없게 된다.

『광분』을 통속소설쯤으로 치부하고 있는 기존 연구의 경향[3]은 염상섭을 완전히 잘못 이해하고 있다. 비교적 모범적 인간 유형을 그리고

---

2) P. Sloterdijk, *Critique of Cynical Reason*, Minnesota, 1987 참조.
3) 유병석, 『염상섭 전반기 소설 연구』, 아세아문화사, 1985, 132~133면; 최혜실, 「염상섭 소설에 나타난 통속성 연구」, 『국어국문학』 108호, 1992 참조.

있는 『사랑과 죄』(1927)조차 소설 목차의 삼분의 일 이상을 차지하고 있
는 것은 이른바 '속임수'와 관련된 것들이다. '밀담(密談)', '음모(陰謀)',
'속임수', '해혹', '비밀 상자', '새로운 의문', '정탐' 등과 같은 종류의
현상들이 모두 소제목들에 반영되어 있다.

염상섭 특유의 인물 분류학에 따르면 세상에는 바보와 사기꾼만이 존
재한다. 인물들은 '선인 / 악인'으로 분류되지 않는다. 외견상 진정성을
갖춘 선인(善人)인 듯 보이는 인물, 예컨대 『광분』의 진태는 아직 세파에
노출되지 않은 소년일 뿐이다. 그의 진정성은 검증되지 않았다는 사실
에서 온 것일 따름이며 세파에 노출되자마자 그는 바보로 전락한다.

악인의 경우도 마찬가지이다. 희대의 사기꾼 변원량이 부정적인 인
물로 형상화되는 것은 그가 악한이어서가 아니라 범법자이기 때문이다.
원래 사기꾼의 모랄은 '爲善不近名이요, 爲惡不近刑하라'[4]에 있다. 변
원량은 사기꾼의 계율을 어긴 것이다. '돈이 모든 가치의 으뜸'인 것은
사실이지만 그것을 위해서 관계 전체를 부정해서는 안 된다는 자본주
의의 윤리를 정확하게 이해하는 한 그는 사기꾼이다. 변원량의 결정적
실수는 이 둘을 혼동한 데서 온다.[5] 작가는 변원량의 본질적 악한됨에
대해 그리고 있지 않다. 작가는 단지 사기꾼과 범법자의 경계가 매우
유동적인 특정한 세계를 그리고 있을 뿐이다.

통속성과 탐정 소설 형식은 염상섭식 현실인식의 자연스러운 귀결이
다. 그런고로 『광분』은 통속 / 괴기담으로의 전락이 빚어낸 결과물이 아
니라 염상섭 소설이 서 있는 기반을 명료하게 표현하고 있는 작품인 것
이다. 염상섭 소설은 돈의 가면성이 창출해 낸 인간학적 결과물들의 흐
름을 가감 없이 관찰하고 기록한 결과물이다. 몇 가지 예를 들어 이를

---

4) 『장자』 「養生主」 篇에 나오는 말임.
5) 악한과 범죄자를 혼동하는 것은 근대법의 원리에 대한 몰이해에서 온다. 근대법은
'선 / 악' 구분 위에 존재하지 않고, 다만 무언의 명령으로서만 존재한다. L. Goldmann,
출판사 역, 『계몽주의의 철학』, 청하, 1982 참조.

다시 한 번 살피도록 하자.

예컨대 우리는 염상섭 소설의 한 특징으로 '가족의 반목'[6]이라는 현상을 지적한다. 그러나 염상섭은 이런 식으로 사유하지 않는다. 그는 가족 아닌 사람들은 반목하지 않는가, 반목이야말로 인간 본질이 아닌가 라는 식으로 사유한다. 가족 곧 혈연 집단 내부의 관계는 그 본질상 동질적이다라는 전제 위에 서 있을 때만 우리는 가족의 반목이 매우 심각한 사회 현상이라는 말을 할 수가 있다. 만일 가족의 본질적 동질성이란 전제가 없다면 가족의 반목은 먹음직한 고깃덩어리를 앞에 둔 암캐 / 수캐가 혹은 애비 / 에미 / 자식 개가 반목하는 것처럼 자연스러운 일이다.

그러니까 염상섭 소설은 가족의 반목이라는 이상한 현상에 대해 쓴 것이 아니라, 반목 그 자체가 삶의 본질인 어떤 국면 즉 한때 가족의 전통적 형태가 봉합해 두었지만, 이제는 그것이 불가능한 어떤 시점의 가족을 그리고 있는 것이라 보는 것이 타당하다. 염상섭식 인간 이해에 따르면, 진정해야 할 가족 관계 따위는 존재하지 않는다.

또 다른 한 예를 들어 보자. 염상섭은 분화되고 파편화된 삶의 한 가운데를 걸어가고 있는 당시 조선 민중들의 삶을 그리고 있다. 염상섭이 그려내는 세계는 돈이 그려내는 환상성과, 그것이 허구임을 번연히 알면서도 그것 외에는 삶의 내용을 구성할 그 어떤 형식도 존재하지 않기에 '깨춤을 추는' 인간군들로 구성되어 있다. 또한 이 세계는 '성욕 / 물욕'이라는 욕망의 선과 '사기 / 범법'이라는 제도의 선, '가진 자 / 못 가진 자'라는 계급의 선을 타고 넘실거리며 끝없는 자기 전개의 도정을 걸어가고 있다.

거기에 무슨 일제의 앞잡이로 돈을 번 매판 자본가의 삶을 그렸다는 둥, 악화되어 가는 삶의 풍속도를 그렸다는 둥 하는 이야기들[7]은 모두

---

6) 김경수, 「염상섭 소설의 전개 과정과 『광분』」, 『광분』(염상섭), 프레스 21, 1996 참조.
7) 정호웅, 「식민지 중산층의 몰락과 새로운 방향성」, 『염상섭문학연구』(권영민 편), 민음사, 1987 참조.

본질적인 사실과는 거리가 먼 이야기일 뿐이다. 다시 말해 틀린 이야기라는 것이 아니라 하나마나한 이야기라는 것이다. 염상섭 특유의 표현에 따르면 그것은 '머리쌀 아픈 이야기'에 지나지 않는다. '퇴폐 행각을 벌이는 친일파 부르조아'8)란 표현도 마찬가지이다. 염상섭의 시각에 따르면 '사내 자식은 모두 퇴폐적이다'란 명제가 좀 더 진실에 가깝다.

예컨대 『광분』의 민병천은 인간됨의 가치를 집단적으로 실현하는 일에 철저히 무관심한 사내다. 그는 정신·이념·윤리적 인간됨이라는 전통적인 가치의 핵심에서 벗어나 그런 관점에서는 비판되고 반성의 대상이 되며 악의 상징으로만 간주되는 이기심·색욕·탐욕의 즉물적인 드러남이란 상태의 인격화로 기능한다. 이것이 소위 '퇴폐성'의 내용이다.

따라서 이런 식으로 염상섭의 인물을 비판하는 것은 정말 옳은 일이다. 왜냐하면 민병천 뿐만 아니라 작품 속 인물 그 누구도 이런 식으로 행동하지 않는 인간이란 없기 때문이다. 굳이 예를 들자면 『광분』의 진태 정도만이 예외일 뿐이다. 그러나 염상섭은 바로 이 예외적 인간상에 대해 별로 관심을 기울이지 않는다.

염상섭은 인간 삶의 내부에 존재하는 것 즉 정신·이성·윤리라는 영역에서 일어나는 인간 영혼의 진정한 자기 추구에 대해 그리지 않는다. 혹은 인간 연구의 출발이 그 내부를 기점으로 해야 한다는 전통적인 인간학을 거부하고 있다고 말해도 좋다. 그는 다만 표면 즉 색욕·권력욕·위신에만 골몰하는 인간 삶의 매우 얄팍한 부분들을 자기 창작의 주된 테미로 삼고 있다. 그리고 사실 이러한 표층성이야말로 염상섭 득의의 영역이고, 그것이야말로 1920년대 한국소설사에서 염상섭 소설이 갖는 남다른 차이를 지탱하고 있는 지지대가 되고 있다.

예컨대 이광수의 『무정』은 진지한가라는 질문이 있다고 하자. 사실 그것은 정말 진지하지 않다. 혹은 그것의 진지함 이면에는 매우 교활한

---

8) 김경수, 앞의 논문 참조.

자기변명이 숨어 있다. 이형식이 누구인가? 나라가 망하고 그 때문에 사창가로 팔려간 한 '누이'를 두고 그는 죄책감을 이런 식으로 호도한다. "우리가 이 민족을 도와야지요" 건전한 상식의 관점에서 보자면 이형식은 바보거나 광기에 사로잡힌 인간이거나 그렇지 않다면 매우 교활한 인간이다. 누이가 능욕을 당하고 식구들이 목숨줄을 놓게 된 판에 '민족을 돕자'는 식의 대응은 매우 생뚱맞은 짓이다.

그러나 사실 여기에 이광수의 진정성이 있다. '민족 갱생'이란 이념 말고는 무엇을 통해 이 곤궁함을 벗어날 것인가. 그것 말고는 도무지 길이 없다는 사실이 여기에서는 문제가 된다. 물론 신채호식 응전이 존재하고 그에 밑받침이 되는 글쓰기도 있을 수 있다. 이광수는 그 길을 가지 않는다. '민족 갱생'이야말로 그가 입 밖에 꺼낼 수 있는 최대한의 목소리였고, 그런 한에서 그것은 진정한 것인 셈이다.

진정성이란 이렇게도 역설적이다. 이광수는 그가 속한 집단의 진정성의 최대치를 보여주고 있다. 그러니 이를 두고 계몽의 승리니 파탄이니 말을 하는 것 자체가 나는 좀 우습다고 생각한다. 한 인간이 자신이 말할 수 있는 최대치를 말했다는 것, 그것이 비록 터무니없는 허구 위에 서 있는 것이라 하더라도 그리고 그 길이 허구의 길임을 알았다 하더라도 결국 그 길 외에는 갈 길이 없다는 것, 그것만이 유일한 자기 육성일 수 있다는 것을 드러내는 인간은 괴물 같은 인간이지만 아름답다. 그는 자기가 속한 세계 내에서 표현할 수 있는 이념의 최대치를 드러낸 것이기 때문이다.

염상섭에게 있어서 최대치는 '표층'·'가면성'·'균열'이었다고 생각한다. 염상섭 소설의 테마는 표층성이다. 물론 이 표층성은 단순한 것이 아니다. 표층/심층이란 구분 자체가 표층이 무엇인가를 감추고 있다는 사실에서 말미암는 것이다. 상대방의 얼굴 표정을 보고도 그것이 무엇인지를 잘 알 수 없는 사태란, 그래서 그 속을 뚫어 안을 들여다봐야 한다고 주장하는 '신경증적 인간'의 탄생은 통합된 집단적 가치의 붕괴라는 특유의 시대 인식에서만 가능한 것이다.

다시 말해 그것은 자연발생적인 집단적 통합이 더 이상 불가능한 시대에 그가 처해 있음을 알리는 표지로서 등장한다는 것이다. 파편화된 가치들만이 횡행하는 시대, 이기심과 물욕, 색욕만으로 가득 찬 인간들의 난장이 끝도 없이 펼쳐진 세계 내에서 1920년대의 염상섭은 새로운 방식의 통합 혹은 통합된 방식을 통해 새로운 시대와 대면하기라는 과제를 붙들고 고투한 일군의 작가들 중 가장 모범적인 한 분이라고 생각한다. 통합된 인간학에 대한 열망은 1920년대 염상섭 문학이 갖는 의미항의 기초이자 핵심이다.

2. 실패한 두 개의 실험 ─ 광기와 냉소의 세계

1) 협소한 주체의 신경증과 '통합'이라는 과제

1920년대 염상섭 소설에서 세계는 오직 해석학적 상황으로만 존재한다. 돈의 환상성이 축조해내는 결과물로서의 세계에서 삶은 기만과 사기에 휘둘리고 범법에로 전락할 가능성이 상존하는 상황에 직면하게 된다. 돈은 부정되어야 할 비속한 사물에 불과하지만 그것 외에는 인류가 자신을 표현해 낼 공통의 지평이 존재하지 않는나는 사실은 공동체의 결정적인 분열을 반증하고 있다. 전통적인 질서의 투명성은 사라지고 삶은 근원적 불투명성으로 나타난다. 아마 거기에는 식민지적 상황 특유의 이중적인 굴절 또한 존재했을 것이지만 그것은 그리 중요하지 않다.

염상섭은 분화되고 물화된 영역들의 자율화가 이미 진전되고 있는 자본주의 발전의 특정한 단계를 그리고 있다. 근대 태동기의 계몽적 주체가 미신과 야만을 대면하고 있었다면, 그런고로 만인 사제주의를 주창하고 과학적 세계관에 입각해 세계의 재편을 추구함으로써 자신의 정당성을 입증할 수 있었다면 염상섭 소설에서 인물들은 전혀 상이한 상황에 처해 있다.

단언컨대 염상섭의 인물들은 현대사회학이 그 위에서 출발한 지점에 서 있다. 즉 그들은 진리 주장이나 자기 증명에의 요구가 아니라 통합·타협·조정이라는 공리주의적 세계관에의 요구가 긴급히 요청되는 삶의 영역 즉 갈등의 공간 위에 서 있다. 그런고로 여기에서는 현대사회학의 태두인 짐멜을 소환해 보자.

짐멜에 따르면9) 인간 발전의 기본 단위는 분화된 소규모 집단이다. 그것은 자신 내에 존재하는 개인들에게 행위와 기질의 통일성을 부여한다. 이와 같은 닫힌 집단 내에서는 집단의 정체성을 드러내는 특유의 개성들을 구성원들에게 강제하는 방식으로 문화적인 산물들이 일정한 의미론적 관계 속에서 배치되어 있다. 활용 가능한 객관적인 형식들과, 이를 받아들임으로서 집단에 대한 개인의 통합을 가능케 하는 장인 주관적인 삶 사이에는 그 어떤 분열도 존재하지 않는다.

그러나 객관적인 문화의 분화가 특히 노동의 분화에 힘입어 가속화되고 자율적인 경지에 도달하게 되면, 그 결과 주관적 삶은 사적인 개인의 영역이 되고 객관화와 주관화는 상호 무관한 방식으로 강화되며 심화된다. 유적(類的) 개인에로의 자기 고양에 대한 열망과 개인의 독특한 발전에로 향하는 열망 사이의 길항은 정점에 달한다. 소규모 집단에서나 가능했던 그리고 객관성과 주관성 사이의 실체적인 매개체였던 즉자적인 사회적 개성은 소멸하며 단편화된 기능적 복합체들과 분산되었으며 자기 속에 닫힌 개인들 간의 날카로운 긴장만을 남길 뿐이다.

이 양자 사이를 매개하는 것은 돈에 의해 매개되는 비인간적이고 산

---

9) G. Simmel, *The Conflict in Modern Culture*, Teachers Press, N.Y, 1968 참조.

술적이며 계약적인 관계에 다름 아니다. 거기에는 그 어떤 정서적 교류
도 존재하지 않으며 세계는 자연스럽게 실정화된 세계로 변질되어 버
린다. 특정한 개인의 개인적인 발전에는 전혀 무관심한 자율적인 규범
에 따라 스스로를 규제하는 각각의 기능적 복합체의 발전 경향은 개인
들을 공적인 삶으로부터 격리시킴으로서 객관적 삶의 형식으로부터 주
체가 자신의 내적인 통합을 이루어내는 것을 불가능하게 만든다.

세계는 객관적인 형식의 자율화 및 그에 따른 자기 분화의 경향과 주
관의 개별화란 통합될 수 없는 두 경향 사이의 심오한 그리고 아마도
화해 불가능한 투쟁의 장이 되고 만다. 이 경우 삶의 공간은 질적인 공
동체가 아니라 단지 양적인 영역 즉 균질화된 공간으로 나타난다. 세계
는 분화된 개체들이 자기의 권리를 주장하는 투기장(鬪技場)에 불과하다.
그것의 심리학은 섬뜩함이다. 삶은 통합에 대한 애원에 매달리게 되고,
그것을 위해서는 타협할 수밖에 없다는 사실의 근원적인 비극성에 직
면하게 된다.

염상섭의 인물들은 비유컨대 능선 위에 서 있다. 혹은 칼날(Knife's edge)
이라 해도 좋겠다. 유적(類的) 개체로 다시 말해 일반의지 속으로 주관을
해소시키고자 하는 욕망은 실정화된 사회 속에 자신을 구겨 넣는 비속
한 개체 이른바 의례화된 몸짓을 통해서만 자신을 드러낼 수 있는 속중
(俗衆)으로 인격화된다.

주관의 진정성을 증명하고자 하는 열망은 영혼의 고유성에 대한 갈
망으로 나타나지만 이는 루카치가 잘 묘사했듯이[10] 범법적 일탈과 광
기로 귀결될 것이다. 한쪽으로 가면 희극이, 반대쪽으로 가면 비극이 연
출된다. 통합이 인간됨의 본질이라면 염상섭의 인물들 속에서 이 두 방
향성은 서로 팽팽히 맞서 있으면서 인물들을 분열케 하는 근본적인 힘
으로 작동한다.

---

10) G. Lukacs, 반성완 역, 『소설의 이론』, 심설당, 1985 참조.

그런 고로 염상섭 소설의 인물들은 한 마디로 말해 '신경증적 인간'들이다. 첫 발표작인 「표본실의 청개구리」(1921)와 그 이전에 이미 씌어 있었다는 「암야」에 나타나는 주인공의 신경증은 이를 잘 드러내고 있다. 염상섭 소설의 인물들은 일종의 제한된 주체성 이른바 협소한 주체들이다. 칼날 위를 걸어가는 통합에의 험난한 도정에 오르기 위해서는 예민한 감수성이 요구된다. 이른바 장인적 관찰력은 이에서 발원한다.

주관의 절대적 자유란 관점에서 보면 통합은 일종의 체념적인 수용 즉 개체됨의 사회적 측면에 대한 수용 위에 서 있다. 마찬가지로 사회적 결합의 안정성이라는 측면에서 보면 그것은 상실한 주관적인 자유에 대한 열망과 동경(憧憬)으로 나타난다. 체념과 동경의 변증법이 곧 염상섭 소설 전체를 관통하는 근원적인 힘이다.

서영채가 잘 분석했듯이[11] 이 변증법이 가고자 하는 곳은 '성숙됨', 루카치의 용어대로라면 '남성적 성숙'에 이르는 길이다. 『사랑과 죄』는 이 남성적 성숙함을 구현하고 있는, 이른바 모범적인 인간군이 잘 드러나 있는 작품이다. 그런고로 『사랑과 죄』를 초기 염상섭 소설의 한 결산이라 불러도 무방할 것이다. 그 도상에 염상섭은 통합에 실패한 몇몇 전형적인 인간상들을 그려 두었다. 「표본실의 청개구리」에 나오는 광인 김창억과 「제야」(1922)의 최정인, 「남충서」(1927)의 남충서 혹은 『사랑과 죄』의 류진 등에서 특징적으로 나타나는 냉소적 인간상이 그들이다.

실패가 성공의 아버지인 것처럼 이 실족한 인간군들의 경험과 그들의 열망은 곧 남성적 성숙함을 구성하는 변증법적 계기로서 수용된다. 또한 비록 실족했지만 이들 두 유형은 1920년대 식민지 조선 지식인 그룹의 한 전형들이라 할 수 있다. 염상섭을 통해 우리는 1920년대 식민화된 한국 지식인 사회의 다종다기한 내면 풍경들을 조망할 수 있다.

---

11) 서영채, 「한국 근대소설에 나타난 사랑의 문법에 대한 연구」, 서울대 박사논문, 2002 참조.

2) 「표본실의 청개구리」와 광기의 윤리학

「마음이 옅은 자여」에서 김동인은 세계의 무의미에 대해 예술의 가능성을 내세움으로써 삶 전체를 조망할 수 있는 한 지점을 보여주었다. 거기에서 예술은 한계 속에 갇힌 주체로 하여금 그 자신을 이해하고 초월할 수 있는 하나의 영역으로서 기능하고 있다. 예술은 세계와의 관계 맺기를 가능케 한다는 점에서 성숙의 한 가능성이다. 염상섭에게서도 사정은 동일한 것으로 읽힌다.

물론 둘의 차이는 명확하다. 김동인의 '인형'들은 넘치는 에네르기로 가득 차 있다. 예술적 종합을 향한 발걸음은 씩씩하며 탐색의 여로 전체에는 비장미가 넘쳐흐른다. 염상섭에게는 이러한 분위기가 없다. 「표본실의 청개구리」에는 단지 차가운 냉기만이 흐르고 있을 뿐이다. 혹자는 차가움의 배면에는 자기반성의 준열함이, 삶의 실감을 찾아 방황하는 뜨거움이 약동하고 있다고 한다. 맞는 말이다. 그럼에도 불구하고 실감의 차원에서만 반성되는 삶이란 차가운 것이다.

염상섭이 인상적인 것은 그가 '극복'·'모색'이라는 단어를 함부로 사용하지 않는다는 점에 있다. 실험실 메스의 섬뜩한 탐침으로만 삶이 세계와 이어져 있을 때, '컴컴한 방속에 드러누웠어도 눈섭 밑이 부시'는 '전율'로만 삶이 감각될 때, 누구든 함부로 극복을 말해서는 안 될 것이다.

성신은 극복·반성·모색의 차원에로 너무나 쉽게 비약해 버린다. 주어진 삶의 추악함은 초월을 요구하고 세계의 狡獪함은 의미를 요구한다. 의식은 성급하고 욕망은 맹렬하며 갈증에 목말라 헐떡인다. '무섭게 앙분된 신경'은 스스로를 해명하기 위해 줄달음친다. 염상섭은 물론 이 길을 직선적으로 가지 않는다. 대신 그는 남포행을 택하며 거기에서 한 광인의 이야기를 듣는 것으로 상황을 비껴간다.

김동인의 금강산행이 친구를 동반한 것이긴 해도 그 심리상 단독행에 가까운 것이었다면 남포에의 여정이 단독행이 아니라는 점은 인상적이다.12) 몇몇 친구들이 있고 술자리가 있다. 김창억이 소개된다. 그는 비유컨대 표단(瓢簞)이다.

표단이란 무엇인가? 일단사일표음, 즉 선비의 도를 말하는 것이다. 표단 모양으로 생긴 술병을 이르기도 한다. 선비란 무엇인가? 세계를 이념화하고 빈틈없이 실천해내는 정신을 말함이라 본다. 김창억이 맛간 표단으로 소개된다는 것은 그가 술자리에 모인 인간들에게 엇나간 선비의 한 전형으로 읽혔음을 뜻할지도 모른다.

전언(傳言)에 따르면, 그는 남포 굴지의 객주 김건화의 아들로 경성에서 한성고등사범에 다니던 중 부친의 죽음으로 학업을 줌단하고 고창에 돌아와 교사로 있다가 미쳐버린 인간이다. 억울한 감옥살이 몇 달, 후처의 배신, 가출 때문이라 하지만 사정이 명확하지는 않다.

그런 일로 미칠 수 있는 것일까? 항용 현실적인 패배와 굴욕 때문에 미치는 인간은 없다는 점을 고려해 볼 때. 김창억이 미쳤다는 사실은 그가 놓인 자리가 술이나 마약 혹은 퇴폐에로의 전락을 통해서도 봉합되지 않는 근원적인 상처 앞에 위치해 있다는 점을 반증하고 있다. 김창억은 광기 속에서 1920년대의 환멸이 드러낼 수 있는 최대치를 표현하고 있다.

세계와 엇나가 있다는 사실 앞에서 김창억이 보여준 광기는 그가 세계와의 실천적 관계 맺기에 얼마나 골몰해 있는가를 반어적으로 보여준다. 세계와의 통합 불능성은 동시에 그러한 세계를 대면하고 있는 스

---

12) 미미한 차이이지만 이를 통해 김동인과 염상섭의 근본적인 차이를 추론할 수도 있겠다. 결론적으로 말하자면 염상섭 소설은 근본적으로 자기 성찰적인 개체성을 지향하고 있는 것으로 보인다. 친구가 대화의 상대역이고 일종의 거울이며 부정을 거쳐 통합에로 나아가는 매개체로서 기능한다면 김동인은 그런 장치를 필요로 하지 않는다. 그는 부정을 통해 통합해야 할 자아 따위에는 관심이 없고 비극 속에서 자아를 해체시켜 버릴 강력한 순간에만 관심을 갖는다. 금강산행 기차 속에서 맞닥뜨리는 자연의 율동은 그런 관점에서 해석될 수 있다.

스로의 진정성(Authenticity)에 대한 의문에로 향하기 마련이다. 따라서 광기 속에서의 관계 맺기란 한 인간이, 속악하지만 동시에 강대한 힘을 갖고 있는 현실 속에서 어떻게 자신의 인간됨을 되찾느냐라는 문제 즉 양심의 문제와 직결되어 있다.

비윤리적인 현실 속에서 윤리적인 삶의 정체성을 확보하는 일이 긴급하게 요청되고 있다. 그러나 그렇다고 해서 그것이 곧바로 세계의 개조로 연결되는 것은 아니기에, 이 일은 이중의 고통을 대가로 지불하지 않을 수 없다. 속악한 현실 속에서 나 자신은 무기력하기 짝이 없는 한 미물에 지나지 않는다는 사실을 경험한 한 인간이 그로 말미암은 훼손된 정신을 끌어 올리는 과정은 매우 힘들고 복잡하다.

맹렬한 적의와 정복의 욕구는 시시때때로 틈을 비집고 튀어 오른다. 그는 자신을 동댕이치고 부정한 세계로부터 자신을 확인하고 싶은 열망에 빠진다. 파괴하고 부정하는 이 정신은 고수해야 할 삶의 기본적인 원칙을 향해 줄달음치지만 그 원칙은 이미 세상에 의해 부정되는 것이기에 다만 자신과 세계를 상처 입힐 뿐이다.

김창억이 겪는 정신적 고통은 1920년대의 식민화된 한국사회의 지성들이 겪었던 세계의 폭력성 앞에서 사회 전체가 빠져 들어간 집단적인 광기의 상태와 연관되어 있고 그런 한에서 사체험의 영역을 뛰어넘고 있다. 싫든 좋든 인간은 자기 확인 즉 진정성의 확보라는 싸움에서 놓여날 수 없기 때문이다.

그러나 염상섭의 탁월함은 고통에 대한 연민의 감각이 없다는 점이 아닐까 한다. 우울함은 있을지언정 센티멘탈리즘은 없다. 공간이 있을지언정 추종은 없다. 술판에 끼인 '잡스런' 지성들과는 달리 작가는 김창억을 동정과 연민의 대상 혹은 일방적인 찬/반의 대상으로 삼지도 않는다.

염상섭의 논법에 따르면 사태는 단순하지 않다. 세상은 속악(俗惡)하고 폭력적이지만 바로 그러한 이유 때문에 강대하다. 그러한 세계의 본질을 보아버린 정신은 반항 속에서도 끊임없는 절망에 사로잡히게 마련이다. 존재를 부정하게 만드는 환멸의 경험은 너무나 선명하고 자신에 대한 절망의 수치와 모멸감은 너무나 생생하기 때문에 어떤 반항과 연대조차도 자신을 구원할 수 없을 것이라는 회의에 빠진다.

그런고로 김창억의 광기는 비윤리적인 현실 앞에서 한 진정한 정신이 나갈 수 있는 특유의 길을 전형적으로 드러내고 있다. 김창억은 진정한 자기에 대한 절대적 확신 속에서 스스로를 해체시켜 버린다. 그것은 현실 연관성의 고리 바깥에 있는 광인의 행동이다. 광기는 세계를 파괴하는 동시에 스스로를 파괴하는 것이다. 그것은 의식의 죽음 위에서 있고 무한으로의 비상을 통해 유한한 현실의 한계를 돌파하고자 하는 노력이다. 그러나 그것은 절대적인 무로의 전락으로 귀결된다는 점에서 근본적인 패배이다. 거기에는 일정한 쾌락이 존재하지만 그러나 이 쾌락은 무에로의 전락이 가져다주는 비극적 쾌락에 지나지 않는다.

염상섭은 이 길을 슬쩍 비춰주면서 비켜 간다. 김창억은 일종의 그림자이고, '나'를 앞으로 추동케 하는 힘이다. 김창억이라는 그림자를 통해 '나'는 세계의 무의미성을 주체의 권리 주장을 통해 지양해버리려는 광적인 낭만성의 질곡을 다스릴 수 있었다. 「표본실의 청개구리」는 통합될 수 없는 현실 부정이 현실 초월로 따라서 삶의 완전한 포기인 절대적 허무주의로 귀결될 수 있다는 사실을 잘 보여주는 작품이다.

3) 최정인·남충서 혹은 류진과 냉소의 윤리학

남충서는 경성 장안에서 세 번째쯤 되는 부호 남상철의 장남이자 서자다. 부친은 한때 열렬한 민족주의자였으나 현실을 알아 지금은 친일파로 행세하고 있다.

친일파란 무엇인가? 문자적 의미대로라면 일본과 친하다는 것이다. 흥

볼 것도 부러워할 것도 없다. 그러나 사람들의 시선은 다르다. 친일 / 자주를 이분화하는 카테고리를 만들어내고 그것에 역사적 지평이라는 상징을 부여한다. 삶의 다양한 층위에는 정치적·역사적 층위가 있고 이 층위 위에서만 삶은 온전한 의미를 보존한다고 생각할 수 있는 것이다.

무릇 삶에는 의미가 있어야 하지만 현재와 일상 속에서는 그것이 관찰되지 않는다는 사실을 발견하는 순간 역사적 상상력이 나타난다. 의미란 역사적 지평 속에서 전유되어야 하는 것이고 각각의 순간은 역사의 인과 고리 내에서 자명한 자기 위치를 점하고 있어야만 한다. 현재는 부정될 때만 의미를 갖고 행위들은 분명하게 선별되고 판단되고 의미 부여되며 역사의 신에게 봉헌되어야 한다.

1920년대 식민지 조선에서 일단의 젊은이들은 이 길로 나아가 세계를 대면했다. 민족사가 부여한 역할 속에서 삶의 진정성을 추구했고 진지한 역사의 배우가 되어야 했다.

남충서는 자신이 이러한 배역에 걸맞지 않는다고 느낀다. 그는 조선인 아버지와 일본인 어머니 사이에 났고 서자였다. 문학도의 꿈을 꾸었지만 가부장의 엄명에 따라 실업인이 되기 위한 교육을 받았다. 그는 무엇인가 중간 지대 혹은 회색지대 위에 서 있는 것이다.

작중에는 새어머니를 들이려는 부친과 이를 반대하는 모친 사이에서 조정자로 자처하는 남충서의 곤혹스러운 심정이 자주 나타나 있다. 그는 이러지도 저러지도 못하는 차, 사이에 낀 자이다. 이 사이에 끼여 있음이 그를 예민하게 만든다. 그는 거듭 관찰하고 그 의미를 되새기려 한다. 만사를 회의하며 동시에 의심한다. 그는 의심이 많은 자, 회의주의자이다. 일반화의 수준에 이르기까지 거듭 회의하는 정신의 육화(Person as incarnated skepticism)로서 그는 존재한다.

도대체 무엇 때문에 그는 만사를 회의하는 것일까? 회의의 바닥에는 돈 문제가 존재한다. 첩으로 정실 자리를 차지하려는 모친의 지난한 노력, 그로 말미암은 부친과의 대립·갈등은 자식들의 장래를 위한 것이라 강변되지만 사실상 돈 십만 원이 문제의 핵심이다. 모친은 돈 십만 원을 꿰차고 자신의 고향으로 가고 싶어 했던 것이다.

자식을 외국으로 보내려던 부친의 소망, 그 뒤에는 새장가를 들고 싶은 욕망이 존재하고 정실은 죽을 때 자식의 앞날을 위해 자신의 동생에게 남편과 결합하라고 유언한다. 남충서의 동생은 모친의 가르침에 따라 오빠에게 서먹하게 대하고 부리는 사람은 교활하다. 관여하는 PP단의 동지들은 그를 의심하거나 혹은 의심하는 척 한다. 돈 문제 때문이다.

남충서는 이 모든 상황에서 몸을 빼고 싶어 하고 막상 몸을 빼고 나면 나머지야 어떻게 되든 상관없다고 생각한다. 자명하다고 생각되던 관계 일반은 의심되고 해체되며 폭로된다. 그가 대면한 세계는 의당 그러해야 할(should be) 것으로서의 선규정된 가치들이 휘발해버린 세계이다. 생기발랄해야 할 관계들, 한때 삶을 견딜만한 것으로 만들어 주었을 뿐만 아니라, 그것에 적극적인 형식을 부여했던 이 가족적 삶의 방식은 단지 관성화된 죽은 법칙으로만 존재하고 개체를 억압하는 부정성으로만 작동할 따름이다. 남충서는 그로부터 몸을 빼지 못해 안달이다.

그러나 문제는 여기에서 그치지 않는다. 남충서는 행동하지 않는다. 「표본실의 청개구리」의 화자처럼 의미의 보존이 불가능한 세계를 대면하고 있음에도 불구하고 그는 운동하지 않는 것이다. 운동하지 않는 중심 즉 그 자신 운동하지 않으면서 그럼에도 불구하고 세계를 자신 속으로 용해해 들이려는 이 모순에 가득 찬 운동을 어떻게 설명해야 하나?

확실히 그는 건설적인 의미에서의 개인주의자는 아니다. 개인주의자란 자신의 욕망이 무엇인지를 알고, 그 욕망의 진정성과 일관성을 이해하고 있는 자이다. 개인적 욕망에 입각해 관계를 구성할 수 있고 드라마를 만들어낼 수 있는 자, 쉽게 말해 자기-정립하는 힘에 의해 세계와 대결할 수 있는 자가 개인주의자인 것이다. 세계에 대한 면밀한 관찰과 적합한 절차, 합의 가능한 지점을 찾아 긴 우회로를 돌아 묵묵히 자신의 길을 걸어 갈 수 있는 인물이야말로 진정한 의미에서의 개인주의자라면 남충서는 이런 개인이 아니다.

『사랑과 죄』의 류진은 이에서 한 걸음 더 나아간다. 그는 이른바 '자멸적(自滅的) 초절주의자(超絶主義者)'이다. 그에 따르면 인간 삶은 한갓 장식에 지나지 않으며 살아 움직이는 유일한 것은 식욕과 색욕뿐이다. 활동의 주체는 인간이 아닌 것이다. 인간이라는 통합된 실체는 존재하지 않고 다만 인간이라는 가상 속에서 면면히 이어져 온 욕망만이 존재한다. 그런 까닭에 류진은 자학에 이르는 가치의 해체 곧 일체의 가치에 대한 냉소로 나아간다.

류진은 남성 최정인이다. 이들은 다함께 삶이란 신이라는 어린아이의 비눗방울 놀이와 같은 것일 뿐이라고 본다. 최정인은 "인생? 그거 하루살이 아냐?"고 묻고 있으며, "세속의 중속잡배가 일의 대소를 막론하고 정의니 무엇이니 하며 혼자 잘난체 하는 것은 결국 자기의 죄과를 은폐하기 위하야, 소위 신이니 공동목적이니 사회니 국가니 하는 등 피난처에 숨어서 기다란 댓개피에 매어달은 기발을 담바깥에 내여밀고 휘두르는 것 같튼 것"[13]에 지나지 않는다고 본다. 끝없는 자학은 신경증과 등을 맞대고 나타나며 세계로부터 완전히 등을 돌리는 것으로 귀결된다. 그것은 이른바 통합된 가치 일반에 대한 회의로 나타난다.

냉소주의는 삶에 대한 주권적 열망의 포기에서 나타난다는 점에서 광기의 정확히 반대 극단에 존재한다. 그것은 삶의 양식을 자기 자신으로부터 창출해내려는 욕구 일반에 대한 거부에서 연유한다. 그것은 근내적 삶의 한 병리학이다. 그것은 반어의 포즈이며 세계가 던지는 자극에 대해 일일이 감정적으로 대응하는 것의 위험을 지적 냉정함 속에서 해소하고자 하는 노력의 산물이다.

정서적인 통합 속에서 자신의 권리를 상실하지 않기 위해서는 감동하지 않는 태도, 즉 만사를 의심하는 회의주의, 극단적인 냉정함이 요구

---

13) 염상섭, 「제야」, 『염상섭 전집』 9, 권영민 외편, 민음사, 1987, 61면.

된다. 감정의 고갈과 피로감이 요구되는 것이다. 피로감은 신경이 지나치게 많은 자극적이고 감정적인 자극들로 인해 훼손되었다는 것을 말한다. 그것은 감수성의 피로이다.

또한 무관심은 자신이 속해 있는 파편화된 영역 내에서 주어진 일을 수행하는 데 있어서 필요한 거리를 요구하는 시대의 정신과 긴밀히 연관되어 있다. 그래서 골드만은 무관심이야말로 근대적 삶의 기본 형식이라 말한다. 그것은 분열된 개인들에게 자신이 맡은 몫의 삶을 성실하게 살아낼 수 있는 가능성을 제공해 주는 이념이며 개인으로 하여금 사적인 내성의 독자성을 유지케 하는 역할을 담당한다.

류진 류의 냉소주의는 이 무관심을 극단으로 몰고 간다. 그것은 부정 속에서만 자신의 정체성을 얻는 어두운 개체성 즉 개체성의 자기 소거에 지나지 않는다. 그런 고로 거기에는 일종의 어두운 숙명("俺に殘つてろは暗い宿命たけき!")[14]이 존재한다.

회의와 부정·자학에 이르는 자기반성은 내면의 독자성과 진정성의 토대이다. 사실상 그것은 일체의 선규정된 가치들에 대해 의심하고 개체를 중심으로 세계를 재편해내고자 했던 근대정신이 자신을 드러내는 방식이기도 하다.

남충서·최정인·류진은 이 길로 나아가 진정성에 입각한 세계와의 대면을 추구했으나 좌절했다. 그런고로 그들이 걸어간 길은 김창억의 광기가 걸어갔던 길과 다르지 않다. 한쪽이 주관적 열망 속에 세계를 가둠으로써 세계와 그리고 스스로를 외파시키는 방향으로 나갔다면, 다른 한쪽은 주관의 소거를 통해 세계에 등을 돌리는 쪽으로 나아갔다. 사실상 그것은 세계의 어두운 숙명을 고스란히 받아들이고, 그 속에서 한 없이 유희하는 병리적 인간상에 지나지 않는다.

---

14) 염상섭, 『사랑과 죄』, 『염상섭 전집』 8(권영민 外編), 민음사, 1987, 157면.

3. 원숙함과 개체성의 드라마

『사랑과 죄』는 을축 년, 대홍수가 있던 1925년[15]을 그 무대로 하고 있다.

이 해는 박헌영이 조선공산청년회를 결성한 해이고 총독 귀임이 있었으며 KAPF가 결성되었던 해이다. 한 해 전에 형평사 전국 대회가 결성되었고 두 해 전엔 관동대지진이 있었다. 바로 다음 해엔 ML당 재조직 사건이 있었고 그 다음 해엔 신간회가 조직되었다. 일본에선 NAPF 와 함께 이른바 '신감각파'운동이 시작되고 있었고 어린 이상이 그의 생부가 사준 '경제화'를 신고 뒷골목만 골라 다니며 망가트리다가 경성 고공 건축과에 입학한 것도 그즈음이다.

경성제국대학 예과가 설치된 것이 1924년이니, 민립대학설립운동이 있었겠고 1926년에는 6·10만세 사건이 있었다. 민족해방운동은 신간회 라는 좌우 연합 전선 쪽으로 가닥을 잡고 있었고 일제의 식민 지배도 나날이 공고화되고 있었던 시절인 셈이다.

정치운동사에서 보자면 1920년대 후반에서 1930년대 초의 노농운동 단계와 1930년대 후반기의 적색노조운동의 단계, 만주 사변 이후 민족 자본가 진영의 분열 등의 사태를 목전에 두고 식민지하 운동사의 핵심 을 형성한 다양한 운동들이 전개되고 있었던 시점인 것이다.

이 혼합된 제반 흐름들의 한 복판에 세 명의 젊은 사내와 한 여인이 특유의 청년기를 경과하고 있었다. 작품은 이 네 사람의 우정과 사랑, 시대에 대한 고민과 대응을 형상화하고 있다. 이씨 왕가의 후손인 자작 이해춘과 변호사 김호연, 냉소주의자 류진, 세브란스 간호부의 지순영 이 곧 그들이다.

---

15) 1924년이라 함은 염상섭의 오해인 듯하다.

이들은 다같이 20대 중·후반이고 그 중 사내 셋은 이미 일본 유학을 경험한 인물들이다. 이해춘과 류준은 일본이나 러시아로 다시 떠나기를 원하고 김호연은 변호사이자 운동가로서 자신의 경력을 막 쌓아가려는 시점에 놓여 있다. 다시 말해 이들은 10대의 열정적인 젊은이들이 아닌 것이다.

이해춘은 일본에서 미술을 공부한 이이고 예술 속에서 진·선·미의 통합이 가능하다고 보는 생각에 깊이 몰두해 있지만, 그로써 현실이 대체가능하다고 믿는 '어리백이'는 아니다. 폐병으로 죽어 가는 부인을 둔 가장이며 이씨 집안의 적장자이다. 이해춘의 원숙함은 지순영의 '허약한 개인주의'와 더불어 이 둘의 사랑을 진지한 것으로 만드는 힘으로 기능한다.

류진은 목하 심각한 우울증에 빠져 냉소적으로 되어버린 인간이다. 그는 남충서의 명확한 재판(再版)이고 막연히 러시아로 가고 싶어 한다. 김호연은 비유적으로 말하자면 직업이 두 가지인 사람이다. 그는 드러내 놓지 못할 정치 사업과 외형상의 변호사업 사이에서 분열되어 있는 인물이다. 이 분열되어 있음이 한편으로는 '숨어 있는 스토리'에 대한 환상을 갖게 하고 사적으로는 그의 성격을 침착, 냉철, 사려분별 있는 인간으로 만들고 있다.

지순영은 이들 셋과는 달리 목하 진정한 사랑의 도정에 나선 청춘 특유의 떨림을 간직하고 있는 처녀이다. 일찍이 이 작품을 검토한 정호웅은 그녀가 보존되어야 할 가치의 중심으로 설정되고 있다는 사실이 매우 흥미롭다고 말한다.16) 작품상으로 보면 그녀는 허약한 개인주의, 따라서 시련에 처해지고 검증되어야 할 개인주의의 육화인 것처럼 보인다.

순영이란 캐릭터를 규정하는 기본항은 개체주의적 가치인 듯 보인다. 물론 그것은 대단히 허약한 개체주의이다. 순영은 개체의 존엄성과 자

---

16) 정호웅의 작품 해설(『염상섭 전집』 8, 민음사, 1987) 참조 『무정』의 '영채'가 민족지사의 딸인 것에 반해, 지순영이 서민 출신임을 가리키는 말.

기 준거성을 부정하고 훼손하는 일체의 관계를 뛰어넘을 수 있는 힘을 갖고 있지 못하다.[17]

이 힘없는 개체주의는 시련에 붙여지고 검증되어야 할 가치이다. 그리고 그러한 사실이 서사 전체를 추동하는 핵심적인 힘으로 존재하고 있다. 사실상 순영의 성격은 다중적이고 다양한 경향들의 습합으로 존재한다. 그녀는 한편으로 쉽게 허무주의로 떨어지기도 하고[18] 보편적 인간됨이라는 추상적 관념 속으로 떨어지기도 한다.[19]

그러나 이 다중성, 습합되어 있음은 동시에 그녀의 일관성을 반증하는 것이기도 하다. 그것은 종국적으로는 개체의 자기 준거성에로 나아가는 도정의 각 단계들로서 존재하며 그런 한에서 성숙한 정신의 자기 표현들로서 기능한다.

순영의 관점에서 볼 때 삶의 드라마는 바로 이 개체적 자기 준거성을 불가능케 하는 세계와의 고투로서 나타난다. 그것은 개인됨의 주권성(主權性)을 증명하기 위한 지난한 도정의 의미를 갖는다. 허무주의 · 사해동포주의라는 관념성 · 잠정적이긴 하지만 신경을 닳게 만드는 온갖 패배와 굴욕으로 굴곡 지워진 삶의 드라마는 사실상 개인의 최종적 완성이라는 지점을 향해 나아가는 도정의 한 풍경들로만 존재할 뿐이다.

혼자 생각하고 반문하며 부끄러워하고, 놀래고, 돌려 생각하며, 결론을 향해 진중하게 나아가는 순영의 성격이 지루하게 그려진다. 정치적인 좌절조차도 그녀를 굴복시키지 못한다. 외적 계기들이 내적 상황을 압도하지 못하는 장면들이 수도 없이 반복된다.

---

17) 개체의 자기 준거성이란 측면에서 보면 지순영의 안타고니스트로 등장하는 사악한 여인 정마리아가 오히려 좀 더 충실한 것처럼 보인다. 정마리아는 여성으로서 자신이 활용할 수 있는 가능한 모든 수단을 동원해 목적을 관철시키는 인물이다.
18) "혼자 이런 생각을 하니 제 신상이언만 측은하야 보여서 공연히 눈물이슬일 듯 하였다. 별안간 세상이 다― 신푼영스럽고 비지땀을 흘리며 분주히 오락가락하는 사람들조차 무슨 까닭에 저러케도 악착 모지게 살랴는구? 싶헛다"(민음사판, 87면)
19) "부모니 형제니 다―쓸데없는 게다! 남이라고 다―그러랴만"(민음사판, 92면.)

중요한 것은 항상 상황에 반응하는 순영 자신의 내면성이다. 현상적으로 보면 그녀는 머리가 어수선하고 산란한 여인으로 나타나는데 이것조차 그만큼 그녀가 고민하고 모색하는 여인임을 반증할 뿐이다.

두 가지 사실을 지적할 수 있다. 일견 청춘기의 뜨거운 시기를 경과하고 있어 보이는 순영의 삶이 갖는 본질은 '성숙'을 향한 도정이라는 토대 위에 서 있다는 점. 그리고 '주권자로서의 개인의 승리의 드라마'를 작가는 그리고 싶어 한다는 사실이 그것이다.

작중에서 지순영의 적대자로 기능하는 인물은 두 사람이다. 하나는 돈 많은 파락호 류참사이고 또 다른 하나는 음악가이자 요부인 정마리아다.

먼저 정마리아에 대해 살펴보자. 한 마디로 정마리아는 독특한 여성이다. 그녀는 살아 팔딱거리는 물고기 같은 여인이다. 신의주의 한 빈곤한 집에서 태어나 조실부모(早失父母)하고 서양 선교사 부인에게서 양육되어 꽤나 유명한 성악가의 반열에 오른 여인이다.

물론 그녀는 예술의 진정한 바닥에 닿아 본 적이 없는 인물로 그려진다. 그리고 이 사실이 그녀를 한층 살아 있는 인물로 만들고 있다. 그녀는 한 마디로 고급 창녀다. 일본 서기관, 당대의 자본가이자 류준의 부친인 류참사·해춘 등과 육체적인 관계를 맺으며 이들을 주물러 자신의 야욕을 달성하고 있다.

또한 그녀는 매우 자유로운 화법의 구사자이다. 해춘의 누이동생을 '지순영씨의 며누리'라 돌려 부르는 대목에서 느껴지는 것은 자유로운 정신의 절대화에 가깝다. 그녀는 한계를 알 수 없는 자유로움 속에서 부유하는 여인이다. 말하자면 이상(李箱) 같은 인물인 것이다. 혹은 디드로의 '라모의 조카' 같은 인물이다.

사실 그녀를 '이상'이나 '라모의 조카'에 견주는 것은 좀 과장일지 모른다. 이들이 현실의 삶을 미적 절대성의 동기로 대체하고 있는 반면 그녀는 단지 개체의 현실적 이익에만 집중된 관심을 갖기 때문이다. 따라서 뭔가 한정사가 필요한데, 이를테면 그녀는 개체성에 대한 절대적 열망의 화신 혹은 내재적 모랄을 팽개쳐버린 근대 시민 정도라 볼 수 있다. 그녀는 확실히 모략가이자 풍자꾼이다. 그녀는 해춘과 같은 귀족적 심성 혹은 시민적 교양으로는 감당할 수 없는 세계를 드러내고 있다.

작중 인물들의 반응은 한마디로 '경멸'이다. 능수능란함, 표정이 변하면서도 여전히 버티는 뱃심, 여러 남자를 동시에 한 입에 탁 털어 넣으려는 타고난 음욕·야망·유명세를 타기 위해 전략적으로 행동하는 전략가, 성악가, 피아노 연주자, 누구와도 일치하지 않으면서 이들을 주무르는 여인, 불쾌감을 주지만 대화하지 않을 수 없는 상대, 비루하다고 평가되면서도 그러나 상대하지 않을 수 없는 여인 등등. 이를 뭐라 불러야 할 것인가? 절대화된 개체성이라 밖에는 달리 부를 도리가 없다.

만일 염상섭 작품이 리버럴하면서도 동시에 보수적이라면 이는 아마 자유로운 성에 대한 폄하[20]때문이 아니라 절대화된 개체성(정마리아)을 불길한 것으로, 허약한 개인주의(지순영)를 현실 적합한 것으로 보는 염상섭의 시각에서 그 답을 찾아야 할 것이다.

그러나 이 절대적 개체성은 어디에서 돋아나오는 것일까? 그것은 근대적 개인주의, 근대적 자유의 불길한 모습이 아닐까? 세계가 물화되면 될수록 오히려 이러한 불길한 자유야말로 해방적인 힘을 간직하는 것이 아닐까? 이 절대적 자유의 전개를 불길한 것으로 그릴 수밖에 없었다는 것 그리고 거기에서 작품 전체를 일관하는 정신을 끄집어낼 수밖에 없었다는 것이 염상섭 문학 혹은 그가 속한 세대의 한 경계가 아닐끼 한다.

기존의 연구사에 따르면[21] 류진의 아비인 류참사는 전형적인 매판자본가로 간주되고 있다. 확실히 작품 속에서 류참사는 속악한 인물로 나타나고 있고 그러한 속악함의 배후에는 총독부를 앞세운 일제 자본주의가 존재하고 있음이 사실이다. 류참사는 회사를 경영하고 있으되 기

---

20) 정명환, 「염상섭과 졸라」, 『염상섭 문학 연구』(권영민 편), 민음사, 1987, 327~328면.
21) 정호웅, 앞의 논문, 민음사, 1987 참조.

실 고리대금업자로 형상화되고 있고 평양에서 구속된 아들을 빼낼 때 발휘한 특유의 정치력은 그가 일제 식민지 권력과 매우 밀접하게 결탁해 있음을 드러낸다.

그가 원래 유학파 출신의 민족주의자였다는 점, 이제 타락해 돈과 여자만을 밝히고 일제 권력을 기반으로 자신의 재산을 불려가는 인간으로 묘사되고 있고 그러한 그의 성격화가 이른바 '애비 세대'의 전형이라고 논자들은 보고 싶어 하는 듯하다. 그는 이미 특유의 진보적 힘을 상실한 세대로서 그의 타락은 이 힘의 상실에서 말미암은 것으로, 그런 의미에서 새로운 세대의 사랑과 사유야말로 새로운 시대를 견인해 나가는 특유의 힘임을 작가는 말하고 싶은지도 모른다.

그러나 확실히 그러한가? 예컨대 류참사는 전형적인가? 민족 자본의 매판화란 개념은 자본의 운동을 정치적으로 규정했을 때 나타나는 개념이다. 다시 말해 우선 자본이 매판화되지 않고서는 더 이상 존속할 수 없는 상황이 고려되어야 하는 것이다. 민족 자본의 매판화는 1931년 만주사태를 고비로 나타나는 현상인 것으로 역사학계에서는 평가하고 있다.

예컨대 몇 가지 사례를 들어 보자. 김남천의 『대하』에는 이른바 '환치기'를 통해 부를 축적한 한 인간이 나온다. 이 인간을 자본가라고 말할 수 있을까? 그는 돈을 벌자말자 지주로 변신하며 당대 지주가 일제 권력의 비호 아래 근대적 재산가로 변모할 수 있었다는 점을 생각해 보면 그를 매판자본이라 할 수는 없다.

마찬가지로 한설야의 『황혼』에는 양심적이기에 몰락할 수밖에 없었던 한 자본가가 나온다. 만주사변 이후 일제 정치권력과의 결탁 없이 발전할 수 있는 자본이란 존재하지 않는다. 따라서 1931년 이후 민족 자본과 그에 기반을 둔 민족주의운동이란 사실상 의미가 없어지는 것이다. 전시 동원체제하의 수탈에 대항한 불법적인 농민·노동운동만이 역사진보적 의미를 얻는 이유는 바로 그와 같은 상황에서 연유한 것이다.

염상섭은 3·1운동 이후 이른바 민족 자본에 입각한 민족주의적 운동이란 불가능한 기획이라 보고 있는 것일까? 이 부분이 명확하지 않다는 것이 『사랑과 죄』의 한계이다. 그래서 여기서는 좀 더 다른 방향으로 나가보고자 한다.

우선 류참사는 오입쟁이이고 질 나쁜 자본가로 나타난다. 뭔가 염상섭답지 않은 대목이다. 그는 류참사를 매우 통속적으로 그리고 있다. 통속이되 완전한 통속이다. 흔히 그는 난봉꾼이라 불리지만 그 이하의 비속함을 보이고 있다.

정욕 때문에 건드린 한 여인을 두고 그는 '귀치 않은 여자 정마리아'라고 부른다. 사내치고는 비겁한 종자인 것이다. 염상섭의 어법을 쫓아 말한다면, '암컷을 조졌'으면 최소한의 예의, 자기 정직성은 갖춰야 하지 않을까?[22] 정직함(integrity)의 결여가 그를 파락호로 만든다.

『삼대』에서 덕기는 자기 아버지를 두고 '성격이 운명이다'라는 말을 하는데 그 편이 오히려 안정감이 있다. 진지한 자세인 것이다.

『사랑과 죄』의 한 축을 담당하는 류사장은 파락호이고 성격은 정직하지 못함에 있다. 이 정직하지 못함을 염상섭은 매우 통속적인 방식으로 드러낸다. 정마리아란 여인과 반말로 농지거리를 주고받는 대목은 그러니까 남성적 위엄의 상실 혹은 정직성, 자기 통합의 상실이 인간을 이끄는 곳이 어딘가를 잘 보여주고 있다. 그는 인간됨이 갖는 불길한 통속성을 보여주고 있다. 그것은 '악마성'과는 다른 종류의 것이다. 악마는 사실상 고귀한 존재(Divine Being)이다. 예컨대 라신의 비극들에는 바로 이 불길한 운명으로서의 남성성이 잘 드러나고 있다. 단행본 108~200쪽에 나

---

22) 염상섭식 시각에서 보자면 무릇 사내들이 결혼과는 무관하게 여자를 건드리는 이유는 정욕을 다스리지 못하기 때문이다. 자신의 정욕을 다스리지 못한 결과가 한 여인을 망가뜨리는 짓으로 나타난다. 그런고로 류사장은 정직하지 못한 사내다. 정마리아가 '귀치' 않은 것이 아니라, 그의 욕망이 '귀치' 않은 것이기 때문이다. 그가 만일 정직한 사내라면 자기 욕망의 그 '귀치' 않음을 직시하고 진즉에 욕망을 거두어들이는 방향으로 나가든지(이것이 류진의 방식이다), 제2의 정마리아 혹은 제3의 정마리아를 거치면서 충족될 수 없는 욕정 속에서 자기 해체로 나가는 길, 이른바 리골레또의 길로 나가야 하는 것이다.

타나 있는 두 사람의 대화는 이 불길한 통속성, 비극으로 고양될래야 될 수조차 없는 이 통속성을 잘 보여주고 있다.

도대체 이 통속성은 어디에서 자라나온 것일까? 그것이 굳이 류참사만의 문제일까? 예컨대 지순영의 오빠와 친모 등의 인물은 지식인이 아니다. 그들의 행동은 그야말로 민중적 교활함 혹은 잡스러움을 정확히 드러내고 있다.

만일 류참사를 통해 작가가 이미 그 진보성을 상실한 따라서 가치 있는 삶에 대한 기획을 역사적 수준에서 통합된 방식으로 더 이상 전개할 수 없는 인간군의 타락상을 그리고 싶었다면 오히려 류참사의 아들인 류진이야말로 그에 적합한 인간상이 아닐까 한다. 류진의 냉소주이는 정확하게 가치의 통합적인 조직화 일반에 대한 냉소를 있는 그대로 보여주고 있기 때문이다.

그런고로 류참사의 통속성은 어떤 특정한 시기의 산물인 것처럼 보이지는 않는다. 그것은 인간 본질 중의 하나가 아닐까? 정직성의 상실, 영혼의 일관성에 대한 자기 확신이 존재하지 않을 때 나타나는 인간됨의 비루함을 그것은 보여주는 것이라 본다.

류참사는 통합 불가능성, 불모성을 드러내고 있다. 역사의 진전에 대한 통합적 이해의 불모성이 아니라 삶의 본질 그 깊은 곳에 존재하는 '자기─통합'의 결여가 보여주는 퇴폐적 인간상을 그는 보여주고 있는 것이다.

류참사의 삶은 3·1운동 세대가 걸어간 비극적 전락과는 무관하다. 그것은 이른바 비극성과는 거리가 먼 세계이다. 비극성은 자기─정립하는 주체로서의 인간에게 고유한 것이지 류참사와 같은 인간 이하 존재들에게는 가당치도 않은 일이다. 비극성은 오히려 류진에게 있고 따라서 남충서에게 있다.

류진은 애비의 길을 걸어가지 않기 위해 삶에 대한 끝없는 회의와 행위의 부정 속에서 스스로를 소모해버린 인간이다. 그 끝은 명확하다. 정마리아가 그랬던 것처럼 그는 아마 일종의 연극을 꾸미는 것 속에서 현실을 초월해 버리고 말 것이다.

염상섭은 물론 이 길을 가지 않는다. 그는 광인과 분열증의 사이를 걸어가며 개체성의 길, 사회성과 영혼 사이의 작은 길을 걸어간다. 그리고 그 사이를 일관되고 성실하게 걸어감이라는 과정의 윤리 그 자체를 하나의 긍정적인 가치로 주조해 낸다.

염상섭 문학이 드러내는 지고의 가치는 합의된 형식으로 존재하는 집단적인 어떤 것이 아니라 합의를 향해 걸어가는 과정의 성실성 혹은 일관성이다. 이 성실함과 일관됨으로부터 감수성과 정직성을 겸비한 인격들이 형상화된다.

거기에는 일종의 모범적인 삶의 유형이 존재한다. 그것은 사회성의 형식을 개체적 수준에서 재검토하는 것, 즉 개인의 영혼과 개성을 신장하고 그 위에서 이루어지는 소통의 증대를 추구하는 것을 통해 가능하다.

4. 결어-염상섭과 1920년대

회피해야 할 몇 가지 함정들을 에둘러서 1920년대 염상섭 소설이 도달한 중간 기착지[23]는 건강한 개체성의 영역이다.

예민한 감수성, 끊임없는 자기 심문, 영혼과 사회성의 통합, 꺾일 수 없는 강인함과 일관성 등이 이의 내용이다. 그것은 단숨에 주어지는 것이 아니라 굴곡진 험난한 길을 돌아 스스로를 증명해야 하는 것으로서 드라마를 만들어 내고 그 속에서 자신의 가능성을 입증해야 하는 것으

---

23) 이 글은 아직 『삼대』(1931)에 대한 검토에 이르지 못한 채 그 중간 결산으로 쓰인 글이다.

로 간주되었다.

『사랑과 죄』는 바로 이 개체성의 자기 증명의 드라마라 할 수 있다. 물론 이 개체가 갖는 존엄성은 만인 사제주의를 주창하고 과학적 이성 속에서 세계의 재편을 추구했던 계몽적 이성의 그것과는 성격을 달리한다.

염상섭이 그리고 있는 개체가 마주하고 있는 세계는 이미 돈의 환상성에 의해 일그러진 세계이며, 자율화된 삶들이 자기의 권리를 주장하는 물화된 욕망의 투기장(鬪技場)이다. 이 세계에 진정성은 존재하지 않으며 다만 사회학적 조정만이 유일한 대안으로 존재할 뿐이다. 영혼의 자기 증명이 아니라 타협 혹은 균형이 문제되는 시점에 선 주체는 결코 그 자체로 존엄한 존재일 수 없다. 그는 제한된 주체, 신경증적 주체이며 사회학적 인간이다.

염상섭 소설은 성숙에로 나선 근대적 인간상 즉 『소설의 이론』에서 루카치가 일찍이 표현한 바 있듯이 체념을 거쳐 성숙에로 나아가는 근대적 인간상을 그리고 있다. 이 개체는 세계의 어쩔 수 없는 분열 앞에 직면해 자기 통합의 험로에 나선 현대 인류의 한 자화상이다.

일관되고 성실하며 강인한 개체성을 통해 염상섭이 제기하고자 했던 1920년대 특유의 윤리학은 무엇이었을까? 지금까지의 논의에 따르면 그의 소설은 관계맺음의 당연성 혹은 선규정된 가치 일반에 대한 회의와 부정 위에 서 있다.

뜨거운 계몽의 시대가 지나간 후 그래서 관계 맺음의 당연성이라는 신화가 깨어져 버린 시대에 직면해 1920년대의 작가들이 보일 수 있었던 몸짓은 매우 제한적이다. 그들은 이른바 '폐허'에 대한 감각 혹은 '자기-부정' 속에서만 자신의 형식을 얻을 수 있는 네거티브한 정신의 운동 속에서만 존재했다.

염상섭 문학은 바로 1920년대가 빠져 들어갔던 이런 상황을 염두에 두어야만 비로소 그 가치와 의의를 평가할 수 있는 성격의 것이라 본다. 실로 뭔가를 주장하고 집단적인 행동을 하기에 앞서 관계맺음의 기본적인 조건들을 다듬는 험난한 과정을 거치지 않을 수 없었던 것이다.

염상섭 소설은 관계맺음의 근본적인 단절을 그리고 있지만, 그것에 의기소침하거나 실망하지 않는다. 오히려 그는 관계의 자연스러움이야말로 허상이며 단절은 필연적이라고 보고 있고 또한 그렇기 때문에 비로소 관계의 진정성을 찾아 나서는 새로운 여정이 가능하고 또 의미 있는 일이라고 믿는다.

그래서 인물들은 가파르게 곤두선 감성을 갖추고 있을 때만 이 여행에 오를 수 있다. 물론 인물들은 좌절하여 자기 소거에로 나아가거나 자신을 중심으로 가치의 기둥을 만듦으로써 세계를 그 안에 온전히 가두려는 잘못된 길을 걸어가기도 한다. 그러나 그것이 결정적인 패배로 귀결되지는 않는다. 심지어 심각한 정치적 패배조차도 인물들을 진정한 의미에서 절망에 밀어 넣지는 않는다는 사실의 발견은 염상섭 득의의 영역이다.

정치적인 것을 포함해서 인간의 공적인 삶의 영역에 관해서라면 그들은 과장스러운 몸짓을 보여주지 않는다. 혁명이든 제도적 개선이든 혹은 그 모두 다이든 간에 그들은 그것이 불가능하거나 덧없다고 생각하지 않는다. 다만 행위에로 향하는 그러한 열망이 한 개인 안에서 얼마나 자명한 것으로 투명하게 인지되고 욕망되고 있는지를 문제 삼을 뿐이다.

그래서 인물들은 동일한 이념 안에서 운동하는 집단적인 주체로서 성립되지 않는다. 그들은 모두 철저한 개체주의자들이다. 행위와 실천에로 나아가기 이전에 그것의 진정성에 대한 물음이 개체의 수준에서 반드시 선행되어야 한다는 사실에 대한 확신이 존재하고 그것이 인물들을 살아 생동하게 만드는 힘이 되고 있다.

1920년대 염상섭 소설은 바로 이 관계맺음의 조건으로서의 정직한 개체성을 문제 삼고 그것을 통해 당대의 문제에 대응하고 있는 소설들이라 보인다.

풍자의 역사의식

채만식의 『태평천하』 읽기

1. 풍자와 아이러니

채만식의 『태평천하』(『조광』, 1938.1~9)는 파행적인 근대화의 물결을 타고 치부한 한 유산가의 배금의식과 기형적인 행태를 1930년대의 한국 현실에 의탁해 묘파한 빼어난 풍자 소설로 평가되고 있다. 풍자의 대상이 되고 있는 시대와 인물이 갖는 문제성은 물론이려니와 풍자 주체의 확고함, 태도의 강렬성, 수법의 다종다기함과 자유자재로움 등의 요인으로 인해 이 작품은 일제강점기 한국 소설사가 만들어낸 풍자 문학의 백미로 인정받고 있다.

『태평천하』는 부정되고 청산되어야 할 파행적인 민족 현실과 통합을 상실한 분열의 시대를 비교적 적확하게 비판·풍자하고 있다는 점 때문에 문학적 실천의 모범을 현실진보의 차원에서 구했던 일단의 문학적 관행들에 의해 일제강점기 리얼리즘소설의 한 정점으로, 더 나아가 근대화 이래 자주적이고 주체적인 민족문학이 산출해낸 가치 있는 창작 정신의 모범적 사례로도 간주되어 왔다. 『태평천하』의 인물들이 보이는 몰인격성의 문제나 그로 인한 풍속 파괴적 양상에 대한 래디컬한 풍자는 시대를 뛰어넘어 전인격적이고 윤리적인 연대 위에 국가사회를 구성할 것을 요구해 왔던 진보적인 문학정신의 탁월한 사례들로 고평되어 왔던 것이다.

많은 연구와 다양한 해석이 뒤따랐음은 당연한 일이다. 사적 개인의 '피묻은 재산'을 옹호하는 체제라는 이유만으로 일제강점기를 '태평천하'라고 부르는 데서 나타나는 반민족성의 문제라든지, 가진 자 특유의 사회적 조정 및 통합자로서의 역할을 거부하는 데서 나타나는 반사회성 문제가 집중 조명되었고 사익을 위해 타인들을 사물화하는 데서 오는 몰인격성의 문제나, 그런 류의 반사회성과 몰인격성이 언설과 행위의 차원에서 드러내는 비속함과 저열함 및 그로 인해 나타나는 풍속 파괴적 특성 등 작품이 풍자의 대상으로 삼고 있는 시대와 인물의 문제점들 각각이 사람살이가 있는 곳이면 어디에서나 일어나는 보편적인 현상으로서 샅샅이 조사되고 깊이 있게 탐구되었다.

채만식의 『태평천하』를 이야기할 때 항용 거론되는 것은 풍자정신과 판소리 문체의 전통성 문제이다. "저항과 반역의 투지가 상실된 시대를 살아가야 할 리얼리스트의 운명이란 사기가 아니면 풍자와 역설이다"라는 한 작가의 말도 있거니와,1) 『태평천하』가 창작된 시대적 배경에는 통상 '객관적 조건이 극도로 불리한' 상황에서는 '정공법 이외의 즉공법도 필요'2)한 법이라는 당대의 문학사적 인식이 가로놓여 있었음을 많은 연구자들이 증언하고 있다.

---

1) 방현석, 「밀레니엄 시대의 태평천하를 기뻐한다」, 『실천문학』, 실천문학사, 1999, 115면.
2) 유진오, 「문단에 대한 희망 2~3」, 『조선일보』, 1933.1.3.

더 나아가 『태평천하』의 풍자가 도달한 지점을 특정한 시대를 경과하기 위해 요구되는 노회한 우회의 기술이 아니라 방법과 양식의 문제로 보며, 또 그런 한에서 진보적 문학이 의당 취할 만한 현실응전의 한 방식으로 보편화하여 고평하는 관점도 있는 만큼3) 『태평천하』는 이래저래 일제강점하 한국 현대소설사가 개척한 풍자 양식의 한 핵심에 존재하는 작품으로 그 문제성을 인정받고 있는 셈이다.

판소리 문체 혹은 『태평천하』 특유의 청자 지향적 이야기 문체에 관한 연구사 역시 양적, 질적으로 많이 집적되어 있다. 물론 이견이 없는 것은 아니지만,4) 대개의 연구자들이 『태평천하』의 문체가 갖는 판소리적인 특성에 주목하고 그 성격과 의의를 규명하기 위해 노력해 온 것이 사실이다.

몇 가지 사실들이 지적되었다. 판소리 문체가 갖는 대화적이고 다성적인 기능과 그것의 민중 담론으로서의 의의라든지, 『태평천하』 특유의 장면 편집 방식과 판소리 문체의 절묘한 결합 및 그 효과,5) 전통 양식의 창조적 재전유가 갖는 소설양식사적 의의6) 등은 물론이고, 전통 재전유에 대한 작가 특유의 관심이 단순히 양식이나 방법의 도구적 차원이 아니라 창작과 세계관 전반의 핵심에까지 육박해 들어오고 있다는 판단까지 나오고 있는 만큼,7) 이 역시 『태평천하』가 한국 현대소설사에서 차지하고 있는 비중을 잘 말해주는 것에 다름 아니라 할 수 있다.

물론 문제가 없는 것은 아니다. 풍자성에 대한 연구의 경우 풍자의 대상과 풍자하는 주체의 태도, 풍자 수법의 양상 등에 대한 이해가 세분화되어 축적되고 있지 못하다. 『태평천하』의 특성 중 하나는 풍자 대

3) 김윤식, 「풍자의 방법과 리얼리즘」, 『현대문학』, 1968.10 참조.
4) 이화진, 「채만식 풍자소설의 성격 재론」, 『국제어문』 30집, 2004, 266면.
5) 우한용, 「채만식 소설의 담론 특성에 관한 연구」, 서울대 박사논문, 1991, 176면.
6) 송현호 · 유려아, 「한국 근대소설의 전통예술 수용양상─『태평천하』의 서사구조와 서술방식을 중심으로」, 『국어국문학』 제108권, 국어국문학회, 1992, 117면.
7) 방민호, 『채만식과 조선적 근대문학의 구상』, 소명출판, 2001, 333~334면.

상의 속성과 주체의 태도가 착종되면서 나타나는 서술상의 과장과 그 로테스크함이라 할 수 있을 터인데, 이런 류의 번다함을 뚫고 들어가 풍자 대상의 진면목과 그 논리를 정확하게 이해하려는 노력은 잘 보이지 않고, 풍자 태도의 강렬함이나 윤리성, 풍자 수법의 다종다기함에 대한 이해만이 일반론의 차원에서 일면적으로 강조되고 있을 뿐이다. 물론 이 경우에도 수법이나 태도의 주관성에 대한 이해가 풍자 양식 자체에 대한 일반론적 이해에 머뭄으로써, 실상 분석의 결과물들은 일반론과 그에 걸맞은 작품의 편린들을 기계적으로 일대일 대응시키는 단편적인 연구에 머물러 있다.

이는 풍자 자체가 그 정신이나 양식, 더 나아가 시대의 과제와 만나는 방식 등 연구되어야 할 부분이 아직 많이 남아 있는 영역이기도 하지만, 무엇보다 풍자의 윤리성과 그로 말미암아 강화되는 현실비판의 강렬성 등 풍자하는 주체의 태도가 갖는 정당성 혹은 진정성 논리에 기존의 연구자들이 과도한 문학사적 의의를 부여한 때문이라 할 것이다. 풍자하는 주체의 태도와 작품의 실제가 갖는 낙차라든지, 그러한 낙차를 만들어낸 작가적 역량이나 세계관의 문제, 더 나아가서 그런 류의 역량과 세계관이 현실과 만나면서 만들어내는 역동적인 양상 등에 대한 연구 역시 아직 구체적으로 진행되고 있지 않다. 풍자성에 관한 한 채만식 문학은 아직 미개척의 영역들이 많이 남아 있는 것이다.

항용 채만식 문학은 풍자와 허무·냉소의 혼효를 보인다고 지적되어 왔는데, 그중에서도 특히 풍자나 허무·냉소 등을 각각 따로 떼어내어 추존하거나 격하해 왔던 관행이라든지, '풍자와 허무·냉소의 혼효'를 말하면서도 '풍자가 시효를 다하자, 허무와 냉소가 나타난다'8)라는 식의 기계적 인식을 보이는 경우들 역시 모두 채만식 문학의 '풍자'를 완결된 실체로서, 그 속을 파보지 않아도 능히 짐작할 만한 물건으로서

---

8) 신두원, 「풍자와 니힐리즘적 부정 정신의 안과 밖―채만식론」, 『한국문학작가론』 4 (황패강 외), 집문당, 2002, 280면.

간주해온 그간의 관행화된 사고의 결과물이라 할 수 있다.

판소리 문체에 관한 연구 역시 문체상의 유사성과 그 양상에 대한 관심이 지나친 나머지 고전과 현대를 가르는 소설미학의 규범적 차이를 몰각한 채, 전통의 재전유라는 선설정된 결론에 맞춰 작품의 성과를 재단하는 성향을 보인다.

항용 연구자들은 『태평천하』의 서술 구조를 분석하여 그 결과물인 화자─청자 관계의 다이내미즘, 긴장과 이완의 반복 구조, 파멸 서사 등의 개념을 통해 판소리의 서술구조와 같은 유사성 및 그 효과를 지적하고 있으나, 이는 원래 『태평천하』가 갖는 풍자 의도에서 연유한 것인 만큼 서술구조의 유사성을 해명한다고 해서 풍자정신의 의의와 한계에 대한 서술에 이르는 것은 아니라는 점을 지적해야 하겠다.

물론 더 심각한 것은 원래 '유사성 사유' 자체가 현대의 미학적 규범과는 거리가 먼 고전 미학의 규범이라는 사실에 있다. 주지하다시피 고전 소설의 서술 구조가 반복적이고 파멸 서사를 통한 주제 부각 양상을 보이는 이유는 고전의 세계 인식 자체가 '축소 지향적'인 까닭이고, 그러한 세계관을 설득력 있게 부각하기 위해 서술상의 집중을 추구하기 때문이다.

예컨대 '놀부'가 풍자의 대상이 되고 파멸적으로 그려지고 있는 것은 '놀부'로 대표되는 세계의 확산을 막고 전통 사회가 이미 확보한 윤리적 규범의 세계 속으로 현실을 환수함으로써 완결된 세계를 방어하려는 미학적 노력의 일환이지, '놀부'로 대변되는 윤리적 무질서를 비판하고 '흥부'로 대변되는 윤리적 질서의 '구축'이나 '확장'을 꾀한 것이 아니라는 사실을 상기할 필요가 있다.

그런고로 만일 문체나 서술 구조가 전통 판소리의 그것과 '유사'하다는 사실을 들어 『태평천하』의 양식사적 의의를 평가하려는 것은 '유사성'이 아니라, '일치'를 요구하는 근대 인문학의 규범과도 걸맞지 않을 뿐 아니라, 정작 『태평천하』가 문제 삼고 있는 대상 현실의 특수성을 외면한 채 그것을 양식의 특수성으로 대체하여 평가하는 심각한 오류를 범할 수 있다는 사실을 이해해야 한다.

물론『태평천하』자체가 전술한 바대로 고전 판소리적인 요소들을 담고 있어 연구자들의 혼란을 자처하고 있는 것도 사실이다. '부분의 극화와 집중'이 서사 골격의 단순성을 대체하고 있다든지, 서사에 비해 담론의 이념성이나 목적성이 우위에 서 있다는 사실 등,9)『태평천하』자체가 그 외관상 이미 완결된 신념의 체계를 전제한 후, 서사와 담론을 실용적으로 동원하고 있다는 혐의를 벗기 힘든 것 또한 사실이다.

물론 그렇다고 해서『태평천하』의 전체적인 의의가 전통의 재소환 혹은 전통의 재전유라는 차원에서 판정될 수 있는 것은 아니다. 결국 문제는『태평천하』가, 그리고 더 나아가서 채만식의 풍자문학이 담아내고 있는 내용과 형식상의 다양성과 다이내미즘을 어떻게 전체적으로 이해하느냐의 문제10)인 것처럼 보인다.

『태평천하』에만 중점을 두고 말한다면 관건은 결국 풍자의 구체성을 확인하는 일, 다시 말해 풍자되는 대상의 속성과 풍자하는 주체의 태도가 만나 엮어내는 다이내믹한 길항 관계를 따라 작품을 좀 더 정확히 읽으면서『태평천하』가 성취해 낸 현실 묘사의 진면목에 도달하는 일이 되지 않을까 싶다.

이 글에서는 상술한 사실들에 중점을 두어『태평천하』의 풍자가 겨냥하고 있는 대상의 구체적인 논리와 그 속성, 작가의 태도를 밀착 검토함으로써『태평천하』의 진면목에 좀 더 가깝게 다가가 보려 한다. 이를 통해 항용 언어적 아이러니의 차원으로만 거론되어 왔던『태평천하』의 풍자가 기실 상황의 아이러니 쪽으로 깊숙이 들어와 있는 좀 더 문

---

9) 강헌국, 「목적론적 서사담론」, 『한국근대문학연구』 제6호, 한국근대문학회, 2002.10, 37면. 『탁류』를 분석한 글이나 목적론적 담론의 간섭 차원에서는 『태평천하』 역시 마찬가지인 것으로 판단되어 원용한다.
10) 정홍섭, 『채만식 문학과 풍자의 정신』, 역락, 2004, 43면.

제적인 것임을 토론할 것이다.[11]

또한『태평천하』의 풍자가 완결된 윤리적 신념하에 풍자적 방법들을 실용적으로 동원하여 대상을 주관적으로 직조해낸, 이른바 설득 담론의 경향을 보인다는 기왕의 평가들에 대해서도 사정이 반드시 그렇지만은 않다는 것을 보여주고자 한다.

흔히『태평천하』의 서술 구조의 기본적 특징을 '부분의 극화와 집중'이라 규정하고, '부분'이란 단어에 전체를 꿰는 서사성의 결핍이나 역사 의식의 부재 등의 의미들을 부여하고 있는데, 이는 기본적으로 작품이 대상으로 삼고 있는 한 유산가의 탐욕 혹은 탐욕의 속성인 무한 증식의 논리에 내장된 자기 파괴의 드라마를 보아내지 못한 데서 온 단견이라 판단된다. '윤직원'은 그가 비윤리적이거나 그의 자식들이 지나친 소비를 보이고 있기 때문에 몰락하는 것이 아니다. 그것은 사태를 우연에 의해 판단하는 것으로 올바른 과학적 태도가 아니다.

결론을 미리 말하자면 윤직원의 몰락은 그의 속성인 탐욕의 자연스러운 귀결로 보이며,『태평천하』의 풍자는 이러한 드라마를 전체를 중시하는 총체적 서사의 차원에서가 아니라 대상 자체의 자기 분열의 드라마와 그에서 발원하는 그로테스크 이미지로 묘파해내기에 더할 나위 없이 적합한 양식으로 판단된다. 한 마디로 말해 현란한 수법으로 대상을 직조하고 있는 작가 특유의 입심과 수사법을 뚫고 들어가 대상 그 자체에 깊숙이 탐침을 들이대는 작업이 필요하다고 말하고 싶다.

그럴 경우『태평천하』는 작가—독자 라인의 계몽적 주관성에 의해 대상을 재단하거나 그것에 특정한 색깔을 덧칠하려는 윤리적 의도의 산물이 아니라 수사학적 가공을 통해 대상 자체에 고유한 논리를 묘파(描破)함으로써 대상의 진실이 자연스럽게 드러날 수 있도록 유도하고 있는 풍자 계열의 리얼리즘 작품으로 평가될 수 있을 것이다.

---

11) 이상섭,『세계 문학비평용어 사전』, 을유문화사, 1985, 317~325면 참조

2. 부르주아 자유주의의 자가당착과 그로테스크 이미지

『태평천하』는 다양한 에피소드로 구성되어 있다. 그 중 풍자 대상의 성격을 잘 드러내는 핵심적인 대목은 항용 인용되듯이 윤직원의 치부 과정을 그린 대목이다. 작품 초반부에는 윤직원의 아버지인 윤용규가 화적을 만나 죽임을 당하는 대목이 나온다.

"노적(露積)허구 곡간에다가 불질러랏!"
두목은 뒤집힌 눈으로 피투성이가 되어 쓰러진 윤용규를 노려보다가 수하들을 사납게 호통하던 것입니다.
이윽고 노적과 곡간에서 하늘을 찌를 듯 불길이 솟아오르고, 동네 사람들이 그제서야 여남은 모여들어 부질없이 물을 끼얹고 하는 판에, 발가벗은 윤두꺼비가 비로소 돌아왔습니다. 화적은 물론 벌써 물러갔고요.
윤두꺼비는 피에 물들어 참혹히 죽어넘어진 부친의 시체를 안고 땅을 치면서,
"이놈의 세상이 어느 날에 망하려느냐!"
고 통곡을 했습니다.
그리고 울음을 진정하고도, 불끈 일어서 이를 부드득 갈면서,
"오냐, 우리만 빼놓고 어서 망해라!"
고 부르짖었습니다. 이 또한 웅장한 절규이었습니다. 아울러 위대한 선언이었고요.

윤직원 영감이 젊은 윤두꺼비 적에 겪던 경난의 한 토막이 대개 그러했습니다. 그러니, 그러한 고난과 풍파 속에서 모아 마침내는 피까지 적신 재물이니, 그런 일을 생각해서라도 오늘날 윤직원 영감이 단 한푼을 쓰재도 벌벌 떠는 것은 일변 무리가 아닐 것입니다.[12]

---

12) 채만식, 『태평천하』, 『채만식 전집』 3(창작과비평사), 1987, 41면. 차후 인용은 이 책에서 한다.

조선 말 국가 상실기의 혼란과 그로 인한 윤직원 가의 횡액을 그린 대목이다. 윤직원이 돈을 모은 과정이 '고난과 풍파', '피까지 적신'이라는 문구 속에 압축되어 묘사되고 있다.

항용 『태평천하』의 문제이자 채만식 문학의 문제로 지적되고 있는 것 중 하나는 당대의 현실을 서사화하지 않는다는 사실에 있다.13) 사건과 인물, 시대의 상호교섭을 연대기적으로 그려냄으로써 당대 현실의 총체성을 드러내는 단계에까지 서사적 고양을 이루어내지 못한다는 뜻이다.

이 대목 역시 마찬가지이다. '고난과 풍파'의 내용이 구체화되어 서술되고 있지 않다. 물론 화적의 약탈과 탐관오리의 수탈이 극적 집중에 의해 묘파되고 있기는 하지만 그러한 약탈과 수탈이 시대의 모순에 의해 추동되는 구한말의 전체상과 맞물려 서사화되고 있지는 못하다. 윤직원의 아버지인 윤용규의 재산 형성 과정도 자세히 드러나 있지 않고 무엇보다 이들 윤부자의 계층적 전형화가 전혀 이루어지고 있지 않다.

더 큰 문제는 '고난과 풍파' 혹은 '피까지 적신'이라는 표현이 갖는 중의적 의미가 전혀 서사화되고 있지 못하다는 사실이다. 윤씨 부자의 '고난과 풍파', '피흘림'만 묘사되고 있을 뿐 그들에 의해 동일한 수난을 되돌려 받아왔거나 받게 될 소작인들과 고리를 빌려 쓴 가난한 채무자들의 고난과 반역에 대한 서사가 없다는 뜻이다. 풍자의 집중을 위해 인물의 수를 제한한 까닭이겠지만. 무엇보다 반역의 서사가 아니라 비판과 징계의 대상으로 사태를 규정하려는 지적·윤리적 포즈의 한계 때문이라 해야 할 것이다.

물론 서사의 구체성을 결여하고 있다는 이유만으로 『태평천하』의 현실 이해가 갖는 의의를 폄하할 수는 없다. 서사적 집중을 요구하는 본격소설이 아니라, 대상 자체에 아로새겨진 모순을 드러내고 그 모순과 분열이 만들어내는 그로테스크함을 묘파함으로써 현실을 유동화하려는

---

13) 임화, 「세태소설론」, 『문학의 논리』, 학예사, 1940, 345~348면.

풍자 특유의 기획이라는 차원에서 보면 사정이 달라지기 때문이다.

항용 에피소드들이 극적 집중이라는 명분하에 분산되어 있다는 사실 때문에 『태평천하』의 풍자를 흔히 언어적 아이러니의 차원에서만 파악하는 것이 지금까지 연구사의 일반 경향인 것으로 파악되는데,[14] 이는 각 장면을 독립된 단위로만 읽어 온 독서 관습 때문인 것으로 판단된다.

예컨대 위에서 예시한 대목의 '울장한 절규' 혹은 '위대한 선언' 부분을 이 작품의 모두에 있는 「윤직원 영감 귀택지도」나 11장의 「인간 체화와 동시에 품부족 문제, 기타」, 14장의 「해 저무는 만리장성」 등에 나타난 윤직원의 우스꽝스럽고 그로테스크한 속물성과 병치시켜 놓고 읽어보면 『태평천하』의 아이러니가 단순히 언어적 차원에서만 이루어지는 것이 아니라는 것을 쉽게 알 수 있다.

이러한 사실은 '피까지 적신'이라는 문구에서도 여실히 드러난다. '피 묻은' 돈이 성적 향락을 위해 소비되고 있는 것을 기왕의 논자들은 문제 삼고 있는데 정확한 방향이 아니라고 판단된다.

돈에 대한 집착과 성에 대한 집착은 동전의 양면 같은 것이어서 하나가 다른 하나를 언제든지 대체할 수 있는 성질의 것일 따름이다. 양자는 비윤리적인 것, 다시 말해 윤리에 대한 냉소를 품고 있다는 사실에서 동일하다. 유예된 향락과 제한되지 않은 즉물적 향락의 차이가 존재하기는 하지만 양자는 언제든지 상호교환 가능한 것일 뿐만 아니라 채만식 자신 스스로 '부르조아 보다는 차라리 아편쟁이가 되는 것이 차선'[15]이라고 한 만큼 『태평천하』의 주 풍자대상이 성적 비윤리 속에서 활동하는 파렴치한들이 아님에 유의해야 할 것이다.

오히려 작가가 문제 삼고 있는 것은 '피묻은 돈'의 숭고함이 돈 그 자체에 대한 변태적 집착으로 인해 "金庫 복판이 빠지도록 돈이 실닌 貯

14) 이화진, 앞의 글, 265면.
15) 채만식, 「독설록에서」, 『중외일보』, 1929.9.16; 정홍섭, 앞의 책, 339~341면의 「신발굴 자료」 참조. 여기에서는 아편쟁이와 부르주아를 등치하고 있다.

金通帳을 노코 한 푼엇치 못 먹으면서 좃타고 싱글벙글 웃는 송장의 變態的 美意識은 간질간질한 喜劇의 一場面"16)과 같은 그로테스크한 희극으로 변전한다는 사실에 있다.

작품상으로 보면 '피묻은 돈'의 표면적 의미는 반봉건의 피 묻은 투쟁과 그로부터 쟁취한 사적 소유권의 양도할 수 없는 존엄성과 숭고함이라 할 수 있다. 윤직원의 아버지 윤용규가 화적들 앞에서 그토록 당당할 수 있었던 것도 사적 재산권의 숭고함이라는 토대 위에 그가 서 있었기 때문이며 피 묻은 돈을 들고 외친 윤직원의 "오냐, 우리 빼놓고 어서 망해라!"는 부르짖음이 '웅장한 절규'이자, '위대한 선언'일 수 있는 것 또한 그 때문이었다.

이런 관점에서 보자면 『태평천하』의 윤직원이 몰락하는 계기는 자식들의 분에 넘치는 소비와 향락 때문이 아니라 돈에 대한 '변태적 미의식'이라 보는 것이 좀 더 타당해 보인다. 자식들의 몰지각한 소비 행태는 "자수성가한 수전노의 자식은 대개 보면 난봉이 만타"17)고 한 작가의 말마따나 '돈에 대한 변태적 미의식'의 파생물이지, 전자가 후자를 추동한 것은 아니기 때문이다.

물론 채만식은 '돈에 대한 변태적 미의식'이라 말하고 있지만, 이 규정은 엄연히 작가의 몫일 따름이고 풍자의 베일을 벗겨내어 사실만을 직시한다면 그것은 부르주아 특유의 엄격한 자기 경영의 윤리 혹은 조직화된 삶의 윤리 같은 것이 될 것이다. 삶의 보존과 진정성을 지탱하고 있는 윤리인 만큼 윤직원에게 있어 그것은 숭고한 가치 그 자체라 할 것이다.

문제는 그 숭고함이 이면에 깊이를 알 수 없는 전락의 심연을 품고 있다는 사실이며 그것을 윤직원은 알지 못한다는 사실에 있다. 작가가 윤직원의, 더 나아가서 '부르조아 자유주의'18) 일반의 자기 경영 혹은

---

16) 정홍섭, 앞의 책, 341면에서 재인용.
17) 위의 책, 같은 곳.

조직화된 삶 지향성을 일언지하에 '돈에 대한 변태적 미의식'이라 규정하고 이를 '아편쟁이의 자기 파괴적 탐닉'과 동일시할 수 있었던 것은 부르주아 자유주의 자체에 내장된 저 음습한 자기 파괴적 속성을 발견했기 때문이다.

아편에 취한 '개인주의'와 돈에 빠진 부르주아 개인주의의 '변태적 미의식'이 동일한 자기 파괴적 속성을 가지고 있다는 것, 그 중에서도 특히 후자는 자기 파괴의 과정에서 타인의 삶을 보다 폭넓게 훼손하고 파괴한다는 사실 때문에 한층 더 유독한 욕망에 지나지 않는다는 사실을 간취한 것은 풍자작가로서 채만식의 날카로움이 돋보이는 대목이라 하지 않을 수 없다.

> 아편쟁이는 이 世上에서 아편 하나만이 唯一한 慾望의 對象이다. 그들은 아편을 엇기 爲하여서는 도적질이나 비럭질은 예사요 계집이나 딸자식을 팔기에도 주저를 하지 아니한다. 그 動機는 고통을 피하여 쾌락을 어드려는 데 잇다. 徹底한 個人主義이다.
>
> 뿌르조아 企業家들은 돈과 돈의 蓄積만이 唯一한 慾望의 對象이다. 그들이 돈을 모으기 爲하여서는 아편쟁이가 아편을 엇기 爲하여 取하는 手段보담도 멧 곱이나 더 深刻하고 惡辣한 것은 말할 것도 업시 明確한 事實이다. 그 動機는 勞動과 苦痛을 避하고 게을음과 快樂을 어드려는 데 잇다.
>
> 여기서 나는 뿔으조아와 企業家들에게 아주 親切하게 權할 말이 있다. 모도 다 아편쟁이가 되라……고.
>
> 그 理由는 이럿타. 아편쟁이와 뿌르조아 企業家는 同一한 目的인 個人的 快樂의 追求下에서 하나는 도석실 비럭실과 계집이나 딸자식을 팔어먹는 것으로 그 手段을 삼고 하나는 생사람의 피를 짜내는 것으로 그 手段을 삼는데 實上 그 手段이 아편쟁이의 手段보담 非能率的이요 惡辣하면서 結果인 快樂은 아편쟁이의 快樂보담 멧 分之一도 되지 못한다.[19]

---

18) 위의 책, 340면에서 재인용.
19) 위의 책, 339면에서 재인용.

아편쟁이의 자기 파괴적 쾌락과 부르주아 혹은 기업가의 생 의지에 충만한 쾌락을 구분 못 한다는 문제는 있지만, 양자에 공통으로 존재하는 것은 동기의 차이에도 불구하고 자기 파괴의 결과로 나타날 수밖에 없는 저 유독한 탐욕의 정체 혹은 그 논리이다.

상식의 수준에서 보자면 아편에 대한 탐닉과 돈의 축적에 대한 욕망 사이에는 삶과 죽음만큼의 먼 거리가 존재하지만 채만식의 위대한 풍자적 눈은 양자의 심부에 존재하는 공통된 파멸과 전락에의 욕망을 정확하게 짚어내고 있다.

그런 까닭에 작가의 풍자가 가장 날카롭게 가닿는 대목은, 또한 그 때문에 대상 자체의 그로테스크함이 골계미를 통해 가장 집중적으로 조명되는 대목은 바로 부르주아 자유주의의 숭고함과 그것이 자신의 이면에 늘어뜨리고 있는 파멸 혹은 전락의 그림자를 묘사하는 부분이다.

이에 비하면 속물성의 과장된 표현이라든지, 윤리적 비인격성과 풍속적 착란에 대한 묘사는 부수적이라 할 수 있다. 작중에는 냉정과 평형, 긴장과 자기 경영에 골몰하는 윤직원의 행태가 갖는 대상 속성 자체의 그로테스크 이미지와 골계미에 입각해 이를 풍자하는 대목들이 수없이 등장한다.

예컨대 『태평천하』의 모두에 해당하는 「윤직원(尹直員) 영감 귀택지도(歸宅之圖)」 부분은 전형적이다.

"인력거 쌕이(삯이) 멫푼이당가?"

이 이야기를 스고 있는 당자 역시 전라도 태생이기는 하지만, 그 전라도 말이라는 게 좀 경망스럽습니다.

"그저 처분해 줍사요!"

(⋯중략⋯)

"으응! 그리여잉? 그럼, 그냥 가소!"

(⋯중략⋯)

"그럼, 내일 오랍쇼니까?"

"내일? 내일 무엇허러 올랑가?"

(…중략…)

"…… 그리서 나넌 그렇기 처분대루, 응? …… 맘대루 말이네. 맘대루 허라구 허길래, 아 인력거삯 안 주어도 갱기찮언 종 알구서, 그냥 가라구 히였지!"

(…중략…)

"…… 거참! …… 나는 벨 신통헌 인력거꾼도 다아 있다구, 퍽 얌전허게 부았지! 늙은 사람이 욕본다구, 공으루 인력거 태다 주구 허넝 게 쟁히 기특허다구, 이 사람아, 사내 대장부가 그렇기 그짓말을 식은 죽 먹듯헌담 말잉가? 일구이언은 이부지자(一口二言二父之子)라네. 암만 히여두 자네 어매(어머니)가 행실이 좀 궂었덩개비네!"[20]

"내가 이 사람아, 나락으루 해마다 만 석을 추수를 받구, 돈으루두 몇만 원씩을 차구 앉었넌 사람인디, 아 그런 부자루 앉어서 글씨, 가끔 이렇기 끄니를 굶네 그려! 으응?"

(…중략…)

"…… 여보게 이 사람아! …… 아 자네바텀두 날더러 팔자 좋다구 그러지? 그렇지만 이 사람아, 팔자가 존 게 다아 무엇잉가! 속 모르구서 괜시리 허넌 소리지 ……. 그저 날 같언 사람은 말이네, 그저 도둑놈들이 노적(露積)가리 짊어져 가까버서, 밤새두룩 짖구 댕기는 개, 개 신세여! 허릴 없이 개 신세여! ……"

(…중략…)

거상에 짜증난 얼굴이 아니면, 불콰하니 마음 편안한 얼굴, 호리를 다투는 똑똑한 얼굴이 아니면, 남을 꼬집어 뜯는 전접스런 얼굴, 그러한 낯꽃만 하고 지내는 이 영감한테 이렇듯 추레하니 침통한 기색이 드러날 적이 있다는 것은 가뭇 신외라 앓을 수 없습니다.[21]

다소 긴 인용이긴 하지만, 사용 가능한 모든 방법이 동원되어 풍자가 이루어지고 있음을 알 수 있다. 풍자의 효과 역시 대상의 그로테스크 이미지와 골계미를 한껏 부각시키고 있다.

---

20) 채만식, 『태평천하』, 『채만식 전집』 3, 창작과비평사, 1987, 11~12면.
21) 위의 책, 80면.

물론 이 대목 외에도 작중에는 윤직원의 자기 경영을 풍자하는 대목들이 많이 존재한다. 예컨대 어린아이의 오줌을 받아 눈을 비비거나 장복하는 일을 묘사한 대목이라든지, 육중한 몸으로 아침 체조하는 일 등은 물론이거니와 동기(童妓) 하나를 얻어 두고 비교적 저렴한 대가로 자신의 성욕을 채우기 위해 분주한 셈속에 빠진 윤직원의 몰골을 풍자하는 대목의 이름은 「인간체화(人間滯貨)와 품부족(品不足) 문제, 기타」로 되어 있다.

유일하게 풍자의 대상이 되고 있지 않은 것은 고리대금업을 차질 없이 수행하기 위해 장안 사업가들의 자금 운용 상황을 면밀히 살펴두는 일 정도이다. 그러나 이 경우에도 풍자가 가닿지 않는 이유는 그 일이 윤직원이 움직이는 동선 인에 직섭석으로 존재하는 일이 아니기 때문이다.

냉정과 긴장, 자기 경영이 문제되는 대목에서는 어김없이 풍자와 그로 말미암은 그로테스크 이미지가 나타나는 것은 윤직원을 도와 고리대금업을 관장하는 '올챙이'나 '대복'의 사례에서도 여실하게 나타난다. 제목은 「절약(節約)의 도락정신(道樂精神)」이다.

숭고함의 배면에는 우스꽝스러움이 존재하고 정상성(正常性)의 배면에는 자기 파괴에 이르는 그로테스크함이 존재한다는 사실의 발견은 작가가 왜 하필이면 현실 부르주아가 아니라 수전노의 단계에 이르기까지 '퇴폐화한 유산가'를 풍자의 대상으로 삼았는가를, 그 필연성의 근거를 잘 설명해준다.

작중에는 '농지령'이나 '소작 조정령' 혹은 '폭리 취체에 관한 법' 등 최소한의 사회적 통합을 유지하기 위해 일제가 설정해 둔 장치들의 사회적 의미를 애써 외면하는 장면들이 나오거니와, 이는 결국 저 래디컬한 욕망의 자기 구성 과정이 가솔들의 몰인격과 풍속 파괴적인 성적 탐닉의 토대이자 배양기였음을 가리키는 것에 다름 아니다.

그런 까닭에 윤직원의 몰락은 자식들의 과소비에 의해서가 아니라 그 자신의 래디컬한 욕망이 갖는 자기 파괴적 속성에서 찾아져야 할 것으로 판단된다. 속물성 그 자체에 대한 비판이 아니라, 속물성의 내부에 은닉된 채 존재하면서 자기 파괴에 이르기까지 스스로를 밀어제치는 끝 모를 욕망의 논리와 그 유독성을 풍자하고 있다는 사실이야말로『태평천하』득의의 영역이라 할 수 있다.

그러므로『태평천하』의 풍자를 평가함에 있어 내용으로서의 속물에 대한 풍자와 수법으로서의 다양한 테크닉을 구분하고 후자를 중점화하여 연구해 온 기존의 관행은 재고될 필요가 있다.

루카치가 말했듯이 풍자는 아이러니가 갖는 '주관적 추상성'과 그것이 만들어내는 폭넓은 형식적 가능성을 봉쇄하고 비판되고 공격되는 대상의 단순성과 쇄말적 구체성 속으로 현실을 좁혀버린다는 한계를 갖지만,[22] 동시에 단순화되고 좁혀진 대상의 내부에 존재하는 자기모순에 깊숙이 탐침을 밀어 넣어 그곳으로부터 현실의 전모를 압축적으로 묘파해낼 수 있는 시대의 핵심을 겨냥한다는 점에서 강력한 현실 환기 기능을 갖는다.

더 나아가 풍자는 그것이 없다면, "병적으로 자기 파괴적인 것으로 될 나르시소스의 자기 강박증을 문화적 마취 상태라는 윤리적 상징물로 변형시키는"[23] 문화적·윤리적 기능을 담당하고 있다. 풍자의 심부에는 근본적으로 근대 특유의 파괴하면서 구성하는 자기 구성적인 문명의 논리가 갖는 유독함과 괴기성에 대한 통찰과 그것에 대해 반성을 촉구하는 윤리적 실천의 기능이 작동하고 있는 것이다.

『태평천하』는 기본적으로 부르주아 자유주의의 사물화된 욕망이 '퇴폐적 미의식'에 이르기까지 고양되는 순간 스스로의 내부에 존재하는 분열 때문에 몰락과 파멸의 길을 걸을 수밖에 없다는 사실을 대상 속성의 논리와 그것이 처한 상황의 아이러니 및 그로테스크 이미지 묘사를 통해 보여주고 있는 작품이다.

---

22) G. 루카치, 반성완 역,『소설의 이론』, 심설당, 1985, 96면.
23) F. Boyle, *Swift as Nemesis : Modernity and Its Satirist*, Stanford Univ Press, 2000, p.17.

자기 보존의 양도할 수 없는 욕망 혹은 수단으로서의 돈에 대한 탐욕과 구원받기 위한 자기 파괴의 방법으로서의 아편 피우기를 등치하고 있다는 점이야말로 풍자소설의 대가로서 채만식이 갖고 있는 득의의 날카로움을 드러내는 것에 지나지 않는다. 돈에 대한 탐욕이 자기 증식을 통해 고유한 역사를 구축하려 하나 결국 자기 파멸의 서사로 나갈 수밖에 없고, 그런 한에서 자기 파괴적인 아편에의 탐닉과 무엇 하나 다를 것이 없다는 사유 속에서 작가는 자본주의의 폐쇄적인 자기 증식 논리가 갖는 퇴폐성을 묘파하고 있다.

물론 표면적 숭고함의 내부에서 그것을 붕괴시키고 전도시키는 그로테스크함이 동시에 작동하고 있다는 사실만으로 『태평천하』의 풍자를 온전히 설명할 수는 없다. 스핑크스의 비밀을 풀고 테베에 입성한 오이디푸스가 스스로의 눈을 찌르는 비극 속으로 떨어진 것처럼 숭고와 그로테스크의 이중주는 항용 인간 삶의 비극적 상황을 설명하는 일반론적 차원의 것에 지나지 않는다.

풍자를 완성하기 위해서는 당연히 '피묻은 돈'의 이면에 존재하는 민중의 '피묻은 역사'에 대한 서사가 외삽되어야 할 터인데 실상 작품에는 이런 대목에 대한 진지한 관심이 존재하지 않는다. 기껏해야 늦둥이로 낳은 막내가 불구라든가 가부장으로서 그가 거느리고 있는 인물들의 비정상성 정도가 거론되고 있을 뿐인데, 이는 무엇보다 '민중의 피'에 대한 서사 부분을 작중의 화자로 기능하고 있는 객관적 지식과 윤리적 담론의 몫으로 돌리고 있기 때문이라 할 것이다.

현실의 총체성과 다이내믹함을 대상의 쇄말적 구체성과 그 속에서 상연되고 있는 내적 드라마의 다이내미즘으로 추상화해 올렸기 때문이라 할 터인데 이는 『태평천하』의 리얼리즘 작품으로서의 근본적 한계라 해야 할 것이다.

3. 끝맺는 말—풍자의 역사의식

풍자는 항용 우행의 폭로와 비열함의 고발, 자신의 정서와 사상에 반대되는 대상을 격하시키기 위한 유용한 수단, 대상에 대한 비판 혹은 비난을 독자에 대한 호소와 결부시키는 것, 웃음·조롱·멸시·분노·증오에 이르는 단계로 독자들을 감화시키는 것 등으로 정의된다.24) 풍자의 한 핵심에는 정상적인 것과 뒤집힌 것의 경계를 설정하는 현실의 합법적인 준거들을 괄호 속에 넣어버림으로써 정상적인 것의 내부에서 준동하는 문제성을 고발하고 탄핵하는 준엄한 비판정신이 작동하고 있는 것이다.

그로테스크 이미지의 발생은 바로 이 현실 경계 자체가 자기기만과 근원적인 분열 위에 서 있음을 반증하는 것에 지나지 않는다. 풍자는 현실의 이런 자기 분열이 반성적 합법성과 윤리적 적합성의 이름으로 소환될 때 나타나는 것이라 할 수 있다.

항용 풍자는 '윤리적 기능'의 차원에서 거론되는데, 이때의 윤리를 단순히 선취된 윤리적 도그마 혹은 그에 입각한 비판적 포즈의 차원에서만 이해하는 것은 『태평천하』를 잘못 읽고 있는 것이라 판단된다. 채만식 자신 끊임없이 그에 관해 말하고 있거니와, 윤리적 포즈의 핵심에는 비극적 자기 증명의 몸짓이 존재한다.25)

---

24) A. Pollard, 송낙헌 역, 『풍자』, 서울대 출판부, 1978, 6면.

25) 채만식이 비극적인 자기 해소를 호소하는 대목은 의외로 굉장히 많다. 예컨대 다음과 같은 경우, "7월(1934년 7월—인용자) 열흘 이후 창작은 고사하고 수필 한토막 변변히 쓰지 못하였다. (…중략…) 탐구와 천착(穿鑿)으로부터 교활하게 고의로 눈을 돌린 것이다. 무엇보다도 움켜쥘 대상을 알 수가 없다. (…중략…) 나는 나의 저회(低廻)와 미암(迷暗)의 발원을 알고는 있다. 그저 그뿐 그이상 더 찾을 재주도 없고, 더구나 그것에 일조(一條)의 광명 같은 것을 비춰줄 힘은 더구나 없다. 그러니까 나는 눈발 머금은 세모의 하늘과 같이 무겁고 우울하다. 지구덩이를 집어들고 불이 이글이글하는 태양에 '호딴나게'(砲彈投)해 버렸으면 ……", 채만식, 「低廻迷暗의 發源」, 『채만식 전집』 10,

작가 개인의 체험 차원에서 본다면 『태평천하』의 풍자에서 나타나는
윤리성은 선취된 것이라기보다 경험의 산물일 가능성이 많고, 상술한
비극적 자기 해체의 몸짓을 안정된 문학적 풍자 양식 속에서 형식화해
내는 과정의 중간 매개물인 것으로 판단된다. 만일 '풍자'라는 물건이
없었다면 그의 '윤리성'은 비극적인 것 혹은 『탁류』의 초봉이 그러하듯
격정극적인 자기 파괴의 몸짓[26]으로 귀결되었을 가능성이 많다.

『태평천하』에서 나타나는 묘사를 서사 일반과 대립적인 것으로 설정
하고 서사 쪽에서만 문학과 역사의 결합을 사유하는 것 역시 일면적이
다. 대상의 현상적 다양성을 그것의 합법성이라는 차원에서 질서 지워
판단하지 못한 채 즉자적으로 재현할 뿐이라는 사실에서 오는 묘사의
무능함은 정상·비정상을 가르는 현실의 합법적인 질서를 상정했을 때
만 가능한 이야기이다.

채만식의 말마따나, "무엇보다도 움켜쥘 대상을 알 수가 없"는 "저회
(低廻)와 미암(迷暗)"[27]의 시대에 있어서는 사정이 다를 수밖에 없다. 이
경우 묘사는 전체를 움켜쥐는 서사적 중핵과 그것을 가능케 하는 역사
적 시야를 상실한 래디컬한 체념의 산물이 아니라 그 자체 일종의 시대
진단(診斷)이자 묘파(描破)로서, 시대의 혼미(昏迷)에 적극적으로 대응해
가려는 고투의 산물로 이해될 필요가 있다.

물론 『태평천하』의 경우 풍자 주체의 확고함이 전망의 확보에 의한
현실정합적인 이념에서 나온 것 같지는 않다. 전술한 바대로 풍자 대상
의 추상화라는 점에서도 이를 살필 수 있거니와 기실 채만식 문학에 있
어 풍자가 솟아오르는 지점 자체가 윤리적 자기 정립의 차원에 주된 근
거를 두고 있다는 점을 감안하면 상황은 한결 뚜렷해지는 것 같다. 『태
평천하』의 풍자가 갖는 의의와 한계가 거기에 동시에 존재하는 셈이다.

창작과비평사, 1989, 302~303면.
26) 황국명, 「『탁류』의 이데올로기적 한계」, 『외국문학』, 1990년 가을, 120면.
27) 채만식, 「低廻迷暗의 發源」, 『채만식 전집』 10, 창작과비평사, 1989, 302~303면.

『탁류』의 비극적 자기 해소가 자기 연민의 통속적 페이소스 정도로만 치부되는 몰가치의 시대에 직면해『태평천하』는 특유의 지성으로 시대의 퇴폐를 찍어 올림으로써 만연한 허무주의에 맞설 수 있었으나 그 이상은 아니었던 것으로 판단된다. 기본적으로 거기에는 긍정적이고 적극적인 가치의 응집을 통해 미래를 향해 현재를 밀어붙이는 현실의 자기 운동을 포착될 수 있는 서사적 공간이 존재하지 않기 때문이다.

이상에서 간략하게『태평천하』의 풍자를 대상 속성 혹은 대상 논리의 차원에서 살펴보았다. 풍자의 대상이 되고 있는 '윤직원' 혹은 '부르조아 자유주의'는 그 내부에 자기 파괴로 향하는 내적 분열을 갖고 있으며 이 내적 분열의 그로테스크 이미지가『태평천하』의 주요 서술 대상인 동시에 풍자가 발생하는 지점이라는 사실을 밝혔다.

래디컬한 '부르조아 자유주의'에 고유한 분열적 논리와 그 이면에 감추어진 그로테스크 이미지의 극화와 묘파가 결국『태평천하』에서 나타난 풍자의 핵심이라 할 터인데 막상 이렇게 말해놓고 보니 '윤직원'으로 대표되는 유산가 계급의 속물성과 그에 대한 자유자재한 풍자라는 기존 연구자들의 결론에서 썩 멀리 나간 것 같지는 않다. 다만 기존의 연구사에서 보이는 일반론적이고 추상적인 논의를 지양하여 설령 동일한 결론이라 하더라도 작품의 내부에서 풍자되고 있는 대상의 구체적인 속성 혹은 대상 논리의 분석을 통해 그 과정을 좀 더 핍진하게 묘사할 수 있었다는 것만으로도 이 글의 작은 의의를 찾을 수 있지 않을까 한다.

마지막으로 서사의 결핍과 묘사의 과잉이라 표현되어 온 기존의 묘사·서사 이원론으로는『태평천하』의 리얼리즘적 성과를 충분히 의미 있게 견인해내기 힘들다는 사실을 지적해 두어야 하겠다.

대상 속성 혹은 대상 논리의 층위에서 현실을 추궁해가는 풍자의 경우 그 양식적 본질에 의해 묘사가 대상의 본질을 장악해내는 데 있어 한 길 더 유리할 수 있다는 사실은 다시 한 번 강조될 필요가 있다.

물론 이때의 묘사는 대상의 인상을 통일적으로 장악하는 사전적 의미에서의 묘사와는 달리 대상의 이중성과 그것이 만들어내는 그로테스크 이미지를 포착하는 묘파(描破)의 의미를 담고 있는 것이라 할 수 있다. 풍자의 경우, 서사 · 묘사 이원론과는 층위가 다른 또 다른 이론적 논의가 부가될 필요가 있는 것이다.

이래저래 『태평천하』의 풍자는 여전히 소설사적 차원뿐만 아니라 이론적 차원에서도 현재적 의미를 놓치지 않고 있는 것으로 판단된다.

4부

1930년대 후반기에 대한 성찰

1930년대 후반기 장편소설
: 이념의 소멸과 새로운 주제의식의 모색

1930년대 중·후반기의 전통론
: '민족'에 대한 사유를 중심으로

1930년대 후반기 장편소설

이념의 소멸과 새로운 주제의식의 모색

1. 1930년대 후반기의 문학적 지형도

30년대 후반기의 문학은 우리 문학사에서 매우 독특한 위치를 차지하고 있다. 이 시기를 좀 더 명확하게 한다면 통칭 카프(KAPF)가 해산된 1935년으로부터 37년의 중일전쟁을 거쳐 『국민문학』지의 시기까지를 포함하는 것으로 볼 수 있다. 흔히 '전형기(轉形期)' 또는 '주조(主潮) 모색기'라고 말해지는 이 시기는 외부적으로는 일제 파시즘의 강화로 인해 일체의 사상 활동이 부정되는 시기이며 이에 상응하여 문학 내적으로는 1920년대 중반 이후 형성된 현실주의 문학운동과 이를 통한 식민체제 극복이라는 목표가 좌절되면서 한국문학 전반에 걸쳐 큰 폭의 변동이 이루어진 시기라 할 수 있다. 사상성의 감퇴와 그를 대신할 새로운 주제의식을 확보하기 위한 다양한 모색이 이 시기 소설사의 저류를 형성하게 된 것이다.

1930년대 중반에 이르기까지 한국문학은 민족해방운동의 일익을 담당하며 현실주의의 측면에서 높은 문학적 성과를 달성했다. 경향문학 진영을 대표했던 소설가들인 『고향』(1934)의 작가 이기영과 「과도기」(1929)・『황혼』(1936)의 작가 한설야의 경우는 말할 것도 없고 이론적인 측면에서 이들과 대립된 위치를 고수했던 염상섭 또한 『사랑과 죄』(1927), 『삼대』(1931), 『무화과』(1933) 등을 통해 당대의 한국현실을 사실적으로 드러냄으로써 현실변혁의 새로운 가능성을 탐구하고자 했다.

러시아에 대한 지식인 특유의 낭만적 동경을 보여주었던 「노령근해」(1931)의 작가 이효석과 노동 현장의 민족적・계급적 갈등을 주제로 한 「여직공」(1930)의 유진오로 대표되는 동반자 작가계열이라든지, 여인들의 불행한 인생을 주제로 당대 농촌 현실을 파헤쳤던 「채전」(1933)・『인간문제』(1934)의 작가 강경애 역시 이 시기 현실주의 소설이 갖는 일반적인 이념 지향성을 여실히 보여준 경우라 하겠다.

소설 속에서 특유의 현실 지향적 이념성을 구현함으로써 민족해방운동의 일익을 담당하고자 했던 당대 한국문학은 30년대 중반기 이후 불어 닥친 일제의 군국주의화와 중일전쟁에 따른 전시체제 하의 사상탄압으로 인해 더 이상 발전하지 못하고 만다. 『황혼』의 지식인 주인공인 '경재'를 통해 이미 '지하도의 사상'을 피력했던 한설야나 『인간수업』(1936)의 극단적인 자기 회화화의 모습을 보여준 이기영의 경우에 더하니 염상섭은 통속적인 연애소설로 나아갔고, 유진오는 「김강사와 T교사」(1935)를 거쳐 「창랑정기」(1938)의 유아적 세계로 힘몰하였다. 현실의 적극적인 변혁을 기조로 한 사상성의 퇴보가 불가피해짐에 따라 작가들은 침묵 속으로 혹은 자기 회화화나 통속적 일상성의 세계 또는 유아적 세계 속으로 나아갈 수밖에 없었다.

이런 문단의 상황은 당대의 비평계에도 영향을 미쳐 이른바 '현실주의 논쟁'이라 불리는 소설개조론에 관한 논쟁이 활발하게 일어났다. 박태원의 『천변풍경』과 이상의 「날개」를 '리얼리즘의 확대와 심화'라 주장함으로써 당대 문학의 위기를 현실반영의 폭과 깊이의 확충에 찾으려 하였던 최재서의 「'천변풍경'과 '날개'에 관하여」에서 촉발된 이 논쟁은 임화의 '세태소설론', 백철의 '종합문학론'을 거쳐 김남천의 현란한 리얼리즘 이론에 이르기까지 30년대 후반기를 화려하게 수놓은 바 있다.

특히 당대 소설의 위기를 '현실 자체의 분열상'이라는 시대적 현실의 문제에서 찾아 내성소설과 세태소설의 분리를 논하고 이의 극복을 '주인공−성격−사상'이라는 고전적 본격소설로의 회귀에서 찾으려 하였던 임화의 본격소설론이나, 소설의 운명 자체를 식민지적 현실의 향방과 동일시함으로써 끝까지 리얼리즘의 정신을 놓치지 않으려 했던 김남천의 노력은 이 시기 작가들과 비평가들이 보여준 새로운 주제의식 찾기에의 남다른 고민과 치열한 모색이란 점에서 대단히 인상적이라 할 것이다.

김남천이 '개인과 사회 간의 모순의 문학적 표상'이라 규정한, 이른바 '소설성'의 상실로 표현되는 이 시기의 한국문학의 문제성은 전적으로 사상성의 소멸과 그에 따른 대안의 부재였다. 당연한 귀결로 과제는 새로운 주제의식에 대한 모색으로 집중되었다.

이 글에서는 1930년대의 작가들이 이런 류의 문제에 구체적으로 어떻게 반응하고 고민했으며 새로운 방향성을 타개하기 위해 어떻게 고군분투했는지를 살핌으로써 1930년대 후반기의 한국소설사의 위상을 개괄해 보려 한다.

2. 『천변풍경』—기법의 새로움과 도시풍경의 형상화

박태원(朴泰遠, 1909~?)은 제일고보 4학년에 재학중이던 1926년 「누님」이라는 시를 발표하면서 등단해 「적멸」(1930), 「피로」(1933), 「소설가 구보씨의 일일」(1934), 「애욕」(1934) 등의 실험적인 작품들을 발표하면서 문단의 주목을 받기 시작했다. 1933년에 결성되어 36년까지 지속되었던 구인회(九人會)에 참여하여 활발하게 활동한 그는 김기림(金起林, 1908~?), 이상(李箱, 1910~37), 최명익(崔明翊, 1903~?) 등과 더불어 1930년대 모더니즘소설의 대표자였다.

모더니즘문학은 세계대전을 전후하여 서유럽에 나타난 일련의 전위적 운동을 포함하여 미학적 모더니티를 추구하는 제반 경향들을 총괄하는 개념으로 ①미학적 자의식 또는 자기반영성, ②동시성·병치·몽타주 수법이라는 기법, ③패러독스·모호성·불확실성, ④비인간화와 통합적인 개인의 주체 붕괴라는 특징을 갖는다.

모더니즘은 한편으로는 전쟁으로 인해 야기된 이성 중심주의에 대한 환멸을 배경으로 성장한 것이며 또 다른 한편으로는 자본주의의 난숙기를 대변하는 도시의 성장과 그에 따른 새로운 예술적 감수성의 출현에 힘입은 것이다. 문학 언어와 소설쓰기의 기법에 대한 유례없는 자각, 도시적 인간의 존재 일반이 갖는 삶의 조건에 대한 탐색 등으로 특징지어지는 이러한 경향은 주어진 문학적 질료와는 동떨어져 자유로이 형식 그 자체의 순수한 유희를 즐기려는 태도나 작가 스스로 자신이 속한 당대의 사회역사적 맥락을 애써 외면하는 모습에서 일정한 부정성을 갖는 것이라 말할 수 있다.

물론 그것이 단순히 새로운 것에 대한 일방적 경사의 태도라는 부정성을 지닌다든지 혹은 근대화된 도시풍경의 낯섦과 빌딩의 숲속을 헤매는 고독한 개인의 삐뚤어진 자화상을 절대화함으로써 일정한 문제를 가진다는 사실만으로 그 의의가 평가절하 될 수는 없다. 사상성의 소멸과 그를 대신할 새로운 주제의식의 탐구라는 측면에서 여러 가지 부정성을 내포하고 있음에도 불구하고 모더니즘문학은 근대적 인간 일반의 조건을 탐색하고 새로운 소설쓰기의 방법을 제시하고 있다는 점에서는 '전형기' 문단의 한 방향성을 제시하고 있다.

박태원의 『천변풍경』(1936)이 정확한 의미에서 근대화된 경성의 풍경을 선명하게 묘사한 것이라 말할 수는 없다. 아케이드와 백화점들로 가득 찬 보들레르의 빠리나 짐멜의 베를린에서는 근대화된 도시의 풍경과 그 속에서 부유하는 근대적 삶의 일반 조건이 이러저러한 방식을 통해 제시되고 있는 것에 반해, 박태원의 경성은 청계천변으로 고정된 도시의 주변부에 대한 관찰이기 때문이다.

청계천변은 분명히 도시에 속해 있으면서도 도심과는 다른 공간이다. 현란한 도시문화의 영향으로 천변에도 까페와 구락부 같은 유흥시설이 있기는 하지만 거기에는 아직 동네 아낙들이 모여드는 빨래터가 있고 이웃집 속내를 자신의 것처럼 잘 아는 전통적 공동체가 살아 있다. 이를테면 천변은 도시문명의 한 부분인 동시에 공동체적 삶의 전통이 여전히 생활의 이름으로 살아 있는 무대인 것이다.

박태원의 『천변풍경』은 그러한 천변 부근의 사람들의 생활을 파노라마처럼 잡아낸다. 작품 내에 특별한 주인공은 없으며 천변의 풍경 그 자체와 이를 생활의 무대로 삼고 있는 인물들 모두가 여기에서는 주인공인 셈이다. 각각의 장면은 마치 영화의 한 장면처럼 아무런 연속성없이 제시되며 주제나 사건의 연속성 심지어는 인물들의 연속성도 거기에는 보이지 않는다.

최재서(崔載瑞, 1908~64)가 '카메라의 눈'이라 평가한 작가의 시각은 '인물의 움직임'에 따라 '회전' 내지는 '우회'하며 작가 특유의 사상이나 담론이 부여하는 질서에 따라 체계적으로 조직되지는 않는다. 단지 이 소설에서 작품 전체의 구성을 일관되게 지배하는 것이 있다면 이는

'시간과 공간의 제약'이라는 형식적 일관성일 뿐이다.

천변을 무대로 하여 이를 한 치도 벗어나지 않는다는 점과 사계절의 순환이라는 지속적 시간성을 특징으로 하는 이러한 형식적 요소는 시공간적 통일성에 기반을 둔 기존의 리얼리즘 소설과는 대척점에 위치한 것이라 할 수 있다.

임화는 『천변풍경』을 세태소설이라 함으로써 이를 달리 지적하기도 했다. 작가가 자기 생각에 따라 인물과 사건을 배치하는 것이 아니라 그저 눈앞에 있는 세태를 묘사함에 그친다는 것이다. 물론 임화의 '세태소설론'이 갖는 함의를 모더니즘소설 특유의 방법론에 적용할 수 있는가하는 문제점이 존재하지만 중요한 것은 박태원의 『천변풍경』이 제목 그대로 일종의 '풍경' 묘사에 지나지 못한다는 사실을 임화가 지적했다는 점이다. '세상을 보고 세계의 중심에 있으되, 세상으로부터 숨어 있는' 파리의 보들레르와는 달리 천변 나아가서는 경성이라는 근대화된 도시의 시민들이 갖는 삶의 일반적 조건을 박태원은 형상화해내지 못하고 있는 것이다.

이러한 특징은 '카메라의 눈'을 담당하고 있는 인물들의 성격에도 여실히 드러나고 있다. 작품의 초반부에서 관찰자로 등장하는 '점룡어미'가 가진 관찰자로서의 한계라든지, 전편에 걸쳐 가장 충실한 관찰자로 기능함으로써 '카메라의 눈'을 몸소 체현하고 있는 이발소 소년 재봉 역시 창문이라는 제한된 공간을 통해서만 자신의 역할을 수행하고 있다는 점에서도 이는 확인된다. 재봉이 할 수 있는 일이란 기껏해야 천변을 오가는 사람들에게 호기심을 가지고 그들이 어떤 태도로 어디를 향해 가는지를 관찰할 뿐이다.

물론 경성이라는 근대화된 도시에서의 삶이 갖는 일반성을 형상화내지 못하고 있다 해서 『천변풍경』이 갖는 '전형기' 문단에서의 의의를 폄하할 수는 없다. 이는 풍경의 '관찰'이 갖는 당연한 한계일 수 있으며 그러한 한계 자체가 새로운 주제의식의 확보를 향한 가열한 모색정신을 역으로 드러낸다고 평가할 수도 있다. '리얼리즘의 확대'라 하여 이 작품이 갖는 의의를 새로운 기법에 의한 현실반영 폭의 확대로 규정하고자 했던 최재서의 소론 역시 이러한 관점에서 제기된 것이었다 할 수 있다.

3. 『탁류』와 『태평천하』 —이야기로서의 소설과 세태의 형상화

채만식(蔡萬植, 1902~50)의 처녀작은 「과도기」(1923), 등단작은 「세길로」(1924)이다. 이후 몇 편이 소품을 발표한 뒤 1929년 『별건곤』지의 문예담당 편집기자로 취직하면서 이른바 동반작가적 경향의 작품들을 창작하였다. '소부르조아 계급의 일원'으로 불가피했던 '창백한 인텔리의 지적 매음' 상태에서 탈출하여 '황금의 찬란한 배경 앞에 검광이 시퍼런 ○○'에 투신하리라는 확고한 의지를 나타낸다는 점에서 이 시기 작가의 내면의 일단을 엿볼 수 있다. 동반자 작가들에게 일반적으로 나타나는 추상적인 이념 지향성이 곧 그것이다.

이후 카프 소장파의 일원이었던 이갑기(李甲基, 생몰연대 미상)와의 논쟁을 거쳐 그 자신 공언한 바대로 '방랑적 작가'의 길을 걷는다. 이 시기 채만식 문학론의 중심에 놓이는 것은 이른바 '생활문학론'이다. 이후 2~3년 간의 침묵기를 겪고 조선일보사를 퇴사하는 길로 서울생활을 청산하고 개성에 칩거, 소설 창작에 전념하게 된다. 이때가 36년 초였으며 이렇게 하여 창작된 작품들이 곧 채만식 문학을 대표하는 『탁류』(1938) · 『태평천하』(1938) · 「보리방아」(1936) · 「명일(明日)」(1936.10) · 「치숙」(1938) 등이다.

이렇게 본다면 이 시기야말로 작가 채만식이 '방랑적 작가'로서 홀로 걸어온 여로의 총결산이라 할 수 있는 동시에 온몸을 기울여 창작에만 전념한 매우 독특한 시기임을 알 수 있다. 1938년도 초두에 작가는 스스로 이 시기 자신의 내면풍경을 드러낸 바 있거니와 이는 소설의 역사철학적 상황을 심리적으로 재현하고 있다는 점에서 무척이나 인상적이다.

> 시절의 격동은 심하여 지상의 것이라고는 하나 없이 사개가 버그러지고 그 버그러진 틈틈으로 작열(灼熱)한 열풍이 스며든다. 사람의 이목은 오로지 거기에 집중되고 생활은 분류(奔流)와 같이 용솟음친다. 생리적으로는 이 공기를 호흡하면서도 그 격류와 멀리 떨어진 피안(彼岸)에 물러서서 육체적 실감이 없는 '과거의 행동'에 불과한 문학(행동)을 하고 있다는 마음은 통곡하고 싶다.
> 객관적 정세─물론 부득이하다. 이유가 있으니 핑계도 댈 수 있다. 그러나 당연한 이유에 대해서도 순종을 않는 것이 인간의 정(情)이다. 억지일 것이다. 그렇지만 '억지'도 존재한 제 이유를 가진 자다. (「통곡하고 싶은 심정」, 『채만식 전집』 10, 560~561면)

전형기에 임하는 작자의 심정이 잘 나타나 있어 무척 흥미롭다. 무언가 본질적인 것이라고 생각했던 부분에 균열이 생기고 그 균열된 틈 사이로 열풍이 스며든다는 것은 문제적이지 않을 수 없는데 정작 작가 자신은 피안에 물러서서 통곡만은 할 수 있을 뿐이다.

이 글에 따른다면 1931~32년 사이의 동반자 논쟁의 단계에서 대략 3년 간의 침묵기를 거쳐 전형기 문단으로 나아가는 작가 채만식의 내면을 어느 정도 일관되게 읽는 일이 가능하다. '생활'의 문제를 창작의 중심에 두고자 하는 방식이 곧 그것이다. 이러한 생활의 문제가 체험의 문제로, 또 새로운 현실반영의 방법 얻기의 차원으로 나아가는 방식에 우리의 관심이 놓여 있음도 당연한 일이라 하겠다.

약간 성급한 느낌이 없는 것은 아니지만 채만식의 이러한 자기반성이 갖는 방향성을 '생활─체험─역사'의 선으로 규정해볼 수 있다. '역사─체험─생활'의 선이 아니라 그 역에 서 있다는 점에서 이는 채만식의 독특함이라 할 만하다. 즉 선험적인 역사(이념)에 의해 구체적인 체험의 폭이 일정하게 제한되는 작품세계를 보인 것이 이전 단계 카프(KAPF) 소설의 일반적 특징이라면 채만식의 이 도식은 이에 대한 비판으로서 일정한 의의를 갖는다. 따라서 '생활―체험―역사'의 선을 따라 채만식을 읽는 독법이 있을 수 있다.

작품 『탁류』를 이야기할 때 작중의 여러 제반 인물들의 관계가 '돈'에 의해 매개된다는 점에서 등장인물들이 구성하는 인간적인 세계는 단일한 세계로 나타난다. 경제적 궁핍에 의해 딸의 혼사를 결정지은 파락호 정주사와 작중에서 부정적 인물로 기능하는 고태수나 박제호·형보의 관계는 두말할 나위도 없고 가장 적대적인 관계를 형성하고 있는 초봉과 이들 부정적 인물들과의 관계에서도 사정은 동일하다. 이들 양자는 서로 동일한 언어(돈)로 말하고 있다는 점에서 서로를 이해하고 있음은 물론 본질적으로 동일한 차원 즉 속악한 일상성의 차원에서 움직여나간다.

이러한 점은 『태평천하』에서도 역시 반복된다. '홍안백발의 풍신 좋은' 윤직원 영감은 전적으로 '돈'을 기축으로 형상화되고 있으며 이는 그의 가솔들의 형상화에서도 동일하게 나타난다. 물론 그의 '돈 늘리기 사업'이 고리대금업과 부재지주라는 당대 사회의 자본주의적 부정성을 체현하고 있다는 점에서 일정한 사회경제적 연관성을 획득하고 있긴 하지만 이렇게 모인 '돈'은 전적으로 일상적 삶의 국면에서만 소비되는 철저히 소비 지향적 성격을 띠고 있다.

즉 '돈'을 둘러싼 인물들의 행태는 아무런 사회경제적 변별성 없이 오로지 속악하고 부정적인 일상의 영위라는 측면에서만 이루어지며 '돈'의 활동 공간 역시 축첩이나 도박이라는 세태의 차원을 넘어서지 못한다. 족보에 도금하기, 직함 얻기, 양반과 통혼하기, 자식 출세시키기 등의 행태가 '돈'과 당대의 사회정치적 현실 사이의 통로로 작용하고 있긴 하지만 정작 작중에서 '돈'이 갖는 이러한 공간의 확대는 형상화되지 않으며 단지 풍자와 회화화의 차원에서만 나타날 뿐이다.

이러저러한 이유로 인해 축적하지 못하고 계속 낭비할 수밖에 없는 '돈'이 갖는 의미는 전적으로 일상적인 삶의 영위(소비)에만 관계한다는 데 있다. 이러한 '돈'에 의해 구축되는 세계는 속악한 일상성의 세계(생활)일 뿐이다. 적절한 소비는 인물들의 욕망간에 적절한 균형을 가져다 준다. 『탁류』의 후반부와 『태평천하』의 작품 전체에 걸쳐 나타나는 일상적인 삶의 세계(세태)는 이러한 욕망의 균형에 근거해 있으며 이는 권태를 야기하는 주요한 역할을 담당하고 있다.

이러한 권태는 고태수와의 결혼생활에서 최소한의 서정적인 삶의 태도(꽃밭 가꾸기)조차 초봉에게 허용되지 않는 삭막한 삶의 모습과 『태평천하』의 그 지루하기 짝이 없는 소비적 삶으로 형상화된다. 즉 환멸의 분위기가 생겨나는 것이다. 소설의 서사적 내면성은 서정시가 지니는 단순 소박한 간극 없는 상태와는 정반대로 의식적이고도 일정한 거리를 두는 방식 속에서 실현되고 이는 분위기와 반성의 계기를 통해 주어진다. 즉 반성과 회상이라는 두 가지 구성적 범주가 존재하는 것이다.

작품의 후반부에 나타나는 초봉의 의식은 전혀 유아적인 단계(생활)에서 벗어나지 못하고 있다. 군산을 떠나 서울에 정착한 지 대략 1~2년이라는 시간이 흘렀음에도 초봉에게 주어진 체험적 시간은 현저히 무시간성의 성격을 나타낸다. 즉 초봉의 삶은 일상(생활)의 차원에서 닫혀 있는 삶의 양태를 나타낸다. 따라서 "내가 느이허구 무슨 원수가 졌다고 요렇게도 내게다 핍박을 하느냐? 이 악착스런 놈들아! …… 아이구 이 몹쓸 놈들아"(『채만식 전집』 2, 335면)라는 식의 절규를 일종의 비극적 인지(認知)로 보는 것은 다소 과장되어 있다 할 것이나.

오히려 초봉을 문제적 인물로 변모케 하는 삶의 소설적 인지의 계기는 다른 곳에 있다 할 것인데 남승재에 대한 남다른 기억이 곧 그것이다. 승재를 가운데 두고 두 자매가 마주보고 서 있고 이를 신·구의 대립으로 그리려 한 작가의 구도가 도식적인 차원에서 설파되고 있으며 애정을 매개로 하고 있다는 점에서 이는 다소 추상적인 성격을 갖는 것이지만 그것은 그다지 중요하지 않다.

　더욱 중요한 것은 이러한 '남다른 기억'이 초봉에겐 반성의 계기로 주어진다는 점이다. 지나온 삶이 반성의 계기 속에서 추체험되고 이는 초봉을 일상의 세계에서 벗어날 수 있게 하는 유일한 출구로 기능하게 된다. 즉 반성과 회상의 범주에 포섭됨으로써 초봉은 소설적 상황에 처하게 되는 것이다.

　『탁류』에서 나타나는 반성의 계기이자 그 내용이기도 한 승재에 대한 초봉의 이 '남다른 기억'은 그것이 나타내는 추상적 관념성에도 불구하고 대단히 중요한 요소로 기능하고 있다. 반성의 계기를 통해 초봉은 '정주사—고태수—박제호—장형보'의 계보에서 벗어나 '계봉—남승재' 계보의 인물유형으로 나아간다. 물론 『태평천하』의 경우 이 반성의 계기는 하나의 삽화 이상으로 나타나지 못하고 있고 단지 부정적 인물들에 대한 풍자라는 작가적 관점에서만 진행되고 있다.

　『탁류』를 읽다 보면 만나게 되는 또 다른 인물군으로는 남승재와 계봉을 들 수 있다. 계봉이 판소리의 화자 내지는 입심 좋은 이야기꾼의 수준에 머물러 있다면 남승재란 인물유형이 나타내는 성격은 상당히 독특하다. 많은 연구자들이 지적하고 있듯이 『탁류』의 전체 줄거리는 전술한 두 가지 인물군들이 남기는 궤적에 의해 양분되는 듯한 느낌마저 준다. '초봉—정주사—고태수—장형보'가 그려내는 이야기는 단숨에 읽혀지는 반면 '초봉—계봉—남승재'가 엮어내는 이야기의 경우는 만만치 않게 다가온다. 작품의 전체를 일관하여 지루하게 반복되어 묘사되는 이 남승재란 누구인가?

　우선 고아라는 사실을 지적할 수 있다. 의사의 손에 길러졌다는 우연한 계기를 통해 의업에 종사하게 되는 천성적인 인도주의자이자 의료행위를 자선의 한 방편으로 여기는 이 인물이 야학교사로 나아갔다가 이를 팽개치고 서울로 상경하여 개업하는 경로를 작가는 집요하게 묘사하고 있거니와 결국 남승재는 인물이 아니라 이념이었다. 이를 작가는 계봉의 입을 빌려 매우 들뜬 목소리로 말하고 있어 인상적이다.

> "그렇지만 가난한 사람이 가난한 게 어디 그 사람 죈가, 머……"
> "죄?"
> "누가 글쎄 가난허구 싶어서 가난하냔 말이우!"
> "가난한 거야 제가 가난한 건데 어떡허냐?"
> "글쎄 제가 가난허구 싶어서 가난한 사람이 어딨수?"
> "그거야 사람마다 제가끔 부자루 살구 싶긴 하겠지……"
> "부자루 사는 건 몰라두 시방 가난한 사람네가 그다지 가난하던 않을 텐데 분배가 공평털 않어서 그렇다우."
> "분배? 분배가 공평털 않다구? ……"
> 승재는 그 말의 촉감이 선뜻 그럴싸하니 감칠맛이 있어서 연신 고개를 꺄웃 꺄웃 입으로 거푸 뇐다. (『채만식 전집』 2, 419면)

작가가 인물로서의 남승재를 그린 것이 아니라 다만 하나의 이념을 제시해둔 것이라는 해석이 가능하다면 이를 중심에 두고 『탁류』를 다시 읽는 방식이 있을 수 있다. '혼사주지(婚事主旨)'에 의해 촉발된 이야기로서의 초봉의 삶을 모두 빼버리고 작품을 읽는 방식이 곧 그것이다.

그렇다면 이때 남는 것은 무엇인가? 정주사네의 몰락 과정과 그 자신 부둣가에서 망연히 이를 회상하는 장면이 묘사된 부분이 그 하나라면 초봉의 절망에 찬 행동을 묘사한 마지막 장면이 또 다른 하나이다. 이 양자를 사이에 두고 남승재의 이념이 그 빛을 발하고 있는 형국이야말로 가장 소설적인 상황이라 할 수 있지 않을까.

이를 기준으로 '생활―체험―역사'의 선과 '생활―환멸―허무'의 선을 갈라볼 수도 있다. 정주사와 초봉이 함께 걸어간 길이 후자라면 남승재와 계봉이 걸어갈 길은 전자일 것이기 때문이다. 만일 이러한 가정이 성립 가능한 것이라면 이념의 불빛이 어떤 빛을 발하고 있는가의 여부에 따라 작가가 '역사'와 '허무'라는 두 명의 소년 사이에서 어떤 '회귀적 궤적을 그리고 있는가를 추적해 보는 것도 의미가 있음직하다.

1930년대 후반기는 역사철학적 관점에서 소설적 상황이라 할 만한 것이었다. 이러한 특수한 시기에서 『탁류』의 '몰락 체험'이라든지 『태평천하』의 '세태'와 같은 폭넓은 작품세계가 채만식이라는 한 작가에 의해 어떻게 발생할 수 있었는가라는 것은 매우 의미심장하며 이를 전형기에 처한 작가의 새로운 주제의식 찾기라는 관점에서 고찰해보고자 하는 일이 우리의 관심사이기도 하다.

등단 이후 동반자로서의 작가생활을 청산하는 과정에서 채만식이 시종일관 내세웠던 것은 '생활문학'이었다. 이때의 '생활'이 경향문학 초기의 이론가들이 내세웠던 그것과 다른 것임은 매우 중요하다. 작가의 전기적 측면이나 작품상의 양상으로 볼 때 이는 '소비'로서의 생활 즉 '세태'이었던 것으로 파악된다. 서사구조상으로 볼 때 이는 '생활(욕망)－세태(소비)－반성'의 일관된 자기 경로를 갖게 되며 반성의 계기가 갖는 긴장의 유무에 따라 '생활－체험－역사'와 '생활－환멸－허무'의 상이한 경로를 밟는다.

만일 이러한 가설이 용인 가능한 것이라면 이를 기축으로 전형기 문단에 처한 작가가 방향의 모색을 위해 걸었던 새로운 길의 유형들을 묶어내는 일도 가능하리라 본다.

4. 『대하』－전형기 문단의 방향성 또는 주체성 재건에 대한 모색

전형기 문단에서 김남천(金南天, 1911~?) 문학이 갖는 중요성에 대해서는 이미 많은 논의들이 있어 왔다. 창작 쪽에 초점을 두어 이를 살펴보면 다음의 몇 가지로 나누어볼 수 있다.

첫째, 임화(林和, 1908~53)·안함광(安含光, 1910~?) 등과 더불어 전형기 문단에서 창작방법론으로서의 리얼리즘론의 선편을 쥔 주도적 이론분자였다는 점. 소위 비판적 리얼리즘에의 지향이 그것이다. 김남천이 '주인공—성격—사상' 노선을 견지하며 본격소설론을 제창하였던 임화에 대응하여 '세태—사실—생활'의 도식을 제시함으로써 30년대 후반기 평단의 선명한 두 축을 제시하고 있음은 널리 알려진 사실이거니와 이의 요체는 곧 리얼리즘론이었다.

그러나 정작 중요한 것은 그 자신 이를 소설작품으로 실험해 보였다는 사실인데, 단편 「남매」(1937)와 「소년행」(1937)에서부터 장편 『대하』(1939)를 거쳐 중편 「낭비」(1940)와 장편 『사랑의 수족관』(1940)에까지 뻗어 있는 우람한 산맥이 이에 대응하고 있다.

둘째, 전형기 문단의 방향성과 관련하여 창작 쪽의 물꼬를 트고 있다는 점이다. 주체성 재건의 문제를 두고 자기 고발로 나아간 「처를 때리고」(1937) 이후 「요지경」(1939), 「녹성당」(1940)을 거쳐 「경영」(1940), 「맥」(1941) 연작과 「등불」(1942)로 전개되는 일련의 작품들이 전형기 소설의 일관된 흐름을 대변하고 있다.

「처를 때리고」는 '진리라고 믿던 사상적 지주를 생활 속에서 잃어버리고 캄캄한 암야행로(暗夜行路)에서 우왕좌왕하는 지식인의 정신적 육체적 고민을 뿌리째 파보려는 작가적 태도'에서 나온 작품으로 당시 전형기 문단의 일반적인 현상이었던 자조와 변명의 문학에 대한 비판을 거냥한 작품이다. 전향지식인으로 형상화된 남수에 대한 아내의 요설이 곧 이를 형상화하고 있다.

한때는 ○○계의 거두였던 주인공이 5년간 감옥생활을 하고 출감하여보니 주위에는 교활하고 타락한 동지만이 남아 있는데 이는 놀랄 만한 일이 아니었다. 시류가 그렇기 때문이다. 정작 놀라운 것은 아내의 변모인데 신념의 동지였던 아내가 생활인의 위치로 변신을 한 것이다. 이는 곧 남수와 처 사이에서 벌어지는 다툼의 본질적인 동기인데, 그러니까 아내의 부정에 대한 의혹 따위는 우연적 계기에 지나지 않는다는 점이 강조될 필요가 있다. 정작 남수는 이 싸움에서 이기지 못하는데 그 원인이 무엇이가야말로 이 작품 전체의 주제의식이 가로놓인 지점이다.

작중인물들인 남수와 준호·창훈은 동일한 타락구조 속에 놓인 개성적 인물들이라고 볼 수 있다. 이들은 동일한 범주 즉 천박함이라는 인격적 자질 속에 묶일 수 있으며 남수의 다른 점이 있다면 그의 경력의 남다름과 더불어 문화 사업에 대한 어떤 적극성을 내연하고 있다는 점 정도이다. 이 적극성을 현실화하기 위해서는 일정한 책략이 필요한데 그는 몸낮추기[屈身]를 통해 이를 성취하려는 계획을 갖고 있다. 전형기 소설의 깊이 있는 독특한 주제인 '자기굴욕감'은 이에서 연유한다.

그러나 동시들의 부도덕성을 극복하기 위해 고안해낸 이 책략은 그 책략적인 측면에도 불구하고 자기 자신을 속물의 차원으로 끌어내리는 것이기에 한편으로는 부끄러움에 해당하는 것이기도 하다. 자굴감(自屈感)을 무릅쓰고 내세운 이 책략은 그러나 곧 좌절되어버리고 만다. 준호의 존재가 그 이유이다. 전직 신문기자로서 부랑아처럼 형상화된 이 준호라는 인물은 누구인가?

남수 처의 관점에서 묘사된 이 인물은 천박함과 경박함을 동시에 갖춘 보기 드문 부랑아이자 방탕아인데 한편으로는 아내에게 왠지 모를 행복감을 주기도 하는 인물이다. 그 이유가 무엇인가라는 질문은 작가도 알지 못하는 사이에 이 작품의 핵심으로 부상하는데 준호에게는 남편인 남수에게 없는 무언가가 있다는 점 때문이라는 사실만이 적시되어 있다.

자유자재의 변신술, 문화 사업에 적극적으로 앞장섰던 것은 기실 취직을 하기 위한 방편에 지나지 않는다. 출판사업의 장래가 불투명하리라는 점을 종이값의 앙등에 빗대어 슬쩍 자기합리화를 하는 대목을 작가는 지나가는 투로 적고 있거니와 결국 준호는 인물이 아니라 현실의 육화였던 것이다.

준호를 가운데 두고 작중의 인물을 재배치해 보면 사정은 한층 뚜렷해진다. 즉 현실의 육화로서의 준호와 그 연장선상에 남수의 처 정숙이 서 있다. 남수에게 없는 것, 그것은 곧 생활이었던 셈인데 이는 부부간의 다툼에서 남수가 끝내 자기의 처를 이기지 못하는 이유가 된다.

이때 생활이란 무엇인가? 그것은 곧 '돈'이 생성하는 꽉 짜인 일상성의 세계이다. 남수는 끝내 이 세계(생활)로 진입해오지 못하는데 이는 그가 본격적인 생업으로 나아간 것이 아니라 다만 문화 사업을 하고자 했다는 사실에서 연유하는 것으로 읽혀진다. 즉 그는 '현실—생활'의 세계에 합류하지 못하고 단지 문화 사업이라는 '사이비 생활'에만 겨우 근접할 수 있었는데 이 점이야말로 전형기 지식인의 한계라 아니할 수 없다.

곧 남수의 관점에서 보면 문화 사업이 생활의 영역에 속하는 것이었고 따라서 그것은 '굴신'의 책략이 필요한 만큼 자굴감을 동반한 부끄러운 일이었음에 비해 정작 진짜 '생활—현실'의 관점에서 보면 이는 사이비 생활에 불과했던 것이다. 남수에 대한 아내의 비판은 이런 선상에서 읽을 때 비로소 그 의미가 온전해지는 것이라 하겠다.

이를 다시 한 번 요약해보도록 하자. 작품을 구성하는 인간적인 세계는 타락한 삶의 범주에서 형상화되어 있다는 점을 먼저 지적할 수 있다. 남수의 남다름은 문화 사업에 대한 열망과 이의 실현을 위한 책략이라 할 수 있는데, 그것이 주체적인 것인 만큼 적극적인 자기 고발로 나아갈 수 있는 힘이 되는 것이지만 실상 현실은 그의 꿈이 단순한 관념에 지나지 않는다는 사실을 정확하게 보여주고 있다.

「물」 논쟁을 사이에 두고 벌어진 임화와의 논전에서 '세계관의 불확고'를 운위하며 "객관세계의 모순을 극복하느라고 자기 자신을 돌보지 않았던 주체가 한번 뼈아프게 차질을 맛보는 순간 자기 분열과 모순을 발견"(「자기분열의 초극」, 『조선일보』, 1938.1.26~2.2)하게 되자 주체의 정립과 재건을 목청 높여 주장했으며, 자기 고발의 정신을 통해 '유다적인 것'을 박탈하려는 "민사(悶死)에 가까운 성전(聖戰)"(「유다적인 것과 문학」, 『조선일보』, 1937.12.14~12.18)을 전개하여 이로써 전향기에 처한 작가들의 '변명과 자조'에 일대 비판을 가하고자 김남천은 「처를 때리고」를 창작했다.

그러나 이상에서 보듯이 그것은 가면박탈의 정신과는 무관한 것으로 되고 말았다. 남수는 생활의 세계로 침투해 들어가지 못하고 단지 사이비 생활만을 붙잡고 씨름한 셈이 되는데 이로써 남수가 나아가야 할 방향은 비교적 명확해진 셈이다. 생활의 세계로 내려가 진정한 자기비판을 감행하는 일이 곧 그것인데 「요지경」과 「녹성당」의 세계가 이에 대응한다.

「경영」·「맥」 연작은 전향한 사상범을 애인으로 둔 한 여인의 심리적 변화를 통해 이른바 사상전향과 신체제론의 문제를 동시에 드러내고 있는 작품으로서 전형기 소설 중의 수작으로 일컬어지는 작품이다 여인은 출옥힐 애인을 기다리며 이러저러한 어려움을 이겨내지만 정작 당사자는 일언반구도 없이 자신의 곁을 떠난다.

사상전향의 근저에 심리적 고독감이 존재함을 고백하던 이 남자 애인은 어느 순간 신체제론의 철학적 변용인 동양주체론을 역설하는데 이 또한 결코 놀랄 만한 일은 아니다. 예컨대 보리와 빵의 관계를 두고 한 알의 보리가 땅에 떨어져 꽃을 피운다는 식의 잠언은 현실을 희생함으로써 얻어지는 미래에 대한 전망을 드러낸 것일 터인데, 30년대 후반기 식민지 조선의 현실은 그렇게 함으로써 얻어진 열매들조차 결국에는 갈려서 빵이 될 수밖에 없는 형편이라는 점을 지적함으로써 작가는 결국 역사에 대한 허무주의를 드러낸다.

「등불」은 편지 형식의 자전적 소설로서 주어진 환경에 최선을 다하는 삶이라는 주제를 형상화한 작품이다. 여기서 주어진 환경에 최선을 다한다는 것은 문학하는 가장을 두었다는 사실 하나만으로 희생되어 온 가족에서 봉사하기 위해 직업으로서의 삶에 충실하겠다는 각오를 말한다. 이는 전형기 소설의 최종적 단계인 가족의 발견을 통한 현실복귀의 단계에 해당한다.

이상에서 살펴본 대로 전형기 문학의 한 방향성이었던 자기 고발의 엄격한 정신에 입각해 창작된 작품들은 지식인의 소시민성에 대한 가면박탈이라는 본래의 궤도에서 이탈하여 소시민적 생활을 합리화하는 방향으로 나아감을 알 수 있다. 소시민성의 폭로를 목표로 하였기 때문에 생활의 문제를 작품 내로 끌어오지 않을 수 없었던 것이다.

그러나 이는 쉽사리 이루어질 수 없었는데 단순히 소시민성의 고발만으로 주체성 재건이 이루어지기는 어려웠던 것이다. 자기 고발에서 주체성 재건으로 나아가는 길은 오히려 전혀 다른 곳에 있었다 할 것인데 이는 전적으로 문학과 현실이 맺는 관계에 대한 더욱 깊이 있는 천착을 통해서만이 가능한 것이다. 「발자크 연구 노트」(『인문평론』, 1939. 12)가 이에 엄밀하게 대응하고 있다.

「물」 논쟁 이후 김남천은 특유의 저력을 발휘, 자기 고발의 정신을 제창함으로써 전형기 국면에 처한 카프문학의 선편을 잡게 된다. 그러나 상술했듯이 이는 생활의 문제와 긴밀하게 연관되지 못함으로써 일정한 한계를 가지는 것이었기 때문에 이러한 한계를 돌파하기 위해 이제 김남천은 현실에 대한 더욱 구체적인 천착을 목표로 하는 일련의 작품들을 창작하게 된다. 「남매」에서 「낭비」에 이르는 일련의 작품들이 곧 그것이다. 소년을 주인공으로 하여 궁핍한 현실상을 묘사한 「남매」・「소년행」을 시발로 장편 『대하』에 이르는 리얼리즘으로의 도정에 오른 것이다.

「남매」・「소년행」 연작은 작가 자신이 가장 심혈을 기울여 쓴 것이다. "웃음이라곤 도저히 있을 수 없는", "하루에도 몇 번이고 분쟁이 일어나고야 마는"(「남매」) 가정을 이렇게 만든 것은 무엇일까? 두말할 나위 없이 능력 없는 애비이다. 또 가장의 무능으로 인해 기생으로 나설 수밖에 없었던 누이의 윤리적 문제성 때문일 수도 있다. 그러나 근본적 원인은 가난에 있을 터이다.

가난이 모든 정상적인 가정 관계를 파탄으로 만들어나가는 과정에 대한 묘사를 통해 김남천이 의도하고 있는 것은 무엇일까? 근대사회의 파행성 즉 자본주의의 구조에서 가난으로 일어나는 소외된 가족의 파행성과 그로 인한 가족관계의 비인간화가 그것이다. 이를 작가는 순진 무구한 소년의 관점에서 예리하게 포착함으로써 새로운 소설 형식을 일구었다.

그러나 이 작품은 동시에 소년의 시각에서 벗어나지 못한 단편의 형식에 그쳤다는 점, 누이의 타락이라는 정조의 문제에 초점을 두어 현실을 재단하려 했다는 점에서 일정한 한계를 갖는다. 현실의 구체적 현실성이란 단순하고 일면적인 시각에서는 결코 자신의 모습을 온전히 드러내지 않는 법이다.

한국 근대소설의 발전 과정은 서구의 경우와는 달리 식민지시대의 사회적·민족적 요구에 대응하는 과정에서 성립된 것인 만큼 독자적인 성격을 갖는다. 우리 민족에게 있어 근대화는 양가적인 의미를 띠고 있다. 일단 근대화란 그것이 삶의 일정한 진보를 의미한다는 점에서는 긍정적이지만 일본에의 예속을 의미한다는 점에서는 부정적이라 할 수 있다. 이렇게 본다면 식민지시대 한국사의 흐름을 제약한 가장 기본적인 동기는 바로 이 양가성에 있다 하여도 무방할 것인데 한국문학사 역시 이에 서 예외일 수는 없다. 자생적인 근대화의 중단, 타율에 의한 파행적인 발전 등이 이를 증거하고 있다.

이러한 상황하에서 당대의 문학적 과제가 현실적인 민족모순의 해결에 중점을 둘 수밖에 없음은 어찌 보면 당연한 일이다. 1930년대 후반 일제의 파시즘적 탄압이 더욱 기승을 부리고 이에 따라 식민지 조선의 정세 또한 극단적인 방향으로 흘러가자 문학 진영에서는 이러한 난관을 장편소설의 창작으로 돌파해내고자 하였다. 이는 소설의 창작방법에 관한 오랜 기간의 토론 끝에 나타난 결과로서 구체적인 현실성을 확보하고 또한 그렇게 함으로써 진정한 미래의 전망을 얻어낼 수 있는 문화적 방법의 하나로 장편소설이 선택되었다는 것을 의미한다. 한치 앞을 내다볼 수 없는 30년대의 가파른 역사적 현실 속에서 보이지 않는 미래의 전망을 구하고자 하는 열망이 자연스럽게 문학적 외피를 입고 나타난 것이다.

근대의 전사인 개화기를 무대로 하고 근대 초입부의 새로운 세대의 등장을 풍속적 측면에서 드러내고자 한 장편소설 『대하』의 탄생은 바로 이러한 분위기 속에서 이루어졌다.

> 가족사의 초석으로 근본없는 신흥 부호로 하되 그후 30년을 존명할 장년, 지주 겸 고리대금업자로 할 것이라 하여 당년 40세의 박성권이가 가장으로 선택되었다. 시대정신의 구현된 성격으로 발달하여 전통의 파괴자, 가족 계보의 이단자로 청소년에서 구하되 서자 학도로 할 것, 이리하여 박성권의 3남, 서자, 19세이 박형걸이가 선발되었다. …… 연애사건을 주요 사건으로 하되, 그 상대자를 비복과 기류(妓流)에서 잡을 것.(「작품의 창작과정 – 나의 창작노트」, 『조광』, 1939.6)

『대하』는 형걸이라는 한 젊은이를 중심으로 개화기의 신흥 부호인 아버지 박성권과 그의 적자들 그리고 비복간의 관계로 구성되는 가족의 역사를 통하여 개화기에서 근대의 초입부에 이르는 한국사회의 역사적 규정성을 밝히려 한 작품이다.

먼저 작품의 초두에는 박성권의 치부 과정에 대해 묘사한다. 중인의 자손인 그는 청일전쟁을 계기로 가산을 모았다. 그 과정이 초기 상업자본의 모습과 일정하게 대응하고 있다는 점은 주의를 요한다. 박성권의 축재 과정이 가지는 비정상적인 성격을 들어 한국에서의 자본 발전이 갖는 초기적 파행성을 거론하는 것은 물론 별다른 문제가 되지 못한다.

예컨대 고리대금업을 통한 자본 형성이라는 문제가 『대하』 이외의 여타 소설에서도 끊임없는 일종의 유형으로 등장하는 것만 보아도 이는 알 수 있다. 문제는 오히려 썩 다른 곳에 있다 할 것인데 이에는 좀 더 부연 설명이 필요하다.

주지하다시피 민족자본으로서의 상업자본이 그 의미를 지닐 수 있는 단계에 대한 논의가 그것이다. 예컨대 민족자본가들이 1919년의 3·1운동을 추진한 사례라든지 1930년대 초반에 있었던 물산장려운동과 같은 예들이 이 점을 잘 반영하고 있다.

『대하』에서 드러나는 박성권의 모습에는 이러한 사정이 완전히 몰각되고 있는데 박성권은 단지 가산 모으기에 야비할 만큼 철저한 인물이자 넉넉한 인품을 소유한 가장으로서만 형상화되어 있다. 이는 물론 여러 가지 해석이 가능하다. 흔히 『대하』의 가장 중요한 결점인 풍속 묘사와 인물 형상화 사이에 존재하는 복잡다단한 관계를 김남천이 끈기 있게 천착하지 못한 때문이라는 시각도 있을 수 있다.

작중에는 개화기 풍속에 관한 다양한 에피소드들이 나열되어 있다. 신식 결혼식이라든지 개화기의 새로운 풍물에 대한 소개 등과 같은 것들이 곧 그것인데 문제는 이러한 풍속 묘사가 인물 형상화의 차원에서 적절히 종합되지 못한 채 단지 하나의 풍경에 지나지 못한 것으로 산만하게 제시되고 있을 따름이라는 데 있다. 현대의 전사(前史)를 그림으로써 현실의 발전 방향을 제시하고 그렇게 함으로써 새로운 시대의 전망을 획득하려 기획되었지만 결국 자연주의적 묘사의 한계를 드러내지 않을 수 없었던 것이다.

형걸은 서자라는 신분이 갖는 전통 파괴자적인 이미지의 인물이다. 학도에게 선생이 있는 것은 당연한 일이다. 문우상이라는 선생이 그에게 가르쳐준 새로운 세계란 기독교로 대표되는 근대문화이다. 형걸은 남다른 열정으로 이를 수용하게 되고 결국은 새로운 가치의 실현을 위해 가출을 감행한다.

장편 『대하』의 마지막 부분은 형걸의 가출을 감동어린 어조로 묘사하고 있거니와, 한 어린 소년의 무작정한 가출에 문제가 없을 수는 없다. 시대적 현실의 속성을 깊이 있게 천착하지 못한 어린아이의 폭 좁은 선택이기에 이 가출은 힘찬 반면 위험한 것일 수밖에 없었다. 형걸의 가출을 재촉한 또 다른 요인으로 비복 쌍네와 기생 부용, 형수인 보부 사이에서의 심리적 갈등을 제시할 수밖에 없었던 작가의 고충 또한 여기에서 말미암은 것이다. 물론 당대 현실을 규정하는 핵심적인 축으로서 일본 제국주의에 관한 언급이 결여되어 있다는 점 또한 형걸의 형상화에 있어서 나타나는 중요한 한계이다.

이렇게 본다면 장편『대하』는 가족사를 통한 새로운 문학 형식의 건설과 이를 통한 문학과 현실의 새로운 관계 정립에 관한 모색, 실천적인 측면에서의 시대 넘기라는 당초의 목적과는 다소 동떨어진 결과를 낳고만 셈이다.

물론 그렇다고 해서 새로운 문학 형식을 얻고자 한 작가 김남천의 열정과 고민의 빛이 바래지는 것은 아니다. 형걸과 그의 부친 박성권 그리고 이들의 주위에 존재하는 비복류들의 삶을 통해 개화기에서부터 근대의 초입부에 이르기까지의 한국사회의 형성사를 살피려 한, 이른바 가족사 소설이라 불리는 그의 새로운 문학 형식은 30년대 후반기 한국소설계의 한 전형으로 확립되었으며 이후 한국소설계의 영원한 귀감으로 남아 있다.

1930년대 중·후반기의 전통론

'민족'에 대한 사유를 중심으로

1. 서론─인식소로서의 전통

1930년대는 카프 해산(1935)에서도 나타나듯이 식민 통치의 정치적·이념적 통제가 심화되고 그에 따라 1920년대 후반기 이래 일단의 운동가들에 의해 전개되어 온 민족 해방의 근대적 기획이 문학 영역 내부에서조차 좌절되는 시기이다.

이는 단순히 종래에 문학을 주도했던 하나의 특정 집단이 몰락하고 있음을 의미할 뿐 아니라 근대에 대한 이념적 실천을 가능케 하는 역사적 사고, 즉 근대화를 역사의 필연적 발전으로 파악하고 그것의 진보적 국면을 헤아리는 사고가 존립하기 어렵게 되었다는 신호였다는 점에서 매우 중대한 사건이었다. 근대성의 인식과 추구에 적합한 사상적 환경이 붕괴하였던 것이다. 수구와 진보를 선명하게 구분하고 양자를 이원론적 대립 속에 놓음으로써 문화의 장을 짤 수 있었던 기반인 패러다임 자체가 회의의 대상이 되고 있었던 것이다.

우리는 흔히 '자생적 근대화'라는 개념에 익숙해 있지만, 이는 비교적 최근에 이루어진 지적 노력의 산물일 뿐 당대의 경우는 사정이 판이하게 달랐던 것으로 보인다. 당대의 경우 자생성과 근대화 혹은 근대적 진보라는 개념 쌍은 모순 관계에 존재했던 것이다. 신문학은 한마디로 '근대문학을 창출하려는 노력'이었으며 근대의 본격적인 성립을 위해서는 전통의 파기가 필요했던 것이다.

이광수의 '신종족론(新種族論)'(「자녀중심론」, 『전집 17』, 삼중당, 1962)에서부터 김남천의 '복고적(復古的) 퇴영주의론(退嬰主義論)'(「고전에의 귀환」, 『조광』 23, 1937.9), 최재서의 '민족적(民族的) 편집주의론(偏執主義論)'(「문화기여자로서」, 『조선일보』, 1937.6.9) 등에 이르기까지 전통에 대한 관심은 진보에 대한 거부로 치부되었다. 이는 1930년대 후반기에 이르러 근대의 파산이 선언되기 이전 시점까지 유효했던 현상이었다.

1930년대 중·후반으로 오게 되면 사정이 바뀐다. 전통과 진보의 이원론적 대립을 가능케 했던 보편사의 향방이 혼미해지자 기존의 구도는 규범을 상실하고 진보를 가로막는 부정성으로서의 전통이 오히려 진보에 혹은 전환기에 요구되는 새로운 세계 이해의 인식론적 토대를 구성하는 한 요소로서 적극적으로 평가되기에 이른다. 박영희의 다음 글은 이런 사정을 잘 나타내고 있다.

> (…전략…) 民族文化의 總體는 새로운 過程에 登場되여보지 못하고 蓄積에서 批判되여보지 못한 채로, 그대로 깊히 깊히 假埋葬을 當하고 말엇든 것이었다. 그러나 感情은 整頓되며, 理智의 世界는 展開되여서, 그 『熱情의 野性』도 서서히 現實的, 理性的 世界로 進展하게 되매, 朝鮮에도 哲學的 世界觀이 探索되기 시작하였었다. 따라서 部分的에서 全體性을 찾게 되며, 固定的에서 變遷性을 알게 되며, 階級的 孤立에서 民族的 視野로 統一코자 하게 되었든 것이다.[1]

미래를 위해 부정되어야 할 것으로서의 과거가 재발견의 대상, 즉 그것의 과거적 구체성과 역사성 때문에 재발견되고 가치 부여되어야 하는 대상이 되었다는 것이 이 글의 요점이다.

과거의 재발견이 갖는 의미는 종래의 민족 담론들이 강조하였던 민족 주체성의 확보와는 다른 차원에 속한다. 후자가 근대적인 문명 수립에 그 목표치가 놓여 있는 것이라면 전자는 이런 류의 근대화에 대한 거부 위에 놓여 있기 때문이다.[2] 문제는 민족이라는 이름하에 소환되는 과거적인 것으로서의 전통이 혼돈기 혹은 전환기의 세계상을 인식하는 하나의 인식소이자 실천적 지반으로서 전제되고 있다는 점이다.

문제가 없을 수는 없있다. 이른바 상실한 지아 탐구론이라 할 만한 이런 류의 전통 개념이 갖는 일반적인 문제는 '우리=조선=자아'라는 등식의 성립에 있다.[3] 이 자아는 물론 근대적인 개인으로서의 자아가 아니라 민족이라는 집단적 주체이며 그것도 아마 위기 속의 민족 주체 정도일 것이다.

전통 혹은 전통적인 것은 '문화적 통일체로 상상되는 것에 대한 심상'으로 소환되며 민족의 역사에 대한 인식론적 전체를 구성하는 유기체의 핵으로 존재하게 된다. 민족 내부의 갈등과 합의에 기반하고 있는 역사적 경험은 삭제되며 정치·사회적 함의 없는 문화적 정체성만으로 자아의 재성찰이 가능하리라는 환상은 현실에 등을 돌린 채 민족의 보존이라는 윤리·종교적 지상명령의 심미적 판본으로 기능한다.

조선적 전통에 대한 탐구의 위상을 절대화하려는 시도에 대해 그 다양한 한계를 거론하는 논의들이 이른바 근대주의자들에 의해 제기되면서 전통 논의는 전환기 특유의 위기 담론의 중핵으로 등장하기 시작한

---

1) 박영희, 「조선문화의 재인식—기분적 放棄에서 실제적 탐색」, 『개벽』, 1934.12, 2~3면.
2) 박찬승, 『한국 근대 정치사상사 연구』, 역사비평사, 1992, 302~304면.
3) 차승기, 「1930년대 후반 전통론 연구—시간·공간 의식을 중심으로」, 연세대 박사논문, 2002. 2장 참조.

다. 전통론이 담론 헤게모니의 장에서 주요 이슈로서 설정될 수 있었던 것은 이들의 본격적인 논의에 힘입은 바 큰데, 모더니즘 진영과 맑시즘 진영의 이론가들은 전통 개념을 기념비적 과거의식에서 건져내어 현존하는 세계의 위기를 진단하는 반성적 계기로 일반화시켰다. 전환기의 역사철학을 탐구한 서인식의 다음과 같은 글이 대표적이다.

傳統은 一面 過去的 客觀的의 것으로 過去와 現代의 歷史에 屬하는 것이나 또한 人間의 現在的 否定的 行爲를 媒介로 하고 끊임없이 更生하여나간다는 點에서는 生成으로서의 歷史(原始歷史)에 屬하는 것이다. 더욱 소상히 말하면 그는 過去로부터 傳達되여온 點에서는 過去의 歷史에 屬하며 現代生活에서 反覆되는 點에서는 現代의 歷史에 屬하나 否定的 行爲를 媒介로 하고 更生하는 點에서는 未來의 歷史에 屬하는 것이다.4)

서구의 경우 전통론의 발생 근거가 '개성론'에 대항하여 인간을 특정한 문맥에 구속된 존재로 설정, 통합된 전체적 질서 모색 위에서 세계사의 개조를 추구했던 것5)인데 비하여 1930년대의 근대주의론자들의 경우 이런 류의 사고를 증발시켜버리고 전통론을 문화 혁신의 장 속에서 예정된 목적론의 미래를 촉발하는 한 계기로 설정하여 사유하고 있다는 특징을 갖는다.

서인식의 표현대로 하자면 전통은 역사적 주체화의 몸짓이 그로부터 잉태되지만 동시에 그것을 떨쳐버려야 할 부정적인 태반 정도가 될 것이다. 결과적으로 마지 전통론이라는 담론의 영역 속에서 현재의 위기를 반성하고 돌파할 수 있는 지속적인 가능성이 열린다는 이른바 역사주의적 상상력이 지속되고 있다고 말해야 할 것이다.

전통론을 당대의 시대적 의제(議題)로 밀어 올린 배경에는 일본측에서

---

4) 서인식, 「전통론」, 『역사와 문화』, 학예사, 1939, 162면.
5) E. Shils, 김병서·신현순 역, 『전통─변하는 것과 변하지 않는 것』, 민음사, 1992. 10장 참조

전개된 이른바 동양문화론이 존재하거니와 이들의 태도 역시 별반 다르지 않았다. 이들 역시 서구의 제한적인 전통론을 일반화하여 서구적 근대를 초극하기 위한 이른바 새로운 세계사의 철학 구상의 한 중핵으로 격상시켰던 것이다.[6] 전통은 되돌아가 거기에 통합되고 그로써 통일된 전체를 구성해야 할 선험적 틀로서의 보편 문화가 아니라 서구적 근대에 저항하는 대항문화의 동양적인 특수성을 지칭하는 것으로 간주되었다.

결과는 참혹하다. 문명과 문화를 구분, 후자에 동양의 공간적 특수성을 부여함으로써 시간적 선조성 위에 발전해 온 서구적 근대의 아집과 독선·폐해를 비판하고자 했지만 결론은 서구적 근대를 극복하고 동양의 통일을 이끌자는 이른바 근대 초극론에로 이어지는 또 하나의 패권적 서사만을 낳았을 뿐이었다.

차이의 공존 따위를 주장하는 것이야 얼마든지 가능한 일이겠지만, 중요한 것은 그런 류의 주장이 가능케 한 외연 확장의 가능성이 '시간적 혁신의 내용을 수반하지 않는'[7] 한, 거기에는 오히려 자폐적인 자기 확신과 퇴행만이 존재할 뿐이라는 사실이다.

전통 담론이 역사 진보적인 준거 위에 서 있는 보편적 세계성을 놓칠 때 결국 남는 것은 자기 경계 속에서 완강히 응축되면서 활동하는 전투적인 폐쇄성일 뿐이다. 이는 동양문화론자들이 최후로 걸어간 길이 결국 '문화=전통=국가'라는 자기 폐쇄적 동일성의 체계였던 사실로 미루어 알 수 있다.

이 글에서는 일반적인 의미에서 전통론이라 지칭될 수 있는 의제(議題)하에 1930년대 중반 이래 각 문학 진영이 산출해내었던 일련의 전통 담론들을 검토하되 각각의 담론들이 보이는 내적 논리와 차별성을 중심으로 전통론을 둘러싼 민족 담론의 내부에서 민족에 대한 사유가 어

---

6) 廣松 涉, 『「近代の超克」論－昭和思想史への 一視角』, 강담사, 1989 참조.
7) 서인식, 「현대의 과제(其一)－전형기 문화의 諸相」, 『역사와 문화』, 학예사, 1939, 211면.

떤 궤적들을 그리며 진행되어 갔는지를 살피려는 시도이다.

무릇 모든 담론은 그것이 일회적인 선언에 그치고 마는 것이 아니라면 일관된 내적 체계를 가지고 있어야 한다. 신념의 천명에 더하여 그것을 구체화하고 현실적인 맥락에서 재생산해낼 수 있는 일정한 논리 체계가 있어야 하는 것이다. 더 나아가 담론인 한 그것은 현실 적합성의 차원에서 항상 스스로를 재성찰하고 혁신해 낼 수 있어야 한다.

개항 이래로 한국사는 항상 변혁과 갱신을 통한 자기 보존의 과제에 직면해 왔다. 경쟁과 보존, 생산과 발전, 창조와 혁신 등의 개념들이 이 운동의 핵심을 구성하고 있었고 항용 사활을 건 전쟁이나 그에 도움이 될 전략 등의 차원에서 자신을 표현해 왔다. 그런고로 이런 류의 자기 보존과 갱신에 대한 열망을 생략한 민족 담론은 담론으로서의 자격을 얻을 수 없었다.

물론 1930년대 중 후반에 전개된 일련의 전통론 속에 포괄되었던 민족 담론은 성격을 달리하는 것처럼 보인다. 그것은 생존과 자기 보존이라는 절대 명제하에 진행되어 왔던 19세기 말 이래의 민족적 쇄신운동을 그 근저에서부터 반성하는 의도를 담고 있다. 이 글에서는 이런 류의 반성이 갖는 담론 상의 특성들을 추적하고 의미화해내는 방식을 띠게 될 것이다. 이 논문은 일제강점기의 민족 담론에 대한 연구의 한 부분으로 기획되었다. 전통 담론에 녹아 있는 '민족적인 것에 대한 태도'를 문제 삼는 만큼 미시적 접근법을 택하기보다 서로 상이한 진영에 속하는 이론가늘의 태도가 갖는 이념적 지향성과 그 차이, 차이들의 의미 등을 논의하는 방법을 중심으로 삼았다. 전통론을 중핵으로 전환기의 새로운 문화 지형을 모색하는 일이 당대의 과제였으므로 전통론에 대한 시각 역시 크게 보아 세 부류로 나뉘어 전개되었다.

이 글에서도 당대의 분류법을 쫓아 일단 세 부분으로 나누어 각각 그 특징과 내적 논리, 진영들간의 차이들을 중심으로 서술하고자 한다.

2. 독자성에 대한 호소와 문화주의

'고전부흥운동' 혹은 '조선학'이라는 이름하에 민족의 과거에 대한 관심을 촉구하고 전통에 관한 1930년대의 논의를 출범시킨 것은 민족주의 계열의 문학 이론가들이었다. 김억·김진섭·김태준·정인섭 등 다양한 색깔을 가진 이론가들이 동원되었지만 일차적인 관심사는 민족주의적인 것이었다.

> 우리가 우리를 徹底히 안 일이 있었던가? 알아보려고 한 일이 있었던가? 有史後로도 半萬年의 生命을 繼續하였거늘 걸어온 자취를 제가 되어서 저를 觀察하고, 저를 反省하고 저를 宣揚한 일이 있었던가? 長短優劣을 一括하여 不問에 붙여 오늘에 이르니 커다랗게 남은 存在는 自我의 完全한 喪失이요, 自我의 徹底한 空虛 뿐이다.8)

고전부흥운동에 임하는 민족주의 진영의 태도는 한 마디로 민족의 독자성에 대한 확인 의지라 할 수 있다.

민족의 정체성 찾기에 대한 '탄원' 혹은 민족적 정체성을 발견하는 '감명' 등의 논조로 볼 때 고전부흥운동이 과거의 문화유산에 대한 민족주의적 옹호로부터 출발한다는 것은 의문의 여지가 없다. 고전부흥운동의 원점에는 문학이라는 것을 인간의식과 활동의 보편적 형태로서 이해하기보다는 그것의 민족적 기원과 경계, 민족적 변별성에 역점을 두는 입장이 암암리에 설정되어 있는 것이다. 그런 까닭에 민족적 특질 혹은 민족적 개성을 지닌 문학이라는 의미에서 고전에 대한 재향유가 거론되고 있다. '우리의 문학을 찾아 우리의 명패(名牌)를 빛내 보고자'9)라는 당위적 요청 속에서는 과거의 문학유산을 되살림으로써 성취하고자 하는

---

8) 「朝鮮을 알자」, 『東亞日報』(論說), 1933.1.14.
9) 「朝鮮 古典文學의 檢討」, 『朝鮮日報』, 1935.1.1.

바가 민족적 독자성을 선양하는 것이라는 내심이 잘 드러나 있다.

『동아일보』의 경우 이런 경향을 노골적으로 드러내었던 것으로 평가된다. 「조선문학의 독자성―특질의 구명과 현상의 검토」(1935.1.1)라는 특집을 실었을 뿐만 아니라, 1934년 10월부터 12월까지 「내 자랑과 내 보배」, 「조선심과 조선색」이라는 고정란을 두고 고유섭·현상윤·손진태·백남운·김원근·김윤경·이윤재 등의 필진을 동원하여 민족문화의 독자성 내지 특수성을 부각하려 애썼고, 1935년 벽두부터는 정인섭의 「오천년간 조선의 '얼'」을 연재하기 시작했던 것이다. 『조선일보』나 『조선중앙일보』에 게재된 한국학 관련 논문들 역시 이런 민족주의적 경향을 잘 대변하고 있다.

새로운 기획에 더하여 기왕의 민족주의 역사학자들이 만들어낸 '조선심'이나 '조선정신', '조선얼' 등의 개념들도 여전히 광범위하게 재검토되고 있었다. 이는 민족 고유의 멘탈리티를 역사상의 인물들이나 사건, 정황 속에서 재확인하는 일에 중점을 둔 것으로 거기에서는 한국사를 관통하는 어떤 일반적 법칙을 발견하는 일이 아니라 민족적 삶의 특수성을 신성화하는 일이 주된 목적으로 설정되고 있음을 관찰할 수 있다.

1930년대 '고전부흥' 문제에 대한 저널리즘의 관심에는 1920년대의 국민문학파와 일맥상통하는 측면이 존재하고 있었던 것이다.[10]

1930년대 민족주의 계열에서 전개한 고전부흥운동의 핵심 중 하나는 조선학 연구 영역이다. 안재홍에 따르면, 조선학은 "일개의 동일 문하체계의 난빌화한 집단에서 그 집단 자신의 특수한 역사와 사회와의 문화적 경향을 탐색하고 구명하려는 학의 부문"[11]으로 정의된다. 이 글의 핵심은 민족을 역사적·문화적으로 동일한 존재로 간주한다는 전제에 놓여 있다. 거기에서는 '문화의 틀'로서 정치·사회적 조건이 선재해야 하고 또 그래왔다는 역사적 경험이 몰각되고 있는 것이다. 안재홍은 오

---

10) 황종연, 「한국문학의 근대와 반근대」, 동국대 박사논문, 1991. 2장 참조.
11) 안재홍, 「조선학의 문제」, 『신조선』, 1934.12.

히려 사태를 뒤집어 문화로부터 정치·사회적 틀을 구축해나갈 수 있다는 듯이 말하고 있어 인상적이다.

朝鮮의 朝鮮人이 朝鮮的인 傳統과 俗尙 等 그 自然한 文化的 傾向에서 向上 및 淨化의 道程을 밟아 社會的 政治的의 멈춤없는 眞景을 追求하는 것은 天下의 公道이다.12)

가히 문화주의적 태도가 노골적으로 드러난 경지라 할 만하다. 힘의 근원을 '문화적 고유성'에서 찾는 태도이기 때문이다.

근대의 위기를 문화적 고유성에 의해 극복하고자 하는 것은 문제의 잘못된 확산에 지나지 않는다. 허위의식 속에서 문제를 비껴나가는 것에 지나지 않기 때문이다. '과거의 영광에 대한 자기 과시'란 공허하기 짝이 없다. 우월성 담론 자체가 절대주의적 문화관, 다시 말해 문화를 바라보는 절대적 준거 위에 서 있는 것인 만큼, '과거의 영광' 운운하는 것 자체가 승리자의 그림자를 밟는 패배자의 전도된 굴욕감을 표현한 것에 지나지 않았다.

위기에 대한 대응으로서의 고유성론은 고유성 탐색이라는 문화적 실천 속에 현실의 위기를 비껴가려는 이데올로기적 은폐의 몸짓에 지나지 않는다. 세계에 대한 이해 없는 자기 탐색이란 무망한 일이다. '조선적인 것'에 대한 탐색 행위 자체에 시동을 건 전형기의 위기를 그 역사적 계기에 있어 회의하지 못한 채, 자기에 대한 탐사를 통해 문제를 넘어설 수 있다는 생각 자체가 무리였다. 중일전쟁 후 위기가 서양의 위기로서 혹은 전적으로 외부에서 부과된 것으로서 인식되자 민족의 내부를 '위기로부터 면제된 유일 공간으로 잘못 생각했던 것'13)이고, 거기에 과도한 가치를 부여했던 탓이다.

---

12) 안재홍, 「사설」, 『조선일보』, 1932.3.2.
13) 차승기, 앞의 글, 84면.

『문장』지를 중심으로 한 이른바 문장파류의 미적 관조주의에 대해서도 같은 말을 할 수 있다. 지나가 버린 것 혹은 소멸된 것들에 대한 미적 관조의 배면에는 제작의 중단이라고 하는 근대적 경험이 들어 있다.

개별적인 취향이야 문제 삼지 않는다 하더라도 일단 집단화된 운동의 양상으로 나타나는 순간 특수한 주장은 일관된 문화적 정체성을 추구하게 마련이고 또 그런 한에 있어서는 지배적인 문화의 자기반성이라는 문화 산출의 기제를 벗어날 수 없다. 다시 말해 반성적인 자기 산출을 통해 발전해 나가는 근대의 문화 산출 원리에서 벗어나기란 힘든 것이다.

미적 관조의 특수성에 대한 지나친 강조는 그것이 가공된 인공성의 산출 원리인 자기 탐구, 자기 독해 혹은 자기 구성을 먼저 전제하고 그것과 대립되는 것으로서의 관조를 상정했을 때만 나타날 수 있다는 사실을 몰각한 데서 나온 주장일 뿐이다. 과거물에 대한 관조라는 사상의 출현 자체가 근대적인 문화 산출 기제의 틀 속에서만 가능한 것이다.

절대화된 사상으로서의 관조 그 자체와 제작의 바탕에 존재하는 것으로서의 관조를 구분할 필요가 있다. 관조는 그것이 하나의 사상에 육박하려면 그것 자체가 진리를 구현하는 통로로서 완성된 논리적 체계를 가져야 한다. 그렇지 않는 한 다만 제작에 대한 반성의 한 극단적 형태에 지나지 않는 것이다.

그런고로 과거에 대한 미적 관조를 통해 세계를 그 통일성 속에서 체험하는 일이 가능하고 그럼으로써 인공의 제작 위에 서 있는 현실에 동렬하게 내석할 수 있다는 식의 생각에는 변장한 제작인[14]이라는 관념이 존재한다. 미적 관조의 배면에 존재하는 기괴함이야 따로 거론하지 않는다 하더라도 그것에 고유한 현실 비판적 속성을 극단화하여 그 속에서 자기를 고양할 수 있으리라는 생각은 천진난만하거나 위험하다. 그것은 한갓 정신적 귀족주의에 지나지 않으며 현실적 패배를 관념 속

---

14) H. Arendt, 이진우·태정호 역, 『인간의 조건』, 한길사, 1996, 372면.

에서 보상받고자 하는 열패의식의 표현에 지나지 않는다는 사실이 강조될 필요가 있다.

민족주의 진영에 의해 출범한 고전 부흥운동은 그 자체가 의미 있는 현실적 운동으로서 출발하지 못했고 일관된 체계나 조직적 중심을 갖지 못한 채 다만 추상적이고 당위적 요청에서부터 출발하고 있다는 약점을 가지고 있었다.15) 고전부흥운동이 민족주의계열의 지식인들에 의해 하나의 공적 운동으로서 제기된 것이긴 했지만, 일관된 체계나 조직적 중심을 갖지 못했다는 사실은 이 운동 자체가 역사적 전환기에 대한 엄밀한 자기규정을 갖지 못한 채, 막연한 불안의식에서 출발하고 있다는 사실을 반증하고 있다.16)

이러한 사실은 맑시스트나 모더니즘론자들 사이에서 고전 부흥의 현실적 근거를 따지는 양상으로 나타난다. 다양한 이론가들이 고전부흥운동의 현실적 근거를 추궁하였는데, 그 핵심은 이 운동이 문화적인 자기탐구 속에 현실의 혼란과 불안을 환수해들이고 있다는 혐의였다. 자기탐구의 배면에는 전선으로부터의 후퇴 혹은 역사로부터의 철회가 잠복해 있다는 혐의를 받은 것이다. 이 점을 가장 명민하게 지적한 이는 서인식이다.

> 傳統이 文化行爲의 目標點으로 定立될 때에는 그곳에는 退步와 墨守뿐 남을 것이 없다. (…중략…) 傳統의 威力을 爲하여 傳統을 肯定하는 것은 人間을 動物로 蹴落하고 傳統을 慣習으로 墮下시키는 것 以外의 아무것도 아니다.17)

서인식은 전통이 '목표점'이 아니라 '출발점'으로서, 더욱이 '부정적 출발점'으로 존재해야 한다고 말한다. 그에 따르면, "사람들은 現代를

---

15) 김윤식, 「古典論과 東洋文化論」, 『韓國近代文藝批評史硏究』, 일지사, 1976 참조.
16) 황종연, 「1930년대 고전부흥운동의 문학사적 의의」, 『한국문학과 근대성의 형성』(동국대 한국문화연구소 편), 아세아문화사, 2001, 257면.
17) 서인식, 「전통론」, 『역사와 문화』, 학예사, 1939, 184~185면.

『리악슈날』한 時代라고 말하"고 있고, 이 말인즉 "전통과 창조의 대립적 관계에 있어서 전통이 우위를 점하고 있다는 사실을 말하는 것"이지만, 사태를 그런 식으로 봐서는 곤란한다는 것이 그의 논점이다.

서인식은 "현대야말로 전통이 부정되어야 할 시기"라고 못박는다. "지금이야말로 행위가 필요한 시기"[18]라고 보는 서인식의 관점에서 보자면 일단의 고유성론자들은 사실상 행위 부재의 시대상을 선설정하고 있다는 점, 그런고로 현실적인 패배주의에 사로잡혀 있다는 사실이 지적될 수 있는 것이다.

고유성의 차원에서 자기를 규정함으로서 현실 초월의 지점에 서려했던 일단의 고유성론자들이 갖는 한계는 비교적 명확하다. 고유성 담론이 이른바 '민족적 자기 음미'[19]에 그친 것도 문제지만, 더 큰 문제는 그것이 자신에 대한 음미 속에서 사태를 비껴갈 수 있다고 주장하고 있다는 점에서 이데올로기적 성격을 갖는다는 사실에 있다.

외부로부터 부과된 문제를 자기에 대한 과도한 가치 부여 속에서 비껴나가는 것은 문제의 올바른 해결이 아니다. 위기는 준엄한 자기반성을 촉구한다. 고유성 담론은 자기반성의 토대로써 민족에 대한 학적 이해를 추구했다는 점에서 일정한 의의를 갖지만 무엇보다 그것이 민족의 자명성을 문제 삼지 않았다는 점에서, 다시 말해 민족이라는 집단 주체에 대한 회의를 거부하고 있다는 점에서 근본적인 한계를 갖는다.

거기에는 민족의 자기 역량을 올바로 이해하고 스스로를 해체, 새구성하려는 노력이 전혀 보이지 않는 것이다. 민족 담론이 정작 중요한 '반성'이라는 계기를 사상한 채, '항용 자조와 선양 사이를 동요하면서 반복되어 왔다'는 식의 평가가 가능한 것[20]은 이 때문이다.

고전부흥운동이라는 이름하에 민족주의 계열의 문학 진영에 의해 처

---

18) 서인식, 위의 글, 164면.
19) 차승기, 앞의 글, 84면.
20) 위의 글, 같은 면.

음으로 제기되었던 1930년대의 전통론은 근대적 문학운동의 위기를 조건으로 발생했을 뿐만 아니라 식민지배하에서의 문화사적 전환에 대한 반성의 매체로써 전통을 소환하고 있었던 것으로 파악된다.

전환기에 대한 명확한 자기 이해의 결여, 현실의 위기를 문화적 탐색 속에서 비껴가려한 데서 나타난 도저한 문화주의, 진보적인 의식의 결여와 종교적이며 초월적인 미적 태도, 잠재된 패배의식 등 다양한 한계를 지녔음에도 불구하고 전통에 대한 재인식 작업이 갖는 의의가 부정될 수는 없다.

민족의 문화적 전통이라는 개념이 서구적 근대화에 대한 일반적인 반성의 토대이자 일종의 성찰 가능한 자료들의 저장고로써 처음으로 성립 가능했던 것은 이 시기 고전부흥운동이 가져 온 최대의 성과이며 의의라 할 수 있다.

3. 종합에의 의지와 역사적 계기로서의 전통

위기에 대한 대응으로서의 고유성론이 독자성에 대한 탐색 속에 위기를 비껴가려는 이데올로기적 은폐의 영역으로 넘어가 버린 데 반해 모더니스트들이나 맑시스트들은 입장이 달랐다고 할 수 있다. 고유성론이 '조선적인 것'에 대한 역사적 탐색 자체를 가능케 하는 근대적 인식의 틀을 회의하지 못한 채, 고유성 탐색을 통해 문제를 넘어설 수 있다는 착각을 했고, 특히 중일전쟁 후 위기가 서양의 위기로 혹은 전적으로 외부에서 부과된 것으로서의 위기로 인식됨에 따라 민족 내부 역량의 조사를 통해 위기를 비껴갈 수 있다는 잘못된 인식틀을 가진 데서 말미암은 것임은 이미 지적한 바 있다. 쉽게 말해 민족의 내부를 일종의 안전지대로 설정한 것이 잘못인 것이다.

이에 반해 모더니스트들이나 맑시즘 진영은 형편이 다를 수밖에 없었다. 이들에게 위기는 그들이 서 있는 지반으로서의 보편적 주체의 위기였으며 지성의 위기였다. "센티멘트보다 라티오"[21)란 식의 명제가 그들에게는 여전히 유효했던 것이다.

예컨대 김기림의 경우 '센티멘탈한 몰입'을 배격하고 과학적으로 발견되어야 할 대상으로 전통을 설정하면서 전통론을 방법으로서의 과학정신이라는 틀 안에서 사유하고자 했는데, 이는 전통론의 담론적 헤게모니를 인정하지만 그 속에 존재하는 과학 부정의 징후는 용납할 수는 없다는 당대 모더니즘 진영의 기본적인 자세를 보인 것이라 할 만하다.

"근대라고 하는 것은 실은 우리에게 있어서는 소비도시와 소비생활면에 『쇼-윈도-』처럼 단편적으로 진열되었을 뿐"[22)이라는 통렬한 반성을 통해 서구적 근대가 막다른 골목에 막다른 1940년대의 시점을 반추하였고, "동양에 태어난 문화인에게 있어서 이 순간은 바로 새로운 결의와 발분과 희망에 찰 때라 생각한다"[23)고 말함으로써 멈칫거림 없는 선회를 감행했지만 과학정신에 대한 신념을 쉽게 버릴 수는 없었던 것이다.

맑시즘 진영 역시 사정은 유사했던 것으로 판단된다. "민족적인 것에 대한 재고찰을 거부할 수는 절대로 없는 객관적 정세에 당도하였음을 충분히 자각하는 바가 있지 않으면 안 된다"[24)라는 식의 정세론이 발표되었고, 이에 화답하여 '조선의 과거'가 아세아적 퇴영성의 문화적 산물로서 '부정되어야 할 것' 혹은 '지나간 것'으로 규정되는 한도 내에서 전통론을 담론의 내부로 끌어들이는 작업들이 시작되었던 것이다.[25) '형식(학)적 필요에 지나지 않지만'이라는 식의 수사를 통해 전통 담론

21) 박치우, 「고문화 음미의 현대적 의의」, 『조선일보』, 1937.1.1.
22) 김기림, 「조선문학에의 반성」, 『인문평론』, 1940.10.
23) 김기림, 「『동양』에 관한 단상」, 『문장』, 1941.4.
24) 한식, 「문화의 민족성과 세계성」, 『조선일보』, 1937.4.29.
25) 김남천, 「고전에의 귀환」, 『조광』, 1937.9.50.

을 전환기 특유의 시대적 의제로 간주하지 않을 수 없다는 식의 인식적 전환을 보이고 있는 것이다.

엘리어트의 전통론에 의거, 개성의 분열과 그로부터 나타나는 파국적인 세계상을 상정함으로써 전통을 예술 창작의 한 통합적 계기로 끌어들인 이는 최재서였다. 최재서는[26] 전통에 대한 태도를 '감상적인 회고 정조'와 '낭만적인 네오 바바리즘'의 양 경향으로 나누고 이를 극복하기 위해 고전 연구의 역사성을 견지하는 일이 필요하다고 생각했다. 역사성이 과거와 현재를 통합하여 이해하는 방식의 하나라면, 고전 연구 역시 과거의 선통을 통합된 역사 이해 속에서 탐구할 때에만 새로운 문화 창출에로 이어질 수 있다는 것이다. 만일 이 통합된 과거 이해가 진지되지 않는다면 고전연구는 사적 호오의 판단에 맡겨지게 될 것이고 결국 안이한 훈고학이나 바바리즘으로 떨어지는 것이라고 말하고 있다.

근대적 혁신에 대한 희망을 놓치지 않았던 최재서로서는 '조선적인 것'이 '과거의 꿈'일 뿐이며, '외국문화를 받아들이는 겸손을 영구히 잃지 않아야' 한다는 일반론을 가지고 있었고 그 연장선에서 조선적 과거의 재현을 시대착오적인 일이라 보았지만 전통 담론의 대세를 거슬러 갈 수는 없었다. 다만 그는 '조선적인 것=과거적인 것'을 고유성의 수준에서 상정하지 않고, '문화의 창조자로서 활약했던 시기'로 놓음으로써 중요한 것은 전범이 될 만한 것으로서의 진정한 문화를 일구어내는 종합의 작업이지 보편성 / 고유성의 이분법적 분리 위에서 독자성에 대한 천착으로 나가는 길이 아님을 명확히 밝히고 있다.

최재서는 이후 엘리어트의 전통론에 기대어 전통적인 것을 현재의 적극적인 발전의 계기로 받아들이려는 태도를 취하는데, 이는 전통 속에 존재하는 고전의 '대표성과 지속성'이 현재적 예술 활동이 그 속에서 작동할 수 있는 필수불가결한 토대임을 인식함으로써 가능했다. 쉽게 말

---

26) 최재서, 「전통부활의 의의」, 『조선일보』, 1938.8.7.

해 전통 속에 존재하는 고전이 창작과 더불어 만들어내는 유기적인 상호 작용과 그 결과로서 생성되는 전체적 질서야말로 예술 행위의 가능성의 조건이라는 식으로 논의를 끌고 가면서 최재서는 '과거의 것'을 현재의 예술 발전을 위한 통합적인 계기로서 끌어들이고 있다는 것이다.

물론 최재서가 말하는 전통이 '조선의 것'이 아니라 세계문학 보편의 것임을 부정할 수 없다. 그는 일반론의 수준에서 문제를 풀어 간 것이다.

> 古典의 代表性과 持續性은 생각하면 決코 偶然한 것은 아니다. 그것은 古典의 選別이 傳統 안에서만 可能하기 때문이다. 이 境遇에 傳統이란 全體的 秩序이다. 古典은 하나하나가 傳統的 秩序를 構成하면서도 그와 同時에 그 全體的 秩序에 의하야 裁許되고 定位된다. ······ 한 古典을 硏究하되 반듯이 그가 全傳統의 秩序 안에서 占領하고 있는 그 地位에서 생각하는 同時에 傳統의 全體的 秩序는 반드시 古典들의 傳承과 相互關係에 依하야 構成 내지 維持되는 데서 古典 硏究의 歷史性은 實現된다.27)

두 가지 비판이 가능하다. 하나는 전통 개념을 엘리어트에게서 빌려옴으로써 최재서가 조선적 현실을 벗어나 담론을 일반론의 차원으로 추상화시켰다는 것이다.

최재서가 설명하고 있는 전통은 물론 서양의 그것이며, 희랍문학 이래로 축적된 고귀한 인류정신의 산물 그 자체 혹은 고전적 정신 그 자체를 의미한다.

두 번째는 이렇게 함으로써 당대 세계 문화계가 앓고 있었던 문화적 위기에 대한 감각을 삭제하고 있다는 점이다. 이 점은 엘리어트가 전통론을 경유해 결국 카톨리시즘으로 나가버린 것을 생각할 때 보다 명확해진다. 조선 민족이 경과하고 있던 위기의 이중적 성격 혹은 복합적 성격을 그는 놓치고 있었던 것이다.

---

27) 최재서, 「古典 硏究의 歷史性」, 『조선일보』, 1938.6.10.

맑시스트들 역시 이 시기 세계사 내부에 존재하는 개별사로서의 조선사를 강조하고 조선사가 갖는 특수성을 논증하고자 했지만 이 경우에 있어서도 역시 조선사나 조선문화는 보편사의 흐름에 뒤쳐져 있는 낙후된 지각생으로, 비판적인 검토의 대상으로서만 일정한 의의를 가질 뿐이다.

이청원은 조선의 아시아적 정체성을 거론하면서 "우리는 부정하고 비판하고 청산하고 극복하여야 할 문화전통만 가지고 있다"[28]고 말했고, 임화는 "조선의 과거에 대한 이야기 자체가 새로운 경향, 새로운 생각을 나타낸다는 식의 발상은 매우 우려할만한 일"[29]이라 평하면서 이를 반동적인 경향으로 취급했다.

임화는 나아가 그런 류의 발상을 '노골화된 복고주의'[30]로 매도한다. 그러니까 임화는 전통의 재발견이라는 이름하에 진행되고 있는 조선의 과거 역사에 대한 관심이 진보를 위한 행위라는 숭고한 이름을 얻고 있다는 사실에 대한 비판을 추구한 것이다. 김남천은 한 걸음 더 나아가 고전부흥운동 자체를 "나치스 문화 정책의 조선적인 모방"[31]으로 규정하였다.

대개의 경우 이런 태도는 문제를 바라보는 맑시즘 진영의 공통된 출발점이었다고도 할 수 있는데 신남철의 글이 대표적이다.

現代의 浪漫的 復古 思想은 個人的이고 主觀的이며 나아가서는 파시스트的이기도 한 것이다. 現代의 浪漫的 復古 思想에는 파시스트的 쇼비니즘을 만히 가지고 잇다. 나치 獨逸의 狂信的 行動性을 보라! 그 狂信的 行動性에 支配되고 있는 獨逸에서 古代에의 復古가 問題되고 있다. …… 獨逸의 復古 主義者에 關하여서뿐만 아니라 日本의 그들에 관하여서도 이와 같은 말은 할 수가 잇고 또 朝鮮의 그들도 批判할 수가 있다고 생각한다.[32]

---

28) 이청원, 「조선의 문화와 그 전통」, 『동아일보』, 1937.11.5.
29) 임화, 「역사적 반성에의 요망」, 『조선중앙일보』, 1935.7.6.
30) 임화, 「조선문학의 신정세, 현대적 제상」, 『조선중앙일보』, 1936.2.2.
31) 김남천, 「조선은 누가 천대하는가?」, 『조선중앙일보』, 1935.10.18.
32) 신남철, 「복고주의에 대한 數言—E. 스프랑거의 연설을 중심으로」, 『동아일보』, 1935.5.1.

1930년대 중·후반에 접어들면 맑스주의 진영 내부에서도 전통론을 바라보는 시각에 분화가 일어나게 된다. 일단의 맑시즘 이론가들이 고유성론을 비판하면서도 전통론을 맑스주의의 관점에서 재전유하고자 시도하게 되는 것이다. 시기적으로 볼 때 중일전쟁 이후의 상황 전개 때문이었다.

이들은 주로 조선의 과거를 다루는 '방법'의 측면에서 논의에 참여했는데, 이는 결국 민족주의자들에 의해 기획되고 진행되었던 전통·고전·과거에 대한 소수자들의 내부 논의를 전문단적 현상 혹은 문화적 아젠다의 문제로까지 격상시키는 결과를 가져왔다.

맑시즘 진영의 이론가들이 전통론에 참여한 이유는 대략 세 가지로 요약되고 있다.[33] 첫째, 민족주의 계열의 고전부흥운동에 대한 이데올로기 비판의 차원. 둘째, 담론의 헤게모니 장악(전통논의가 매스컴의 최대 이슈 중 하나였다는 점에서). 셋째, 근대의 '위기' 혹은 '전환기'에 직면해 일제의 파시즘화가 초래한 인식론적·존재론적 혼란을 극복해야 한다는 이론적 필요성. 김남천이 잘 묘사한 대로[34] 그것은 '역사에 대한 투쟁', 즉 역사에 대한 담론 투쟁의 일환이었던 것으로 파악된다.

고유성 담론이 만들어내는 '민족=자아' 정체성 확인의 서사와 그 서사 속에서 이루어지는 자기 음미를 극복하기 위해 '조선의 과거'를 사적 유물론의 보편적 원리 속에서 반성할 수 있어야 한다는 진술이 나타난 것은 백남운의 『조선사회경제사』(改造社, 1933)가 표방했던 사적 유물론의 역사 연구 방법을 전통론에 적용하면서 비로소 가능했다 한다.[35]

물론 이 경우 백남운 류의 사적 유물론에 의해 회의되지 않고 있는

33) 차승기, 앞의 글, 106면.
34) 김남천, 「조선은 과연 누가 천대하는가?」, 『조선중앙일보』, 1935.10.20. 이 글에서 김남천은 '다산과 다산의 애인을 엄밀히 구별'하여 '진정한 조선의 역사적 재물을 찾아올 과학적 의무'를 주창함으로써, 역사에 관한 담론 투쟁에 맑시즘 진영이 나섰음을 천명하고 있다.
35) 차승기, 앞의 글, 38~39면 참조.

것은 사적 유물론의 도식 내부에 이미 명일에의 방향이 선험적으로 주어져 있다는 사실이지만, 하여튼 보편적 원리 속에서 발견되는 특수성일 때만 '명일에의 방향'이 발견될 수 있다는 주장에서 관철되고 있는 것은 '조선적 과거'가 내부의 특수성의 범주로서 끌어들여졌다는 사실이다. 여기에서는 과거와 현재의 관계가 변증법적 관계로서, 다시 말해 정·반·합 의 각 계기로서 적절한 역사적 위상이 주어질 여지가 남게 되었다는 사실이 중요하다.

1930년대 후반 일본 강좌파 중심의 아시아적 생산양식 논쟁이 미친 영향에 따라 맑스주의 내부에서 백남운류의 정통 맑시즘이 보편주의 혹은 기계적 공식주의로 규정되어 재검토되는 흐름이 나타난다.

이청원·한홍수 등이 대표적인 이론가인데, 이청원은 생산형태의 아시아적 특수성에 입각해 조선문화의 특수성을 설명하는 도식36)을 채택한다. 김남천 역시 이청원의 뒤를 쫓아 "지금의 朝鮮의 文化 혹은 文學에 있어서 特殊的인 것을 찾자면 사유에 있어서의 亞細亞的退嬰性이 있을 뿐"37)이라고 주장하게 되는데, 이 경우 '조선적 과거' 혹은 조선적 특수성은 부정적인 기호로서 타기되어야 할 아시아적 후진성의 문화적 표현에 불과한 것으로 간주된다.

그럼에도 불구하고 아시아적 정체성론은 보편사 속의 특수성으로 조선문화가 존재한다는 류의 보편사관이 갖는 일원론적 발전 도식 혹은 발전사 개념에 균열을 가져오고 비동시적인 것의 동시대성이라는 혼종성을 발견함으로써 조선적 과거에 나름의 존재론적 지위를 부여했다는 점에서 일종의 시각 변경을 가져 왔다. 역사적 계기로서의 전통 검토라는 담론의 차원을 덧보탬으로써 전통론에 힘을 부여하였던 것이다.

잃은 것은 그럼으로써 '과학적' 사관 확보에 실패하고 말았다는 점이다. 조선적 과거가 온통 부정적인 것일 수밖에 없고 그럼에도 불구하고

---

36) 이청원, 「문화의 특수성과 일반성」, 『조선일보』, 1937.8.10.
37) 김남천, 「고전에의 귀환」, 『조광』, 1937.9, 50면.

현재 잔존하고 있는 것이라면 이의 폐기 처분은 현재의 주의주의적 실천에 의거할 수밖에 없다. 그런데 이 주의주의적 실천의 개념은 전통론을 통해 사회·정치적 영역으로 나갈 수 있다고 믿었던 민족주의 진영의 논리와 별반 다를 것이 없는 것이다.

이 사실은 중요하다. 조선적 특수성론 혹은 아시아적 정체성론은 그것이 소극적인 자기규정의 수준을 떠나는 순간, 다시 말해 그것이 세계사적 보편성을 확보하기 위한 헤게모니 투쟁의 한 수단으로 적극적으로 평가되기 시작하는 순간 광기의 영역으로 넘어가 버린다. 조선적 특수성론은 애당초 보편사적 발전 이념에 균열을 내면서 등장한 일종의 독자성론 혹은 다문화주의론의 형태로 나타났지만, 일단 그것에 정치사회적 함의가 들씌워지는 순간 새로운 보편담론의 중핵으로 변신하게 되는 것이다.

4. 동양론에의 함몰과 '특수한 보편성'38)으로서의 전통

중일전쟁 이후 전환기 의식이 심화됨에 따라 문명 전환의 문제를 두고 그 이행의 향방을 가늠하는 새로운 역사모델에 대한 탐색이 요청되었다. 이 작업은 주로 역사철학자들에 의해 수행되었는데, 서인식이 대표적인 이론가였다.

---

38) 이 용어는 지젝(S. Zizek)의 "The Hegelian Ticklish Subject"(2장), *The Ticklish Subject*(London·New York : Verso, 1999)에서 차용해 본 것이다. 그는 차이나는 것들이 빚어내는 대립과 길항 속에서 목적론적 궤도를 그리는 역사 과정을 구상한 기존의 변증법적 틀을 해체하여 차이의 오만한 자기주장과 그로부터 '시동'되는 자기 구성과 변전의 과정을 그려내기 위해 이 개념을 사용하고 있다. 차이의 절대화, 자기 정립의 오만함과 폭력성, 구성적인 세계 인식 등이 1930년대 후반기 동양담론의 논리 구조와 닮아 있다고 판단된다.

서인식은 관습 속에서 활동하는 행동적 주체와 반성 속에서 활동하는 행위적 주체를 구분하여 후자를 통해 부정된 전통이 인류 보편의 일원적 문화 체계 속으로 지양되어 들어가야 한다고 주장했다. 전환기의 보편 문화 창출 과제에 부정적 계기로서 전통이 기여할 자리를 마련함으로써 특수와 보편의 융합 속에서 서구적 근대의 위기를 돌파할 방책을 찾았던 것이다.

> 傳統은 一面 過去的 客觀的의 것으로 過去와 現代의 歷史에 屬하는 것이나 또한 人間의 現在的 否定的 行爲를 媒介로 하고 끄임없이 更生하여 나간다는 點에서는 生成으로서의 歷史에 속하는 것이다 더욱 소상히 말하면 그는 過去로부터 傳達되여 온 點에서는 過去의 歷史에 屬하며 現代生活에서 反覆되는 點에서는 現代의 歷史에 屬하나 否定的 行爲를 媒介로 하고 更生하는 點에서는 未來의 歷史에 屬하는 것이다.[39]

서인식의 전통론은 그러나 부정되어야 할 것으로서의 전통을 리베랄리즘을 근간으로 하는 근대 시민문화로 설정한다는 점[40]에서 조선적인 것에 대한 논의와는 일정한 거리를 두고 있다는 한계를 갖는다.

부정되어야 할 것은 조선적인 것일 뿐만 아니라 근대시민문화의 그것이기도 했기 때문인데, 서인식은 이 때문에 부정을 통한 실천이 가닿아야 할 최종 지점으로서 '동양과 서양의 종합'을 제시하는 이상주의적 지향성을 보인다. '정신을 지배하는 시민문화와 생활을 지배하는 전통문화'가 상호침투하지 못한 상태를 극복하기 위해 '동양문화와 서양문화의 종합형식'을 탐구해야 한다는[41] 것이다.

서인식의 전통론이 갖는 최대의 난제는 그가 역사 철학자답게 전통논의를 역사적 틀 고찰의 일반론적 차원으로 옮겨버렸다는 사실에 있

---

39) 서인식, 「전통론」, 『역사와 문화』, 학예사, 1939, 162면.
40) 손정수, 「일제말기 역사철학자들의 문학비평 연구」, 서울대 석사논문, 1996, 36면.
41) 서인식, 앞의 글, 279면.

다. 또한 그 속에서 이른바 '종합 형식'이라는 이상적인 문화 형태를 상정하고 그를 향해 나아가는 부정적 실천을 자기 담론의 최대치로 주장하고 있다는 점이다.

이를테면 전통 부정을 통해 나가야 될 길로 제시한 '문화의 일반태'란 공감 가능하고 소통 가능한 가치 있는 보편문화일 터인데, 그런 문화란 당대에 없거나 설령 창안 가능하다 하더라도 현실 속에서는 성취되기 어려운 이상적인 성질의 것일 따름이다. 그가 만일 그런 류의 문화를 르네상스 이후 서구문화를 특징짓는 보편적인 휴머니즘에 결부시키고 있다면 문제는 한결 심각해진다. 왜냐하면 그런 문화야말로 현재 그 파탄을 목도하고 있고 또 부정되고 있는 문화이기 때문이다.

서인식의 전통론에는 서구의 전통론자들이 제기한 것처럼 이른바 '과거에 구속되어' 있는 존재 혹은 전통이 없다면 언제든지 퇴폐에로 전락할 수 있는 존재로 인간을 규정하고, 그런 류의 새로운 인간론에 기반을 두어 문명 재건설을 기획한 전통 담론 특유의 혁신적 의제가(議題)가 존재하지 않는다. 이는 그의 담론이 단순히 진행되고 있는 담론 투쟁에 하나의 비판자로서만 참여할 수밖에 없는 이유를 제시해 준다. 창조적 문화를 지향하는 담론이 불가능한 것이다.

물론 의의가 없을 수는 없다. 전통이 부정을 통해 이상적인 새로운 보편문화 혹은 보편적 종합 원리 속으로 지양되어 들어가야 하지만 그런 류의 종합 원리를 현존하는 문명 내부에서는 찾을 수 없다는 그의 생각은 결국 새로운 인류사적 원리를 창출해야 할 책임이 부정(否定)하는 실천의 형태로 지성에 부과되고 있다는 사실을 말함이고, 역사적 미래에 대한 소명과 그것에 기초한 지적·부정적 실천, 더 나아가 그런 류의 실천 속에서 형성되는 역사적 주체화의 몸짓이야말로 전통 담론을 경유하여 전형기의 위기에 빠진 세계사와 대결하는 변증법적 통로가 되고 있기 때문이다.

전통론을 지양되어야 할 특수한 계기로 설정하고 보편적 종합 원리를 차후의 세계사적 과제로 설정함으로써 양자 사이에 갈등과 긴장의 중간 지대를 설정한 것이 그의 전통론이 갖는 특징일 터인데, 이로써 서인식은 완미한 역사학자로서의 면모를 유지할 수 있었던 것이다. 이는 중일전쟁 이후의 동양 담론에서 일본측의 이론가들이 전개한 동양 특수성론과 근대 초극론을 비껴가는 계기가 된다.

서인식을 비롯한 역사철학자들이 전통론을 전환기 역사 담론의 한 중핵으로 다룰 수 있었던 것은 일본에서의 역사철학적 논의를 배경으로 하고 있다. 교토학파의 역사철학이 그 이론적 배경으로 존재했던 것이다.

일본 쪽에서 전통 논의는 특수와 보편, 부분과 전체, 동양과 서양이라는 기존의 개념적 대립틀 속에서 그것을 깨기 위한 이론적 고리의 하나로 설정되었는데, 이는 일제말기 전통 논의에 중요한 전환을 가져온 요소였다.42) 미키 키요시[三木淸]의 「동아협동체론(東亞協同體論)」이나, 코우야마 이와오[高山岩男]의 「세계사의 이념[世界史の理念]」이 전통론에 끼친 영향은 서구 중심의 세계상을 서양과 동양의 문화적 차이와 근대 초극에 관련된 담론 속으로 수용·해소시킨 결과로 나타났는데 그 과정에서 전통 개념에 주어진 역할은 핵심적이었다.

예컨대 코우야마 이와오[高山岩男]는43) 세계사를 유럽사로, 근대를 유럽의 근대로 축소하면서 비유럽적 세계와 유럽 세계의 대등한 존립을 요구, 근대적 세계와는 다른 질서와 구조를 지닌 현대적 세계 혹은 진실한 의미에서의 '세계사적 세계'가 처음으로 성립의 단서에 도달했다고 주장한다. 이른바 현대로의 문명사적 전환이 함축하고 있는 세계상은 유럽적 세계에 의해 은폐되어 왔던 지배의 시선이 적나라하게 드러난 이후 유럽적인 세계와 비유럽적인 그것을 포괄하는 진정한 의미에서의 전지구적인 세계, 또는 세계사라는 이름에 걸맞은 세계의 출현을 말한다.

코우야마는 시간성 위에 서 있는 세계사의 이념을 비판하고 역사성에

---

42) 炳谷行人 編, 『근대 일본의 비평』, 東京 : 福武書店, 1990, 3章 및 4章 참조.
43) 高山岩男, 「世界史の理念」, 『思想』, 1940.4 참조.

공간성(지역성 / 지리성)을 도입함으로써 새로운 세계사를 구상하고자 했다. 그 결과 문명과 문화를 구분하여 전자를 시간성 위에 서 있는 세계사적 보편적 궤도로 규정하고 후자를 공간적 차이의 영역에 위치지음으로써 별개의 공동체들의 상이한 사회적 습속에 의해 구분되는 세계로 구별함으로써 서구적 근대에 대한 비판을 수행할 수 있는 개념으로 만들었다. 공간성의 첨가는 추상적 / 보편적인 역사성 개념에 구체적 / 특수한 삶의 내용을 결부시키는 결과로 나타났고, 이는 동양적 삶이 삶의 일반태 속에 존재하는 특수한 삶의 내용이라는 기존의 관점에서 문화적인 차이로 외현하는 존재론적 차이로 재규정되고 있음을 뜻한다. 결국 서양과 동양의 차이는 저발전에 따른 역사적 구분의 문제가 아니라 두 문화권의 문화 유형학적인 차이에 대한 담론으로 나타나고 있는 것이다.

코우야마의 문화 유형학은 이런 논리를 기반으로 서구적 근대를 극복하고 동양의 통일을 이끌자는 이른바 근대 초극론에로 이어지는 문화 담론이었고, 그 속에서 전통은 문화의 공간적 다양성을 나타내는 표지이면서 동시에 새로운 역사를 구상하는 혁신적 사유의 문화적 토대로서의 동양문화를 지칭하는 메타포로 기능하게 된다.

물론 그것은 종국적으로는 원료 시장 장악을 통해 공황을 비껴가려 했던 일본 독점자본의 제국주의 침략전에 의해 수행된 이념전에 불과한 것이었다.

> 十九世紀를 中心으로한 白色人種全盛時代로부터 二十世紀를 起點으로 한 黃色人種復興時代에로 人類史는 我國의 領導에 依하여 一大轉向을 하고 있으며 저 日露戰爭부터 今次의 支那事變에 이르기까지의 諸般 興亞的 聖業은 如實히 이것을 證明하고 있다.[44]

코노에[近衛] 내각의 2차 성명에서 촉발된 '동아신질서' 구상[45]은 기

---

44) 김두정, 「興亞的 大使命으로 본 '內鮮一體'」, 『三千里』, 1940.3.

실 중·일전쟁의 지연이 가져온 정치적 담화에 지나지 않으며, 그 배면에는 러·일전쟁 이래 아시아의 패권 쟁패가 있을 때마다 '서양으로부터 동양을 지킨다'는 이른바 동양평화론이 주된 이념적 무기로 동원되어 왔던 역사가 존재한다는 것은 널리 알려진 사실이다.[46]

오자키 호쓰미[尾崎秀實]의 동아협동체론이 제창하고 있는 민족 문제에 대한 재천명에서도 잘 나타나 있듯이[47] 동아신질서 구상은 혼미해진 세계정세의 와중에서 자국의 정치·경제적 이익을 지키기 위해 동아시아의 정치·경제적 블록을 추진하고 있었던 일본 군산복합체의 야심을 반영하고 있었던 것이다.[48]

그런고로 '서구에 종속된 아시아의 해방'이니 '세계사의 주체로 거듭나는 아시아의 성전'이니 하는 표어들은 그것 자체가 일종의 기만적 성명에 지나지 않거니와, 이를 뒷받침하고 있었던 제반 동양문화론들의 탈서구 기획 역시 그 배면에는 아시아의 맹주로서 서구적 주권을 재현해왔던 일본의 소영주적 열망이 재현되고 있음을 알 수 있다. 실존하는 정체성에 대한 서사의 중핵으로 기능하는 전통과 그것의 정치적 표현인 성전 사이에는 건널 수 없는 괴리와 불일치가 존재하는 것이다.

그런고로 동양문화론이 내세운 '협화(協和)적·반자본주의적 윤리성'[49]은 비록 그것이 일말의 타당성을 갖는다 하더라도 종국에는 아시

---

45) 문명기, 「中日戰爭 初期(1937~1939) 汪精衛派의 和平運動과 그 性格」, 서울대 석사논문, 1998 참조. 「3차 성명」의 핵심인 近衛 3원칙은 '善隣友好, 共同防共, 經濟提携'였다.

46) 박찬승, 『한국 근대 정치사상사 연구』, 역사비평사, 1992, 56면.

47) 尾崎秀實, 「동아협동체의 이념과 그 성립의 객관적 기초」, 『동아시아인의 '동양' 인식, 19~20세기』(최원식·백영서 편), 문학과지성사, 1997.

48) 코노에(近衛) 의정서의 기본 논리인즉 '아시아 해방─동아 자주권의 구축(블럭화)─대서구 전투 수행' 정도로 요약될 수 있다(井上光貞 外, 『日本歷史大系 17─革新과 戰爭の 時期』, 山川出版社, 1999, 207면). 미키 기요시(三木淸) 역시 이념의 스펙트럼이 다름에도 불구하고 동아협동체의 필요성을 강조하면서 그 근거로 블록화를 거론하고 있다는 점에서는 동일하다(三木淸, 「신일본의 사상 원리」, 『동아시아인의 '동양' 인식, 19~20세기』(최원식·백영서 편), 문학과지성사, 1997).

아의 소영주로 군림해 온 일본의 역사적 경험과 기억이 은폐된 곳에서 성립하는 이데올로기적 가상에 지나지 않는다.[50] 이는 탈서구적 동양문화론이 기대어 서있는 동양문화에 대한 지식의 축적 자체가 동아시아의 소제국으로 군림해온 근대 일본의 침략사와 중첩되어 있다는 사실만으로도 충분히 설명될 수 있다.

새로운 역사철학이 제시한 것은 일종의 '다문화주의적 세계상'이었다. 그 속에서 전통은 서양문화와 유형학적으로 대비되는 동양문화를 지칭하는 개념으로 현재적인 의의와 위상을 갖게 된다. 결과적으로 전통은 문화 유형학적 차이를 검토하는 학적 담론 속에서 적극적 의미를 부여받았고, 특수한 체험들 속에서 온전한 세계사를 지향하는 일체의 역사적 실천 자체의 특유한 기초로서 자신의 존재론적 위상을 획득하게 된 것이다.

이것이 전통을 두고 창조의 기반이라 말할 때, 그것이 갖는 적극적 의미일 것이다. 물론 여기에는 현실적인 후진성을 문화 논리 속에서 뒤집어 몽상하려는 이데올로기적 작용이 잠재해 있는 것이기도 하다. '문화를 위하여서도 국가를 옹호한다'는 논리는 동아협동체론이 파시즘의 논리로 완전히 이월된 뒤 나타난 이를테면 노골적인 문화 종속주의의 표현일터인데, 서양문화와 동양문화의 차이라는 이분법 위에 현실적인 부정성 일체를 서양적인 근대의 문제 쪽으로 환원하고 있는 것에 지나지 않았다.

문화적 상대주의의 시각이 정치적 열망과 결합하는 양상이 거기 나타나 있거니와, 무엇보다도 거기에는 서구적 근대의 초극 이후 다가올 일본 중심의 새로운 문화에 내재한 억압을 은폐하는 이데올로기가 작

---

49) 홍종욱, 「중일전쟁기(1937~1941) 사회주의자들의 전향과 논리」, 서울대 석사논문, 2000, 83면.
50) 김철, 「'근대의 초극', 『낭비』, 그리고 베네치아」, 『민족문학사연구』 18호, 민족문학사학회, 2001.6, 389면 참조.

동하고 있으며 일본이 일찍이 시동을 건 바 있는 아시아의 근대사가 갖는 내부의 분열에서 눈을 돌리려는 일종의 전도된 전체주의가 잠재해 있는 것이다.

통상 동양/서양 대립틀은 동서양의 접촉을 상이한 속도로 상이한 시간을 경과하고 있는 문명 사이의 충돌로 간주한 데서 발생한다. 예컨대 임화는 '서양이란 최초부터 동양의 대립자로 등장한 것'으로 동양의 열세는 동양과 서양의 문화적·경제적 우열에서 오는 자연의 결과라고 규정한 뒤, 뒤떨어진 문화체로서의 동양이 서양과 겨루는 것은 오로지 '갈등과 싸움의 형대'로만 전개될 수 있다는 식으로 말함으로써 동양과 서양의 조우를 문명 충돌로 보고 있다.[51]

그러나 이런 류의 문화충돌론은 각각의 문화들을 집합적 단수로 규정한 데서 출발하는 착시에 지나지 않는다. 동양이든 서양이든 각각의 문화는 타자에 대한 상대적인 자기규정에 지나지 않으며, 그 내부에서는 끊임없이 교섭하고 융합하며 습합되어 흘러가는 미시적인 흐름들이 존재하고 있다는 것이 오늘날 이 문제를 다루는 사회학의 주류를 이루고 있다.[52]

그런고로 동양/서양의 문화 유형학적 차이 위에 서 있는 정체성/동일성 담론과 그것의 이론적 기반으로 '동양문화의 전통론' 자체를 동원하는 것은 문제의 올바른 해결책이 아니다. 그것만으로는 동양세계의 통일성을 이론적/실증적으로 담보할 수 있는 근거가 될 수도 없을 뿐더러[53] 다만 정치적인 열망에 의해 인위적으로 구성되고 사후에 부과된 자기 정당화의 이념적 담론에 불과하다는 사실은 거듭 강조될 필요가 있다.

---

51) 임화, 「『대지』의 세계성」, 『조선일보』, 1938.11.17~20.
52) 예컨대 이 글에서는 호미 바바의 '혼종성' 개념을 염두에 두고 있다. Arjun Appadurai, *Modernity at large*(London : Verso, 1997) 중 특히 1장의 "Sociology after Patriosm" 참조.
53) 김남천, 「전환기와 작가」, 『조광』 7권 1호, 1941.1. 265면.

서인식은 이런 사실을 "동양적 특수성이 규범적인 것이 될 수 있기 위하여는 그것에 고유한 보편적 일반성을 가져야 할 것"54)이라고 적절하게 지적하고 있다. 전통 담론이 역사 진보적인 준거 위에 서 있는 보편적 세계성을 놓칠 때 결국 남는 것은 자기 경계 속에서 완강히 응축되면서 활동하는 전투적인 폐쇄성일 뿐이다. 동양문화론자들이 최후로 걸어간 길이 결국 '문화=전통=국가'라는 자기 폐쇄적 동일성의 체계였던 것은 이로 미루어볼 때 필연적인 것이라 하지 않을 수 없다. 거기에는 공간적/지역적 특수성과 세계사적 보편성 사이를 슬기롭게 유영하면서 새로운 보편적 준거들을 만들어 내고자 하는 진보적이면서 건전한 자기 혁신에의 열망이 결여되어 있는 것이다.

근대 초극론이 극성을 부리던 1940년대의 초입에서 서인식의 보편성론에 화답하면서 이런 사실을 가장 정확하게 묘사한 이는 김남천이다.

轉換期의 船舶은 대체 언제까지 우리를 실고 흘러가는 것일까. 그리고 전환기의 克服은 무엇을 어떻게 해서 이루어지는 것일까. 轉換期를 가운데로 하여 우리가 서 있는 此岸은 여러사람들의 분석에 틀림없다 하여도, 此岸으로부터 건너 뛰어갈 彼岸의 構想이란 어떤 것일까? (…중략…)

첫째로 이야기하여야 할 危險性은 轉換期라는 것을 極히 짧은 期間으로 생각하려는 意見이다. 허기야 悠久한 人類의 歷史에서 본다면 적은 한토막의 期間임에 틀림은 없으나, 그것은 決코 二三年이라던가 四五年으로 간주할만큼 짧다란 瞬間은 아닌 것이다. (…중략…) 世界를 統一할 하나의 構想이 나타나서 世界的 慾求를 滿足시키는 時期까지를 생각해 본다면 或은 四五年을 가지고 終熄될 줄로 믿었던 이 轉換期가 한 사람의 生涯같은 것은 게눈 감추듯이 집어삼킬런지도 알 수 없다. (…중략…)

轉換期가 가지고 있는 모든 感情과 生活과 性格을 그리는 길을 避하고, 헛되이 淺薄한 觀念의 世界를 더듬는다던가, 空想의 가운데 날아가 버린다던가 하여서는, 文學은 偉大한 創造品을 들고서 새로운 秩序 建設에 貢獻할

---

54) 서인식, 「전통론」, 『역사와 문화』, 학예사, 1939, 183면.

수는 없을 것이다. 時代나 思潮에 對한 便乘心理나 轉換期에 對한 皮相的인 飜譯心理야말로 眞正한 文學이 삼가야할 가장 危險한 態度일까 한다.[55]

5. 결론

민족이라는 개념은 그 속에 매우 다양한 의미와 가치를 응축하여 가지고 있다. 이는 통상적으로 우리가 민족이라 말할 때 그것이 뜻하는 바가 혈통과 언어·문화·역사의 동일성 혹은 특정화된 생활 세계의 공유 등으로 정의될 수 있는 사전적 의미의 사실들을 훨씬 뛰어넘어 있다는 사실을 가리킨다.

민족이라는 개념에는 우리 민족이 겪어 온 역사적 삶의 다종다기한 궤적과 스스로를 고양시키고자 했던 집단적 열망이 고스란히 담겨 있고, 매우 밀도 높은 상태로 압축되어 있다. 비유컨대 그것은 웅숭깊은 우물과도 같은 것이어서 민족 단위의 삶에 문제가 발생하고 민족사가 총체적인 위기에 빠져 무엇인가 상황을 타개해 줄 새로운 가치들에 대한 기대가 나타날 때면 항상 기댈 수밖에 없고, 또 가장 유력하게 참조할 만한 의미와 가치·체험들의 저장고 같은 것이라 할 수 있다.

그러므로 상황을 빌미로 삼아 민족이라는 개념을 부정하고 폐기하려 하거나 그것이 갖는 고유한 힘을 폄하하여 의식의 바다 속에 봉합해 묻어두려는 이론적 실천적 기획들은 항용 실패할 수밖에 없다. 민족 개념이 갖는 특유의 응집력을 과신한 나머지 그것만을 절대화하려는 국수적 태도도 문제이지만, 현실 속에서 의미 있는 하나의 현상으로서 엄연히 존재하는 집단적 현상을 마치 광기나 환상으로만 치부하여 부정하

---

55) 김남천, 「전환기와 작가」, 『조광』 7권 1호, 1941.1, 266면.

는 것 역시 문제를 정확하게 보지 못하는 지적 태만에 지나지 않는다.

새로운 세기의 문명 전환이 우리 민족 앞에 들이민 특유의 민족사적 과제가 그 근본적인 특성상 보편적이고 일반적인 세계적 표준들과 어떻게 투명하게 대면할 것이냐의 문제라 해서 상황이 달라지는 것은 없다. 중요한 것은 민족이라는 개념 자체가 갖는 불투명성을 다듬어 그 속에 존재하는 편집증적 자기 집착과 배타성을 어떻게 효과적으로 제거해내느냐의 문제인 것이며, 그런 과정들을 통해 민족 개념이 갖는 특유의 응집력을 어떻게 창조적 가능성의 조건으로 전유해낼 것인가의 문제인 것으로 보인다.

이 글은 1930년대 초·중반기에 발흥하여 1940년대 초반에 이르기까지 이른바 군국주의 시기 지식인들의 주요 관심사 중 하나를 이루었던 전통론을 민족 담론 전반에 걸친 이념의 변모양상과 결부하여 살피고자 한 글이다.

물론 '민족 이념의 변모 양상'이라 했지만 막상 당대에 사태가 그런 방식으로 전개되었는지는 명확하지 않다. 문학사적 영역에만 한정해 본다하더라도 1930년대의 전통론은 민족 정체성의 재확인이라는 1920년대 이래의 민족주의적 정향을 여전히 답습하고 있고, 민족의 독자적인 문화가 갖는 우월성이라는 과거의 영화에 기대어 가혹한 현실을 비껴가려는 패배적이고 허무주의적인 태도를 여전히 껴안고 있었던 것이다.

문단 상황의 타개책이었고, '과거'에 대한 미학적 재전유를 통해 문학사적 지평을 개척했다거나, 담론의 차원에서 풍성한 문학적 결과를 낳고 있다는 사실 등만으로 운동 자체를 과도하게 평가하거나 정도 이상의 가치를 부여하는 것은 사태를 오독하는 것이라 할 수 있다. 마찬가지로 이질적인 것들에 의해 침윤되지 않은 순수한 과거를 담론의 토대로 상정함으로써 민족 내부의 다종다기한 갈등을 봉합하거나 민족적 역량의 결핍에서 말미암은 현실적 패배를 외부의 적에게 전가함으로써 역사적 위기로부터 탈출하려는 맹목을 보인다는 사실을 들어 운동 자체를 일방적으로 폄하하려는 태도 역시 사태를 그 운동의 차원에서 적극적으로 읽어내지 못한, 그런 의미에서 실천적 관심의 결여를 드러내는 지적 태만이라 하지 않을 수 없다.

일방적인 찬사나 폄하는 동전의 양면이다. '고전'이나 '전통', '우리 것'처럼 가치들을 잔뜩 함유하고 있는 개념들이 다중의 관심사가 되고 매우 중요한 토론의 대상으로 격상되었다는 것은 그것이 당대 민족 담론을 둘러싼 언중들의 열망을 결집해내는 일종의 이념소로서 기능하였다는 것을 의미한다. 그런고로 중요한 것은 담론 전개의 과정 속에서 발견되는 당대의 경험과 열망을 그 시대적 토대 위에서 핍진하게 읽어내고 운동의 구체적 양상과 맥락을 밝혀내며, 그 속에서 성공과 실패의 지점을 정확하게 의미화해내는 일일 터이다.

통상 우리가 문화라고 부르는 집단적인 인간 현상은 특정한 기간 동안 동일한 권역 내부에 존재하는 인간들의 생존방식의 결과물이므로 당연히 시간 개념, 더 나아가서는 역사 개념이 그 속에 내포되어 있다. 문화 자체가 경험의 집적인 만큼 그 속에는 개개의 구성원들이 체험한 다양한 세계들이 투영되어 있다고 할 수 있다. 따라서 어떤 방식으로든 특정한 목적론적 발상에 의해 이러한 체험의 질과 양을 제한하여 규정짓는 행위는 사태를 오독하고 문화의 다이내믹한 논리 자체를 억압하는 결과로 나타날 수밖에 없다. 집단적인 민족 정체성의 확보 문제 역시 어떤 제한된 관점하에 조직되어서는 안 되며, 구성적인 문화 체험과 다양한 가치관들의 구체적인 맥락이 풍부하게 해석될 수 있는 틀 속에서 창발적으로 추구되어야 할 것이다. 내부의 국경을 긋는 것은 외부의 배제로 나타나지 않을 수 없다. 주체화의 몸짓은 타자를 억압하고 자신의 내부에 존재하는 균열을 덮어 가리는 이데올로기 담론으로 변질되곤 한다.

전통과 그 속에서 관찰되는 집단적인 자기 확인에의 열망은 이념적 동원의 매체로서가 아니라 사회적 행위의 지평으로써 상대화될 수 있을 때만 창조적 의미를 갖는다고 본다. 다시 말해 전통은 그 속에서 개체들이 집단적 연대를 경험하고 자기 정체성을 위한 자료들을 얻는 일종의 저장고 같은 것이 되어야 하는 것이다. 열등감이나 우월감으로 나타나지 않는 전통, 보편적인 휴머니즘을 비껴가지 않는 전통론이 요청되는 이유가 거기 있다.

특히 요즘 다양한 층위에서 거론되고 있는 동양문화론에 대해서도 마찬가지 이야기가 가능할 것이라 생각한다. 역사가 말하듯 전통의 매개 없는 보편화가 몰고 온 참화는 혹독하다. 자신의 내부에 존재하는 특수한 것을 양식 있는 매개 없이 곧바로 보편적인 것으로 간주하고 그로부터 세계 전체를 환수해 들일 수 있다고 생각하는 것은 낭만적 전통론의 한 특징일 터인데, 그 속에는 내부의 이질성을 봉합하고 억압하는 폐쇄적인 자기 복제만이 존재할 뿐이다. 가치 있는 보편적 문화를 만들어낼 수 있는 창조력이 없을 뿐만 아니라, 특수한 것과 보편적인 것, 과거와 현재 사이의 긴장 속에서 자신의 내부를 풍부하게 할 수 있는 가능성도 존재하지 않는다. 차이의 공존 따위를 주장하는 것에서 더 나아가 자폐적인 자기 서술 속에서 응축되지 않으려면 진보적 준거 위에 서 있는 보편적 세계성을 놓쳐서는 안 되는 것이다.